高职高专道路桥梁工程技术专业"十三五"规划教材

桥涵基础工程施工

（第2版）

（适用于道路桥梁工程技术 市政工程技术 工程监理等专业）

主　编　徐　俊
副主编　徐锦枫　秦　洁
　　　　韩俊平　刘　健
主　审　陈廷方

U0953180

武汉理工大学出版社
·武　汉·

内 容 提 要

本书共分五个情境:情境一桥涵基础工程知识回顾,介绍了桥涵基础的类型与组成,桥涵基础施工图的基本内容与阅读要点,基础钢筋放样的方法;情境二天然地基上浅基础施工,重点介绍了桥涵浅基础施工工艺,桥涵基础施工测量,基坑开挖与支护,基坑排水与基底检验,桥梁基础施工与基坑回填,围堰法施工工艺,浅基础施工方案的编制;情境三人工地基工程施工,简述了单一人工地基处理,复合地基处理;情境四桩基础工程施工,介绍了预制沉入桩施工,泥浆护壁钻孔灌注桩施工,挖孔灌注桩施工;情境五沉井基础工程施工,介绍了旱地上沉井基础工程施工,水中下沉沉井基础工程施工。

本书为高等职业教育道路桥梁工程技术、市政工程技术、工程监理等土建类专业的理实一体化教材,也可以作为职业技术培训和有关工程技术人员的参考用书。

图书在版编目(CIP)数据

桥涵基础工程施工/徐俊主编.—2版.—武汉:武汉理工大学出版社,2016.9
(2016.11重印)
ISBN 978-7-5629-5309-8

Ⅰ.①桥… Ⅱ.①徐… Ⅲ.①桥涵工程-工程施工 Ⅳ.①U44

中国版本图书馆CIP数据核字(2016)第198285号

项目负责人:张淑芳 戴皓华　　**责任编辑**:戴皓华
责任校对:余晓亮　　**装帧设计**:一 尘
出版发行:武汉理工大学出版社
社　　址:武汉市洪山区珞狮路122号
邮　　编:430070
网　　址:http://www.wutp.com.cn
经　　销:各地新华书店
印　　刷:湖北恒泰印务有限公司
开　　本:787×1092 1/16
印　　张:15.5
字　　数:397千字
版　　次:2016年9月第2版
印　　次:2016年11月第2次印刷
印　　数:3001—6000册
定　　价:32.00元

凡购本书,如有缺页、倒页、脱页等印装质量问题,请向出版社发行部调换。
本社购书热线电话:(027)87384729 87664138 87523148
·版权所有 盗版必究·

出版说明

根据教育部《关于全面提高高等职业教育教学质量的若干意见》和全国普通高等学校教学工作会议的有关精神，武汉理工大学出版社在各高等职业院校积极践行和创新先进职业教育理念，深入推进"工学结合，校企合作"人才培养模式和推行与社会实践相结合的学习模式的大背景下，走访了数十所开办有道路桥梁工程技术专业的高职院校，做了大量的调查研究，分析了图书市场上现有教材的特点和存在的问题，并广泛听取了相关院校的宝贵意见和建议，决定根据新的课程标准和教学要求，组织出版一套高质量的高职高专道路桥梁工程技术专业规划教材。

本套教材具有如下特点：

1. 坚持以培养职业能力为核心，以工作实践为主线，以工作过程（项目）为导向，用任务进行驱动，构建以行动（工作）体系为框架的现代课程体系；

2. 坚持以就业为导向、以能力为本位的理念，兼顾项目教学和传统教学；

3. 按照职业岗位（群）对教学的具体要求，用新思想、新观点合理精简和完善教材内容，根据公路工程建设发展，突出新材料、新技术和新工艺的应用；

4. 教材中的专业术语、符号和计量单位全面反映了近年来公路工程行业已颁布实施的新标准、新规范；

5. 由骨干教师和施工企业工程技术人员共同参与编写工作，以保证教材内容符合工程实际情况。

本套教材适用于高等职业教育道路桥梁工程技术专业、公路监理、高等级公路维护与管理及其他相近专业的教学和自学要求，也可以作为职业技术培训和有关工程技术人员的参考用书。

教材建设是我们全体编写者、出版者共同的事业和追求，出版高质量的教材是我们共同的责任和义务，我们诚挚地希望广大专家、学者和读者在使用这套教材的过程中提出宝贵意见和建议，以便今后不断地修订和完善。

武汉理工大学出版社

2015 年 5 月

参编学校

（排名不分先后）

杨凌职业技术学院
甘肃建筑职业技术学院
甘肃林业职业技术学院
黑龙江林业职业技术学院
兴安职业技术学院
河北交通职业技术学院
陕西交通职业技术学院
黄河水利职业技术学院
福建船政交通职业技术学院
江西交通职业技术学院
中州大学
广西建设职业技术学院
湖南交通职业技术学院
湖南城建职业技术学院
湖南水利水电职业技术学院
湖南高速铁路职业技术学院
湖北三峡职业技术学院
鄂州大学
长江工程职业技术学院
湖北水利水电职业技术学院
武汉交通职业学院
湖北城市建设职业技术学院
贵州交通职业技术学院

前　言

（第2版）

《桥涵基础工程施工》是根据高等职业教育发展的趋势及高等职业教育土建类专业的教学改革需要，以及湖北城市建设职业技术学院道路桥梁工程技术专业“任务驱动、交叉递进”的“四结合”的工学结合人才培养模式的要求，编写的理实一体化特色教材。本书在编写过程中，严格执行了道路桥梁工程技术专业人才培养方案及课程教学大纲、课程标准、国家现行的有关规范、规程、规定和技术标准。

桥涵基础工程施工是高等职业教育道路桥梁工程技术、市政工程技术、隧道工程、工程监理等土建类专业的核心专业课程之一，重点介绍了常见桥涵基础工程施工的工艺流程和质量验收方法，并承担着承前启后、联系和贯通本专业各主干课程的常用的一般知识的任务。通过学习使学生掌握各种常见桥涵基础工程施工的方法，初步具备组织各种常见桥涵基础工程施工的能力。本书按常见桥涵基础工程施工的工作过程和地基基础类型划分情境，以几种常见的桥涵基础工程为案例，把桥涵基础工程施工的内容进行了有机组织，强调桥涵基础工程施工工作过程之间的衔接和呼应，把培养学生的专业素质、岗位职业能力和技术应用能力作为本书的中心内容，教学目的性明确。为了提高教材的适用性，在编写时既注意反映工程案例的针对性，又注意反映与本工程案例不同的其他各种桥涵基础可能出现的一般性，力争突出教材的工程特色。该书内容新颖、图文并茂、文字通俗易懂。

本书由湖北城市建设职业技术学院道路桥梁工程技术专业带头人、湖北华疆城市建筑设计院总工程师、国家一级注册结构工程师、二级注册建筑师、注册施工图审查工程师徐俊任主编，并编写了情境一和情境二的单元一、五、六与案例；由西南科技大学硕士研究生徐锦枫任副主编，并编写了情境二的单元二、三、四和负责教材全部插图的整理；由湖北城市建设职业技术学院道路桥梁工程技术专业骨干教师秦洁和韩俊平任副主编，并分别编写了情境四、情境三；由新疆农业大学水利与土木工程学院刘健任副主编并编写了情境五；湖北城市建设职业技术学院道路桥梁工程技术专业骨干教师花艳丽参编了情境一的单元一的部分内容和案例。由西南科技大学地质工程系主任、四川省地质灾害专家组专家陈廷方教授主审。

本书可作为高等职业教育道路桥梁工程技术专业、市政工程技术专业、隧道工程专业、工程监理专业及其他相近相关专业的教学用书，也可以作为职业技术培训和有关工程技术人员的参考用书。

本书在编写过程中得到了湖北城市建设职业技术学院建筑工程系数位双师素质教师的大力帮助，在此表示衷心感谢。

由于编者的水平所限，书中难免有错误和缺陷，希望使用本书的师生及其他读者和工程技术人员批评指正，以便适时修改。

编　者

2016年6月

目　录

情境一　桥涵基础工程知识回顾

情境二　天然地基上浅基础施工

情境三 人工地基工程施工

情境四 桩基础工程施工

情境五　沉井基础工程施工

情境一　桥涵基础工程知识回顾

学习目标

1. 了解桥涵基础的类型；
2. 熟悉桥涵基础的构造要求；
3. 掌握桥涵基础施工图的读图要点；
4. 掌握基础钢筋放样的要点。

单元一　桥涵基础的类型与施工图识读方法

一、概述

基础是连接上部结构(例如桥梁的墩和台,房屋的墙和柱)与地基之间的过渡结构,起承上启下的作用。基础可分为浅基础和深基础。

浅基础是相对深基础而言的,两者的差别主要在施工方法及设计原则上。浅基础的埋深通常不大,一般只需采用普通基坑开挖、敞坑排水的施工方法建造,施工条件和工艺都比较简单;深基础(包括桩、沉井、地下连续墙等)需采用特殊的施工方法和施工机具建造,施工条件比较困难,工艺比较复杂。

本情境主要介绍几种常见的基础形式,及其基础的平面布置图、构件图、配筋图等的识读方法与钢筋放样。

施工图是工程师的语言,是设计者设计意图的体现,也是施工、监理、经济核算等的重要依据。桥涵基础施工图是在满足建筑物的安全、适用、耐久等要求的基础上,表明基础结构体系和结构构件的布置、基础形式、细部尺寸、材料选用、细部构造和施工要求等内容的技术文件。它是进行施工放线、地基处理、基槽开挖、基础施工、地下结构施工和回填土的主要依据,也是施工方案、施工组织和工程预决算的主要依据之一。

二、浅基础

一般将设置在天然地基上、埋置深度小于 5 m 且用常规施工方法建造的基础称为天然地基上的浅基础。

桥涵浅基础根据其受力特征分为:刚性扩大基础、独立基础、联合基础、条形基础和筏形基础。

图 1.1.1 为某桥桥台与桥墩的轴测示意图。该桥台由桥台盖梁、耳墙、背墙、防震挡

块、肋板及扩大基础组成，桥墩由桥墩盖梁、防震挡块、立柱、承台和桩组成。该图的扩大基础配筋图、桩基配筋图及承台配筋图将在后面详细介绍。

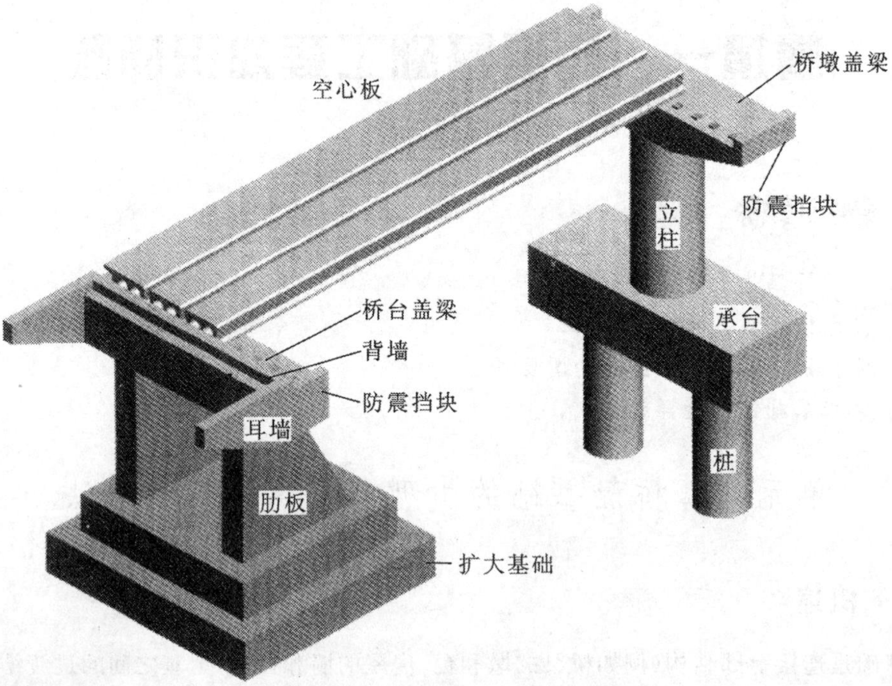

图 1.1.1　桥台与桥墩的轴测图

（一）刚性扩大基础

刚性扩大基础由圬工结构材料组成，是为了满足地基承载力要求，利用圬工结构材料的刚性角传力而不需配置钢筋，将墩台荷载传递给地基的地下结构物。刚性扩大基础是桥涵浅基础常用的基础形式，其平面形状通常为矩形，纵横剖面均砌筑成台阶式，如图1.1.2所示。

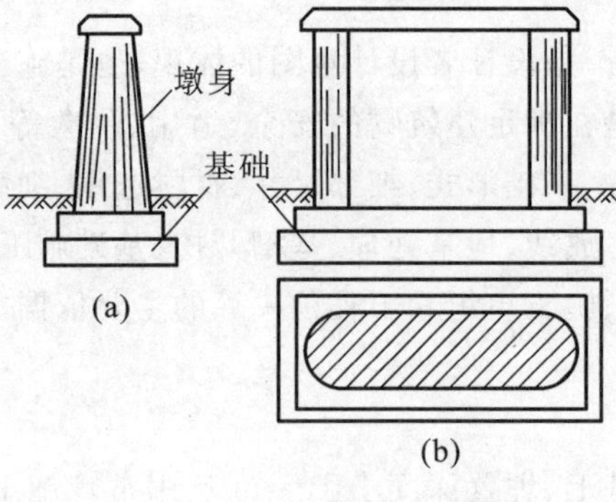

图 1.1.2　刚性扩大基础

（二）独立基础与联合基础

独立基础与联合基础是立柱式桥墩常用的基础形式之一。其中，独立基础适用于桥面较宽、柱距较大的立柱式桥墩；联合基础适用于桥面较窄、柱距较小、且地基土质较均匀的立柱式桥墩。独立基础与联合基础当采用圬工结构材料时，它的纵横剖面均可砌筑成台阶式；当采用钢筋混凝土浇筑时，其剖面也可浇筑成锥形，如图 1.1.3 所示。

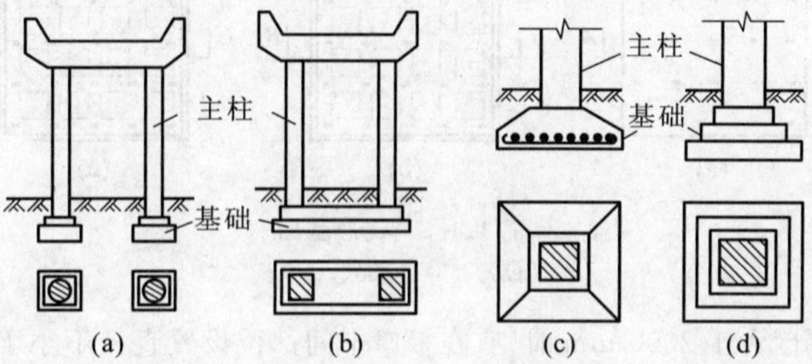

图 1.1.3　独立基础与联合基础

（三）条形基础

条形基础是指基础长度远大于其宽度的一种基础形式。按上部结构形式，分为墙下条形基础和柱下条形基础，如图 1.1.4 所示。

图 1.1.4　柱下条形基础

(a) 单向条形基础；(b) 十字交叉条形基础

（四）筏形基础

筏形基础是地下箱涵或通道常用的基础形式，一般采用钢筋混凝土浇筑，为一等厚度矩形截面板，其作用是兼作地下箱涵或通道的底板或路面基层，如图 1.1.5 所示。

当上部结构荷载较大且地基土较软，采用十字交叉基础仍不能满足地基承载力要求，则可采用筏形基础，即用钢筋混凝土做成连续整片基础，俗称“满堂基础”。筏形基础由于底面积大，故可减小基底压力，并能有效地增强基础的整体性，调整地基的不均匀沉降。

梁板式筏基的底板和基础梁的配筋除满足计算要求外，纵横方向的底部钢筋应有 1/3～1/2贯通全跨，且其配筋率不应小于 0.15%；顶部钢筋按计算配筋全部连通。

对平板式筏基柱下板带，在柱宽及其两侧各 0.5 倍板厚且不大于 1/4 板跨的有效宽度范围内，其钢筋配置量不应小于柱下板带钢筋数量的一半；平板式筏基柱下板带和跨中板带的底部钢筋应有 1/3～1/2 贯通全跨，且配筋率不应小于 0.15%；顶部钢筋应按计算配筋全部连通。

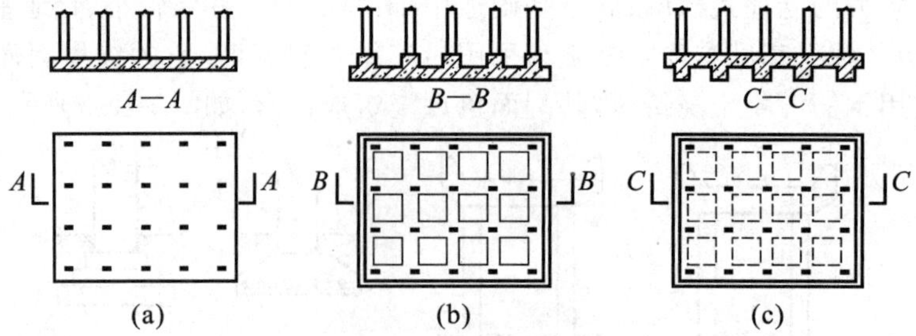

图 1.1.5　筏形基础

(a) 平板式；(b) 上梁式；(c) 下梁式

当筏板的厚度大于 2000 mm 时，宜在板厚中间部位设置直径不小于 12 mm、间距不大于 300 mm 的双向钢筋网。

三、深基础

当建筑场地浅层地基土质不能满足建筑物对地基承载力和变形的要求，也不宜采用地基处理等措施时，往往需要以地基深层坚实土层或岩层作为地基持力层，采用深基础方案。深基础主要有桩基础、沉井基础和地下连续墙等几种类型。其中以桩基础的历史最为悠久，应用最为广泛。

（一）桩基础的工作特点

桩基础可以采用单根桩的形式承受和传递上部结构的荷载，这种独立基础称为单桩基础。但绝大多数桩基础的桩数不止一根，而是由两根或两根以上的多根桩组成桩群，由承台将桩群的上部联结成整体，建筑物的荷载通过承台分配给各根桩，桩群再把荷载传递给地基。这种由两根或两根以上桩数组成的桩基础称为群桩基础。群桩基础中的单桩称为基桩。

桩基础具有承载力高、沉降量小而均匀、沉降速率缓慢等特点。它能承受垂直荷载、水平荷载、上拔力以及机器的振动或动力作用，已广泛用于房屋地基、桥梁、水利等工程中。

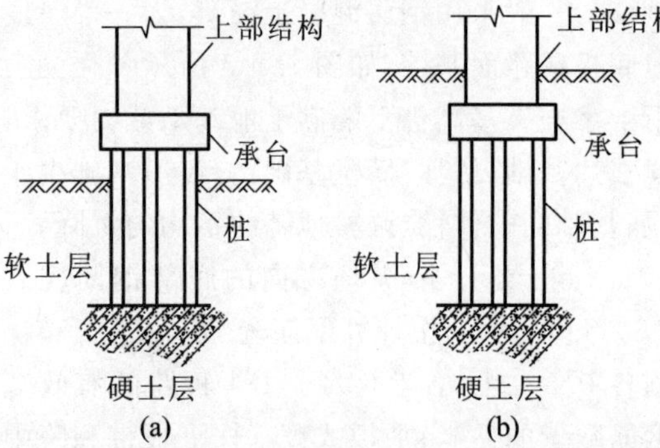

图 1.1.6　高承台桩与低承台桩

(a) 高承台桩；(b)低承台桩

（二）桩基础的分类

工程中的桩基础，往往由数根桩组成，桩顶设置承台，把各桩连成整体，并将上部结构的荷载均匀传递给桩。

1. 按承台位置的高低分类

(1) 高承台桩基础——承台底面高于地面，它的受力和变形不同于低承台桩基础，一般应用在桥梁、码头工程中，如图 1.1.6(a)所示。

(2) 低承台桩基础——承台底面低于地面，一般用于房屋建筑工程中，如图

1.1.6(b)所示。

2. 按承载性状分类

(1) 摩擦桩:桩顶荷载主要由桩侧阻力承受,并考虑桩端阻力,如图 1.1.7(a)所示。

(2) 端承桩:桩顶荷载主要由桩端阻力承受,并考虑桩侧阻力,如图 1.1.7(b)所示。

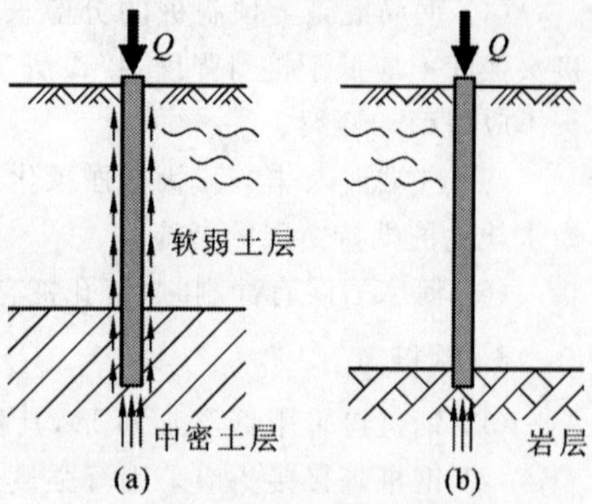

图 1.1.7　桩的承载性状示意图

(a) 摩擦型桩;(b) 端承型桩

3. 按成桩方法分类

(1) 非挤土桩:分为干作业法钻(挖)孔灌注桩、泥浆护壁法钻孔灌注桩、套管护壁法钻孔灌注桩。

(2) 部分挤土桩:分为冲孔灌注桩、挤扩孔灌注桩、预钻孔沉桩、敞口预应力混凝土管桩等。

(3) 挤土桩:按沉桩形式分为锤击、静压、振动沉入的预制桩及闭口预应力混凝土管桩等。

(三) 构造

1. 一般要求

钻孔桩设计直径不宜小于 0.8 m;挖孔桩直径或最小边宽度不宜小于 1.2 m;钢筋混凝土管桩直径可采用 0.4～0.8 m,管壁最小厚度不宜小于 80 mm。

2. 混凝土桩

(1) 桩身混凝土强度等级:钻(挖)孔桩不应低于 C25;预制桩不应低于 C30;预应力桩不应低于 C40;管桩填芯混凝土不应低于 C15。

(2) 钢筋混凝土沉桩的桩身,应按运输、沉入和使用各阶段内力要求通长配筋。桩的两端和接桩区箍筋或螺旋筋的间距需加密,其值可取 40～50 mm。

(3) 钻(挖)孔桩应按桩身内力大小分段配筋。当内力计算表明不需配筋时,应在桩顶 3～5 m 内设构造钢筋。

① 桩内主筋直径不应小于 16 mm,每桩的主筋数量不应少于 8 根,其净距不应小于 80 mm 且不应大于 350 mm。

② 如配筋较多,可采用束筋。组成束筋的单根钢筋直径不应大于 36 mm,组成束筋的单束钢筋根数,当单根钢筋直径小于 28 mm 时不应多于 3 根,当单根钢筋直径大于 28 mm 时应为两根。束筋成束后等代直径为 $d_e = n^{1/2} d$,式中 n 为单束钢筋根数,d 为单根钢筋直径。

③ 钢筋保护层净距不应小于 60 mm。

④ 闭合式箍筋或螺旋筋直径不应小于主筋直径的 1/4,且不应小于 8 mm,其中距不应大于主筋直径的 15 倍且不应大于 300 mm。

⑤ 钢筋笼骨架上每隔 2.0～2.5 m 设置直径 16～32 mm 的加劲箍一道。

⑥ 钢筋笼四周应设置突出的定位钢筋、定位混凝土块,或采用其他定位措施。

⑦ 钢筋笼底部的主筋宜稍向内弯曲,作为导向。

(4) 钢筋混凝土预制桩的分节长度应根据施工条件决定，并应尽量减少接头数量。接头强度不应低于桩身强度，接头法兰盘不应突出于桩身之外，在沉桩时和使用过程中接头不应松动和开裂。

(5) 桩端嵌入非饱和状态强风化岩的预应力混凝土敞口管桩时，应采取有效的预防渗水软化桩端持力层的措施。

(6) 河床岩层有冲刷时，钻孔桩有效深度应考虑岩层最低冲刷标高。

3. 钢桩

(1) 钢桩可采用管形或 H 形，其材质应符合现行国家有关规范和标准的规定。

(2) 钢桩焊接接头应采用等强度连接。使用的焊条、焊丝和焊剂应符合现行国家有关规范和标准的规定。

(3) 钢桩的端部形式，应根据桩所穿越的土层、桩端持力层性质、桩的尺寸、挤土效应等因素综合考虑确定。

① 管形钢桩可采用下列桩端形式：

a. 敞口带加强箍(带内隔板、不带内隔板)、敞口不带加强箍(带内隔板、不带内隔板)；

b. 闭口平底、锥底。

② H 形钢桩可采用下列桩端形式：

a. 带端板；

b. 不带端板、锥底、平底(带扩大翼、不带扩大翼)。

4. 桩的布置和中距

(1) 群桩的布置可采用对称形、梅花形或环形。

(2) 桩的中距应符合以下要求：

① 摩擦桩

锤击、静压沉桩，在桩端处的中距不应小于桩径(或边长)的 3 倍，对于软土地基宜适当增大；振动沉入砂土内的桩，在桩端处的中距不应小于桩径(或边长)的 4 倍。桩在承台底面处的中距不应小于桩径(或边长)的 1.5 倍。

钻孔桩中距不应小于桩径的 2.5 倍。

挖孔桩中距可参照钻孔桩采用。

② 端承桩

支承或嵌固在基岩中的钻(挖)孔桩中距，不应小于桩径的 2.0 倍。

③ 扩底灌注桩

钻孔、挖孔扩底灌注桩的中距不应小于 1.5 倍扩底直径或扩底直径加 1.0 m，取较大者。

(3) 边桩(或角桩)外侧与承台边缘的距离，对于直径(或边长)小于或等于 1.0 m 的桩，不应小于 0.5 倍桩径(或边长)，并不应小于 250 mm；对于直径大于 1.0 m 的桩，不应小于 0.3 倍桩径(或边长)，并不应小于 500 mm。

5. 承台和横系梁的构造

(1) 承台的厚度宜为桩直径的 1.0 倍及以上，且不宜小于 1.5 m，混凝土强度等级不应低于 C25。

(2) 当桩顶直接埋入承台连接时，应在每根桩的顶面上设 1～2 层钢筋网。当桩顶主筋伸入承台时，承台在桩身混凝土顶端平面内需设一层钢筋网，在每米内(按每一方向)设钢筋网 1200～1500 mm^2，钢筋直径采用 12～16 mm，钢筋网应通过桩顶且不应截断。承台的顶面和侧面应设置表层钢筋网，每个面在两个方向的截面面积均不宜小于 400 mm^2/m，钢筋间距不应大于 400 mm。

(3) 当用横系梁加强桩之间的整体性时，横系梁的高度可取 0.8～1.0 倍桩的直径，宽度可取 0.6～1.0 倍桩的直径。混凝土的强度等级不应低于 C25。纵向钢筋截面面积不应小于横系梁截面面积的 0.15%；箍筋直径不应小于 8 mm，其间距不应大于 400 mm。

6. 桩与承台、横系梁的连接要求

(1) 桩顶直接埋入承台连接：当桩径(或边长)小于 0.6 m 时，埋入长度不应小于 2 倍桩径(或边长)；当桩径(或边长)为 0.6～1.2 m 时，埋入长度不应小于 1.2 m；当桩径(或边长)大于 1.2 m 时，埋入长度不应小于桩径(或边长)。

(2) 桩顶主筋伸入承台连接：桩身嵌入承台内的深度可采用 100 mm；伸入承台内的桩顶主筋可做成喇叭形(与竖直线夹角大约为 15°)。伸入承台内的主筋长度，光圆钢筋不应小于 30 倍钢筋直径(设弯钩)，带肋钢筋不应小于 35 倍钢筋直径(不设弯钩)。

(3) 对于大直径灌注桩，当采用一柱一桩时，可设置横系梁或将桩与柱直接连接。

(4) 管桩与承台连接时，伸入承台内的纵向钢筋如采用插筋，插筋数量不应少于 4 根，直径不应小于 16 mm，锚入承台长度不宜少于 35 倍钢筋直径，插入管桩顶填芯混凝土长度不宜小于 1.0 m。

(5) 横系梁的主钢筋应伸入桩内，其长度不小于 35 倍主筋直径。

四、沉井基础

(一) 沉井基础的特点与应用

沉井基础是实体深基础的一种，由于施工中不需要很复杂的机械设备，施工技术也较简单，所以目前在一定条件下，当桥梁墩台基础处的河床地质、水文及施工等条件适宜时，可选用沉井基础。

沉井是一个无底无盖的井状结构物，常用水泥混凝土或钢筋混凝土先在建筑地点预制好，也可以采用钢制沉井，然后在井孔内不断挖土，井体即可借自重克服外壁与土的摩擦力而不断下沉，故称“沉井”。在下沉过程中，沉井作为坑壁围护结构，起挡土、挡水作用；当沉井沉至设计高程并经过封底、填芯以后，又作为桥梁墩台的基础，所以沉井既是一种施工方法，又是一种深基础形式。

当墩台承受荷载较大，要求地基承载力较高，而地面却被较厚的软土所覆盖时，或者河水很深，坚硬土层上软土覆盖层很浅，虽也可用天然地基土的浅基础，但围堰、排水、基坑开挖等工程量很大，又不宜采用桩基础时，可考虑采用沉井。支承在坚硬土层上的沉井基础承载力大，整体性强，稳定性好，还能承受较大的水平推力，其缺点是施工期往往要比桩基础长，且遇到下列情况之一时，沉井下沉将会出现很大困难，甚至有可能失败，一般不宜采用沉井：

(1) 土层中夹有大孤石、大树干、沉船或被埋没的旧建筑物等障碍时，将使沉井下沉受阻；

(2) 沉井在饱和细砂、粉砂和亚砂土层中采取排水挖土时，易发生严重的流砂现象，致使挖土下沉无法继续进行下去；

(3) 基岩层面倾斜、起伏很大，致使沉井底部有一部分搁在岩层上，有一部分仍支承在软土上，当基础受力后将发生倾斜。

（二）沉井基础的类型

1. 按平面形状分

沉井的平面形状，应与桥墩、桥台底部的形状相适应。公路桥梁中所采用的沉井平面形状，多为圆端形和矩形，也有用圆形的。根据平面尺寸的大小，沉井井孔又分单孔、双孔和多孔，双孔和多孔沉井中间设隔墙，如图 1.1.8 所示。

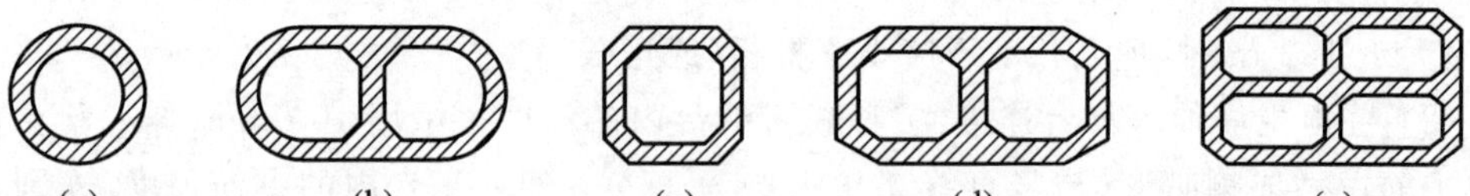

图 1.1.8　沉井平面形状

(a) 圆形；(b) 圆端形；(c) 正方形；(d)、(e) 矩形

(1) 圆形沉井：当墩身是圆形或河流流向不定，以及桥位与河流主流方向斜交较为厉害时，采用圆沉井，可减小阻水流和冲刷现象。圆形沉井中挖土较容易，没有影响机械抓土的死角部分，易使沉井较均匀地下沉；此外，在侧压力作用下，井壁受力情况较好，主要是受压；在截面积和入土深度相同的条件下，与其他形状沉井相比较，其周长最小，故下沉摩阻力较小。但墩台底面形状多为圆端形或矩形，故圆沉井的适应性较差。

(2) 矩形沉井：对墩台底面形状的适应性较好，模板制作、安装都较简单。但采用不排水下沉时，边角部位的土不易挖除，使沉井因挖土不均匀而造成下沉，易出现倾斜的现象。与圆沉井相比，井壁受力条件较差，存在较大的剪力与弯矩，故井壁跨度受到限制。另外矩形沉井有较大的阻水特性，故在使用过程中易使河床受到较大的局部冲刷。此外，在下沉中侧壁摩阻力也较大。

(3) 圆端形沉井：这种沉井能更好地与桥墩平面形状相适应，阻水流和冲刷现象较轻，故用得较多。除模板制作较复杂外，其优缺点介于前两种沉井之间，较接近于矩形沉井。

沉井平面形状及尺寸应根据墩台身底面尺寸、地基土的承载力及施工要求确定。沉井棱角处宜做成圆角或钝角，顶面襟边宽度应根据沉井施工容许偏差而定，不应小于沉井全高的 1/50，且不应小于 0.2 m，浮式沉井另加 0.2 m。沉井顶部需设置围堰时，其襟边宽度应满足安装墩台身模板的要求。井孔的布置和大小应满足取土机具操作的要求。对顶部设置围堰的沉井，宜结合井顶围堰统一考虑。

2. 按立面形状分

按立面形状分，通常有直筒形(柱形)和阶梯形两种，如图 1.1.9 所示。

（1）直筒形：构造简单，模板可重复使用，当土质较松软、沉井埋置深度不大时，可采用这种形式。由于井壁外侧竖直，在下沉时井壁外侧土层紧贴沉井，故在下沉时不易产生倾斜。由于土体对井壁有较大的摩阻力，故可提高基础的承载能力。但当摩阻力过大时，会增加沉井下沉时的困难。

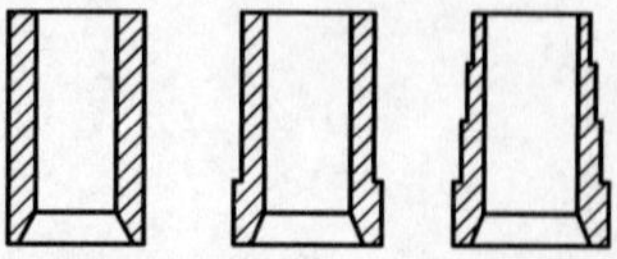

图 1.1.9　沉井立面形状

(a) 直筒形；(b)、(c) 阶梯形

（2）阶梯形：这种沉井除第一节沉井外，其他各节井壁与土体间多少有一些空隙，从而减小了摩阻力。所以当土质比较密实、沉井埋置较深，估计用直筒形沉井下沉会遇到困难时，宜用阶梯形。但这种沉井，由于井壁外侧土的约束力减小，故下沉时容易产生较大的偏斜现象。台阶宽度越大，下沉摩阻力越小，越易偏斜。根据施工经验，台阶宽度以 10～20 cm 为宜，台阶高度可为沉井全高的 1/4～1/3。当沉井较深、摩阻力较大时，可用多阶梯形，台阶可设在每节的接头处，其收分率宜在 1/50～1/20 范围。

（三）沉井基础的构造

沉井一般由井壁、刃脚、隔墙、封底、填芯、盖板和井顶围堰等几部分组成。当沉井顶面低于施工水位时，还应加设临时的井顶围堰，如图 1.1.10 所示。

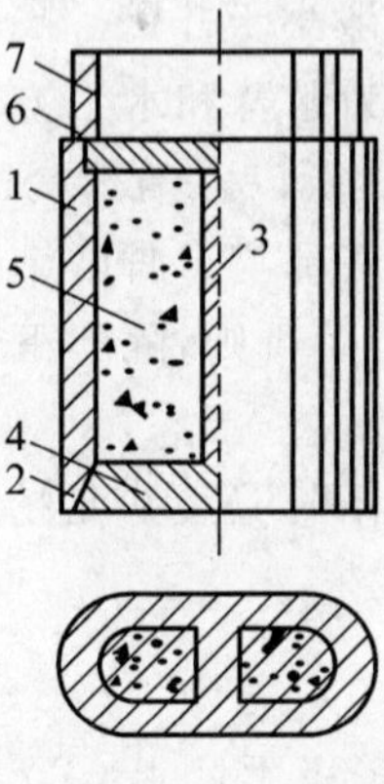

图 1.1.10　沉井的构造

1—井壁；2—刃脚；3—隔墙；4—封底；5—填芯；6—盖板；7—井顶围堰

沉井通常要分节制作，每节高度视沉井全高、地基土质和施工条件而定。应能保证制作时沉井本身的稳定性，并有足够重量使沉井能顺利下沉。每节设计通常不宜小于 3 m，也不宜高于 5 m。

1. 井壁

井壁是沉井的主体部分，其作用一是作为施工时的围堰，用以挡土、隔水；二是提供足够的重量，使沉井能克服阻力顺利下沉；三是沉至设计高程并经填芯后，作为墩台基础。因此，井壁必须有足够的结构强度，一般要根据施工时的受力条件，在井壁内配以竖向和水平向的受力钢筋；如受力不大，经计算也允许用部分竹筋代替钢筋。水平钢筋不宜在井壁转角处有接头。浇筑沉井的混凝土强度等级不应低于 C20。为了满足重量要求，井壁应有足够厚度，一般为 0.8～1.5 m，厚的可达 2 m，最薄不宜小于 0.4 m，以便绑扎钢筋和浇筑混凝土。浮运薄壁钢筋混凝土沉井井壁混凝土强度等级不应低于 C25，厚度则由计算确定。

2. 刃脚

沉井井壁下端的楔形部分称为刃脚。主要作用是沉井下沉时切土和克服障碍，同时也有支承沉井的作用，因此它是受力最集中的部分，必须有足够强度。刃脚构造如图 1.1.11所示。

为了有利于切土，刃脚斜面在保证刃脚受弯和受剪的强度要求下，应尽量做得陡些，一般斜面与水平面的交角应大于 45°。考虑到刃脚的支承作用，通常要求刃脚带踏面，其宽度为 10～20 cm。踏面可使沉井在下沉初期不致下沉过快而造成较大倾斜。如果沉井

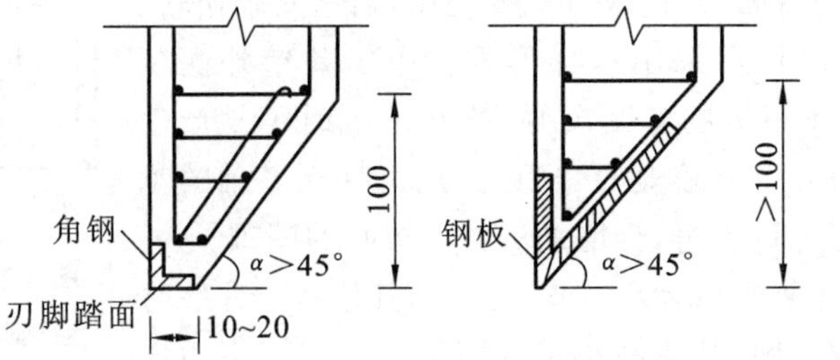

图 1.1.11　刃脚构造（尺寸单位：cm）

要沉入坚硬土层或到达岩层，则宜采用有钢刃尖的刃脚。刃脚高度应当考虑便于抽垫木和人工挖掏刃脚下面的土，最好大于 1 m。刃脚一般用强度等级不低于 C25 的钢筋混凝土制成。对带有踏面的刃脚，如沉井要通过像夹卵石、漂石那类较硬的土层，那么底面应用角钢和槽钢加强，以免刃脚受损。

3. 隔墙（内壁）

沉井尺寸较大时，内设隔墙可增大沉井整体的刚度，减小井壁的跨度，从而减小井壁承受的弯矩和剪力。隔墙的设置，还使沉井内形成多个对称的井孔，有利于掌握挖土位置从而控制下沉速度和方向。隔墙间距一般不大于 5～6 m，厚度一般小于井壁。隔墙受力较小，其底面距刃脚踏面高度，既要考虑支承刃脚悬臂，使刃脚作为悬臂和水平方向的框架共同起作用，而又不使隔墙底面下的土因搁住沉井而妨碍下沉。所以，一般要求其底面高出刃脚底面 0.5 m 以上。当需要提高隔墙底面高度时，可在其底部与刃脚联结处设置梗肋，并将隔墙底面做成抛物线形或梯形，这样人可在井孔间通行。否则，隔墙下部还应设过人孔，孔口一般为 1.0 m×1.2 m。

沉井内的井孔作为挖土施工的空间，其尺寸除要满足使用要求外，还要满足挖土和有利于挖土机械上、下的要求。

4. 封底、井孔填充和顶板浇筑

沉井下沉到设计高程，持力层表面经过清理后，一般用强度等级不低于 C25 混凝土填封底层（如为岩石地基，可用 C20 混凝土）。封底多采用灌注水下混凝土的办法，待封底混凝土达到设计强度，如井孔内需填充材料（俗称填芯），可进行抽水。水抽干后，封底将承受土和水的反力作用，所以要有足够强度，其厚度按受力条件计算确定。厚度的经验值为不小于井孔最小边长的 1.5 倍，且封底的顶面应高出刃脚根部 50 cm 以上。

井孔内填芯材料可用片石混凝土、贫混凝土或浆砌片石；在无冰冻地区亦可采用粗砂和砂砾填料。当作用在墩台上的荷载不大时，也可不填芯，空心沉井应考虑受力和稳定要求。

填砂砾或空心沉井的顶面，均需设置钢筋混凝土盖板，其混凝土强度等级不低于 C15，厚度一般为 1～2 m，配筋可按计算或构造需要确定，要求有足够的强度，足以承受从墩台传给基础的作用。

（四）沉井的材料要求

(1) 沉井各部分混凝土强度等级：刃脚不应低于 C25；井身不应低于 C20；当为薄壁浮

运沉井时，井壁和隔板不应低于 C25，腹腔内填料不应低于 C15。

(2) 沉井封底混凝土厚度由计算确定，但其顶面应高出刃脚根部(即刃脚斜面的顶点处)0.5 m 以上。封底混凝土强度等级，非岩石地基不应低于 C25，岩石地基不应低于 C20。

五、桥涵基础施工图的主要内容

基础施工图的内容与基础的类型有关，桥涵基础施工图的主要内容包括：施工图首页和图纸目录、结构设计总说明、桥梁(涵洞)基础设计说明、基础平面布置图、基础典型剖面构件布置示意图、基础构件配筋图或构件详图、桩位平面布置图与桩基详图；当存在软弱地基时，还应包括地基处理或复合地基施工图；当为桩基础时，应包括桩位布置图、承台详图与桩身详图等。

(一) 首页和图纸目录

首页是反映工程项目名称、设计单位、项目的设计编号、设计阶段、设计出图时间、设计单位的法定代表人、技术总负责人与项目总负责人以及各专业负责人会签的技术文件。图幅一般为 A4。

图纸目录是反映该工程建筑施工图的图纸顺序编号、图纸名称和图幅的技术文件。图幅一般为 A4。

(二) 结构设计总说明

结构设计总说明是统一描述该项工程的结构设计依据、荷载取值、对构配件材料的选用及质量要求，地基的概况及施工要求，结构构件的制作与安装要求，结构的抗震要求，标准图集中所选用的内容与适用范围，图中的代号等有关结构方面共性问题的技术文件。

(三) 桥梁(涵洞)基础设计说明

桥梁(涵洞)基础设计说明包括两个部分的内容，第一部分是关于整个工程项目的地基与基础的设计说明，作为工程项目的共性问题，在结构设计总说明中表达；第二部分是关于各编号基础的具体的地基基础设计说明，作为该编号基础的区域性问题，一般在该编号基础的平面图中以附加设计说明的形式表达。

(四) 基础平面布置图

基础平面布置图是反映桥涵基础部分的结构平面布置、基础形式、定位尺寸、材料选用和构造做法的技术文件，属于桥涵工程全局性的图纸，是施工过程中分层放线定位、场地布置与施工组织和经济核算的依据。

(五) 基础典型剖面构件布置示意图

基础典型剖面构件布置示意图是反映深基础或深基坑支护结构内部典型剖面部位结构立面构件布置的局部性图纸。其内容主要包括：纵向、横向垂直支撑布置图、深基础腰梁或腰桁布置图。

(六) 基础构件配筋图或构件详图

基础构件配筋图或构件详图是表示建筑物基础结构构件的平面和断面形式、定位尺寸、细部尺寸、埋置深度、材料选用和构造做法的技术文件。主要内容包括：基础构件纵断面配筋图、基础构件横断面配筋图、构件中各编号钢筋的定型尺寸详图、钢筋表或构件材料表等。

（七）桩位平面布置图与桩基详图

桩位平面布置图与基础平面布置图的表示方法相同，是表示桥涵桩基础承台和桩承台连梁的结构平面布置、桩承台形式、定位尺寸、材料选用和构造做法的技术文件。

桩基详图的主要内容包括：桩身纵断面配筋图、桩身横断面配筋图、桩承台配筋图、桩承台连梁配筋图及其材料表等。是表示桩基础的纵横断面形式、定位尺寸、细部尺寸、埋置深度、桩身长度、材料选用和构造做法的技术文件。

六、桥涵基础施工图的表示方法与识读要点

（一）桥涵基础施工图的表示方法

(1) 结构施工图的表示方法有三种：详图法、梁柱表法和平面整体设计方法（简称平法）。道路桥梁、水利等行业的工程设计施工图广泛应用详图法表示。

详图法是通过平、立、剖面图将各构件（梁、柱、墙等）的结构尺寸、配筋规格等逼真地表示出来。用详图法绘图的工作量非常大，但此法的优点是详细、逼真。

(2) 构件代号：桥涵结构的基本构件很多，有时布置也很复杂，为了图面清晰，以及把不同的构件表示清楚，制图规范规定构件的名称应用构件名称的汉语拼音字母中的第一个字母表示，字母后应用阿拉伯数字标注该构件的型号或编号，也可为构件的顺序号。构件的顺序号采用不带角标的阿拉伯数字连续编排。

(3) 基础平面布置图的表示方法是用一个假想的水平剖切面，沿建筑物基础顶面标高以上的部位把建筑物水平剖切开，移去剖切面以上的建筑物和回填土，向下作水平投影所得到的图样。

(4) 基础构件配筋图或构件详图的表示方法是把基础平面布置图中的基础结构构件采用较大的比例单独绘制并增加其断面图和钢筋定型尺寸详图的图样，如图 1.1.12 所示。

(5) 桩位平面布置图的表示方法与基础平面布置图的表示方法一样，是用一个假想的水平剖切面，沿建筑物基础底面或桩承台底面标高处把建筑物水平剖切开，移去剖切面以上的建筑物和回填土，向下作水平投影所得到的图样。

(6) 桩基详图的表示方法是详图法绘制的柱配筋图的表示方法与基础详图的表示方法相结合的表示方法。

（二）基础平面布置图的识读要点

(1) 熟悉基础平面布置图的图名和比例。当桥涵基础体形较长或较大时，基础平面布置图可以采用分段绘制。基础平面布置图的制图比例一般采用 1∶100。

(2) 熟悉各基础的平面布置，包括基础结构平面总尺寸、各基础定位尺寸、基础控制标高、各基础的编号及其数量。

(3) 熟悉各基础的详图索引位置及其编号。

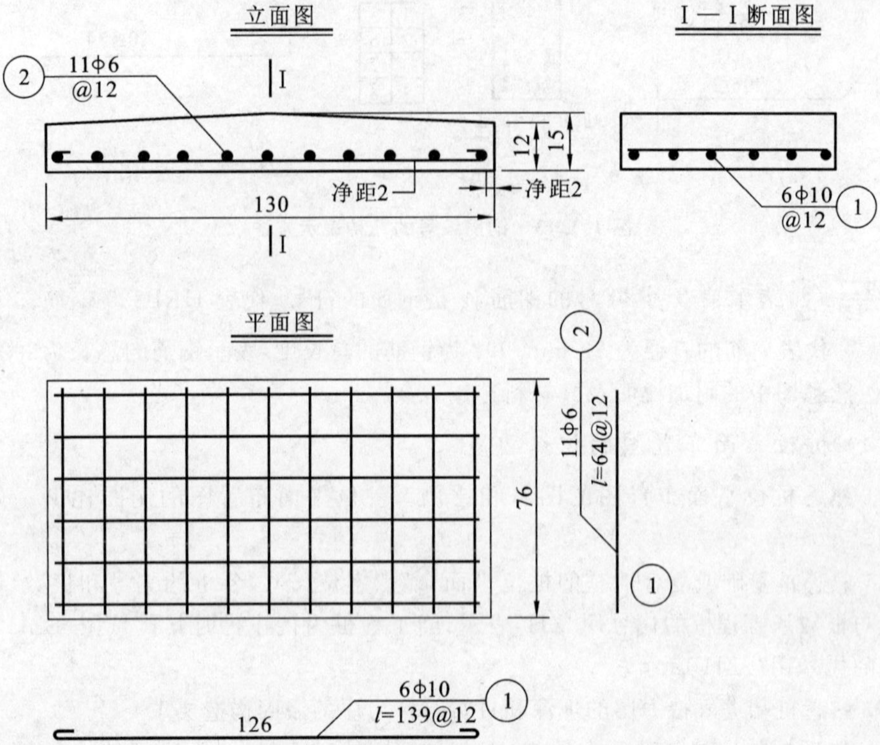

图 1.1.12　钢筋混凝土板的钢筋布置图

(4) 熟悉基坑或基槽开挖的控制尺寸、台阶比例与放坡要求，地下水位变化情况，地基持力层的位置，地基局部处理或整体托换的施工要求与检验方法。

(5) 熟悉地沟与孔洞或预埋件在基础中的定位尺寸、控制标高、细部尺寸和构造做法。

(6) 熟悉图中的附加说明及其材料选用。

(三) 基础构件配筋图或构件详图的识读要点

(1) 熟悉基础构件配筋图或构件详图的图名和比例。基础构件配筋图或构件详图的制图比例一般采用 1∶10、1∶20、1∶30 等比例。对于基础预埋件详图，其制图比例也可采用 1∶1、1∶2、1∶3、1∶5 等。

(2) 熟悉各基础结构构件的平面和断面形式、定位尺寸、细部尺寸、基础底面标高和埋置深度。

(3) 熟悉各基础结构构件的材料选用、配筋方法、结构构造要求与构造做法。

(4) 熟悉各基础与基础、基础与基础结构构件之间的连接构造要求。

(5) 熟悉各基础与基础上部的柱和墙体的连接构造要求。

(6) 熟悉钢筋的编号及其标注方法。钢筋构造图中，各种钢筋应标注数量、直径、长度、间距、编号，编号应采用阿拉伯数字表示。宜先编构件的主筋，后编构件的构造筋。钢筋编号的标注有三种方法，如图 1.1.13 所示。

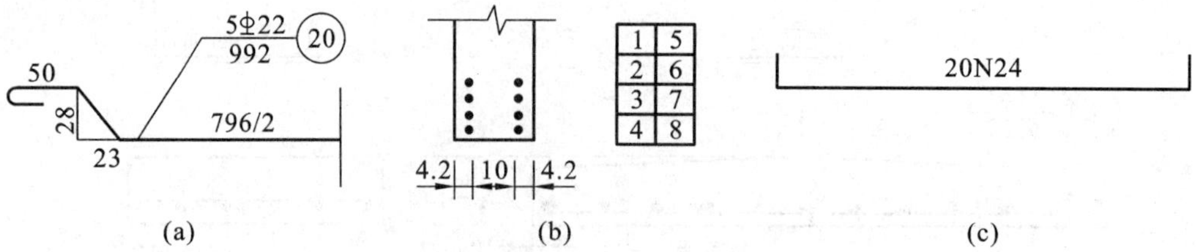

图 1.1.13　钢筋编号的几种表示方法

$\frac{5\Phi22}{992}$(20)表示编号为 20 号的钢筋,Φ 是钢筋的符号,代表 HRB335 钢筋,5 是钢筋的根数,22 代表钢筋的直径为 22 mm,992 为钢筋的总长度,表示钢筋的总长为992 cm。

(7) 熟悉图中的附加说明及其材料选用。

(四) 桩位平面布置图的识读要点

(1) 熟悉桩位平面布置图的图名和比例。桩位平面布置图的制图比例一般采用 1∶100。

(2) 熟悉桩基础或复合地基的桩位平面布置、定位尺寸、各桩的编号和根数、试验桩的位置与根数。工程桩的代号用"ZH"表示,当工程桩为抗拔桩时其代号用"BZH"表示,试验桩的代号用"SZH"表示。

(3) 熟悉桩端进入持力层的埋深和桩端与持力层的嵌固构造要求。

(4) 熟悉桩基础与各种复合地基(石灰桩、砂桩、碎石桩、水泥土搅拌桩、CFG 桩、树根桩等)桩的检测试验方法。

(5) 熟悉桩长、桩间土的地质分布、地下水位、地下水的性质与桩基的施工工艺的关系以及桩间土负摩阻力的影响。

(6) 熟悉桩承台底面或复合地基基础底面桩间土的地基处理要求、材料选用和构造做法。

(7) 熟悉图中的附加说明及其材料选用。

(五) 桩基详图的识读要点

(1) 熟悉各桩基础详图的图名、比例和断面剖切部位与编号。桩基详图的制图比例一般采用 1∶10、1∶20 或 1∶30。

(2) 熟悉桩身的纵横断面形式、定位尺寸、细部尺寸、埋置深度、桩身长度等桩身基本参数。

(3) 熟悉桩身的类别(预制桩、灌注桩)、相应的施工工艺要求、材料选用和构造做法。当为人工挖孔灌注桩时,还应熟悉桩护壁的施工工艺要求、材料选用和构造做法。

(4) 熟悉桩承台的平面和断面形式、定位尺寸、细部尺寸、埋置深度、材料选用和配筋构造要求。

(5) 熟悉桩承台连梁的平面和断面形式、定位尺寸、细部尺寸、埋置深度、材料选用和配筋构造要求。

(6) 熟悉桩身与桩承台、桩承台与桩承台连梁的连接方法与构造要求。

（7）熟悉图中的附加说明及其材料选用。

（六）钢筋成型图与材料表的识读要点

钢筋成型图表示各种钢筋的编号、根数、直径以及各段的长度和总长，是钢筋成型加工的依据；钢筋材料表的内容包括钢筋的编号、直径、型式、每根长度、根数、总长及质量等。钢筋成型图与材料表识读时应掌握以下主要内容：

（1）熟悉各编号钢筋在构件图中的位置。

（2）熟悉各编号钢筋的规格、直径、型式、每根长度、根数、总长及质量。

（3）熟悉各预埋件在构件图中的预埋位置、材料组成、形式、材料规格、件数及质量。

单元二　基础钢筋放样

一、概述

（一）钢筋放样的概念

钢筋放样是工程施工过程中钢筋加工的技术准备工作；是根据施工图中的各编号钢筋详图中所标注的钢筋分段的定型尺寸，分别计算构件中各钢筋的直线下料长度、根数及质量，并编制钢筋配料单，作为备料、加工和结算的依据。钢筋放样配料，应由识图能力强、且熟悉钢筋加工工艺的人员进行；应按不同构件编制配料单，然后进行备料加工。

钢筋配料应按顺序进行。从整体来说，应按基础→柱→板→次梁→主梁的顺序进行配料。对具体构件而言，应按钢筋表中各构件的钢筋编号顺序配料。钢筋配料单示例如表 1.2.1 所示。

表 1.2.1　钢筋配料单

项次	构件名称	钢筋编号	简图	直径(mm)	钢号	下料长度(mm)	单位根数	合计根数	质量(kg)
1	L₁ 梁 计 5 根	①		16	Φ	6630	2	10	104.6
2		②		16	Φ	3800	1	5	30
3		③		16	Φ	7135	2	10	113.1
4		④	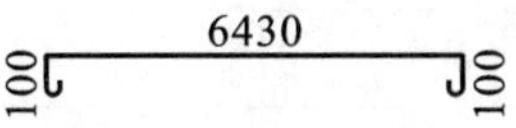	10	Φ	6720	2	10	41.5
5		⑤		6	Φ	1295	33	165	48
	合计　Φ6:48 kg　　Φ10:41.5 kg　　Φ16:247.7 kg								

施工图中的各编号钢筋详图中所标注的钢筋分段的定型尺寸，均为该段的理论长度，是指该段钢筋外边缘至外边缘之间的长度，即钢筋的外包尺寸，这是工程中度量钢筋用量的基本依据。而钢筋加工前是按直线下料，钢筋弯曲后外边缘会伸长，内边缘缩短，中心线不变，这样，钢筋弯曲后的外包尺寸和中心线长度之间存在一个差值，称为“量度差值”。故钢筋加工时，应将该编号钢筋的理论长度减去其相应的量度差值，否则会因下料太长而造成浪费，或弯曲成型后钢筋尺寸大于要求而造成保护层不够，甚至钢筋尺寸大于模板尺寸而造成返工。因此，将钢筋各段外包尺寸之和减去各弯曲处的量度差值，再加上端部弯钩的增加值，称为钢筋的下料长度（钢筋的中线长度）。钢筋放样的关键是钢筋下料长度的计算。

（二）钢筋下料长度计算的影响因素

（1）桥梁结构的结构构件一般比较长，钢筋下料长度计算的影响因素主要包括：钢筋的种类、钢筋的理论长度、构件的受力特征、钢筋的定型规格、钢筋的直径、钢筋的连接形式、钢筋的弯折角度、结构抗震要求等。

（2）钢筋工程施工的构造要求均详见情境二的钢筋工程施工要点。

（3）钢筋弯制和端部的弯钩应符合设计要求，设计未作要求时应符合表 1.2.2 的规定。

表 1.2.2 受力主钢筋和末端弯钩形状

弯曲部位	弯曲角度	钢筋种类	公称直径 d(mm)	弯曲直径 D	平直段长度
末端弯钩	180°	HPB300	6～22	≥2.5d	≥3d
	135°	HRB335	6～25	≥3d	≥5d
			28～40	≥4d	
			50	≥5d	
		HRB400	6～25	≥4d	
			28～40	≥5d	
			50	≥6d	
		RRB400	8～25	≥3d	
			28～40	≥4d	
	90°	HRB335	6～25	≥3d	≥10d
			28～40	≥4d	
			50	≥5d	
		HRB400	6～25	≥4d	
			28～40	≥5d	
			50	≥6d	
		RRB400	8～25	≥3d	
			28～40	≥4d	
中间弯折	≤90°	各种钢筋		≥20d	—

注：采用环氧树脂涂层钢筋时，除应满足表内规定外，当钢筋直径 $d \leqslant 20$ mm 时，弯钩内直径 D 不应小于 4d；当 $d > 20$ mm 时，弯钩内直径 D 不应小于 6d；直线段长度不应小于 5d。

二、弯曲钢筋的量度差值

(一) 量度差值计算方法

钢筋弯曲处的量度差值与钢筋弯心直径 D 和弯曲角度 θ 有关。钢筋弯钩及弯曲后尺寸如图 1.2.1 所示。

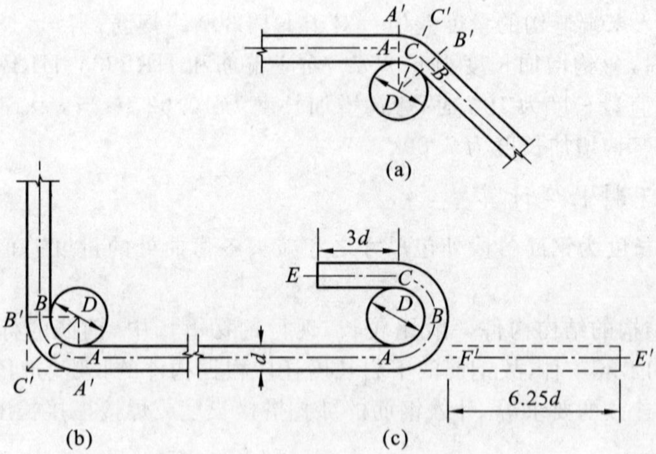

图 1.2.1　钢筋弯钩及弯曲后尺寸

(a) 弯 45°;(b) 弯 90°;(c) 弯 180°

通过数学中的弧长计算公式和三角函数进行推导,量度差值 Δ 可按式(1.1)计算。

$$\Delta=2(0.5D+d)\tan 0.5\theta-0.5\theta(D+d) \tag{1.1}$$

式中　Δ——量度差值,mm;

D——弯心直径,mm;

d——钢筋直径,mm;

θ——弯曲角度,rad。

(二) 量度差值计算用表

工程中,各种钢筋在不同弯心直径 D 和弯曲角度情况下,钢筋外包尺寸的量度差值详见表 1.2.3。

表 1.2.3　钢筋外包尺寸的量度差值表

D \ 弯角	45°	60°	90°	135°	180°
2.5d	0.490d	0.765d	1.751d	2.241d	3.502d
3d	0.499d	0.792d	1.860d	2.359d	3.783d
4d	0.522d	0.846d	2.073d	2.595d	4.146d
5d	0.543d	0.900d	2.288d	2.831d	4.576d
6d	0.563d	0.954d	2.505d	3.068d	6.996d
20d	0.861d	1.706d	5.515d	—	—

三、钢筋下料长度计算

（一）钢筋末端弯钩增加长度

末端弯钩增加的长度与钢筋弯心直径 D、弯曲角度 θ、量度差值 Δ 和弯钩末端平直段的长度有关，可按式(1.2)计算。

$$弯钩增加长度=0.5\theta(D+d)-(0.5D+d)+平直段长度 \tag{1.2}$$

上式中已计入末端弯钩的量度差值。对于 HPB300 级钢筋，当 $\theta=180°$，$D=2.5d$，平直段长度为 $3d$ 时，弯钩增加长度为 $6.25d$。对于箍筋和 HRB335、HRB400 级钢筋，当 $\theta=90°$，$D=4d$，平直段长度为 $10d$ 时，弯钩增加长度为 $10.927d$；当 $\theta=135°$，$D=4d$，平直段长度为 $5d$ 时，弯钩增加长度为 $7.89d$。

（二）钢筋下料长度计算

钢筋的下料长度为钢筋各段外包尺寸之和减去各弯曲处的量度差值，再加上端部弯钩的增加值。

注意，桥梁结构的结构构件一般比较长，现行钢材市场中，钢筋的标志长度，除盘圆外，有 8 m、9 m、12 m 三种，故钢筋的下料长度还应根据构件的长度、进场材料的规格、设计或规范对钢筋连接的要求等，计入钢筋的绑扎搭接长度或焊接搭接长度。

四、钢筋下料长度计算实例

某建筑物底层共有 L_1 梁 5 根，梁的配筋如图 1.2.2 所示，均采用 HPB300 级钢筋。L_1 梁的配料单如表 1.2.1 所示，表中钢筋的“下料长度”计算过程如下：

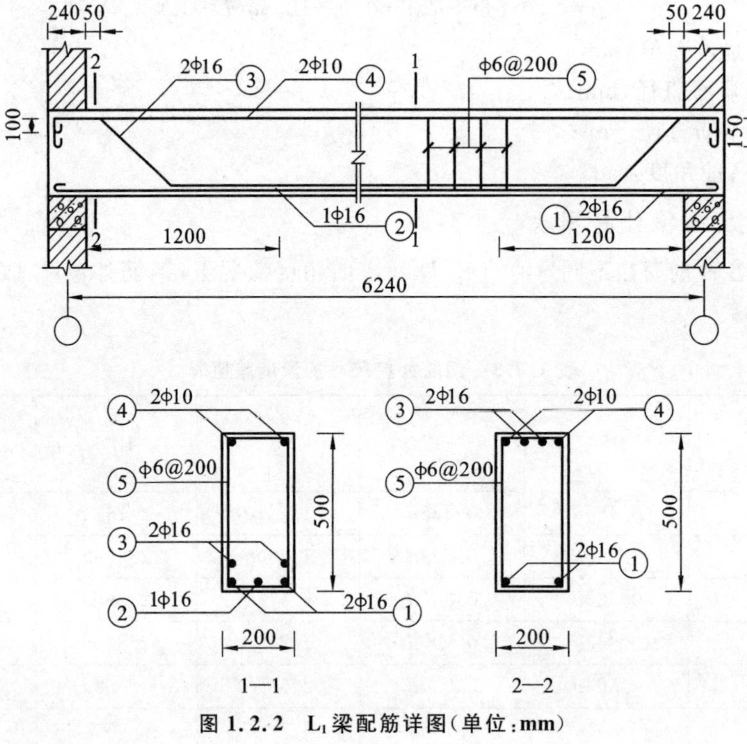

图 1.2.2　L_1 梁配筋详图(单位：mm)

(1) 规范规定：HPB300 级钢筋 d 为 6～22 mm 时，$D \geqslant 2.5d$，平直段长度 $\geqslant 3d$。

(2) ①号钢筋为下部角筋，混凝土保护层厚 25 mm，则钢筋外包尺寸为：

$$6240+240-2\times 25=6430\ \text{mm};$$

下料长度为：$l_1=6430+2\times 6.25\times 16=6630$ mm。

(3) ②号钢筋为下部跨中直钢筋，钢筋外包尺寸为：

$$6240-240-2\times 1200=3600\ \text{mm};$$

下料长度为：$l_2=3600+2\times 6.25\times 16=3800$ mm。

(4) ③号钢筋为弯曲钢筋，弯曲角度 45°，钢筋层间净距 25 mm，外包尺寸分段计算如下：

两端水平段长度为：240＋50－25＝265 mm；

弯曲斜段长度为：

$$(500-2\times 25-25-16-2\times 6)/\sin 45°=397\times 1.4142=561\ \text{mm};$$

中间直线段长度为：6240＋240－2×25－2×265－2×397＝5094 mm；

外包尺寸长度为：2×150＋2×265＋2×561＋5094＝7046 mm；

下料长度为：$l_3=7046-(2\times 1.751+4\times 0.861-2\times 6.25)\times 16=7135$ mm

(5) ④号钢筋为上部架立钢筋，钢筋外包尺寸为：

$$6240+240+2\times 100-2\times 25=6630\ \text{mm};$$

下料长度为：$l_4=6630-2\times 1.751\times 10+2\times 6.25\times 10=6720$ mm。

(6) ⑤号箍筋，末端弯钩 135°，箍筋外包尺寸长度为：

$$(500-2\times 25+200-2\times 25)\times 2=1200\ \text{mm};$$

下料长度为：$l_5=1200+2\times 7.89\times 6=1295$ mm。

箍筋根数为：$n=2+1+(6240-240-100)/200=33$ 根。

案例　基础施工图识读

一、桩柱式深基础工程实例

图 1 为单柱式桥墩的一般构造图，桥墩由盖梁、柱、桩、承台等几部分组成，用立面图、平面图和侧面图表示。其中承台和桩属于基础部分，柱和桩较长，采用了折断画法。图中对不同位置桥墩的高度尺寸列表给出。

由图可见，承台的尺寸为 480 cm×210 cm×200 cm，承台底部标高为 84.981 m，桩采用圆柱形，直径为 120 cm，桩间距为 300 cm，桩长 8 m。桩基和承台的详细配筋图见图 2 和图 3。

图 2 为桩基钢筋构造图，由立面图、Ⅰ—Ⅰ断面图及钢筋详图表示，并绘有工程数量表。图中①号钢筋为桩的主筋，伸入承台内 190 cm，伸入承台内的钢筋做成喇叭形，大约与直线成倾斜 15°，采用直径为 25 mm 的 HRB335 钢筋，每根长度为 800＋190＝990 cm，共 20 根；②号加强箍筋在钢筋骨架上每隔 2 m 焊接一根，采用直径为 16 mm 的 HRB335 钢筋，每根长 331.7 cm，共 4 根；③号钢筋为基桩的螺旋分布筋，只有 1 根，采用直径为 8 mm 的HRB335 钢筋，长 21655.4 cm，分布在整个桩柱上，包裹着①号钢筋，形成螺旋箍筋柱，成为基桩的骨架；④号定位钢筋在钢筋骨架上每隔 2 m 沿圆周等距离焊接 4 根，采

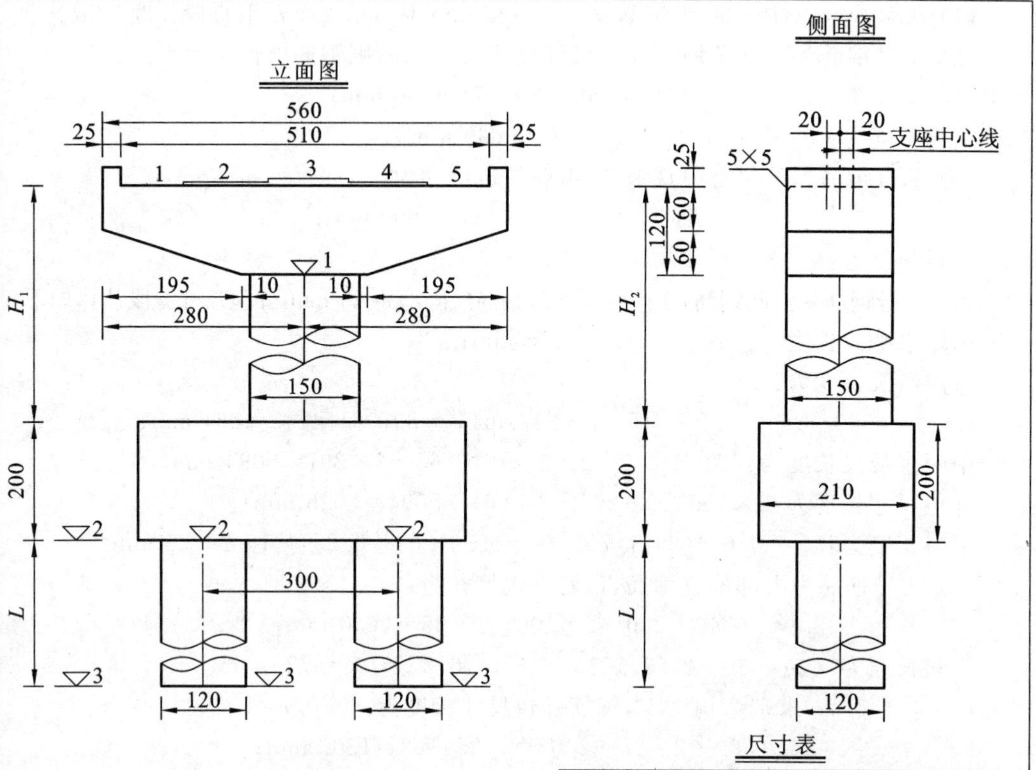

项目 墩号	▽1 (m)	▽2 (m)	H_1 (cm)	H_2 (cm)	▽3 (m)	L (cm)
2	94.061	84.981	828	828	76.981	800
3	94.061	84.981	828	828	76.981	800

注：1.本图尺寸均以cm为单位；
2.各墩柱号由路线前进方向从左至右排列；
3.墩帽横坡由台阶设置，台阶高差2.0 cm，混凝土标号C40。

图 1　单柱式桥墩构造图

用直径为 12 mm 的 HRB335 钢筋，每根长 350 cm，共 16 根。

图 3 是承台的钢筋构造图。由断面图、平面图、Ⅰ—Ⅰ断面图、Ⅱ—Ⅱ断面图及钢筋详图表示，并绘有工程数量表。承台内共 5 种钢筋。①号钢筋分布在承台的两个侧面及上顶面，沿宽方向布置，两侧分别布置 4 根，顶面布置 25 根，采用直径为 16 mm 的 HRB335 钢筋，每根长 220 cm，共 33 根；②号钢筋分布在承台的下底面，沿宽方向布置，采用直径为 22 mm 的 HRB335 钢筋，每根长 220 cm，共 25 根；③号钢筋对称布置在承台的前后侧面，沿长方向布置，每侧布置 4 根，间距 36 cm，采用直径为 8 mm 的 HPB300 钢筋，每根长 483.2 cm，共8 根；④号钢筋沿高方向布置，分两排布置，每排 5 根，采用直径为 8 mm 的 HPB300 钢筋，每根长 190.9 cm，共 10 根；⑤号钢筋为箍筋，沿长、高方向包裹承台的钢筋骨架，间距为 20 cm，采用直径为 8 mm 的 HPB300 钢筋，每根长 1318.2 cm，共 11 根。

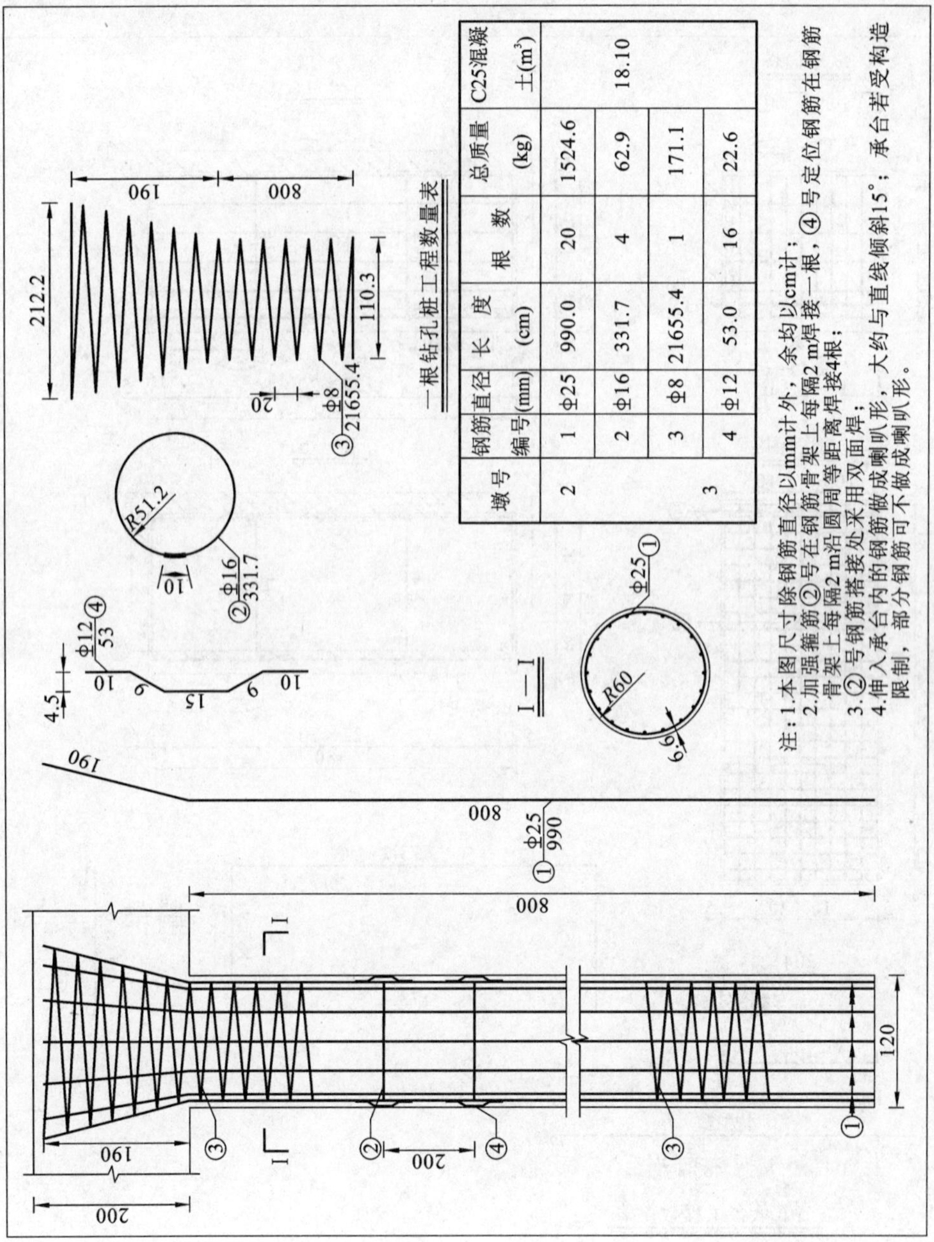

一根钻孔桩工程数量表

墩号	钢筋编号	直径(mm)	长度(cm)	根数	总质量(kg)	C25混凝土(m^3)
2	1	Φ25	990.0	20	1524.6	18.10
	2	Φ16	331.7	4	62.9	
3	3	Φ8	21655.4	1	171.1	
	4	Φ12	53.0	16	22.6	

注：1.本图尺寸除钢筋直径以mm计外，余均以cm计；
2.加强箍筋②号在钢筋骨架上每隔2 m焊接一根，④号定位钢筋在钢筋骨架上每隔2 m沿圆周等距离焊接4根；
3.②号钢筋搭接处采用双面焊；
4.伸入承台内的钢筋做成喇叭形，大约与直线倾斜15°；承台若受构造限制，部分钢筋可不做成喇叭形。

图2　桥墩桩基钢筋构造图

二、扩大基础工程实例

图 4 为桥台扩大基础钢筋构造图，为两层阶形基础，下层基础尺寸为 560 cm×530 cm×100 cm，上层基础尺寸为 460 cm×430 cm×100 cm，下层基础前后左右各扩宽 50 cm，立面图为Ⅰ—Ⅰ断面图、侧立面图为Ⅱ—Ⅱ断面图，并绘有钢筋详图和钢筋数量表。图中共有 4 种钢筋，①和④号钢筋均匀分布在扩大基础的最底层，垂直布置，且①号钢筋在下，④号在上；②和③号钢筋均匀分布在上层基础的最顶层，垂直布置，且②号钢筋在上，③号在下；①、②、③、④号钢筋都是受力筋，均采用直径为 12 mm 的 HRB335 钢筋，均匀分布，间距均为 20 cm。

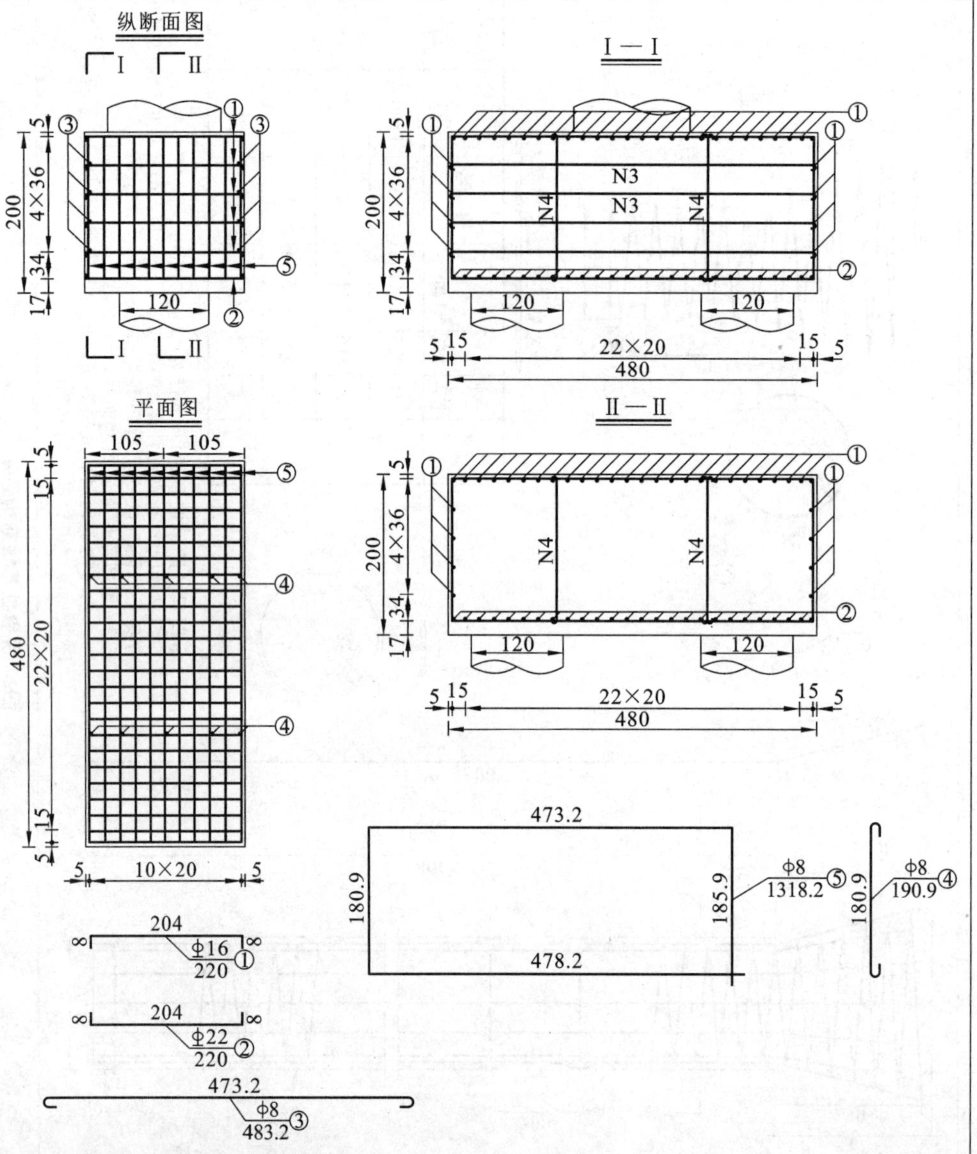

一个承台工程数量表

编号	直径(mm)	每根长度(cm)	根数	总质量(kg)	C25混凝土(m^3)
1	ϕ16	220.0	33	114.7	
2	ϕ22	220.0	25	163.9	
3		483.2	8		20.16
4	ϕ8	190.9	10	80.3	
5		1318.2	11		

注：1.本图尺寸均以cm计；
2.本图为对应单柱下的分离承台配筋。

图3　桩基承台的钢筋构造图

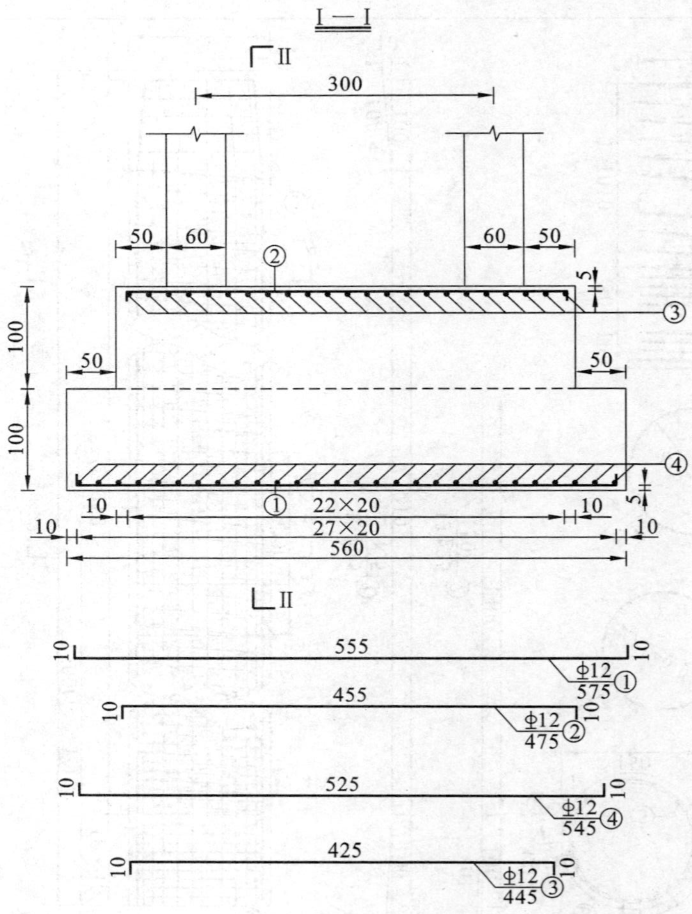

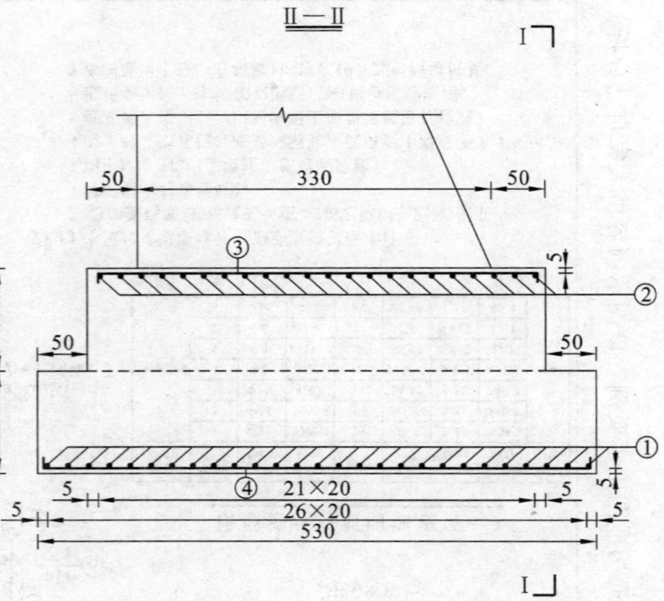

基础工程数量

编号	直径(mm)	长度(cm)	根数	总质量(kg)	C20混凝土(m^3)
1	Φ12	575.0	27	457.1	49.46
2		475.0	22		
3		445.0	23		
4		545.0	28		

图4 桥台扩大基础钢筋构造图

三、无承台桥墩桩基础工程实例

图 5 为无承台桥墩桩基础钢筋构造图工程实例。该图示内容由大家自己分析。

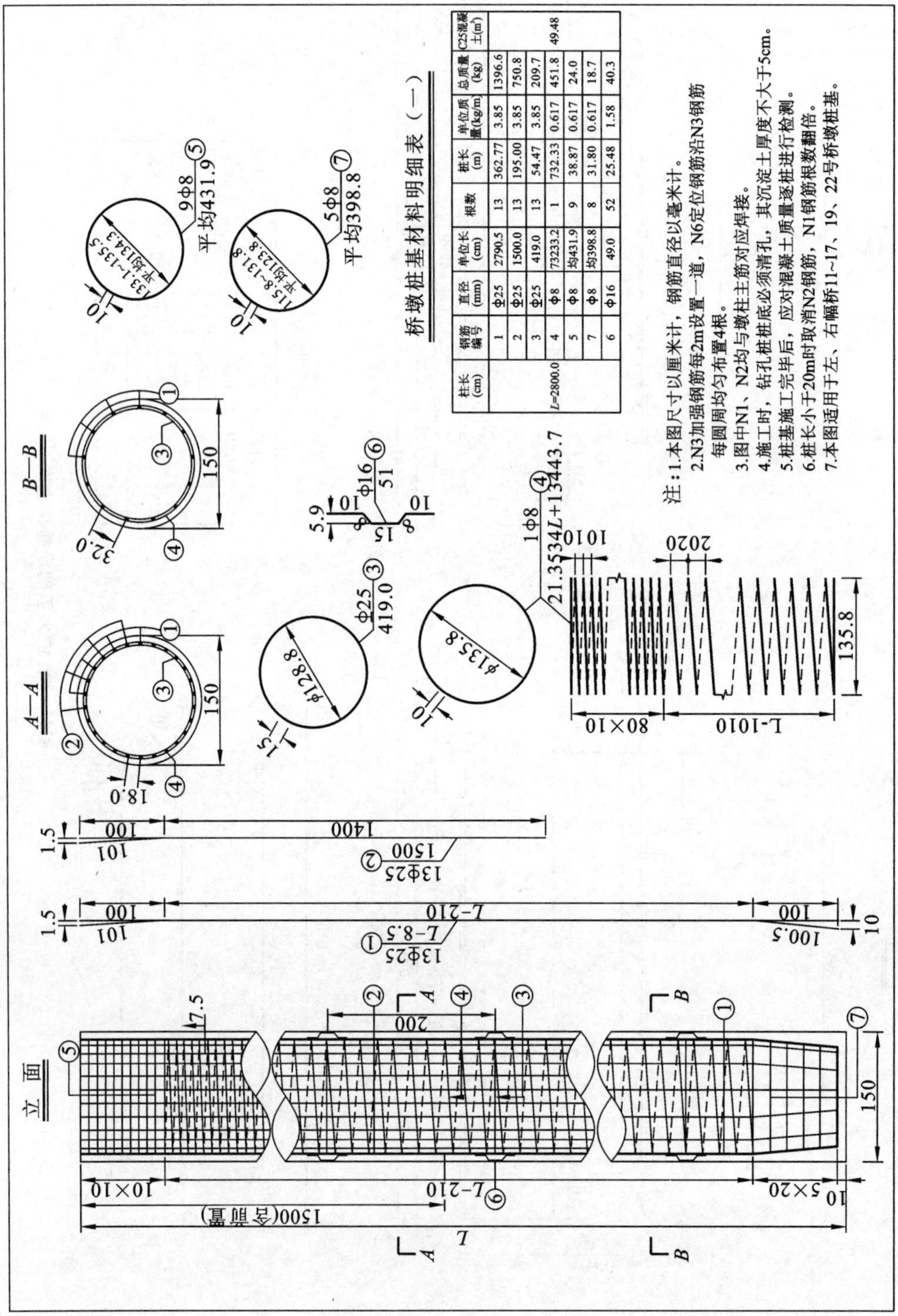

桥墩桩基材料明细表（一）

柱长(cm)	钢筋编号	直径(mm)	单位长(cm)	根数	桩长(m)	单位质量(kg/m)	总质量(kg)	C25混凝土(m^3)
L=2800.0	1	Φ25	2790.5	13	362.77	3.85	1396.6	49.48
	2	Φ25	1500.0	13	195.00	3.85	750.8	
	3	Φ25	419.0	13	54.47	3.85	209.7	
	4	Φ8	73233.2	1	732.33	0.617	451.8	
	5	Φ8	均431.9	9	38.87	0.617	24.0	
	7	Φ8	均398.8	8	31.80	0.617	18.7	
	6	Φ16	49.0	52	25.48	1.58	40.3	

注：1.本图尺寸以厘米计，钢筋直径以毫米计。
2.N3加强钢筋每2m设置一道，N6定位钢筋沿N3钢筋每圆周均匀布置4根。
3.图中N1、N2均与墩柱主筋对应焊接。
4.施工时，钻孔桩桩底必须清孔，其沉淀土厚度不大于5cm。
5.桩基施工完毕后，应对混凝土质量逐桩进行检测。
6.桩长小于20m时取消N2钢筋，N1钢筋根数翻倍。
7.本图适用于左、右幅桥11~17、19、22号桥墩桩基。

图5 无承台桥墩桩基础钢筋构造图

小　结

本情境重点介绍了桥涵基础的类型、特点与构造要求；桥涵基础施工图的内容、表示方法与识读要点；基础钢筋放样的概念与基本方法。具体包括：

(1) 浅基础与深基础的类型、特点与构造要求；

(2) 桥涵基础施工图应具备的内容；

(3) 桥涵基础施工图的表示方法与识读要点；

(4) 基础钢筋放样的概念、弯曲钢筋的量度差值与钢筋下料长度的计算方法。

思考题

1. 简述混凝土扩大基础的构造要求。
2. 简述桩基础的类型与构造要求。
3. 简述沉井基础的类型与构造要求。
4. 简述桥涵基础施工图应具备的内容。
5. 简述桥涵基础施工图的表示方法与识读要点。
6. 简述弯曲钢筋的量度差值与钢筋下料长度的计算方法。
7. 识读案例三中无承台桥墩桩基础的构造图及配筋图，并进行钢筋放样。

情境二　天然地基上浅基础施工

学习目标

1. 掌握明挖法基坑开挖的方法与各种基坑支护的施工工艺。
2. 掌握基坑检验与地基局部处理的方法。
3. 掌握围堰法施工的基本要求与施工工艺。
4. 掌握刚性扩大基础施工工艺。
5. 掌握独立基础与条形基础施工工艺。
6. 掌握筏形基础施工工艺。
7. 掌握地下连续墙施工工艺。

单元一　桥涵浅基础施工工艺概述

一、桥涵浅基础施工方法

天然地基上浅基础的施工，一般采用明挖法，即直接从地面向下开挖基坑至基础底面设计高程，然后在基坑中修筑基础。对于河流或浅滩上的浅基础施工，一般采用围堰法施工，即在开挖基坑前，先在基坑外围修筑一道封闭的临时挡水结构物，这种挡水结构物称为围堰，然后才可排水开挖基坑，或在静水条件下进行水下开挖基坑作业，并继续明挖法的其他工序。

明挖法施工的特点是工作面大，具有操作简便，需要的机具少，便于就地取材，便于组织快速施工，便于地基检查和处理等优点，所以，当经济上合理，技术上可行时，大都优先考虑采用明挖法施工。但明挖法具有使用劳动力多、作业条件差、劳动强度大等缺点，故只适用于浅基础施工。

二、天然地基上浅基础的施工工序

旱地上浅基础的施工工序如下：施工准备→基础定位放样→基坑开挖与基坑支护→基坑排水→基底检验与处理→基础浇灌、砌筑与养护→基础工程验收→基坑回填。

围堰法的施工工序如下：施工准备（包括确定围堰结构形式与堰内面积）→围堰定位→修筑围堰→堰内排水（水下开挖基坑作业时无此道工序）→基础定位放样→基坑开挖与基坑支护→基坑排水→基底检验与处理→基础浇灌、砌筑与养护→基础工程验收→基坑回填→清除围堰。

三、施工准备与基础定位放样

（一）施工准备

桥涵基础工程施工准备的内容包括：技术准备、主要施工机械和现场作业条件准备三个方面。

1. 技术准备

（1）识读地质资料、施工图纸及标准规范，编制施工方案。

（2）现场踏勘，了解地形地貌、周边环境。

（3）完成工程测量控制点的定位、移交、复核工作。

（4）组织施工人员进行技术、质量、安全、环境等各方面的交底工作。

2. 主要施工机械

（1）土方施工机械（推土机、铲运机、单斗挖土机、装载机、运土车等）。

（2）基坑排水降水施工机械。

（3）基坑支护施工机械。

（4）混凝土浇筑施工机械。

3. 现场作业条件准备

（1）清理障碍物。

（2）测量布点。

（3）排水降水。

（4）运土道路。

（5）修建临时设施。

（6）四通一平。

（7）回填土留置场所等。

（二）基础定位放样

1. 基础定位放样施工工艺

桥涵基础定位放样就是根据设计的桥墩、桥台基础的位置和尺寸，将其在施工现场的地面上标定下来，包括基础和基坑的平面位置和基础各部分的高程的定位。旱地上浅基础定位放样的施工工序如下：确定桥梁中轴线的定位桩→确定墩台基础底面形心点的定位桩→确定墩台基础横轴线的定位桩（图 2.1.1）→确定各基础的基坑尺寸和开挖边线→在基坑开挖边线外围设置龙门板和基础轴线控制点（图 2.1.2）→在施工现场基坑开挖边线外围设置临时水准点。

注意：基础底面形心点的定位桩在基坑开挖时将被挖除，所以基础纵横轴线的定位桩均必须设置在基坑开挖边线外围，且不受施工影响的地方，并应设置备用护桩。

2. 桥涵施工测量的准备工作

（1）桥涵工程施工前应根据其结构形式、跨径及精度要求等编制施工测量方案，选定控制测量等级，确定测量方法。

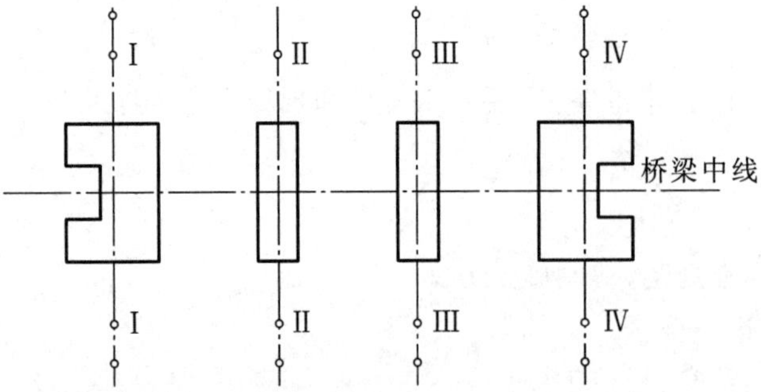

图 2.1.1 基础定位放样

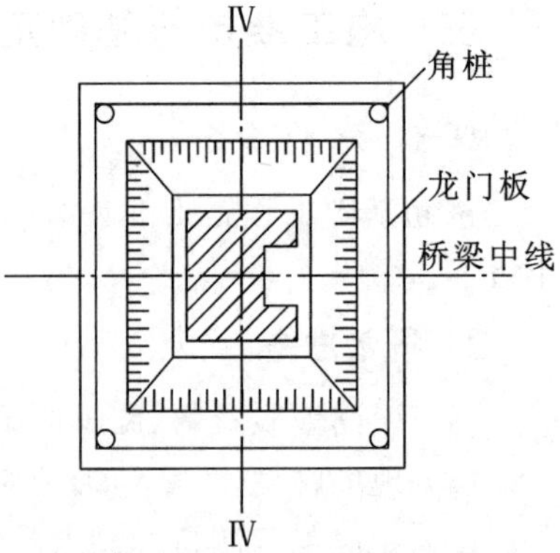

图 2.1.2 基坑放样

(2) 施工前应由勘测设计单位对控制性桩点进行现场交桩，并应在复测原控制网的基础上，根据施工需要适当加密、优化，建立施工测量控制网。

(3) 对测量控制点，应编号绘制于施工总平面图上，并应采取有效措施妥善加以保护。施工过程中，应对控制网(点)进行不定期的检测和定期复测，定期复测周期不应超过 6 个月，当发现控制网(点)的稳定性有问题时，应立即进行局部或全面复测。

(4) 实施施工测量前，应将用于本工程施工测量的仪器设备送技术监督局计量检测所进行检测，保证所有仪器设备都处于正常状态。

3. 桥涵工程施工测量的技术要求

(1) 桥涵工程施工的平面控制测量应符合下列规定：

① 各等级平面控制测量，其最弱点点位中误差为±50 mm，最弱相邻点间相对点位中误差为±30 mm，最弱相邻点边长相对中误差不得大于表 2.1.1 的规定。

表 2.1.1 平面控制测量精度要求

测量等级	最弱相邻点边长相对中误差	测量等级	最弱相邻点边长相对中误差
二等	1/100000	四等	1/35000
三等	1/70000	一级	1/20000

② 桥梁工程平面控制测量的等级不得低于表 2.1.2 的规定，同时桥梁轴线精度尚应符合表 2.1.3 的规定。对特大跨径及特殊结构桥梁，应根据其施工允许误差，确定控制测量的精度和等级。

表 2.1.2 平面控制测量等级

多跨桥梁总长 L(m)	单跨桥梁跨径 L_K(m)	其他构造物	测量等级
$L \geqslant 3000$	$L_K \geqslant 500$	—	二等
$2000 \leqslant L < 3000$	$300 \leqslant L_K < 500$	—	三等
$1000 \leqslant L < 2000$	$150 \leqslant L_K < 300$	高架桥	四等
$L < 1000$	$L_K < 150$	—	一级

表 2.1.3　桥梁轴线相对中误差

测量等级	桥梁轴线相对中误差	测量等级	桥梁轴线相对中误差
二等	≤1/150000	四等	≤1/60000
三等	≤1/100000	一级	≤1/40000

③ 大桥、特大桥以及特殊结构桥梁的平面控制测量坐标系，其投影长度变形值不应大于 10 mm/km，投影分带位置不得选在桥址处。

④ 当采用独立坐标系、抵偿坐标系时，应确认与国家坐标系的转换关系。

⑤ 在布设平面控制点时，四等及以上平面控制网中相邻点之间的距离不得小于 500 m；一级平面控制网中相邻点之间的距离在平原、微丘区不得小于 200 m，重丘、山岭区不得小于 100 m；最大距离不应大于平均边长的 2 倍。特大桥以及特殊结构桥梁的每一端应至少埋设两个平面控制点。

（2）桥涵工程施工的高程控制测量应符合下列规定：

① 同一工程项目应采用同一高程系统，并应与相邻工程项目的高程系统相衔接。桥位水准点的高程测量应与路线控制高程联测。

② 用于跨越水域或深谷的大桥、特大桥的高程控制网最弱点高程中误差为 ±10 mm。

③ 高程控制网每千米观测高差中误差和附合（环线）水准路线长度应小于表 2.1.4 的规定。

表 2.1.4　高程控制测量的技术要求

测量等级	每千米高差中数中误差(mm)		附合或环线水准路线长度(km)
	偶然中误差 M_{Δ}	全中误差 M_{W}	
二等	±1	±2	100
三等	±3	±6	10
四等	±5	±10	4

注：控制网节点间的长度不应大于表中长度的 0.7 倍。

④ 桥梁工程的高程控制测量等级不得低于表 2.1.5 的规定。

表 2.1.5　高程控制测量等级

多跨桥梁总长 L(m)	单跨桥梁跨径 L_K(m)	其他构造物	测量等级
$L \geqslant 3000$	$L_K \geqslant 500$	—	二等
$1000 \leqslant L < 3000$	$150 \leqslant L_K < 500$	—	三等
$L < 1000$	$L_K < 150$	高架桥	四等

⑤ 施工水准网中的各水准点，对于大桥和特大桥应构成连续水准环。大桥和特大桥的每端应至少设置两个水准点，作为水准网的控制点。

(3) 对与相邻工程项目接合处的平面位置和高程，应在施工前进行联测，发现问题应查明原因，及时处理。

(4) 宽阔水域和海上桥梁工程的施工测量宜采用 GPS 测量，且宜在水域和海上建立专门的测量平台。

(5) 宽阔水域和海上桥梁工程的 GPS 平面控制网宜分为首级网、首级加密网、一级加密网和二级加密网 4 个等级。首级和首级加密网宜由勘测设计单位布设，一级和二级加密网宜由施工单位布设。一级和二级加密网的布设和使用应符合下列规定：

① 加密网应采用与全桥统一的坐标系统，且宜由三角形或大地四边形组成，并应一次完成网形设计、施测与平差。加密网应保证至少与最近的两个高级网点为起算点进行联测，任一加密网点应至少与另外两个控制点通视。加密网应按一级 GPS 测量精度施测，其精度应保证最弱相邻点点位中误差小于±10 mm。

② 控制网点应安全、稳定，在使用过程中应进行定期或不定期检测，当对控制点的稳定性有怀疑时，应立即进行局部或全面复测。加密网两次复测的间隔时间不应超过 3 个月。

③ 宜每隔 1.5 km 左右选择一个桥墩先行施工其基础，并应在该基础上设立稳固可靠且带有强制对中观测装置的测量控制点，作为桥梁其他墩台施工放样的基准点。

(6) 宽阔水域和海上桥梁工程的高程控制网应采用全桥统一的高程基准。对首级网点、首级加密网点和全桥高程贯通测量，应采用不低于国家二等水准测量的精度进行联测；对一级和二级加密网点，应采用不低于国家三等水准测量的精度进行联测。先行施工桥墩的高程控制宜采用 GPS 测量，其间的其他桥墩、桥塔及上部结构可根据跨海贯通测量的成果，采用常规的高程测量方法进行测量。采用 GPS 高程测量时，应符合下列规定：

① 宜选用与桥位区大地水准面较密合的重力场模型，根据高程联测结果，采用曲面拟合法，求取先行施工桥墩或海中暂时无法进行水准测量的 GPS 测量点的高程异常值和正常高。当跨海水准贯通测量完成后，应根据贯通测量结果对正在施工的桥墩的 GPS 高程值进行修正。

② 采用拟合法求得的 GPS 测量点的正常高，在其精度情况得到确认后可代替三等以下精度的水准测量或三角高程测量。

(7) 采用 GPS 实时动态测量系统(RTK)进行宽阔水域、海上桥梁工程的定测和施工放样测量时，基准站的设置及测量方法宜符合所用产品的相应技术规定，测量精度应满足前述①条和②条的要求。

(8) 桥涵工程的施工测量除应符合上述规定外，尚应符合现行行业标准《公路勘测规范》(JTG C10—2007)的规定。

4. 桥涵施工放样测量的技术要求

(1) 桥涵工程施工放样测量时，应对桥涵各墩台的控制性里程桩号、基础坐标、设计高程等数据进行复核计算，确认无误后再施测。

(2) 施工放样测量需设置临时控制点时，其精度应符合相应等级的精度要求，并应与相邻控制点闭合。

(3) 特大桥以及特殊结构的桥梁，在施工过程中宜对主要墩、台(或索塔、锚碇)的沉降变形、倾斜度等进行监测。

(4) 桥涵工程完工后，应配合交(竣)工验收进行交(竣)工测量。

单元二　基坑开挖与支护

一、基坑开挖

(一) 桥涵基坑开挖的基本要求

1. 基坑开挖环境要求

基坑开挖环境包括气候环境和开挖工作环境两个方面。气候环境方面，应尽量避免在雨季施工；工作环境方面，应首先查明坑底尺寸外围 2 倍基坑深度范围内有无影响基坑开挖的建筑物、构筑物、管线和地下水的分布情况，施工方案应保证在不影响相邻建筑物、构筑物和管线的情况下，宜尽量在干爽自然通风环境下施工，当地下水太过丰富时，可在静水条件下开挖。

2. 基坑底面的平面形状与尺寸

基坑底面的平面形状，必须与基础底面形状相适应，对于像 U 形基础那样具有凹形底面的基础，为了便于施工，常将基坑底面形状简化为矩形，如图 2.1.2 所示。

基坑底面尺寸必须满足基础施工的要求，对渗水的土质基坑，宜按基底的平面尺寸，每边增宽 0.5～1.0 m，以便在基底外设置排水沟、集水坑和基础模板；对于无地下水且土质密实的基坑，如不需设置基础模板，则可按基底的平面尺寸开挖。

3. 基坑顶面的平面布置要求

基坑顶面的平面布置，在基坑顶面开挖平面的外围，宜设置基础施工时平面定位的龙门板。龙门板至基坑顶面开挖边线的距离，应满足基础施工的要求，一般不小于 3.0～5.0 m。龙门板的外围应设置截流沟，以防止地面水、泥石流涌入基坑。

4. 基坑开挖断面要求

基坑开挖断面的形状和尺寸与下列因素有关：是否设置基坑支护；土的类别与状态；地基土的分层情况；地下水位；土的透水性；基坑底面的平面形状；基坑暴露的时间；基坑开挖期间的气候；建筑场地的地形和大小等。

5. 基坑开挖的施工要求

基坑土方开挖应严格按设计要求进行，不得超挖。基坑周边堆载不得超过设计规定。土方开挖完成后应立即施工垫层，对基坑进行封闭，防止水浸和暴露，并应及时进行地下结构施工。

(二) 桥涵基坑开挖的主要方法

按照基坑是否设置围护结构分为：敞坡开挖和基坑支护开挖。

敞坡开挖不需设置基坑支护，施工工艺简单。这种基坑坑壁多为坡式，当基坑深度不超过 5 m、地基土质湿度正常、开挖暴露时间不超过 15 天的情况下，可参照表 2.2.1 选定坑壁坡度，表中 1∶n 表示斜坡的高宽比。

表 2.2.1　基坑坑壁坡度

坑壁土质	坑壁坡度 1∶n		
	基坑顶缘无荷载	基坑顶缘有荷载	基坑顶缘有动载
砂类土	1∶1	1∶1.25	1∶1.5
碎卵石类土	1∶0.75	1∶1	1∶1.25
亚砂土	1∶0.67	1∶0.75	1∶1
亚黏土、黏土	1∶0.33	1∶0.5	1∶0.75
极软岩	1∶0.25	1∶0.33	1∶0.67
软质岩	1∶0	1∶0.1	1∶0.25
硬质岩	1∶0	1∶0	1∶0

注：(1)开挖基坑经过不同土层时，边坡宜分层确定，并酌情设置平台；

(2)在山坡上开挖基坑时，如果土质不良，应注意防止坍塌滑坡。

当基坑深度大于 5 m 时，为了保证坑壁边坡的稳定，宜将坑壁坡度适当放缓，或增设宽度为 0.5～1.0 m 的平台，如图 2.2.1 所示。坑顶周围宜设置截流排水沟以防止地面水流入坑内冲刷坑壁。当基坑顶缘有动荷载时，顶缘与动荷载之间应留有不小于 1.0 m 的护道。

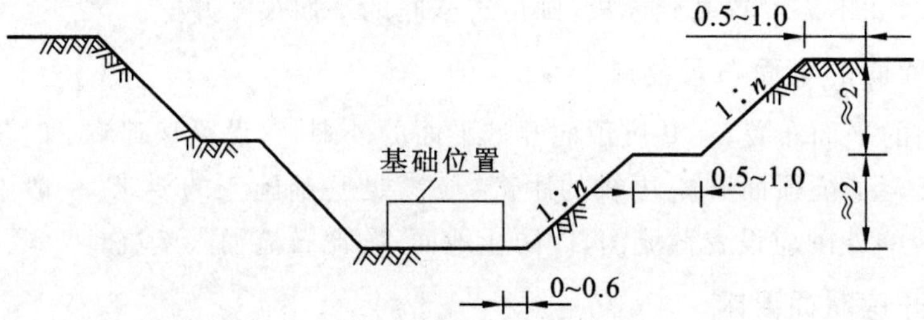

图 2.2.1　基坑坑壁边坡(尺寸单位：m)

对于无地下水的黏性土地基，当基坑高度不大于下式计算的数值时，允许采用竖直坑壁。

$$h=\frac{2c}{K}\gamma\tan(45-\frac{\phi}{2})-q/\gamma \tag{2.1}$$

式中　K——安全系数，一般取 1.25；

γ——坑壁土的重度，kN/m^3；

q——坑顶护道上的均布荷载，kPa；

c——坑壁土的黏聚力，kPa；

ϕ——坑壁土的内摩擦角。

当基坑边坡不易稳定，并有地下水影响，或建筑场地受到限制，或基坑斜坡过于平缓致使基坑开挖土方量太大，从而不符合经济要求时，宜采用加设围护结构的竖直坑壁基坑。

按照基坑开挖采用的主要工具分为：人工开挖、机械开挖和爆破法开挖。桥涵基坑开挖往往三种施工方法相互配合使用。

人工开挖只适用于小型基坑、管沟等土方量少的场所，以及基坑底面的整平与修复。

对土方量较大的基坑，一般均选择机械开挖。

当开挖难度很大，如冻土、岩石土的开挖，也可以采用爆破技术进行爆破。

（三）施工机械的选用要求

土方工程的施工过程主要包括：土方开挖、运输、填筑与压实等。桥涵基坑开挖常用的施工机械有：推土机、铲运机、单斗挖土机、装载机等。施工时应正确选用施工机械，加快施工进度。

1. 推土机施工

推土机是土方工程施工的主要机械之一，是在拖拉机上安装推土板等工作装置而成的机械。目前我国生产的推土机有：T3-100、T-120、上海-120A、T-180、TL180、T-220 等。推土板有用钢丝绳操纵和用油压操纵两种。油压操纵推土板的推土机除了可以升调推土板外，还可调整推土板的角度，因此具有更大的灵活性。

（1）推土机的特点

推土机操纵灵活，运转方便，所需工作面较小，行驶速度快，易于转移，能爬 30°左右的缓坡，因此应用较广。多用于场地清理和平整，开挖深度在 1.5 m 以内的基坑，填平沟坑，以及配合铲运机、挖土机工作等。此外，在推土机后面可安装松土装置，破、松硬土和冻土，也可拖挂羊足辗进行土方压料工作。推土机可以推挖一～三类土，运距在 100 m 以内的平土或移挖作填，宜采用推土机，尤其是当运距在 30～60 m 之间效率最高。

（2）作业方法

推土机开挖的基本作业是铲土、运土和卸土三个工作行程和空载回驶行程。铲土时应根据土质情况，尽量采用最大切土深度在最短距离（6～10 m）内完成，以便缩短低速运行时间，然后直接推运到预定地点。回填土和填沟渠时铲刀不得超出土坡边沿。上下坡坡度不得超过 35°，横坡不得超过 10°。几台推土机同时作业时，前后距离应大于 8 m。

① 下坡推土法

在斜坡上，推土机顺下坡方向切土与堆运，借助于机械本身向下的重力作用切土，增大切土深度和运土数量，增加推土能力和缩短推土时间，可提高生产率 30%～40%，但坡度不宜超过 15°，避免后退时爬坡困难。无自然坡度时，也可分段推土，形成下坡送土条件。下坡推土法适用于半挖半填地区推土丘以及回填沟、渠。

② 槽形推土法

推土机重复多次在一条作业线上切土和推土，使地面逐渐形成一条浅槽，再反复在沟槽中进行推土，以减少土从铲刀两侧漏散，可增加 10%～30%的推土量。槽的深度以 1 m 左右为宜，槽与槽之间的土坑宽约 50 cm。当推出多条槽后，再从后面将土埂推入槽内，然后运出。当推土层较厚、运距较远时选用该作业方法。

③ 并列推土法

平整较大面积场地时，可采用 2～3 台推土机并列作业，以减少土体漏失量，提高效率。铲刀相距 150～300 mm，一般采用两机或三机并列推土，两机并列可增大推土量 15%～30%，三机并列可增大推土量 30%～40%，但平均运距不宜超过 50～70 m，也不宜小于 20 m。该方法适用于大面积场地平整及运送土。

④ 分堆集中，一次推送法

在硬质土中，切土深度不大，将土先积聚在一个或数个中间点，然后再整批推送到卸土区，使铲刀前保持满载。堆积距离不宜小于 30 m，推土高度以 2 m 内为宜。本法可使铲刀的推送数量增大，有效地缩短运输时间，能提高生产效率 15%左右。该方法适用于运送距离较远，而土质又比较坚硬，或长距离分段送土。

(3) 推土机生产率计算

① 推土机小时生产率按下式计算：

$$P_h=\frac{3600q}{T_V K_s} \quad (m^3/h) \tag{2.2}$$

式中 T_V——从推土到将土送到填土地点的循环延续时间，s；

q——推土机每次的推土量，m^3；

K_s——土的可松性系数。

② 推土机台班生产率 P_d 按下式计算：

$$P_d=8P_h K_B \quad (m^3/台班) \tag{2.3}$$

式中 K_B——取值一般在 0.72～0.75 之间。

2. 铲运机施工

铲运机由牵引机械和土斗组成，按行走方式分为拖式和自行式两种，其操纵机构分油压式和索式。拖式铲运机由拖拉机牵引；自行式铲运机的行驶和工作都靠自身的动力设备，不需要其他机械的牵引和操纵。

(1) 铲运机的特点

铲运机的特点是能综合完成铲土、运土、平土或填土等全部土方施工工序，对行驶道路要求较低；操纵灵活，运转方便，生产率高，在土方工程中常应用于大面积场地平整，开挖大基坑、沟槽以及填筑路基、堤坝等工程。适宜于铲运含水量不大于 27%的松土和普通土，不适于在砾石层和冻土地带及沼泽区工作，当铲运三、四类较坚硬的土时，宜用推土机助铲或用松土机配合将土翻松，以减少机械磨损，提高生产率。

在工业与民用建筑施工中，常用铲运机的斗容量为 1.5～7 m^3。自行式铲运机的经济运距以 800～1500 m 为宜，拖式铲运机的运距以 600 m 为宜，当运距为 200～300 m 时效率最高。在规划铲运机的开行路线时，应力求符合经济运距的要求。在选定铲运机斗容量之后，其生产率的高低主要取决于机械的开行路线和施工方法。

(2) 开行路线

铲运机的基本作业是铲土、运土、卸土三个工作行程和一个空载回驶行程。在施工中，由于挖填区的分布情况不同，为了提高生产效率，应根据不同施工条件（工程大小、运距长短、土的性质和地形条件等），选择合理的开行路线和施工方法。

铲运机的开行路线分为如下几种：

① 小环形开行路线

这是一种简单又常用的路线。从挖方到填方按环形路线回转，每次循环只完成一次铲土和卸土。作业时应常调换方向行驶，以避免机械行驶部分的单侧磨损。该开行路线适用于长 100 m 以内且填土高 15 m 以内的路堤、路堑及基坑开挖、场地平整等工程。

② 大环行开行路线

从挖方到填方均按封闭的大环行路线回转，当挖土和填土交替，而刚好填土区在挖土区内两端时，则可采用大环形路线。其优点是一个循环能完成多次铲土和卸土，减少铲运机的转弯次数，提高生产效率。作业时也应常调换方向行驶，以避免机械行驶部分的单侧磨损。该开行路线适用于长 50～100 m 且填土不高(0.1～1.5 m)的路堤、路堑、基坑以及场地平整等工程。

③ “8”字形开行路线

“8”字形运行，一个循环完成两次挖土和卸土作业。装土和卸土沿直线开行时，转弯时刚好把土装完或倾卸完毕，但两条路线间的夹角 α 应小于 60°。该开行路线可减少转弯次数和空车行驶距离，提高生产率，同时一个循环中两次转变方向不同，可避免机械行驶部分的单侧磨损。适用于开挖管沟、沟边卸土或土坑较长(300～500 m)的侧向取土，填筑路基以及场地平整等工程。

④ 锯齿形开行路线

铲运机从挖土地段到卸土地段，以及从卸土地段到挖土地段都是顺转弯，铲土和卸土交替地进行，直到工作段的末端才转 180°弯，然后再按相反方向做锯齿形开行。该开行路线调头转弯次数相对减少，同时运行方向经常改变，使机械磨损减轻。适用于工作地段很长(500 m 以上)的路堤、堤坝修筑。

(3) 作业方法

① 下坡铲土法

铲运机利用地形顺地势(坡度一般为 3°～9°)下坡铲土，借助机械向下运行重量产生的附加牵引力来增加切土深度和装土数量，可提高生产率 25%左右，最大坡度不应超过 20°，平坦地形可将取土地段的一端先铲低，保持一定坡度向后延伸，创造下坡铲土条件。一般保持铲满铲斗的工作距离为 15～20 cm。在大坡度上应放低铲斗，低速前进。该方法适用于斜坡地形的大面积场地平整或推土回填沟渠等工程。

② 跨铲法

在较坚硬的地段挖土时，取留土埂间隔铲土。土埂两边沟槽深度以不大于 0.3 m，宽度在 1.6 m 以内为宜。本法铲土埂时增加了两个自由面，阻力减少，可缩短铲土时间和减少向外散土，比一般方法可提高效率。该方法适用于较坚硬的土铲土回填或场地平整。

③ 交错铲土法

铲运机开始铲土的宽度取大一些，随着铲土阻力增加，适当减小铲土宽度，使铲运机能很快装满土。当铲第一排土时，互相之间相隔铲斗一半宽度，铲第二排土时则退离第一排挖土长度的一半位置，与第一排所挖各条交错开，以下所挖各排均与第二排相同。适用于一般比较坚硬的土的场地平整。

④ 助铲法

当地势平坦，土质较坚硬时，可使用自行铲运机，另配一台推土机在铲运机的后拖杆上进行顶推，协助铲土，不仅能缩短每次铲土时间，还能装满铲斗，提高生产率30%左右。推土机在助铲的空余时间，可做松土和零星的平整工作。采用助铲法时，取土场地宽不宜小于20 m，长度不宜小于40 m。采用一台推土机配合3～4台铲运机助铲时，铲运机的半周程距离不应小于250 m。几台铲运机同时工作时要适当安排铲土次序和开行路线，互相交叉进行流水作业，以发挥推土机效率。该方法适用于地势平坦，土质坚硬，宽度大、长度长的大型场地平整工程。

⑤ 双联铲运法

铲运机运土时所需牵引力较小，当下坡铲土时，可将两个铲斗前后串在一起，形成一起一落依次铲土、装土（又称双联单铲）。当地面较平坦时，采取将两个铲斗串成同时起落，即同时进行铲土，又同时起斗开行（称为双联双铲）。前者可提高工效20%～30%；后者可提高工效60%。该方法适用于土质松软的大型场地平整及筑堤工程。

（4）铲运机生产率计算

① 铲运机小时生产率P_h（m^3/h）按式（2.4）计算：

$$P_h=\frac{3600qK_c}{T_cK_s} \tag{2.4}$$

式中　q——铲斗容量，m^3；

K_c——铲斗装土的充盈系数（一般砂土为0.75；其他土为0.85～1.0；最高可达1.5）；

K_s——土的可松性系数；

T_c——从挖土开始到卸土完毕，每循环延续的时间，s。可按式（2.5）计算。

$$T_c=t_1+\frac{2l}{v_c}+t_2+t_3 \tag{2.5}$$

式中　t_1——装土时间，一般取60～90 s；

l——平均运距，由开行路线定，m；

v_c——运土与回程的平均速度，一般取1～2 m/s；

t_2——卸土时间，一般取15～30 s

t_3——换挡和调头时间，一般取30 s。

② 铲运机台班产量P_d（m^3/台班）按式（2.6）计算：

$$P_d=8P_hK_B \tag{2.6}$$

式中　K_B——时间利用系数（一般为0.7～0.9）。

3. 单斗挖土机施工

单斗挖土机在土方工程中应用较广，种类很多，按其行走装置的不同，分为履带式和轮胎式两类。单斗挖土机还可根据工作的需要，更换其工作装置。按其工作装置的不同，分为正铲、反铲、拉铲和抓铲等。按其操纵机械的不同，可分为机械式和液压式两类。

（1）正铲挖土机

正铲挖土机其挖掘能力大，生产率高，适用于开挖停机面以上的一～三类土，它与运土汽车配合能完成整个挖运任务，可用于开挖大型干燥基坑以及土丘等。

① 开挖方式

正铲挖土机的挖土特点是“前进向上，强制切土”。根据开挖路线与运输汽车相对位置的不同，一般有以下两种：

a. 正向开挖，侧向卸土

正向开挖，侧向卸土法，即正铲向前进方向挖土，汽车位于正铲的侧向装土。本法铲臂卸土回转角度最小(＜90°)，装车方便，循环时间短，生产效率高，用于开挖工作面较大且深度不大的边坡、基坑(槽)、沟渠和路堑等。

b. 正向开挖，后方卸土

正向开挖，后方卸土法，即正铲向前进方向挖土，汽车停在正铲的后面。本法开挖工作面较大，但铲臂卸土回转角度较大(在180°左右)，且汽车要侧向行车，增加工作循环时间，生产效率降低(回转角度180°，效率约降低23%；回转角度130°，约降低13%)。用于开挖工作面较小，且较深的基坑(槽)、管沟和路堑等。

挖土机挖土装车时，回转角度对生产率的影响数值参见表2.2.2。

表2.2.2　回转角度对生产率的影响数值

土的类别	回转角度		
一～四	90°	130°	180°
	100%	87%	77%

② 提高生产率的方法

a. 分层开挖法

分层开挖法将开挖面按机械的合理高度分为多层开挖；当开挖面高度不能成为一次挖掘深度的整数倍时，则可在挖方的边缘或中部先开挖一条浅槽作为第一次挖土运输的路线，然后再逐次开挖直至基坑底部。开挖大型基坑或沟渠，工作面高度大于机械挖掘的合理高度时常采用该方法。

b. 多层挖土法

多层挖土法将开挖面按机械的合理开挖高度，分为多层同时开挖，以加快开挖速度。土方可以分层运出，也可分层递送，至最上层(或下层)用汽车运出。但两台挖土机沿前进方向工作时，上层应先开挖与下层保持30～50 m距离。该方法适用于开挖高边坡或大型基坑。

c. 中心开挖法

中心开挖法即正铲先在挖土区的中心开挖，当向前挖至回转角度超过90°时，则转向两侧开挖，运土汽车按八字形停放装土。中心开挖法开挖移位方便，回转角度小(＜90°)，挖土区宽度宜在40 m以上，以便于汽车靠近正铲装车。该方法适用于开挖较宽的山坡地段或基坑、沟渠等。

d. 上下轮换开挖法

上下轮换开挖法即先将土层上部1 m以下土挖深30～40 cm，然后再挖土层上部1 m

厚的土，如此上下轮换开挖。本法挖土阻力小，易装满铲斗，卸土容易。该法适用于土层较高，土质不太硬，铲斗挖掘距离很短的情况。

（2）反铲挖土机

反铲挖土机的挖土特点是："后退向下，强制切土"。其挖掘力比正铲小，能开挖停机面以下的一～三类土（索式反铲只宜挖一～二类土），适用于挖基坑、基槽和管沟，有地下水的土壤或泥泞土壤。一次开挖深度取决于最大挖掘深度的技术参数。

根据挖掘机的开挖路线与运输汽车的相对位置不同，开挖方式一般有以下几种：

① 沟端开挖法

沟端开挖法即反铲停在沟端，后退挖土，同时往沟一侧弃土或装车运走。挖掘宽度可不受机械最大挖掘半径的限制，臂杆回转角度仅45°～90°，可挖到最大深度。对较宽的基坑可采用沟端及沟侧开挖法的方法，其最大一次挖掘宽度为反铲有效挖掘半径的两倍，但汽车需停在机身后面装土，生产效率降低。或采用几次沟端开挖法完成作业。适于一次成沟后退挖土，挖出土方随即运走时采用；或就地取土填筑路基或修筑堤坝等。

② 沟侧开挖法

沟侧开挖法即反铲停在沟侧沿沟边开挖，汽车停在机旁装土或往沟一侧卸土。本法铲臂回转角度小，能将土弃于距沟边较远的地方，但挖土宽度比挖掘半径小，边坡不好控制，同时机身靠沟边停放，稳定性较差。适于横挖土体和需将土方甩到离沟边较远的距离时使用。

③ 多层接力开挖法

多层接力开挖法即将两台或多台挖土机设在不同作业高度上同时挖土。上层可用大型反铲，中、下层用大型或小型反铲，进行挖土和装土，均衡连续作业。一般两层挖土可挖深10 m，三层可挖深15 m左右。本法开挖较深基坑，一次开挖到设计标高，一次完成，可避免汽车在坑下装运作业，提高生产效率，且不必设专用垫道。该法适用于开挖土质较好，深10 m以上的大型基坑、沟槽和渠道。

（3）拉铲挖土机

拉铲挖土机挖土半径和挖土深度较大，但不如反铲灵活，开挖精确性差。该机适用于挖停机面以下的一～二类土，可用于开挖大而深的基坑或水下挖土。

① 开挖方式

拉铲挖掘机的挖土特点是："后退向下，自重切土"。拉铲挖土时，吊杆倾斜角度应在45°以上，先挖两侧然后中间，分层进行，保持边坡整齐；距边坡的安全距离应不小于2 m。开挖方式有以下两种：

a. 沟端开挖法

拉铲停在沟端，倒退沿沟纵向开挖。开挖宽度可以达到机械挖土半径的两倍，能两面出土，汽车停放在一侧或两侧，装车角度小，坡度较易控制，并能开挖较陡的坡。该法适用于就地取土填筑路基及修筑堤坝。

b. 沟侧开挖法

拉铲停在沟侧沿沟横向开挖，沿沟边与沟平行移动，如沟槽较宽，可在沟槽的两侧开挖。本法开挖宽度和深度均较小，一次开挖宽度约等于挖土半径，且开挖边坡不易控制。该法适用于开挖土方就地堆放的基坑、基槽以及填筑路堤等工程。

② 作业方法

a. 分段挖土法

在第一段采取三角挖土，第二段机身沿直线移动进行分段挖土。如沟底(或坑底)土质较硬，地下水位较低时，应使汽车停在沟下装土，铲斗装土后稍微提起即可装车，能缩短铲斗起落时间，又能减小臂杆的回转角度。该法适用于开挖宽度大的基坑、基槽、沟渠工程。

b. 分层挖土法

拉铲按从左到右，或从右到左顺序逐层挖土，直至全深。当土装满铲斗后，可以从任意高度提起铲斗，运送土时的提升高度可减小到最低限度，但落斗时要注意将拉斗钢绳与落斗钢绳一起放松，使铲斗垂直下落。该法适用于开挖较深的基坑，特别是圆形或方形基坑。

c. 顺序挖土法

挖土时先挖两边，保持两边低、中间高的地形，然后向中间挖土。本法挖土只在两边遇到阻力，较省力，边坡可以挖得很整齐，铲斗不会发生翻滚现象。该法适用于开挖土质较硬的基坑。

(4) 抓铲挖土机

抓铲挖土机一般由正、反铲液压挖土机更换工作装置(去掉土斗换上抓斗)而成，或由履带式起重机改装。抓铲挖土机挖掘力较小，适用于开挖停机面以下的一～二类土，如挖窄而深的基坑、疏通旧有渠道以及挖取水中淤泥等，或用于装卸碎石、矿渣等松散材料。在软土地基的地区，常用于开挖基坑等。

抓铲挖掘机的挖土特点是："直上直下，自重切土"。在回转半径范围内，抓铲能抓住基坑上任意位置的土方，并可在任意高度上卸土(装车或弃土)。

对小型基坑，抓铲位于一侧抓土；对较宽的基坑，则在两侧或四侧抓土。抓铲应离基坑边一定距离，土方可直接装入自卸汽车运走，或堆弃在基坑旁或用推土机推到远处堆放。挖淤泥时，抓斗易被淤泥吸住，应避免用力过猛，以防翻车。抓铲施工时一般均需加配重。

(5) 单斗挖土机生产率计算

① 单斗挖掘机小时生产率

单斗挖掘机小时生产率 Q(m^3/h)按式(2.7)计算：

$$Q_h=\frac{3600qK}{t} \tag{2.7}$$

式中　t——挖掘机每一工作循环延续时间，s，根据经验数字确定，W1-100 正铲挖掘机为 25～40 s，W1-100 拉铲挖掘机为 45～60 s；

q——铲斗容量，m^3；

K——土斗利用系数，与土的可松性系数和土斗充盈系数有关，对砂土为 0.8～0.9，对黏性土为 0.85～0.95。

② 单斗挖掘机台班生产率

单斗挖掘机台班生产率 Q_d（m^3/台班）按式(2.8)计算：

$$Q_d = 8Q_h K_B \tag{2.8}$$

式中 K_B——工作时间利用系数。汽车装土时为 0.68～0.72；侧向推土时为 0.78～0.88；挖爆破后的岩石为 0.60。

③ 挖掘机需用数量

挖掘机需用数量 N（台），根据土方工程量和工期要求并考虑合理的经济效果，按式(2.9)计算：

$$N = \frac{Q}{Q_d TCK_t} \tag{2.9}$$

式中 Q——土方工程量，m^3；

Q_d——单斗挖掘机台班生产率，m^3/台班；

T——工期，d；

C——每天作业班数，台班；

K_t——时间利用系数，一般为 0.8～0.85 或查机械定额。

4. 土方施工机械的选择

土方机械化开挖应根据基础形式、工程规模、开挖深度、地质、地下水情况、土方量、运距、现场和机具设备条件、工期要求以及土方机械的特点等合理选择挖方机械，以充分发挥机械效率，节省机械费用，加速工程进度。

(1) 土方机械选择要点

(1) 当地形起伏不大，坡度在 20°以内，挖填平整土方的面积较大，土的含水量适当，平均运距短（一般在 1 km 以内）时，采用铲运机较为合适。如果土质坚硬或冬季冻土层厚度超过 100～150 mm 时，必须由其他机械辅助翻松再铲运。当一般土的含水量大于 25%，或坚硬的黏土含水量超过 30%时，铲运机要陷车，必须使土的含水量达到要求后再施工。

② 地形起伏较大的丘陵地带，一般挖土高度在 3 m 以上，运输距离超过 1 km，工程量较大且又集中时，可采用下述三种方式进行挖土和运土。

a. 正铲挖土机配合自卸汽车进行施工，并在弃土区配备推土机平整土堆。选择铲斗容量时，应考虑到土质情况、工程量和工作面高度。当开挖普通土，集中工程量在 1.5 万 m^3 以下时，可采用 0.5 m^3 的铲斗；当开挖集中工程量为 1.5 万～5 万 m^3 时，以选用 1.0 m^3 的铲斗为宜，此时，普通土和硬土都能开挖。

b. 用推土机将土推入漏斗，并用自卸汽车在漏斗下装土并运走。这种方法适用于挖土层厚度在 5～6 m 以上的地段。漏斗上口尺寸为 3 m 左右，由宽 3.5 m 的框架支承。其位置应选择在挖土段的较低处，并预先挖平。漏斗左右及后侧土壁应予支撑。使用 73.5 kW 的推土机两次可装满 8 t 自卸汽车，效率较高。

c. 用推土机预先把土推成一堆，用装载机把土装到汽车上运走，效率也很高。

(2) 开挖基坑施工机械选用原则

(1) 土的含水量较小，可结合运距长短、挖掘深浅，分别采用推土机、铲运机或正铲挖土机配合自卸汽车进行施工。当基坑深度在 1～2 m，基坑不太长时可采用推土机；深度在 2 m 以内，长度较大的线状基坑，宜由铲运机开挖；当基坑较大，工程量集中时，可选用正铲挖土机挖土。

② 如地下水位较高，又不采取降水措施，或土质松软，可能造成正铲挖土机和铲运机陷车时，则采用反铲、拉铲或抓铲挖土机配合自卸汽车较为合适。挖掘深度见有关机械的性能表。

③ 移挖作填以及基坑和管沟的回填，运距在 60～100 m 以内可用推土机。

（四）基坑开挖施工工艺

1. 工艺流程

测量放线→确定开挖顺序及坡度→分层分段开挖→基坑支护→排水降水→修坡清底→坡道收尾→检查验收。

2. 操作要点

(1) 确定边坡和基坑支护方案。

(2) 测量放线与现场抄平。

(3) 确定开挖的顺序、坡度。

(4) 机械开挖的方法。

(5) 防超挖，人工清理土厚。为了防止基底土受到浸水或其他原因的扰动，基坑挖好后，应立即做垫层或浇筑基础，否则，挖土时应在基底标高以上保留 150～300 mm 厚的土层，待基础施工时再行挖去。如用机械挖土，为防止基底土被扰动，结构被破坏，不应直接挖到坑(槽)底，应根据机械种类在基底标高以上留出一定厚度的土层，待基础施工前用人工铲平修整。使用铲运机、推土机时，保留土层厚度为 200～300 mm，使用正铲、反铲或拉铲挖土时其厚度为 300～500 mm。挖土不得超挖(挖至基坑槽的设计标高以下)。若个别处超挖，应用与基土相同的土料填补，并夯实到要求的密实度。如用原土填补不能达到要求的密实度时，应用碎石类土填补，并仔细夯实。重要部位如被超挖时，可用低强度等级的混凝土填补。

(6) 基坑与基底检验。

（五）基坑质量安全检查

1. 质量标准

(1) 基坑、基槽和管沟基底的土质，必须符合设计要求，并严禁扰动。

(2) 有局部填方的坑基，基底处理必须符合设计要求和施工规范规定。

(3) 土方工程外形尺寸、标高、边坡坡度、压实程度等的允许偏差和检验方法，应符合表 2.2.3 的规定。

表 2.2.3　土方开挖工程质量检验标准

<table>
<tr><td rowspan="3">项　目</td><td colspan="5">允许偏差或允许值(mm)</td><td rowspan="3">检验方法</td></tr>
<tr><td rowspan="2">柱基基坑基槽</td><td colspan="2">挖方场地平整</td><td rowspan="2">管沟</td><td rowspan="2">地(路)面基层</td></tr>
<tr><td>人工</td><td>机械</td></tr>
<tr><td>标高</td><td>−50</td><td>±30</td><td>±50</td><td>−50</td><td>−50</td><td>水准仪</td></tr>
<tr><td>长度、宽度(由设计中心线向两边量)</td><td>+200
−50</td><td>+300
−100</td><td>+500
−150</td><td>+100</td><td>—</td><td>经纬仪,钢尺检查</td></tr>
<tr><td>边坡</td><td colspan="5">按设计要求</td><td>观察或用坡度尺检查</td></tr>
<tr><td>表面平整度</td><td>20</td><td>20</td><td>50</td><td>20</td><td>20</td><td>用 2 m 靠尺和楔形塞尺检查</td></tr>
<tr><td>基底土性</td><td colspan="5">按设计要求</td><td>观察或土样分析</td></tr>
</table>

注:地(路)面基层的偏差只适用于直接在挖、填方上做地(路)面的基层。

2. 成品保护

(1) 测量控制点的保护。

(2) 周边环境的保护。

(3) 文物古墓、地下设施的保护。

(4) 边坡防护、支撑的保护。

3. 应注意的质量问题

(1) 开挖的原则、开挖的尺寸、防边坡失稳、防超挖、防流砂。

(2) 基底保护与人工清理土厚。

(3) 降水至开挖面的要求。

4. 质量通病的防治

在土方工程施工中,由于施工操作不善和违反操作规程而引起质量事故,其危害程度很大,如造成建筑物(或构筑物)的沉陷、开裂、位移、倾斜,甚至倒塌。因此,要特别重视土方工程施工,严格按设计和施工质量验收规范要求认真施工,以确保土方工程质量。

二、基坑支护

基坑支护结构是在建筑物地下工程建造时为确保土方开挖,控制周边环境影响在允许范围内的一种施工措施。根据工程设计的使用目的,基坑支护结构可分为两大类:一类是在大多数基坑工程中,基坑支护结构作为在地下工程施工过程中加固坑壁的临时性结构,地下工程施工完成后,即失去作用,其工程有效使用期一般不超过两年;另一类是基坑支护结构在地下工程施工期间起支护作用,在建筑物建成后的使用期间,作为建筑物的永久性构件继续使用。

基坑支护结构的类型很多,公路桥涵基坑工程常用的临时性支护结构形式有挡板支撑、钢木结合支撑、板桩支撑和混凝土护壁四种类型。既在施工期间起支护作用，又在建筑物使用期间，作为建筑物的永久性构件的常用基坑支护结构形式有地下连续墙。

支护方案的选择应根据基坑周边环境，土层结构，工程地质、水文情况，基坑形状，开挖深度，施工拟采用的挖方、排水方法，施工作业设备条件、安全等级和工期要求以及技术经济效果等因素加以综合全面地考虑而定。深基坑支护虽为一种施工临时性辅助结构物，但对保证工程顺利进行和对邻近地基以及已有建(构)筑物的安全影响极大。

(一) 挡板支撑

挡板支撑适用于宽度不大，深度在 5 m 以内的浅沟、槽(坑)，一般宜设置简单的横撑式支撑，其形式根据开挖深度、土质条件、地下水位、施工时间长短、施工季节、当地气象条件、施工方法以及相邻建(构)筑物的情况进行选择。

横撑式支撑根据挡土板的不同，分为水平挡土板支撑(图 2.2.2)和垂直挡土板支撑(图 2.2.3)两类。水平挡土板的布置又分间断式、断续式和连续式三种；垂直挡土板的布置分断续式和连续式两种。

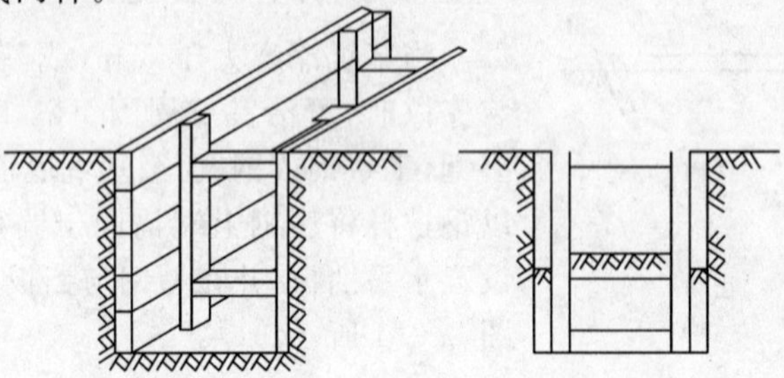

(a)　(b)

图 2.2.2　水平挡土板支撑

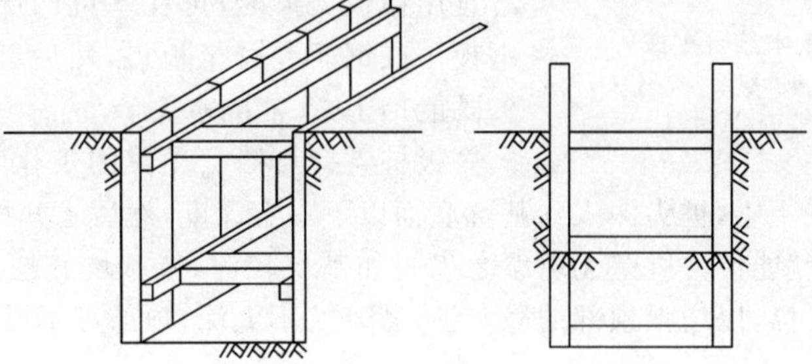

(a)　(b)

图 2.2.3　垂直挡土板支撑

1. 间断式水平支撑

支撑方法是将两侧挡土板水平放置，用工具式横撑或木横撑借木楔顶紧，挖一层土支顶一层。此法适用于能保持立壁的干土或天然湿度的黏土类土，地下水很少，深度在 2m 以内。

2. 断续式水平支撑

支撑方法是将挡土板水平放置，中间留出间隔，并在两侧同时对称立竖楞木，再用工具式横撑或木横撑上下顶紧。此法适用于能保持直立壁的干土或天然湿度的黏土类土，地下水很少，深度在 3 m 以内。

3. 连续式水平支撑

支撑方法是将挡土板水平连续放置，不留间隙，然后两侧同时对称立竖楞木，上下各一根撑木，端头加木楔顶紧。此法适用于较松散的干土或天然湿度的黏土类土，地下水很少，深度为 3～5 m。

4. 连续式或间断式垂直支撑

支撑方法是将挡土板垂直放置，不留或留适当间隙，然后每侧上下各水平顶一根树木再用横撑顶紧。此法适用于土质较松散或湿度很高的土，地下水较少，深度不限。采用横撑式支撑时，应随挖随撑，支撑要牢固。施工中应经常检查，如有松动、变形等现象时，应及时加固或更换。支撑的拆除应按回填顺序依次进行，多层支撑应自下而上逐层拆除，随拆随填。

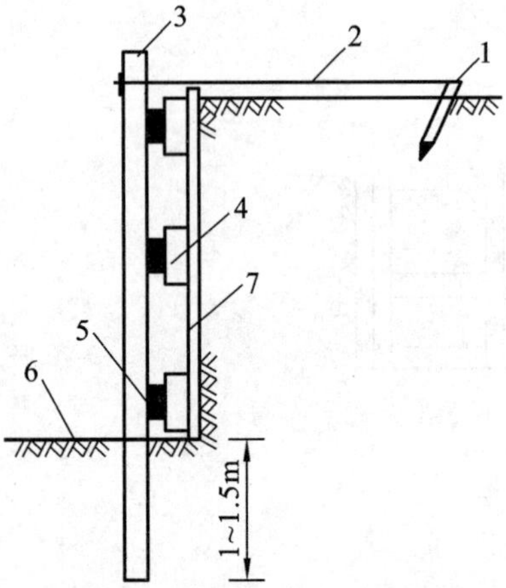

图 2.2.4　钢木结合支撑

1—锚桩；2—拉杆；3—型钢；4—横木；5—木楔；6—基底；7—挡板

（二）钢木结合支撑

当基坑深度大于 3 m，或基坑宽度较大难以安装支撑时，可沿基坑周围每隔 1～1.5 m，打入一根型钢（工字钢或钢轨）至基坑底面以下 1～1.5 m，并以钢拉杆将型钢上端锚固于锚桩上，随着基坑下挖设置水平挡板，并在型钢与挡板之间用木楔塞紧，如图 2.2.4 所示。

（三）板桩支撑

当基坑平面尺寸较大，且深度较深时，尤其是当基坑底面在地下水位以下超过 1 m，且涌水量较大不宜用挡板支撑时，可在基坑四周先沉入木板桩或钢板桩或钢筋混凝土板桩，然后开挖基坑。这种板桩既能挡土，又能隔水。

板桩支撑与挡板支撑的工作特点不同，板桩支撑是先将板桩打入土中，桩尖深入到基坑底面以下一定深度，然后才开挖基坑。这样在基坑开挖的过程中，就能保证坑壁无坍塌之患。如基坑较深，待基坑开挖至一定深度后，可在顶部加设横向支撑，以增强顶部的稳定性；若基坑不太深，顶部可不设支撑。

1. 木板桩

木板桩的板桩间有企口连接或榫舌与榫槽连接，能够防止渗水，如图 2.2.5 所示。木板桩的施工程序是先沿基坑边外侧打入导桩；再在导桩上采用螺栓连接安装两条水平导木，用来固定并保证位置的准确；然后将板桩插在导木之间，按一定的顺序方向，逐根将板桩沉入土中，如图 2.2.6 所示。导桩的入土深度视基坑的深度而定，桩端至少沉入基坑底面以下 2～4 m，一般从角部开始插打板桩。应注意板桩榫舌和桩端斜面应朝向前进方向，使相邻板桩在沉桩过程中能相互挤紧；否则，相邻板桩下端将出现缝隙，不能有效地隔水。为避免打桩时打坏桩头，宜在木板桩上端安装保护铁箍；当开挖的土层为杂填土、洪积土、冲积土等，并且土中含有小块石或硬物时，桩端还应安装铁桩靴。

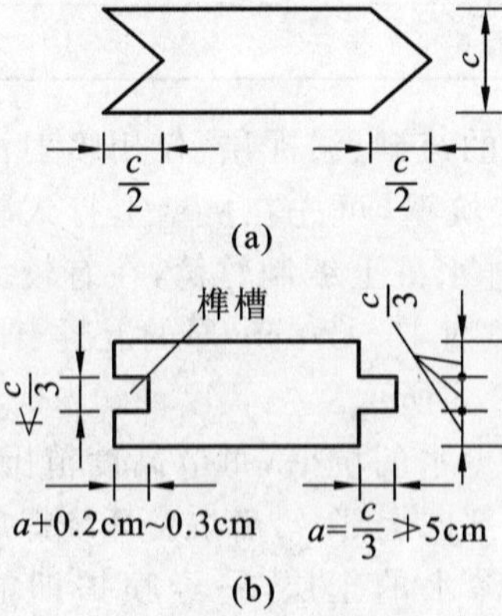

图 2.2.5　木板桩

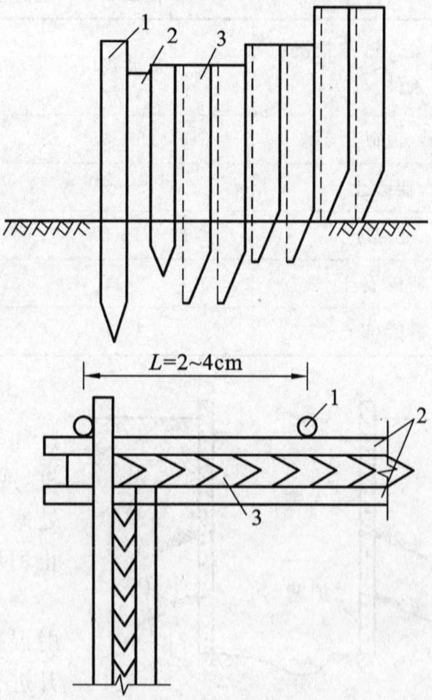

图 2.2.6　木板桩支撑

1—导桩；2—水平导木；3—板桩

2. 钢板桩

钢板桩是板桩支撑中最广泛应用的形式，钢板桩的桩间采用锁口相互咬合联接，能有效地隔水，其断面如图 2.2.7 所示。钢板桩的优点是便于机械化施工，回收率高达 70%以上，边坡垂直，断面小，安全可靠，便于穿越坚硬物体等；其缺点是一次性投资大。

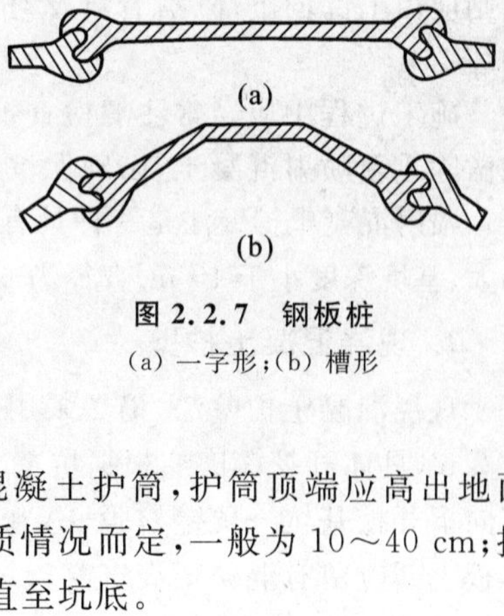

图 2.2.7　钢板桩

(a) 一字形；(b) 槽形

（四）混凝土护壁

混凝土护壁适用于深度较大的各种土质圆形基坑。在基坑口先设置预制混凝土护筒或就地浇筑的混凝土护筒，护筒顶端应高出地面 10～20 cm，护筒长 1～2 m，厚度视基坑直径大小和土质情况而定，一般为 10～40 cm；护筒以下坑壁，采用喷射混凝土或现浇混凝土，随挖随护直至坑底。

1. 喷射混凝土护壁

喷射混凝土护壁的基本原理是以高压空气为动力，将搅拌均匀的砂、石、水泥和速凝剂的混凝土干料，利用喷射机经过输料管吹送到喷枪，在通过喷枪的瞬间，加入高压水进行混合，自喷嘴射出，向坑壁喷射，形成环形混凝土护壁结构。喷射的混凝土能与坑壁形成具有一定强度的支护层。喷射混凝土的厚度，主要取决于工程地质条件、渗水量、基坑直径、开挖深度等因素，可参考表 2.2.4 选定。基坑较大、较深时取较大值，一般为 5～8 cm。基坑开挖与喷射混凝土均应分节进行，每节高度 0.5～1.5 m。

表 2.2.4　混凝土护壁厚度表(cm)

土质条件 \ 渗水情况	无水基坑	有少量渗水基坑	有大量渗水基坑
粉砂、流砂、淤泥	10～15	15	10～15,喷射混凝土前在坑壁上打入较多木桩及塞草袋
亚砂土	5～8	8～10	
亚黏土	3～5	5～8	
卵碎石土	3～5	5～8	
砂类卵石	3～5	5～8	8～10

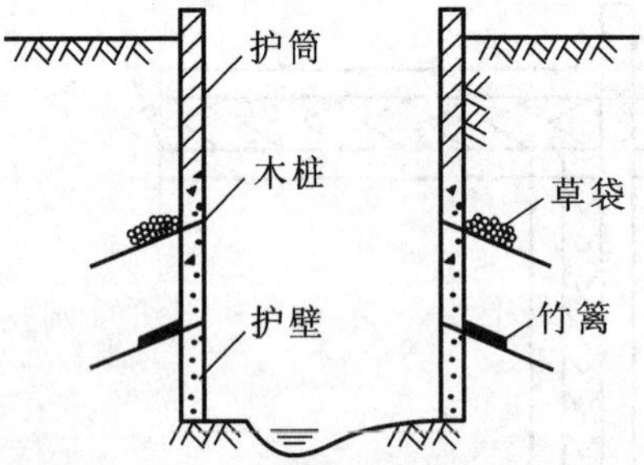

图 2.2.8　喷射混凝土护壁

对极易坍塌的流砂、淤泥层,仅用喷射混凝土往往不足以稳定坑壁,可先在坑壁上打入较多木桩,或在打好的排水桩上编制竹篱,在有较大流砂处塞以草袋,再喷射 15～20 cm 厚的混凝土即可防止坍塌,如图 2.2.8 所示。

对于无水或少水的坑壁,每节高度范围内,喷射混凝土应由下部向上部、沿着坑壁环绕螺旋式上升进行,有少量渗水的土层,一经喷护即能完全止水。

对于涌水的坑壁,每节高度范围内,喷射混凝土则应由上部向下部、沿着坑壁环绕螺旋式下降进行,以保证新喷射的混凝土不致被水冲坏。

施工过程中应经常注意检查护壁,如有变形开裂或空壳脱皮等现象,应立即补喷加厚或凿除重新喷射混凝土,以确保坑内施工安全。

喷射混凝土护壁法是一种具有发展前途的基坑支护新技术,适用于土质较稳定、渗水量不大、基坑深度小于 10 m、直径为 6～12 m 的圆形基坑,但目前在工程中应用还不广泛。

2. 现浇混凝土护壁

现浇混凝土护壁法,仍然采用逐节开挖逐节护壁的方法,其逐节开挖的深度一般不超过 2 m,具体开挖深度应根据坑壁土质稳定情况而定。现浇混凝土护壁的施工程序是:逐节向下开挖基坑→坑壁检验→立护壁模板→浇筑混凝土护壁→进行下一节施工。注意,模板上部应留有混凝土浇筑窗口,混凝土先通过窗口向内往下浇筑,当混凝土浇筑至窗口下缘后,再采用压灌混凝土的方法灌满窗口以上的部分。混凝土中应掺入早强剂,混凝土护壁最小厚度不应小于 10 cm。

现浇混凝土护壁法适用于除流砂及呈流塑状态的黏性土以外的各类土的基坑开挖防护。

三、地下连续墙与基坑工程逆作法

(一) 地下连续墙

地下连续墙技术是近几十年发展起来的一种地下工程新技术,20 世纪 20 年代初应用于德国，20 世纪 50～60 年代先后在意大利、法国、日本等国得到迅速发展，20 世纪 50 年代末期传入我国。该技术在各国均是首先应用于水利水电工程中，之后逐渐推广到建筑、市政、交通、矿山、铁道等部门。地下连续墙发展初期仅作为施工时承受水平荷载的挡土墙或防渗墙来使用，随后建筑、地铁等部门逐渐把地下连续墙用作高层建筑的地下室、地下停车场以及地铁等建筑的外墙结构，承担部分或全部的建筑物竖向荷载。近年来，在公路行业也得到了一定的应用，主要用作悬索桥重力式锚碇基坑的施工支护结构，同时也兼作基础的一部分并参与使用阶段的受力，如广东虎门大桥西锚碇采用圆形地下连续墙，江苏润扬长江大桥北锚碇采用矩形地下连续墙，武汉阳逻长江大桥南锚碇及广州珠江黄埔大桥采用圆形地下连续墙等。地下连续墙完全用作桥梁基础结构在国外特别是在日本应用广泛，在国内尚处于探索研究阶段，但发展潜力很大。

1. 地下连续墙的类型

地下连续墙的概念、作用及分类是随着其自身的应用发展而不断变化的。其分类方法如下：

(1) 根据墙体的平面布置形式可分为：直线形地下连续墙和圆形地下连续墙。

(2) 根据墙体的截面形式可分为：板墙式和排桩式。例如江苏润扬长江大桥南锚碇就是采用“人工冻土壁＋地下连续排桩”的支护结构形式。

(3) 根据墙体成型的施工方法分为：挖槽施工浇筑法和原位搅拌法做成的地下连续墙。例如采用水泥土搅拌桩法连续施工做成的地下连续墙。

(4) 根据墙体采用的材料可分为：现浇钢筋混凝土、塑性混凝土、固化灰浆、自硬泥浆、预应力混凝土、预制墙体和钢制地下连续墙等。

《公路桥涵地基与基础设计规范》(JTG D63—2007)中的地下连续墙是指墙体截面为板墙式，且必须进行挖槽施工的现浇钢筋混凝土结构地下连续墙。本教材亦将依据规范内容进行介绍，对于排桩式和原位搅拌法做成的地下连续墙可以参考人工地基处理的施工工艺与构造做法。

2. 地下连续墙的构造要求

《公路桥涵地基与基础设计规范》(JTG D63—2007)规定：

(1) 地下连续墙墙体的截面形式和分段长度应根据整体平面布置、受力情况、槽壁稳定性、环境条件和施工条件等确定。单元墙段长度可取 4～8 m。墙体厚度应充分结合成槽机械能力由计算确定。地下连续墙成槽有多种工艺，一般可采用挖掘机、铣槽机等。根据设计采用值的情况，并考虑实施的可行性和合理性，规定最小厚度不宜小于 600 mm。最大厚度主要受制于成槽机械的能力，我国目前最大成槽厚度为 1500 mm，在武汉阳逻长江大桥南锚碇圆形地下连续墙基础中得到应用。

地下连续墙成槽竖直度直接关系到墙体厚度的计算取用值，对于圆形地下连续墙尤其如此；同时还关系到墙体的防渗效果，并影响接头构造的施工。地下连续墙成槽竖直度与成槽设备、槽深、工艺技术及管理水平密切相关，一般情况下，都能达到不大于 1/100 的要求。武汉阳逻长江大桥南锚碇圆形地下连续墙最大墙深 60 m，设计要求不大于 1/300，一些槽段甚至达到 1/450～1/500。根据国内技术水平现状，并保证工程切实可行，规定地下连续墙成槽竖直度不应大于 1/200。

(2) 地下连续墙墙体、支撑、环梁(含竖肋)及内衬的混凝土强度等级均不应低于 C25。地下连续墙应满足防渗要求;当地下水具有侵蚀性时,应选择适用的抗侵蚀混凝土。各部位或构件的混凝土强度等级、原材料及主要配合比指标尚应满足《公路工程混凝土结构防腐蚀技术规范》(JTG/T B07—01—2006)的相关规定。

(3) 考虑到地下连续墙施工精度较难控制,为增加结构的耐久性,规定墙体主筋净保护层厚度应根据使用要求、地质条件、施工条件和环境条件确定,并不应小于 70 mm。对于 L 形、T 形、多边形钢筋笼,护壁泥浆浓度较大,以及有侵蚀性水质或海水时,应适当加大保护层厚度。墙体的受力钢筋直径不宜小于 20 mm 且不应大于 40 mm,构造钢筋直径不宜小于 16 mm。

(4) 地下连续墙钢筋笼的钢筋配置应满足结构受力和吊装要求。竖直主筋应布置在内侧,净距不应小于 75 mm。构造钢筋间距不应大于 300 mm。当必须配置双层钢筋时,内外排钢筋间距不应小于 100 mm。钢筋连接宜优先采用机械连接;当采用绑扎搭接时,应符合《公路钢筋混凝土及预应力混凝土桥涵设计规范》(JTG D62—2004)的规定。考虑接头位置可能形成构造的薄弱环节,为了保证安全,要求钢筋笼竖向接头位置应选在受力较小处,并应尽量相互错开。钢筋笼的分幅长度应根据单元槽段长度、接头形式和起重设备能力等因素确定。钢筋笼底部在厚度方向宜适当缩窄,并与墙底之间宜留 100～500 mm的空隙;主筋应伸入墙顶帽梁内,伸入长度不应小于锚固长度。采用接头管接头时,钢筋笼侧端与接头管之间宜留 150～200 mm 的空隙;采用铣削接头时,钢筋笼侧端与混凝土端面之间宜留不小于 250 mm 的空隙。

(5) 墙段接头是地下连续墙设计与施工的关键技术。接头类型从使用材料上可分为:钢管、钢板、钢筋、型钢、铸钢、预制混凝土、人造纤维布和橡胶等;从构造形式和施工方法上可分为:钻凿式、接头管、接头箱、隔板式、软接头、预制混凝土构件等;从受力上可分为:仅起止水防渗作用不能受力的接头、能承受剪力的铰接接头、能承受弯矩和剪力的刚性接头。接头类型的选择应满足结构受力和施工的要求。常见的几种接头形式如图 2.2.9所示。其中,接头管接头技术成熟,应用较多,一般情况下均可采用。对于有特殊设计要求的场合,应选用能满足相应要求的接头形式。规范规定:墙体单元槽段间可采用接头管接头;当整体性和抗渗性要求较高时,宜采用铣削接头、钢隔板或接头箱等接头形式。

(6) 墙体顶部应设置混凝土帽梁,帽梁两侧应各宽于墙体且不小于 150 mm 的宽度。

(7) 直线形地下连续墙的支撑可采用钢结构或混凝土结构。现浇混凝土支撑的截面其竖向高度不应小于其平面计算跨径的 1/20。腰梁的截面水平向尺寸不应小于其水平向计算跨径的 1/8,截面竖向尺寸不应小于支撑的截面高度。锚杆(锚索)锚固体竖向间距不宜小于 2.5 m,水平向间距不宜小于 1.5 m。锚固体上覆土层厚度不宜小于 4.0 m。倾斜锚杆的倾角宜采用 15°～30°。锚固段长度应通过计算确定并不应小于 4.0 m,自由段长度不宜小于 5.0 m,并应超过潜在破裂面 1.5 m。圆形地下连续墙支护结构的环梁(含竖肋)或内衬的截面高度及厚度根据计算确定,竖肋可按构造配筋。

3. 地下连续墙基础的类型

地下连续墙基础根据墙段之间的连接组合、平面布置以及使用功能可分为条壁式地

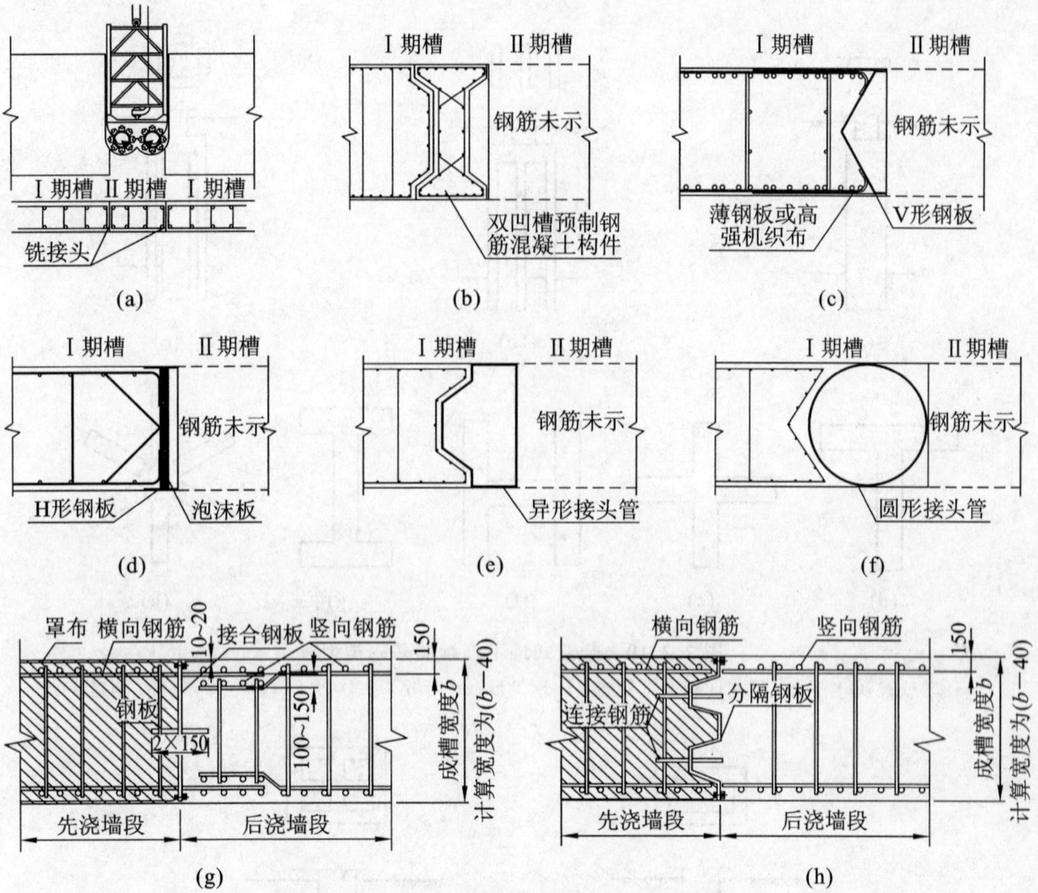

图 2.2.9　几种接头形式示意图(尺寸单位:mm)

(a) 铣削接头;(b) 双凹槽预制钢筋混凝土构件接头;(c) V 形钢板接头;(d) H 形钢板接头;
(e) 异形接头管接头;(f) 圆形接头管接头;(g),(h) 刚性接头

下连续墙基础、井筒式地下连续墙基础和部分地下连续墙基础。

(1) 条壁式地下连续墙基础:由平面长度不小于 2.5 倍宽度的一个或多个墙段单元组成的分离或连接组合但不封闭的地下连续墙基础,可分为下列类型(图 2.2.10):

① 单壁式:地下连续墙的一个单体构成一个基础,如图 2.2.10(a)所示。单壁式地下连续墙相当于一异形灌注桩(矩形桩),可以不设置顶板。

② 平行复壁式:两个或多个地下连续墙单体在平面内分离并平行布置,通过顶板相连构成基础,如图 2.2.10(b)所示。其平行桥轴和垂直桥轴两个方向刚度差别较大。

③ 自由复壁式:两个或多个地下连续墙单体在平面内分散布置,通过顶板相连构成基础,如图 2.2.10(c)所示。根据荷载作用方向,可自由布置。

④ 组合复壁式:两个或多个地下连续墙单体在平面内连接组合并通过顶板相连而构成的地下连续墙基础,可分为 T 形、十字形、H 形、工字形、辐射形等几种形式,如图 2.2.10(d)～(h)所示。

(2) 井筒式地下连续墙基础:由多个墙段单元相互刚性连接或外周墙刚性连接而内隔墙铰接组成平面封闭断面,并通过顶板相连而构成的地下连续墙基础。可分为单室型和多室型两种形式,如图 2.2.11 所示。

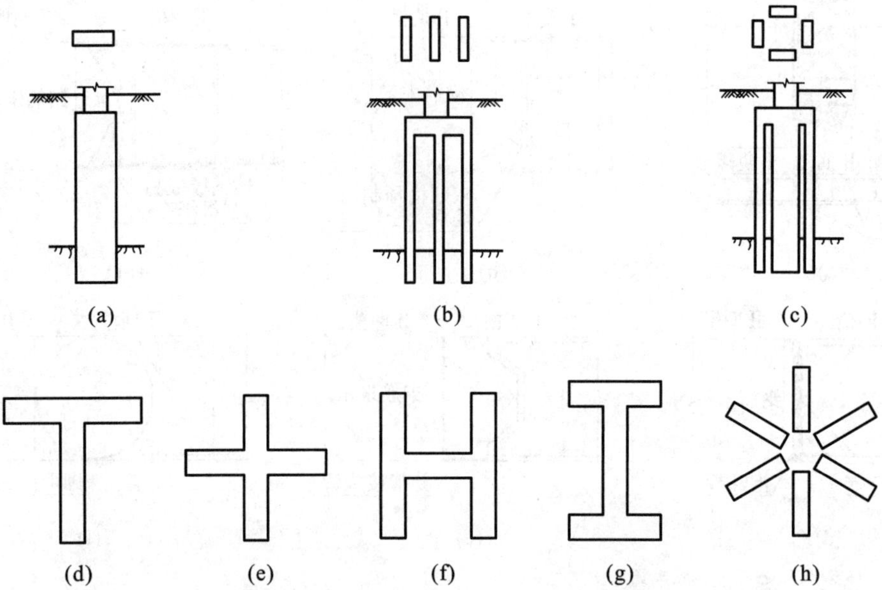

图 2.2.10　条壁式地下连续墙基础类型

(a) 单壁式;(b) 平行复壁式;(c) 自由复壁式;(d) T形;(e) 十字形;(f) H形;(g) 工字形;(h) 辐射形

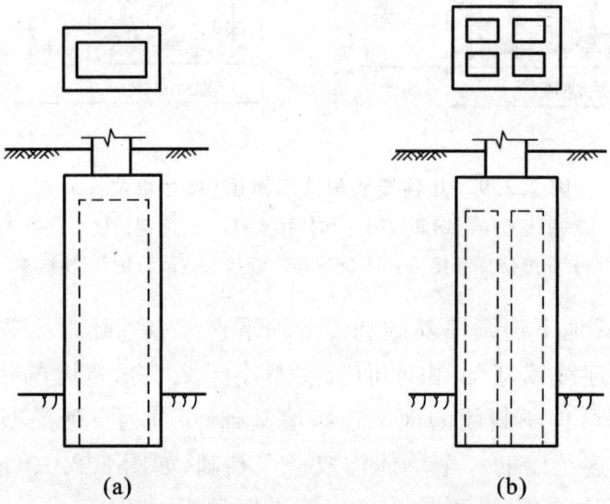

图 2.2.11　井筒式地下连续墙基础类型

(a) 单室型;(b) 多室型

(3) 部分地下连续墙基础:以地下连续墙作为基坑开挖支护结构,内部土体开挖到要求的深度后,在基坑内部构筑钢筋混凝土结构而形成的基础形式,地下连续墙作为基础结构的一部分参与承担上部结构荷载作用。根据地下连续墙平面布置可分为:矩形,如图2.2.12(a)所示;圆形,如图 2.2.12(b)所示;复合异形等形式。

4. 地下连续墙基础的构造要求

《公路桥涵地基与基础设计规范》(JTG D63—2007)规定:

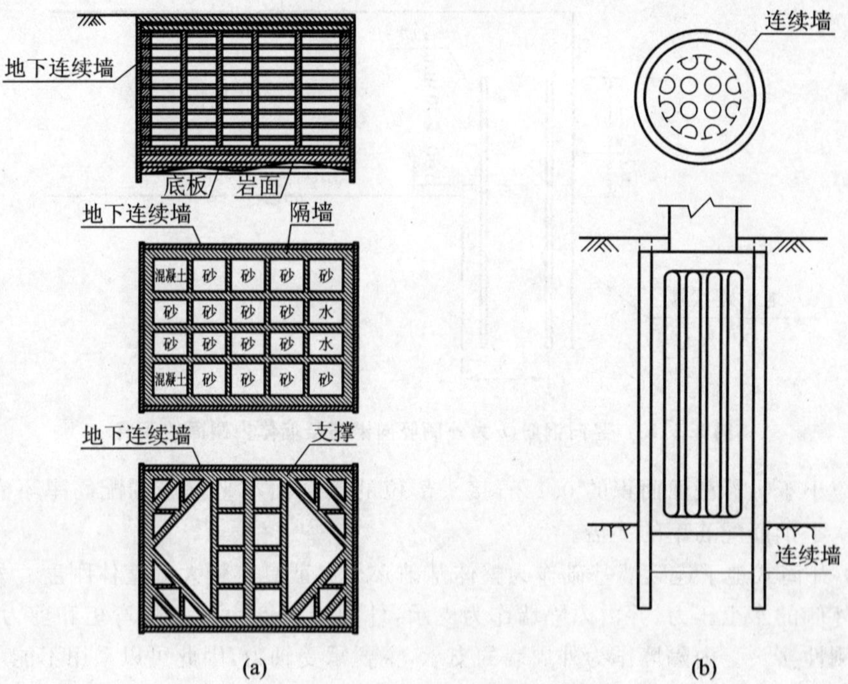

图 2.2.12　部分地下连续墙基础类型

(a) 矩形；(b) 圆形

(1) 墙体构造应符合本节第 2 条的第(1)～(5)款的规定(墙体厚度除外)。

(2) 墙体作为重要受力部件，应具有一定的承载能力。根据日本的经验，规定墙体厚度应结合成槽机械能力及墙段布置由计算确定且不应小于 800 mm。

考虑施工过程及泥浆影响，墙厚可分为成槽厚度、设计厚度和有效厚度。成槽厚度为挖掘机或铣槽机成槽实际尺寸；有效厚度为设计厚度减去泥膜厚度，一般可取两侧各 20 mm共 40 mm。在进行稳定性计算时应采用设计厚度，在截面验算时应采用有效厚度。

井筒式地下连续墙基础单室宽度过小则施工困难，过大则经济性差，借鉴日本经验，规定单室最小宽度不宜小于 5 m，单室最大宽度不宜大于 10 m。

地下连续墙成槽机械台班费用高。从最大限度发挥成槽机械工作效率，同时减少施工工艺转换、方便施工的角度出发，要求井筒式地下连续墙基础的外周墙和隔墙宜采用相同厚度。

(3) 地下连续墙的顶板相当于钻孔灌注桩的承台，将地下连续墙各墙段连成整体共同受力，因此，对于由多个墙段组成的非单壁式地下连续墙基础其顶部应设置顶板，混凝土强度等级不应低于 C30，并应具有足够的刚度。

地下连续墙应与顶板形成一个整体，同桩基础一样，墙体应进入顶板，其钢筋也应伸入顶板一定长度。借鉴日本经验，规定墙体应进入顶板 100～200 mm，钢筋伸入顶板内长度不应小于 $b/2$ 及钢筋锚固长度 l_a 之和，如图 2.2.13 所示。单壁式地下连续墙基础其墙顶可不设顶板。

(4) 竖向受拉钢筋的配筋率不应小于有效计算截面面积的 0.3%，水平受拉钢筋的配

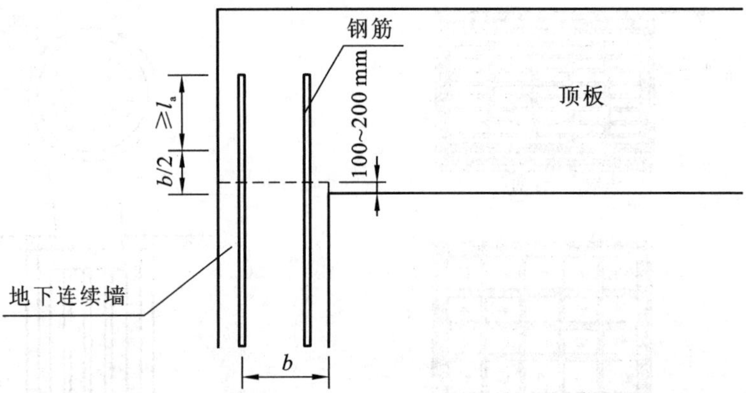

图 2.2.13 竖向钢筋（b 为外侧竖向钢筋至墙体内侧面的距离）

筋率不应小于计算截面面积的 0.2%，接头部位的接合面水平钢筋的配筋率不宜小于一般部位水平钢筋配筋率的 2 倍。

（5）井筒式地下连续墙基础作为整体基础必须保证具有较大的整体刚度。外周墙直接承受外侧的水土压力，并由内隔墙作为支承，外周墙内产生较大的弯矩和剪力，因此必须采用刚性接头。内隔墙作为外周墙的支承，主要承受轴力，因此可以采用不能承受弯矩的铰接接头，但若条件容许，宜尽量采用刚性接头，以增加基础的整体刚度。

（二）基坑工程逆作法

逆作法是指先施工基坑支护结构，再进行基坑土方开挖，然后进行基础工程施工的一种施工方法。

逆作法适用于支护结构水平位移有严格限制的基坑工程。逆作法施工设计的内容包括：

（1）基坑支护的地下连续墙或排桩与地下结构侧墙、内支撑、地下结构楼盖体系一体的结构分析计算；

（2）土方开挖及外运；

（3）临时立柱做法；

（4）侧墙与支护结构的连接；

（5）立柱与底板和楼盖的连接；

（6）坑底土卸载和回弹引起的相邻立柱之间，立柱与侧墙之间的差异沉降对已施工结构受力的影响分析计算；

（7）施工作业程序、混凝土浇筑及施工缝处理；

（8）结构节点构造措施。

单元三　基坑排水与基底检验

一、基坑排水

在开挖基坑时，土的含水层常被切断，地下水将会不断地渗入坑内。雨季施工时，地面水也会流入坑内。为了保证基础工程施工的正常进行，防止边坡塌方和地基承载能力的下降，必须做好基坑排水工作。

基坑排水的目的在于保证开挖基坑作业在无水或少水的情况下顺利进行，同时也有利于基础的砌筑与养护。施工前，对施工现场的排水系统应有一个总体规划，做到场地排水通畅。基坑排水包括地面排水和基坑内排水两个方面，其中，基坑内排水又包括集水坑或集水井排水和井点降低地下水位两种。

(一) 地面排水

场地内低洼地区的积水必须排除，同时应注意雨水的排除，使场地保持干燥，便于施工。

地面水的排除通常采用设置排水沟、截水沟或修筑土堤等设施来进行。应尽量利用自然地形来设置排水沟，以便将水直接排至场外，或流入低洼处再用水泵抽走。

主排水沟最好设置在施工区域或道路的两旁，其横断面和纵向坡度根据最大流量确定。一般排水沟的横断面不小于 0.5 m×0.5 m，纵向坡度根据地形确定，一般不小于3‰。在山坡地区施工，应在较高一面的坡上，先做好永久性截水沟，或设置临时截水沟，阻止山坡水流入施工现场。在低洼地区施工时，除开挖排水沟外，必要时还需修筑土堤，以防止场外水流入施工场地。出水口应设置在远离基坑的低洼地点，并保证排水通畅，避免基坑排水又回渗到基坑中。

(二) 集水坑(井)排水

集水坑或集水井排水又叫基坑表面排水。集水坑(井)排水法一般宜用于降水深度较小且无严重流砂的一般基坑。集水坑(井)排水法是在基坑开挖时，沿坑底周围或中央开挖集水沟，在坑底周围的集水沟底设置集水坑或集水井，使基坑内的水经集水沟流向集水坑(井)，然后用水泵将水排走。机械排水的能力应大于基坑的涌水量，因此，施工前必须对基坑的涌水量进行估算，以便拟定排水措施，配置足够的排水设备。

1. 集水坑(井)设置

集水沟和集水坑(井)宜设置在基础范围以外，沿坑底周围或中央开挖集水沟，在坑底周围的集水沟底设置集水坑或集水井。一般集水沟的横断面不小于 0.5 m×0.5 m，纵向坡度宜为 1‰～2‰；根据地下水量的大小，基坑平面形状及水泵能力，集水坑(井)每隔 20～40 m 设置一个，其直径或宽度一般为 0.6～0.8 m。随着基坑开挖深度的加深，集水沟底应始终低于基坑挖土底面 0.3～0.5 m，集水坑底则应始终低于基坑挖土底面 0.8～1.0 m。集水坑中水深应能淹没抽水机的吸水龙头，坑壁可用竹、木框等简易加固维护，并用麻袋包住吸水龙头，以防止龙头被泥砂堵塞。当基坑挖至设计标高后，集水井底应低于坑底 1～2 m，并铺设 0.3 m 左右厚的碎石滤水层，以免抽水时将泥砂抽走，并防止集水井底的土被扰动。

2. 流砂产生及防治

当基坑挖土至地下水水位以下，而土质又是细砂或粉砂，又采用集水井法降水时，坑底下面的土有时会形成流动状态，随地下水一起流动涌入基坑，这种现象称为流砂现象。

发生流砂现象时,土完全丧失承载能力,使施工条件恶化,难以达到开挖设计深度。严重时会造成边坡塌方及附近建筑物下降、倾斜、倒塌等。总之,流砂现象对土方施工和附近建筑物有很大危害。

(1) 流砂产生的原因

水在土中渗流时会受到土颗粒的阻力,由作用与反作用定律可知,水对土颗粒也作用一个压力,叫作动水压力,当基坑底挖至地下水位以下时,坑底的土就受到动水压力的作用。如果动水压力等于或大于土的浸水重度时,土粒失去自重处于悬浮状态,能随着渗流的水一起流动,带入基坑边发生流砂现象。

当地下水位越高,坑内外水位差越大时,动水压力也就越大,越容易发生流砂现象。实践经验是:在可能发生流砂的土质处,基坑挖深超过地下水位线 0.5 m 左右,就要注意流砂的发生。

此外,当基坑底位于不透水层内,而其下面为承压水的透水层,基坑不透水层的覆土的重量小于承压水的压力时,基坑底部就可能发生管涌现象。

(2) 易产生流砂的土

实践经验表明,流砂现象经常发生在颗粒细、均匀、松散、饱和的非黏性土中。具备下列性质的土,在一定动水压力作用下,均有可能发生流砂现象。

① 土的颗粒组成中,黏粒含量小于 10%,粉粒(颗粒为 0.005～0.05 mm)含量大于 75%;

② 颗粒级配中,土的不均匀系数小于 5;

③ 土的天然孔隙比大于 0.75;

④ 土的天然含水量大于 30%。

(3) 流砂的防治

是否出现流砂现象的重要条件是动水压力的大小和方向。在一定的条件下,土转化为流砂,而在另一些条件下(如改变动水压力的大小和方向),又可将流砂转变为稳定土。流砂防治的具体措施有:

① 抢挖法:即组织分段抢挖,使挖土速度超过冒砂速度,挖到标高后立即铺竹筏或芦席,并抛大石块以平衡动水压力,压住流砂。此法可解决轻微流砂现象。

② 打板桩法:将板桩打入坑底下面一定深度,增加地下水从坑外流入坑内的渗流长度,以减小水力坡度,从而减小动水压力,防止流砂产生。

③ 水下挖土法:不排水施工,使坑内水压力与地下水压力平衡,消除动水压力,从而防止流砂产生。此法在沉井挖土下沉过程中常用。

④ 人工降低地下水位:采用轻型井点等降水,使地下水的渗流向下,水不致渗流入坑内,又增大了土料间的压力,从而可有效地防止流砂形成。因此,此法应用广且较可靠。

⑤ 地下连续墙法:此法是在基坑周围先浇筑一道混凝土或钢筋混凝土的连续墙,以支承土壁、截水并防止流砂产生。

此外,在含有大量地下水土层或沼泽地区施工时,还可以采取土壤冻结法等。对位于流砂地区的基础工程，应尽可能用桩基或沉井施工，以节约防治流砂所增加的费用。

3. 涌水量的估算

基坑涌水量的大小与土的透水性、基坑内外的水头差、基坑坑壁围护结构的种类以及基坑渗水面积等因素有关。估算涌水量的方法，一种是通过抽水试验，另一种是利用经验公式。抽水试验是在现场的试坑或钻孔中直接进行抽水，其结果比较可靠，但试验耗费较大。经验公式估算方法简便，虽然估算结果的准确性不高，但应用较为广泛。

经验公式可反映出土的透水性、基坑渗水面积、坑壁的围护形式等因素对涌水量的影响。对于敞坡基坑（图 2.3.1）或水中围堰的基坑，涌水量 Q(m^3/h)可按式(2.10)估算：

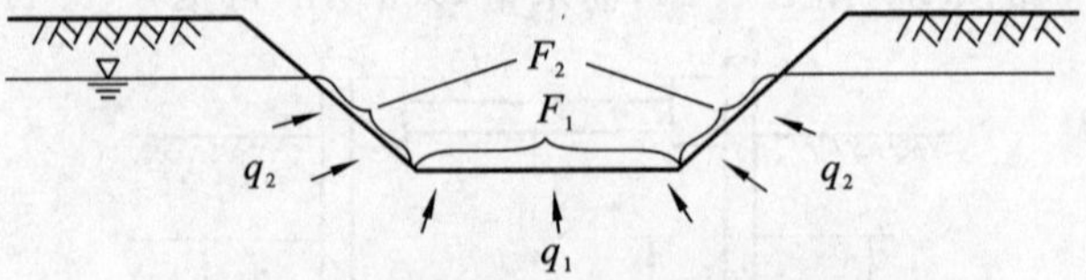

图 2.3.1　敞坡基坑涌水量计算示意图

$$Q=q_1F_1+q_2F_2 \tag{2.10}$$

式中　q_1、q_2——基坑底面和侧面的单位渗水量，$m^3/(h\cdot m^2)$，见表 2.3.1 和表 2.3.2；

F_1、F_2——基坑底面和侧面的渗水面积，m^2。

表 2.3.1　基坑底面单位渗水量 q_1[$m^3/(h\cdot m^2)$]

序号	土质类别	土的特征及粒径	q_1
1	细粒砂土及黑土层，松软亚黏土	桥基一面靠岸，天然含水率小于 20%，砂土粒径在 0.05 mm以下	0.14～0.18
2	有裂缝的碎岩层，较密实的黏性土	岩石破碎，裂隙发育；黏土层有透水孔道	0.15～0.25
3	细砂，紧密的砾石土	细砂粒径在 0.05～0.25 mm，砾石土孔隙率在 20%以下	0.16～0.32
4	中砂及砂砾层	砂粒径在 0.25～1.0 mm 或砾石含量小于 30%，平均最大粒径 10 mm 以下	0.24～0.80
5	粗砂及砂砾层	砂粒径在 1.0～2.5 mm 或砾石含量 30%～70%，平均最大粒径 150 mm 以下	0.8～3.0
6	粗砂及大砾石、卵石层	砂粒径大于或等于 2.0 mm，砾石、漂石含量大于或等于 30%，个别泉眼直径小于 50 mm，总面积小于 0.07 m^2	2.0～4.0
7	砾石、卵石并带有泉眼或砂砾带有大泉眼	石料平均粒径 50～200 mm，个别大孤石小于 0.5 m^3，泉眼直径小于 300 mm，总面积小于 0.15 m^2	4.0～8.0
8	砾石、卵石、粗砂泉眼很多		>8.0

注：无表面水时取较小值，表面水深 2～4 m 中等孔隙土取中值，表面水深大于 4 m 松软土取大值。

表 2.3.2　基坑侧面单位渗水量 q_2[$m^3/(h\cdot m^2)$]

序号	基坑或围堰种类	q_2
1	敞坡土质基坑	按表 2.3.1 同类土渗水量 20%～30%计
2	土围堰或土袋围堰	按表 2.3.1 同类土渗水量 20%～30%计
3	木板桩围堰	按表 2.3.1 同类土渗水量 10%～20%计
4	钢板桩围堰	按表 2.3.1 同类土渗水量 0～5%计
5	就地取材制成的围堰	按表 2.3.1 同类土渗水量 15%～30%计

对于有板桩围护的基坑(图 2.3.2),涌水量 Q(m^3/h)可按式(2.11)估算:

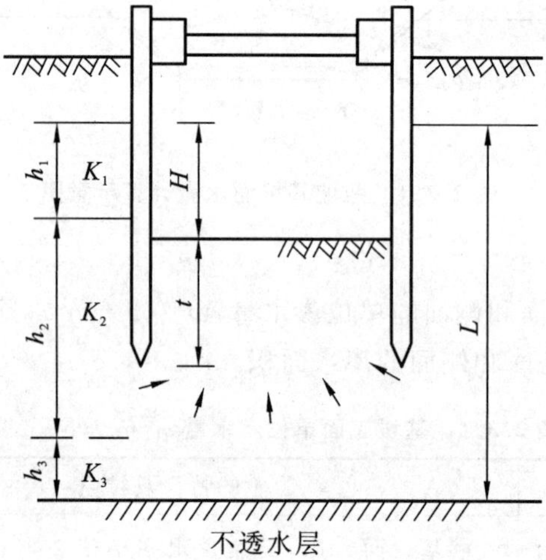

图 2.3.2　板桩围护基坑涌水量计算示意图

$$Q=KuHq \tag{2.11}$$

式中　u——基坑周长,m;

H——水头差,m;

q——单位渗水量,$m^3/(h\cdot m^2)$,见表 2.3.3;

K——土的透水系数,m/h,可查有关手册,如基坑范围内为多层土,则取其加权平均值,即 $K_{平均}=\sum k_i h_i/\sum h_i$。

表 2.3.3　单位渗水量 q[$m^3/(h\cdot m^2)$]

$H/(H+t)$ \ $(H+t)/L$	0.1	0.2	0.3	0.4	0.5	0.6	0.7	0.8	0.9	0.95
1.00	1.39	1.13	0.98	0.88	0.78	0.70	0.61	0.52	0.42	0.36
0.75	1.20	0.95	0.81	0.70	0.61	0.53	0.46	0.39	0.30	0.23
0.50	1.12	0.89	0.74	0.64	0.56	0.48	0.41	0.34	0.27	0.22
0.25	1.08	0.84	0.70	0.60	0.52	0.45	0.39	0.32	0.25	0.21
0	1.02	0.80	0.67	0.58	0.50	0.42	0.38	0.31	0.24	0.20

4. 排水机具的选择

排水机具的选用应根据涌水量的大小和现场作业条件确定。当涌水量很小时，可用人工抽水或小型水泵排水；当涌水量较大时，一般采用电动或内燃机带动的离心式抽水机。考虑排水过程中，机械有可能发生故障，应有备用的水泵，要求水泵总排水能力达到(1.5～2.0)Q。当具有1.5Q排水能力时，水泵数应有两台以上；当具有2Q排水能力时，水泵数应有三台以上。

抽水机的安装应根据基坑深度、水深和水泵吸程的大小，分别安装在坑顶、基坑中的护坡道或活动脚手架上。当基坑深度大于水泵吸程与扬程之和时，可采用多台水泵串联或采用高压水泵。当一个基坑抽水有可能使邻近基坑的地下水位降低时，可考虑邻近基坑同时开挖，以减少抽水工作量。

（三）井点降水

井点降水法也称为人工降低地下水位法。井点降水法适用于旱地上降水深度较大，土质为透水性较大的细砂、粉砂和亚砂土，或是软土地区的地基。

井点降水法的基本原理如图2.3.3所示。是在基坑开挖前，预先在基坑外围埋设一定数量的滤水井管，井管上部用横管相连，并与水泵的进水管相接，利用抽水设备从中抽水，使地下水位下降；基坑开挖时，只要井点继续不断抽水，使地下水位始终保持在基坑开挖底面以下，直至施工结束为止，就可使基坑始终保持干燥状态，改善施工条件，同时还使动水压力方向向下，从根本上防止流砂发生，并增加土中有效应力，提高土的强度或密实度。因此，井点降水法不仅是一种施工措施，也是一种地基加固方法。

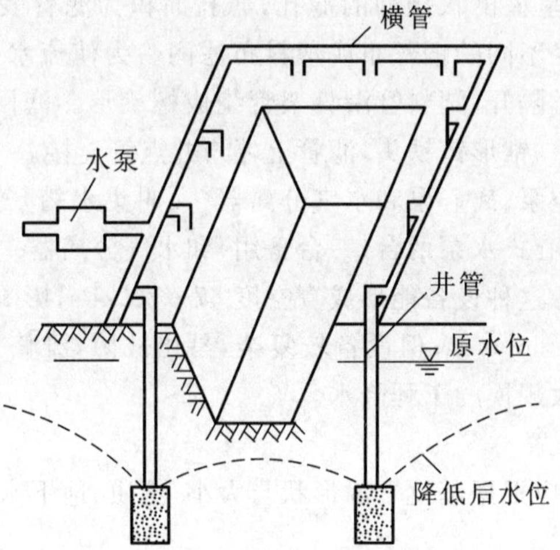

图2.3.3 井点降水示意图

采用井点降水法降低地下水位，可适当增陡边坡以减少挖土数量，但在降水过程中，基坑附近的地基土壤会有一定的沉降，施工时应加以注意。

井点降水方法有：轻型井点、喷射井点、电渗井点、管井井点及深井井点等。各种方法的选用，可根据土的渗透系数、降低水位的深度、工程特点、设备及经济技术比较等具体条件参照表 2.3.4 选用。其中以轻型井点采用较广。

表 2.3.4　各类井点的使用范围

项次	井点类别	土层渗透系数(m/d)	降低水位深度(m)
1	单层轻型井点	0.1～50	2～6
2	多层轻型井点	0.1～50	6～12(由井点层数而定)
3	喷射井点	0.1～2	8～20
4	电渗井点	＜0.1	根据选用的井点确定
5	管井井点	20～200	3～5
6	深井井点	10～250	＞10

1. 轻型井点

(1) 轻型井点设备

轻型井点设备主要包括井点管、滤管、集水总管、弯联管、抽水设备等。

井点管为直径 38 mm 或 51 mm、长 5～7 m 的钢管,可整根或分节组成。井点管的上端用弯联管与总管相连。下端用螺丝套头与滤管连接。

集水总管为直径 100～125 mm 的无缝钢管,每段长 4 m,其上装有与井点管连接的短接头,间距 0.8 m 或 1.2 m。

滤管为进水设备,通常采用长 1.0～1.2 m、直径 38～57 mm 的无缝钢管,管壁钻有直径为 12～19 mm 的呈星棋状排列的滤孔,滤孔面积为滤管表面积的 20%～25%。骨架管外面包有两层孔径不同的铜丝布或塑料布滤网。为使流水畅通,在骨架管与滤网之间用塑料管或梯形钢丝隔开,塑料管沿骨架管绕成螺旋形。滤网外面再绕一层 8 号粗钢丝保护网,滤管下端为一锥形铸铁头,滤管上端与井点管连接。

抽水设备是由真空泵、离心泵和水气分离器(又叫集水箱)等组成。真空泵轻型井点设备由真空泵一台、离心式水泵两台(一台备用)和水气分离器一台组成一套抽水机组,国内已有定型产品供应。这种设备能形成真空度 67～80 kPa,影响井点数的范围可达 60～70 根,降水深度达 5.5～6.0 m;但设备较复杂,易出故障,维修管理困难,耗电量大。该设备适用于重要的较大规模的工程降水。

(2) 轻型井点的布置

井点系统的布置,应根据基坑平面形状与大小、土质、地下水位高低与流向、降水深度要求等确定。

① 平面布置:当基坑或沟槽宽度小于 6 m,水位降低值不大于 5 m 时,可用单排线状井点,布置在地下水流的上游一侧,两端延伸长一般不小于沟槽宽度。如沟槽宽度大于 6 m,或土质不良,宜用双排井点。面积较大的基坑宜用环状井点。有时也可布置为 U 形,以利挖土机械和运输车辆出入基坑。环状井点四角部分应适当加密,井点管距离基坑一般为 0.7～1.0 m,以防漏气。井点管间距一般为 0.8～1.5 m,或由计算和经验确定。

采用多套抽水设备时,井点系统应分段,各段长度应大致相等。分段地点宜选择在基坑转弯处，以减少总管弯头数量，提高水泵抽吸能力。水泵宜设置在各段总管中部，使泵两边水流平衡。分段处应设阀门或将总管断开，以免管内水流紊乱，影响抽水效果。

② 高程布置：轻型井点的降水深度在考虑设备水头损失后，不超过 6 m。

井点管的埋设深度 H（不包括滤管长）按式(2.12)计算：

$$H \geqslant H_1 + h + IL \tag{2.12}$$

式中　H_1——井管埋设面至基坑底的距离，m；

H——基坑中心处基坑底面（单排井点时，为远离井点一侧坑底边缘）至降低后地下水位的距离，m，一般为 0.5～1.0 m；

I——地下水降落坡度，环状井点 1/10，单排线状井点为 1/45；

L——井点管至基坑中心的水平距离，m（在单排井点中，为井点管至基坑另一侧的水平距离）。

如果计算出的 H 值大于井点管长度，则应降低井点管的埋置面（但以不低于地下水位为准），以适应降水深度的要求。在任何情况下，滤管必须埋在透水层内。为了充分利用抽吸能力，总管的布置标高宜接近地下水位线（可事先挖槽），水泵轴心标高宜与总管平行或略低于总管。总管应具有 0.25%～0.5%坡度（坡向泵房）。各段总管与滤管最好分别设在同一水平面，不宜高低悬殊。

当一级井点系统达不到降水深度要求时，可视其具体情况采用其他方法降水。如上层土的土质较好时，先用集水井排水法挖去一层土再布置井点系统；也可采用二级井点，即先挖去第一级井点所疏干的土，然后再在其底部装设第二级井点。

(3) 井点施工工艺

放线定位→铺设总管→冲孔→安装井点管、填砂砾滤料、上部填黏土密封→用弯联管将井点管与总管接通→安装抽水设备与总管连通→安装集水箱和排水管→开启真空泵排气，再开启离心水泵抽水→测量观测井中地下水位变化情况。

(4) 轻型井点的计算

轻型井点的计算包括：根据确定的井点系统的平面和竖向布置图，计算井点系统涌水量；计算确定井点管数量与间距。

① 井点系统涌水量计算

井点系统涌水量是按水井理论进行计算的。根据井底是否到达不透水层，水井可分为完整井与不完整井。凡井底到达含水层下面的不透水层顶面的井称为完整井，否则称为不完整井。根据地下水有无压力，又分为无压井与承压井，对于无压完整井的环状井点系统，涌水量按式(2.13)计算：

$$Q = 1.366K \frac{(2H - s)s}{\lg R - \lg x_0} \tag{2.13}$$

式中　Q——井点系统的涌水量，m^3/d；

K——土的渗透系数，m/d，可以由实验室或现场抽水确定；

H——含水层厚度，m；

s——水位降低值，m；

R——抽水影响半径，m，常用式(2.14)计算：

$$R=1.95s\sqrt{HK} \tag{2.14}$$

x_0——环状井点系统的假想半径，m，对于矩形基坑，其长度与宽度之比不大于5时，可按式(2.15)计算：

$$x_0=\sqrt{\frac{F}{\pi}} \tag{2.15}$$

式中 F——环状井点系统所包围的面积，m^2。

对于无压非完整井点系统，地下潜水不仅从井的侧面流入，还从井点底部渗入，因此涌入量较完整井大。为了简化计算，仍可采用式(2.13)。但此时式中 H 应换成有效抽水影响深度 H_0。H_0 值见表2.3.5。当算得 H_0 大于实际含水量厚度 H 时，仍取 H 值。

表2.3.5 有效抽水影响深度 H_0 值

$s'/(s'+1)$	0.2	0.3	0.5	0.8
H_0	$1.36(s'+1)$	$1.5(s'+1)$	$1.7(s'+1)$	$1.85(s'+1)$

注：s'——无压非完整井的水位降低值。

对于承压完整井点系统，涌水量按公式(2.16)计算：

$$Q=2.73\frac{KMs}{\lg R-\lg x_0} \tag{2.16}$$

式中 M——承压含水层厚度，m；

K、s、R、x_0——意义同式(2.13)。

用以上各式计算轻型井点系统涌水量时，要先确定井点系统布置方式和基坑计算图形面积。如矩形基坑的长宽比大于5或基坑宽度大于抽水影响半径的两倍时，需将基坑分块，使其符合上述各式的适用条件，然后分别计算各块的涌水量和总涌水量。

② 井点管数量与井距的确定

确定井点管数量需先确定单根井点管的抽水能力。单根井点管的最大出水量 q 取决于滤管的构造尺寸和土的渗透系数，按式(2.17)计算：

$$q=65\pi dlK^{\frac{1}{3}} \tag{2.17}$$

式中 d——滤管内径，m；

l——滤管长度，m；

K——土的渗透系数，m/d。

井点管的最少根数 n，根据井点系统涌水量 Q 和单根井点管的最大出水量 q，按式(2.18)确定：

$$n=1.1\frac{Q}{q} \tag{2.18}$$

式中 1.1——备用系数(考虑井点管堵塞等因素)。

井点管的平均间距 D 按式(2.19)计算：

$$D=\frac{L}{n} \tag{2.19}$$

式中 L——总管长度，m；

n——井点管根数。

井点管间距经计算确定后，布置时还需注意：

井点管间距不能过小，否则彼此干扰大，出水量会显著减少，一般可取滤管周长的5～10倍；在基坑周围四角和靠近地下水流方向一边的井点管应适当加密；当采用多级井点排水时，下一级井点管间距应较上一级的小；实际采用的井距还应与集水总管上端接头的间距相适应(可按0.8 m、1.2 m、1.6 m、2.0 m四种间距选用)。

(5) 抽水设备的选择

真空泵主要有W5、W6型，按总管长度选用。当总管长度不大于100 m时，可选用W5型；总管长度不大于200 m时，可选用W6型。水泵按涌水量的大小选用，要求水泵的抽水能力应大于井点系统的涌水量(增大10%～20%)。通常一套抽水设备配两台离心泵，既可轮换备用，又可在地下水量较大时同时使用。

(6) 井点管的安装埋设

井点管埋设一般用水冲法，分为冲孔和埋管两个过程。冲孔时，先将起重设备固定在位置上，然后开启高压水泵，冲刷土体和沉管且边冲边沉。冲孔直径一般为300 mm，以保证井管四周有一定厚度的砂滤层；冲孔深度宜比滤管底深0.5 m左右，以防冲管拔出时，部分土颗粒沉于底部而触及滤管底部。井孔冲成后，立即拔出冲管，插入井点管，并在井点管与孔壁之间迅速填灌砂滤层，以防孔壁塌土。砂滤层的填灌质量是保证轻型井点顺利抽水的关键。一般宜选用干净粗砂，填灌均匀，并填至滤管顶上1～1.5 m，以保证水流畅通。井点填砂后，在地面以下0.5～1.0 m内须用黏土封口，以防漏气。

井点管埋设完毕，应接通总管与抽水设备进行试抽水，检查有无漏水、漏气，出水是否正常，有无淤塞等现象，如有异常，应检修好后方可使用。

(7) 轻型井点的使用

轻型井点一般应连续(特别是开始阶段)使用。时抽时停，滤管网容易堵塞，出水浑浊并引起附近建筑物由于土颗粒流失而沉降、开裂。同时由于中途停抽，使地下水回升，也可能引起边坡塌方等事故。抽水过程中，应调节离心泵的出水阀以控制水量，使抽吸排水保持均匀，做到细水长流。正常的出水规律是“先大后小，先浑后清”。真空泵的真空度是判断井点系统工作情况是否良好的依据，必须经常观察。造成真空度不足的原因很多，但大多是井点系统有漏气现象，应及时检查并采取措施。在抽水过程中，还应检查有无堵塞的“死井”(工作正常的井点，用手探摸时，应有冬暖夏凉的感觉)，若死井太多，严重影响降水效果时，应逐个用高压反冲洗或拔出重埋。为观察地下水位的变化，可在影响半径内设孔观察。

井点降水工作结束后所留的井孔，必须用砂砾或黏土填实。

(8) 轻型井点系统降水设计实例

某工程基坑平面尺寸如下：基坑底宽10 m，长19 m，深4.1 m，边坡坡度为1∶0.5。地下水位为−0.6 m。根据地质勘查资料，该处地面下0.7 m为杂填土，此层下面有6.6 m的细砂层，土的渗透系数$K=5$ m/d，再往下为不透水的黏土层。现采用轻型井点设备进行人工降低地下水位，机械开挖土方，试对该轻型井点系统进行布置。

井点系统的布置如下：

该基坑顶部平面尺寸为14 m×23 m，布置成环状井点，井点管离边坡距离为0.8 m，

要求降水深度为 $s=4.1-0.6+0.5=4.00$ m。因此，用一级轻型井点系统即可满足要求，总管和井点布置在同一水平面上。

由井点系统布置处至下面一层不透水黏土层的深度为 0.7＋6.6＝7.3 m，设井点管长度为 7.2 m，其中井管长 6 m，滤管长 1.2 m，因此滤管底距离不透水黏土层只差0.1 m，可按无压完整井进行设计和计算。

2. 喷射井点

当基坑开挖较深或降水深度超过 6 m 时，必须使用多级轻型井点，这样会增大基坑的挖土量，延长工期并增加设备数量，不够经济。当降水深度超过 6 m，土层渗透系数为 0.1～2.0 m/d 的弱透水层时，采用喷射井点降水比较合适，其降水深度可达 20 m。

(1) 喷射井点的主要设备

喷射井点根据工作时使用的喷射介质的不同，分为喷水井点和喷气井点两种。其主要设备由喷射井管、高压水泵(或空气压缩机)和管路系统组成。

喷射井管分内管和外管两部分，内管下端装有喷射器并与滤管相接。喷射器由喷嘴、混合室、扩散室等组成。为防止因停电、机械故障或操作不当而突然停止工作时的倒流现象，在滤管的芯管下端设一逆止球阀。喷射井点正常工作时，喷射器产生真空，芯管内出现负压，钢球浮起，地下水从阀座中间的孔进入井管。当井管出现故障真空消失时，钢球下沉堵住阀座孔，阻止工作水进入土层。

高压水泵选用 6SH6 型或 150S78 型(流量为 140～150 m^3/h，泵扬程 78 m)，或多级高压水泵(流量 50～80 m^3/h，压力 0.7～0.8 MPa)1～2 台，每台可带动 25～30 根喷射井点管。

管路系统包括进水、排水总管(直径 150 mm，每套长 60 m)，接头，阀门，水表，溢流管，调压管等管件、零件及仪表。

常用喷射井点管的规格直径为：38 mm、50 mm、63 mm、100 mm、150 mm。

(2) 喷射井点布置

喷射井点管的布置，其井点管的埋设方法和要求与轻型井点基本相同。基坑面积较大时，采用环形布置；基坑宽度小于 10 m，用单排直线形布置；大于 10 m 时作双排布置。喷射井管间距一般为 2～3 m；采用环形布置，进出口(道路)处的井点间距为 5～7 m。冲孔直径为 400～600 mm，深度比滤管底深 1 m 以上。

3. 深井井点

深井井点降水的原理是在深基坑的周围埋置深于基底的井管，通过设置在井管内的潜水电泵将地下水抽出，使地下水位低于坑底。该方法适用于抽水量大、较深的砂类土层，降水深可达 50 m 以内。

(1) 井点系统的组成及设备

深井井点系统主要由井管和水泵组成。

井管用钢管、塑料管或混凝土管制成，管径一般为 300 mm，井管内径一般应大于水泵外径 50 mm。井管下部过滤部分带孔，外面包裹 10 孔/cm^2 铸钢丝两层，41 孔/cm^2 铸钢丝两层或尼龙网。

水泵：可用 QY-25 型或 QJ-50-52 型油浸式潜水泵或深井泵。

(2) 深井布置

深井井点一般沿工程基坑周围离边坡上缘 0.5～1.5 m 呈环形布置,当基坑宽度较窄,也可在一侧呈直线形布置;面积不大的独立的深基坑,也可采取点式布置。井点宜深入到透水层 6～9 m,通常还应比所需降水的深度深 6～8 m,间距一般为 10～30 m(相当于埋深)。基坑开挖深 8 m 以内,井距为 10～15 m;8 m 以上,井距为 15～20 m。在一个基坑布置的井点,应尽可能多地为附近工程基坑降水所利用。

4. 电渗井点

在饱和黏性土中,特别是在淤泥和淤泥质黏土中,由于土的渗透系数很小(小于 0.1 m/d),此时宜采用电渗井点排水。它是利用黏性土中的电渗现象和电泳特性,使黏性土空隙中的水流动加快,起到一定的疏干作用,从而使排水效率得到提高。本法一般与轻型井点或喷射井点结合使用,效果较好。除有与一般井点相同的优点外,还可用于渗透系数很小(0.1～0.002 m/d)的黏土和淤泥中。与电渗一起产生的电泳作用,能使阳极周围土体加密,并可防止黏土颗粒淤塞井点管的过滤网,保证井点正常抽水。

5. 管井井点

管井井点降水是桥梁工程基坑常用的井点降水方法,其原理类似深井井点降水法。

管井井点由滤水井管、吸水管和抽水机械等组成。井管构造如图 2.3.4 所示,井管周围采用砂砾填充,井管下部有滤管,滤管上布满直径为 2 cm 的孔,外面包有能防止泥砂进入井管的过滤网。砂砾填充层厚度为 5～6 cm,用来过滤地下水中的细土粒,以防止堵塞进水孔,影响正常排水。

管井井点设备较为简单,排水量大,降水较深,较轻型井点具有更大的降水效果,可代替多组轻型井点作用,水泵设在地面,易于维护。该法适于渗透系数较大、地下水丰富的土层、砂层或用集水井排水法易造成土粒大量流失,引起边坡塌方及用轻型井点难以满足要求的情况下使用。但管井属于重力排水范畴,吸程高度受到一定限制,并要求渗透系数 K 较大(20～200 m/d),而且降水深度仅为 3～5 m。

(四) 井点降水施工注意事项

井点降水时,水位的降低值与井点系统总抽水量有关。正式抽水前,应试行抽水一段时间,以检查抽水机与整个井管系统的连接是否良好。井点降水时,应注意下列事项:

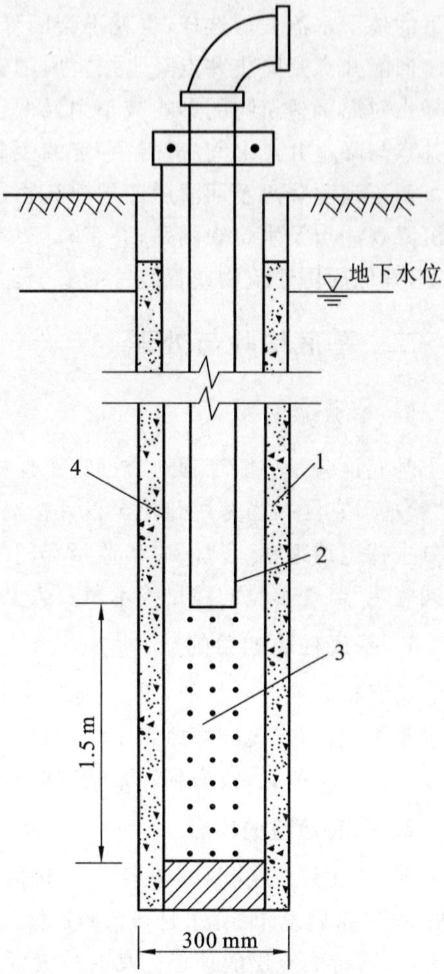

图 2.3.4　井管构造示意图

1—砂砾填充层;2—吸水管;3—过滤层;4—井管

(1) 降低成层土中地下水位时,应尽可能将滤管埋设在透水性较好的土层中。

(2) 在水位降低的范围内,应设置水位观测孔,其数量视工程情况而定。

(3) 对整个井点系统,应加强检查和维护,保证不间断地抽水。

(4) 应考虑到水位降低区域内的建筑物可能产生的附加沉降,并做好沉降观测,必要时应采取防护措施。

(五) 降水对周围建筑的影响及防止措施

在弱透水层和压缩性大的黏土层中降水时,由于地下水流失造成地下水位下降、地基自重应力增加和土层压缩等原因,会产生较大的地面沉降;又由于土层的不均匀性和降水后地下水位呈漏斗曲线,四周土层的自重应力变化不一而导致不均匀沉降,使周围建筑物基础下沉或房屋开裂。因此,在建筑物附近进行井点降水时,为防止降水影响或损害区域内的建筑物,就必须阻止建筑物下的地下水流失。为达到此目的,除可在降水区域和原有建筑物之间的土层中设置一道固体抗渗屏幕外,还可用回灌井点补充地下水的办法来保持地下水位,使降水井点和原有建筑物下的地下水位保持不变或降低较少,从而阻止建筑物下的地下水流失。这样,也就不会因降水而使地面沉降,或减小沉降值。

回灌井点是防止井点降水损害周围建筑物的一种经济、简便、有效的办法,它能将井点降水对周围建筑物的影响减小到最低程度。为确保基坑施工的安全和回灌的效果,回灌井点与降水井点之间应保持一定的距离,一般不宜小于 6 m。

为了观测降水及回灌后四周建筑物、管线的沉降情况及地下水位的变化情况,必须设置沉降观测点及水位观测井,并定时测量记录,以便及时调节灌、抽量,使灌、抽基本达到平衡,确保周围建筑物或管线等的安全。

二、基底检验与处理

(一) 基底检验

基底检验是一般工程地质勘察工作中的最后一个环节,也就是土木工程中通常所说的"验槽",它是指当基坑开挖至设计标高后,在施工单位进行基坑自检合格的基础上,由甲方主持邀请勘察、设计、质量监督部门的项目技术负责人及其相关专业人员到施工现场会同施工、监理单位的项目技术负责人共同进行基坑检查、鉴定验收。

1. 基底检验的目的

基底检验的主要目的是核对地质资料,检查基坑地质与工程地质勘查报告、设计图纸要求是否相符,有无破坏原状土结构或发生较大的扰动现象;当发现地质条件与勘察报告和设计文件不一致,或遇到异常情况时,应结合地质条件提出处理意见。

2. 基底检验的内容

(1) 应做好基底检验的准备工作,包括:熟悉工程地质勘察报告,了解拟建建筑物的类型和特点,研究基础设计图纸及环境监测资料。当遇有下列情况时,应列为基底检验的重点:

① 当持力土层的顶板标高有较大的起伏变化时;

② 基础范围内存在两种以上不同成因类型的地层时;

③ 基础范围内存在局部异常土质或坑穴、古井、老地基或古迹遗址时；

④ 基础范围内遇有断层破碎带、软弱岩脉以及古河道、湖、沟、坑等不良地质条件时；

⑤ 在雨期或冬期等不良气候条件下施工，基底土质可能受到影响时。

(2) 基底检验的主要内容包括：

① 检查基底平面位置、尺寸大小和基底标高；

② 检查基底地质情况和承载力是否与设计资料相符；

③ 检查基底处理和排水情况是否符合现行规范要求；

④ 检查基坑施工记录及有关试验资料等。

(3) 应做好基底检验的资料归档工作，包括：

① 填写基坑(槽)隐蔽工程验收记录单(表)；

② 收集勘察单位和设计单位对基底检验的处理意见或变更通知单；

③ 经检查合格，及时办理交接手续。

3. 基底检验的方法

基底检验应按桥涵大小、地基土质复杂情况(如溶洞、断层、软弱夹层、易溶岩等)及结构对地基有无特殊要求，采用以下检查方法：

(1) 小桥涵的地基检验方法一般采用直观的表面检查验槽法或触探方法(包括静力触探法、钎探检查验槽法和洛阳铲坑探验槽法)，必要时可进行土质试验。

① 表面检查验槽法

根据槽壁土层分布情况和走向，初步判断全部基底是否挖至设计要求的土层；检查槽底是否已挖至原(老)土，是否需继续下挖或进行处理；检查整个槽底土的颜色是否均匀一致；土的坚硬程度是否一样，是否有局部过松软或过硬的部位；是否有局部含水量异常现象，走在地基上是否有颤动感觉等。若有异常，要进一步用钎探检验并会同设计等有关单位进行处理。

② 钎探检查验槽法

基坑(槽)挖好后用锤将钢钎打入基底的土层内，根据每打入一定深度的锤击次数，来判断地基土质的情况。

a. 钢钎的规格和重量：钢钎用 $\phi22 \sim 25$ mm 的圆钢制成，钎头呈 60°尖锥状，长度为 1.8～2.0 m。大锤是 3.6～4.5 kg 的铁锤。打锤时，锤举至离钎顶 500～700 mm，将钢钎垂直打入土中，并记录每打入土层 300 mm 的锤击次数。

b. 钎孔布置和钎探深度：应根据地基土质的情况和基坑宽度、平面形状，进行钎孔布置。

c. 钎孔记录和结果分析：先绘制基坑(槽)平面图，在图上根据要求确定钎探点的平面位置，并编号制成钎探平面图。钎探时按钎探平面图标定的钎探点顺序进行，最后整理成钎探记录表。

全部钎探完后，逐层分析研究钎探记录，然后逐点进行比较，将锤击数过多或过少的钎孔在钎探平面图上做标记，然后再在该部位进行重点检查，如有异常情况，要认真进行处理。

③ 洛阳铲坑探验槽法

在黄土地区，基坑(槽)挖好后或大面积基坑挖土前，根据建筑物所在地区的具体情况或设计要求，对基坑以下的土质、古墓、洞穴等用专用洛阳铲进行坑探（或孔探）检查。

探孔布置及探查记录和结果分析：先绘制基础平面图，在图上根据要求确定探孔的平面位置，并依次编号，再按编号顺序进行探孔。用洛阳铲钎土，每3～5铲土检查一次，查看土质变化和含有物的情况。如果土质有变化或含有杂物，应测量深度并用文字记录清楚。如果遇到墓穴、地道、地窖和废井等，应在此部位缩小探孔距离（一般为1 m左右），沿其周围仔细探查其大小、深浅和平面形状，在探孔图上标示清楚。全部探完后，绘制探孔平面图和各探孔不同深度的土质情况表，为地基处理提供完整的资料。探完以后，尽快用素土或灰土将探孔回填好，以防地表水浸入钎孔。

(2) 大、中桥和地基土质复杂、结构对地基有特殊要求的地基检验方法：一般采用触探方法和钻探（钻深不应小于4 m）取样土工试验相结合的检验方法，或按设计的特殊要求进行荷载试验。当地基遇有下列情况之一时，应进行荷载试验：

① 强烈风化岩石；

② $D_r \leqslant 0.33$ 的松砂地基；

③ $I_L > 1.0$ 的软黏性土；

④ $e > 0.7$ 的亚砂土、$e > 1.0$ 的亚黏土及 $e > 1.1$ 的黏土；

⑤ 含大量有机质的砂或黏土；

⑥ 含大量杂质的杂填土（如瓦片、碎砖等）。

荷载试验包括：用于鉴定地基土的变形性和承载能力的平板荷载试验；在钻孔中进行横向荷载试验的旁压试验；为了测试原状饱和黏性土和黏性土地基不排水抗剪强度的剪切试验，必要时采用十字板剪切试验。有关具体试验内容可参看《公路施工手册-桥涵》或《土力学与地基基础》。

(3) 特大桥的地基检验方法：应按设计要求的方法进行检验。

4. 基底检验质量标准

(1) 基底平面位置：由设计中心线向两边量测，周线长和宽度均不应小于设计要求，且应满足基础施工作业的需要。

(2) 基底标高：基底标高容许误差可视具体的工程情况和基础类型确定。一般情况下，土质地基允许偏差为±50 mm，石质地基允许偏差为+50 mm、−200 mm。

（二）基底处理

基底检验合格后应根据不同的地质情况，作如下处理。

(1) 岩层地基

岩层基底的处理应符合下列规定：

① 对于风化岩层，应清除强风化层和松碎石，在挖至设计高程并满足地基承载力要求后，尽快进行封闭，防止其继续风化。

② 在未风化的平整岩层上，基础施工前，应先将淤泥、苔藓及松动的石块清除干净，并凿出新鲜岩面，再从岩面继续下凿25 cm，使基础嵌入岩层。

③ 对坚硬的倾斜岩层，应将岩层面凿平；倾斜度较大时，则宜凿成多级台阶，台阶的宽度不宜小于0.3 m，使承重面与重力线垂直，以免滑动。

(2) 砂类土或碎石类土地基

① 对于强度和稳定性满足设计要求的砂类土或碎石类土基底，应整平夯实承重面，砌筑基础前，先铺一层约 20 mm 厚的水泥砂浆。

② 当坑底渗水不能彻底排干时，应将水引至基础外的排水沟，然后再在其上进行基础施工。

③ 在水的稳定性较好的土质中，可在基底上铺一层 25～30 cm 厚的片石或碎石，然后在其上浇筑基础，以免影响基础圬工的质量。

(3) 黏性土地基

① 对于符合设计要求的黏性土基底，修整基坑底面时允许铲平。如有超挖，不得用回填土夯实的方法处理。整平后，应尽快进行基础施工，不得使基底浸水或长期暴露。

② 当基坑开挖后基底地质情况与设计不符时，应按程序进行设计变更，并应对地基进行处理，地基处理应根据地基土的种类、强度和密度，按照设计要求，并结合现场情况，采取相应的处理方法。地基处理的范围应超出基础之外不小于 0.5 m。

(4) 软硬不均匀地基

对软硬不均匀地基，应挖除土质较软的部分，使基础全部支承在坚硬土层上。当土质地基遇有局部坚硬层，如压实的路面、老墙基、孤石、大树根等，均应挖除，然后采用与天然土压缩性相近的土回填，分层夯实至设计标高，保持地基的均匀性，以防止建筑物产生不均匀沉降而使上部结构和基础开裂。如天然土为砂土，可用砂石回填，分层洒水夯实；天然土为密实的黏性土，可用 3∶7 的灰土分层夯实回填；天然土为中等密实可塑状态的黏性土或新近沉积的软弱土，则可用 2∶8 或 1∶9 的灰土分层夯实回填。

(5) 古井、坑穴处理

土质中的古井、坑穴，应将其中的虚土或淤泥全部挖除，然后按上述软硬不均匀地基的处理方法处理。

(6) 软弱地基和特殊土地基

对于强度低、稳定性差的软弱地基和特殊土地基，如饱和软弱黏土层、粉砂土层、湿陷性黄土、膨胀土、季节性冻土等地基，应根据该类土的处治深度和含水率等具体情况采用人工地基的加固处理措施，使之满足设计要求。其方法详见本教材情境三。

(7) 局部溶洞地基处理

当岩石地基基底局部有下卧岩溶，且影响持力岩层的承载能力时，溶洞地基的处理应符合下列规定：

① 处理溶洞地基时，不得堵塞溶洞的水路。

② 对于干溶洞可采用砂砾石、碎石、干砌或浆砌片石及灰土等回填密实；当基底的干溶洞较大，回填处理有困难时，可设置桩基进行处理。桩基的设置应履行设计变更手续，并应由设计单位进行设计。

(8) 泉眼地基处理

当地基基底局部有泉眼时，其地基处理应符合下列规定：

① 可采用有螺口的钢管紧密打入泉眼，盖上螺帽并拧紧阻止泉水流出，或向泉眼内

压注速凝水泥砂浆，再打入木塞堵眼。

② 当堵眼困难时，可采用管子塞入泉眼，将水引流至集水坑排出；或在基底下设盲沟引流至集水坑排出，待基础施工完成后，再向盲沟内压注水泥砂浆堵塞。采取引流方式排水时，应防止砂土流失而引起基底沉陷。

③ 不论采用何种方法处理基底的泉眼，均不应使基底泡水。

(9) 多年冻土地基

① 基础不应置于季节性冻融土层上，并不得直接与冻土接触。

② 基础位于多年冻土层(即永久冻土)上时，基底之上应设置隔温层或保温层材料，其铺筑宽度应在基础外缘加宽 1 m。

③ 按保持冻结原则设计明挖地基，其多年平均地温高于或等于－3 ℃时，应在冬季施工；多年平均地温低于－3 ℃时，可在其他季节施工，但应避开高温季节，并应按下列规定处理：

a. 严禁地表水流入基坑。

b. 及时排除季节冻土层内的地下水和冻土本身的融化水。

c. 必须搭设遮阳棚和防雨棚。

d. 施工前应做好充分的准备工作，组织快速施工。施工完成的基础应立即回填封闭，不宜间歇；必须间歇时，应采用保温材料加以覆盖，防止热量侵入。

④ 施工期间如有明水，应在距坑顶 10 m 之外设置排水沟，并应将水引向远离基坑的位置排出；当有融化水时，应及时排出。

单元四　桥梁基础施工与基坑回填

桥梁基础的施工一般都在排水条件下进行，只有当渗水量很大，排水很困难时，才采用水下灌注混凝土的方法。本单元根据桥涵浅基础的类型分别介绍各种基础的施工工艺。

一、扩大刚性基础施工工艺

扩大刚性基础由圬工结构材料组成，一般采用混凝土基础或片石混凝土基础，小型桥台的基础也常采用石砌基础。本教材重点介绍混凝土与片石混凝土基础的施工工艺。

(一) 施工准备

1. 技术准备

(1) 根据地质资料、环境条件、施工图纸及标准规范，编制基础施工方案。

(2) 完成工程测量控制点的定位、移交、复核工作。

(3) 确定工程材料、机具、劳动力的需求量。

(4) 完成进场材料的取样复检及混凝土的试配工作。

(5) 组织施工人员进行技术、质量、安全、环境等各方面的交底工作。

2. 材料准备

(1) 水泥

① 公路桥涵工程采用的水泥应符合现行国家标准《通用硅酸盐水泥》(GB 175—2007)的规定，水泥的品种和强度等级应通过混凝土配合比试验选定，且其特性应不会对混凝土的强度、耐久性和工作性能产生不利影响。当混凝土中采用碱活性集料时，宜选用含碱量不大于0.6%的低碱水泥。

② 水泥进场时，应附有生产厂的品质试验检验报告等合格证明文件，并应按批次对同一生产厂、同一品种、同一强度等级及同一出厂日期的水泥进行强度、细度、安定性和凝结时间等性能的检验。散装水泥应以每 500 t 为一批，袋装水泥应以每 200 t 为一批，不足 500 t 或 200 t 时，亦按一批计。当对水泥质量有怀疑或受潮或存放时间超过 3 个月时，应重新取样复验，并应按其复验结果使用。水泥的检验试验方法应符合现行行业标准《公路工程水泥及水泥混凝土试验规程》(JTG E30—2005)的规定。

③ 公路桥涵混凝土工程宜采用散装水泥。散装水泥在工地应采用专用水泥罐储存；采用袋装水泥时，在运输和储存过程中应防止受潮，且不得长时间露天堆放，临时露天堆放时应设支垫并覆盖。不同品种、强度等级和出厂日期的水泥应分别按批存放。

(2) 细集料

① 砂的分类应符合表 2.4.1 的规定。

表 2.4.1　砂的分类

砂组	粗砂	中砂	细砂
细度模数	3.7～3.1	3.0～2.3	2.2～1.6

注：细度模数主要反映全部颗粒的粗细程度，不完全反映颗粒的级配情况，混凝土配制时应同时考虑砂的细度模数和级配情况。

② 细集料宜采用级配良好、质地坚硬、颗粒洁净且粒径小于 5 mm 的河砂，当河砂不易得到时，可采用符合规定的其他天然砂或人工砂；细集料不宜采用海砂，不得不采用时，应经过冲洗处理，细集料的技术指标应符合表 2.4.2 的规定。

③ 细集料宜按同产地、同规格、连续进场数量不超过 400 m^3 或 600 t 为一验收批，小批量进场宜以不超过 200 m^3 或 300 t 为一验收批进行检验；当质量稳定且进料量较大时，可以 1000 t 为一验收批。检验内容应包括外观、筛分、细度模数、有机物含量、含泥量、泥块含量及人工砂的石粉含量等；必要时应对坚固性、有害物质含量、氯离子含量及碱活性等指标进行检验。检验方法应符合现行行业标准《公路工程集料试验规程》(JTG E42—2005)的规定。

④ 细集料的颗粒级配应处于表 2.4.3 中的任一级配区以内。

(3) 粗集料

① 粗集料宜采用质地坚硬、洁净、级配合理、粒形良好、吸水率小的碎石或卵石，其技术指标应符合表 2.4.4 的规定。

② 当混凝土结构物处于不同环境条件下时，粗集料坚固性试验的结果除应符合表 2.4.4的规定外，根据混凝土所处的环境条件，在硫酸钠溶液中循环 5 次后的质量损失尚应符合下列规定：

a. 寒冷地区,经常处于干湿交替状态时应小于 5%;严寒地区,经常处于干湿交替状态时应小于 3%;

b. 混凝土处于干燥条件,但粗集料风化或软弱颗粒过多时应小于 12%;有抗疲劳、耐磨、抗冲击要求或强度等级大于 C40 时应小于 5%;

c. 有抗渗、抗冻要求的混凝土,用硫酸钠法进行粗集料坚固性试验不合格时,可再进行直接冻融试验。

表 2.4.2　细集料技术指标

<table>
<tr><th colspan="3" rowspan="2">项　目</th><th colspan="3">技术要求</th></tr>
<tr><th>Ⅰ类</th><th>Ⅱ类</th><th>Ⅲ类</th></tr>
<tr><td rowspan="5">有害物质含量</td><td colspan="2">云母(按质量计,%)</td><td>≤1.0</td><td>≤2.0</td><td>≤2.0</td></tr>
<tr><td colspan="2">轻物质(按质量计,%)</td><td>≤1.0</td><td>≤1.0</td><td>≤1.0</td></tr>
<tr><td colspan="2">有机物含量(比色法)</td><td>合格</td><td>合格</td><td>合格</td></tr>
<tr><td colspan="2">硫化物及硫酸盐(按 SO_3 质量计,%)</td><td>≤1.0</td><td>≤1.0</td><td>≤1.0</td></tr>
<tr><td colspan="2">氯化物(按氯离子质量计,%)</td><td><0.01</td><td><0.02</td><td><0.06</td></tr>
<tr><td colspan="3">天然砂含泥量(按质量计,%)</td><td>≤2.0</td><td>≤3.0</td><td>≤5.0</td></tr>
<tr><td colspan="3">泥块含量(按质量计,%)</td><td>≤0.5</td><td>≤1.0</td><td>≤2.0</td></tr>
<tr><td rowspan="2">人工砂的石粉含量(按质量计,%)</td><td rowspan="2">亚甲蓝试验</td><td>MB 值<1.4 或合格</td><td>≤5.0</td><td>≤7.0</td><td>≤10.0</td></tr>
<tr><td>MB 值≥1.4 或不合格</td><td>≤2.0</td><td>≤3.0</td><td>≤5.0</td></tr>
<tr><td rowspan="2">坚固性</td><td colspan="2">天然砂(硫酸钠溶液法经 5 次循环后的质量损失,%)</td><td>≤8</td><td>≤8</td><td>≤10</td></tr>
<tr><td colspan="2">人工砂单级最大压碎指标(%)</td><td><20</td><td><25</td><td><30</td></tr>
<tr><td colspan="3">表观密度(kg/m^3)</td><td colspan="3">>2500</td></tr>
<tr><td colspan="3">松散堆积密度(kg/m^3)</td><td colspan="3">>1350</td></tr>
<tr><td colspan="3">空隙率(%)</td><td colspan="3"><47</td></tr>
<tr><td colspan="3">碱集料反应</td><td colspan="3">经碱集料反应试验后,由砂配制的试件无裂缝、酥裂、胶体外溢现象,在规定试验龄期的膨胀率应小于 0.1%</td></tr>
</table>

注:(1) 按技术要求分为Ⅰ类、Ⅱ类、Ⅲ类。Ⅰ类宜用于强度等级大于 C60 的混凝土;Ⅱ类宜用于强度等级 C30～C60 及有抗冻、抗渗或其他要求的混凝土;Ⅲ类宜用于强度等级小于 C30 的混凝土和砌筑砂浆。

(2) 天然砂包括河砂、湖砂、山砂、淡化海砂;人工砂包括机制砂和混合砂。砂中不应混有草根、树叶、树枝、塑料、煤块、炉渣等杂物。当对砂的坚固性有怀疑时,应做坚固性试验。

(3) 石粉含量系指粒径小于 0.075 mm 的颗粒含量。

(4) 当碱集料反应不符合表中要求时,应采取抑制碱集料反应的技术措施。

表 2.4.3　细集料的分区及级配范围

方孔筛筛孔边长尺寸	累计筛余(%)		
	级配区		
	Ⅰ区	Ⅱ区	Ⅲ区
4.75 mm	10～0	10～0	10～0
2.36 mm	35～5	25～0	15～0
1.18 mm	65～35	50～10	25～0
0.6 mm	85～71	70～41	40～16
0.3 mm	95～80	92～70	85～55
0.15 mm	100～90	100～90	100～90

注:(1) 表中除 4.75 mm 和 0.6 mm 筛孔外,其余各筛孔的累计筛余允许超出分界线,但其超出量不得大于 5%。

(2) 人工砂中 0.15 mm 筛孔的累计筛余,Ⅰ区可放宽到 100%～85%,Ⅱ区可放宽到 100%～80%,Ⅲ区可放宽到 100%～75%。

(3) Ⅰ区砂宜提高砂率,配低流动性混凝土;Ⅱ区砂宜优先选用,配不同强度等级的混凝土;Ⅲ区砂宜适当降低砂率,保证混凝土的强度。

(4) 对高性能、高强度、泵送混凝土,宜选用细度模数为 2.9～2.6 的中砂。2.36 mm 筛孔的累计筛余量不得大于 15%。0.3 mm 筛孔的累计筛余量宜在 85%～92%范围内。

表 2.4.4　粗集料技术指标

项　目		技术要求		
		Ⅰ类	Ⅱ类	Ⅲ类
碎石压碎指标(%)		<10	<20	<30
卵石压碎指标(%)		<12	<16	<16
坚固性(硫酸钠溶液法经 5 次循环后质量损失值,%)		<5	<8	<12
吸水率(%)		<1.0	<2.0	<2.5
针片状颗粒含量(按质量计,%)		<5	<15	<25
有害物质含量	含泥量(按质量计,%)	<0.5	<1.5	<2.5
	泥块含量(按质量计,%)	<0	<0.5	<0.7
	有机物含量(比色法)	合格	合格	合格
	硫化物及硫酸盐(按 SO_3 质量计,%)	<0.5	<1.0	<1.0
岩石抗压强度(水饱和状态,MPa)		火成岩>80;变质岩>60;水成岩>30		
表观密度(kg/m^3)		>2500		
松散堆积密度(kg/m^3)		>1350		
空隙率(%)		<47		
碱集料反应		经碱集料反应试验后,试件无裂缝、酥裂、胶体外溢等现象,在规定试验龄期的膨胀率应小于 0.10%		

注:(1) Ⅰ类宜用于强度等级大于 C60 的混凝土;Ⅱ类宜用于强度等级为 C30～C60 及有抗冻、抗渗或其他要求的混凝土;Ⅲ类宜用于强度等级小于 C30 的混凝土。

(2) 粗集料中不应混有草根、树叶、树枝、塑料、煤块、炉渣等杂物。

(3) 岩石的抗压强度除应满足表中要求外，其抗压强度与混凝土强度等级之比应不小于 1.5。岩石强度首先应由生产单位提供，工程中可采用压碎值指标进行质量控制。

(4) 当粗集料中含有颗粒状硫酸盐或硫化物杂质时，应进行专门检验，确认能满足混凝土耐久性要求后，方可采用。

(5) 采用卵石破碎成砾石时，应具有两个及以上的破碎面，且其破碎面应不小于 70%。

③ 粗集料宜根据混凝土最大粒径采用连续两级配或连续多级配，不宜采用单级配或间断级配进行配制。必须使用时，应通过试验验证。粗集料的级配范围应符合表 2.4.5 的规定。

表 2.4.5　粗集料级配范围

级配情况	公称粒径(mm)	累计筛余(按质量计,%)											
		方孔筛筛孔边长尺寸(mm)											
		2.36	4.75	9.50	16.0	19.0	26.5	31.5	37.5	53	63.0	75.0	90
连续级配	5～10	95～100	80～100	0～15	0								
	5～16	95～100	85～100	30～60	0～10	0							
	5～20	95～100	90～100	40～80		0～10	0						
	5～25	95～100	90～100		30～70		0～5	0					
	5～31.5	95～100	90～100	70～90		15～45		0～5	0				
	5～40		95～100	70～90		30～65			0～5	0			
单粒级配	10～20		95～100	85～100		0～15	0						
	16～31.5		95～100		85～100			0～10	0				
	20～40			95～100		80～100			0～10	0			
	31.5～63				95～100			75～100	45～75		0～10	0	
	40～80					95～100			70～100		30～60	0～10	0

④ 粗集料最大粒径宜按混凝土结构情况及施工方法选取，但最大粒径不得超过结构最小边尺寸的 1/4 和钢筋最小净距的 3/4；在两层或多层密布钢筋结构中，最大粒径不得超过钢筋最小净距的 1/2，同时不得超过 75 mm。混凝土实心板的粗集料最大粒径不宜超过板厚的 1/3 且不得超过 37.5 mm。泵送混凝土时的粗集料最大粒径除应符合上述规定外，对碎石不宜超过输送管径的 1/3；对卵石不宜超过输送管径的 1/2.5。

⑤ 施工前应对所用的粗集料进行碱活性检验，在条件许可时宜避免采用有碱活性反

应的粗集料，必须采用时应采取必要的抑制措施。

⑥ 粗集料的进场检验组批应符合上述第(2)条第③款的规定，检验内容应包括外观、颗粒级配、针片状颗粒含量、含泥量、泥块含量、压碎值指标等，检验试验方法应符合现行行业标准《公路工程集料试验规程》(JTG E42—2005)的规定。

⑦ 粗集料在生产、运输与储存过程中，不得混入影响混凝土性能的有害物质。粗集料应按品种、规格分别堆放，不得混杂。在装卸及储存时，应采取措施，使集料颗粒级配均匀，并保持洁净。

(4) 水

① 符合国家标准的饮用水可直接作为混凝土的拌制和养护用水；当采用其他水源或对水质有疑问时，应对水质进行检验。水的品质指标应符合表 2.4.6 的规定。

表 2.4.6　混凝土用水的品质指标

项目	预应力混凝土	钢筋混凝土	素混凝土
pH 值	≥5.0	≥4.5	≥4.5
不溶物(mg/L)	≤2000	≤2000	≤5000
可溶物(mg/L)	≤2000	≤5000	≤10000
氯化物(以 Cl^- 计，mg/L)	≤500	≤1000	≤3500
硫酸盐(以 SO_4^{2-} 计，mg/L)	≤600	≤2000	≤2700
碱含量(mg/L)	≤1500	≤1500	≤1500

注：(1) 对设计使用年限为 100 年的结构，混凝土氯离子含量不得超过 500 mg/L；对使用钢丝或热处理钢筋的预应力混凝土，氯离子含量不得超过 350 mg/L。

(2) 碱含量按 $Na_2O+0.658K_2O$ 计算值表示。采用非碱活性集料时，可不检验碱含量。

② 混凝土用水尚应保证：水中不应有漂浮明显的油脂和泡沫，以及有明显的颜色和异味。严禁将未经处理的海水用于结构混凝土的拌制。

(5) 外加剂

① 公路桥涵工程使用的外加剂与水泥、矿物掺合料之间应具有良好的相容性。

② 所采用的外加剂，应是经过具备相关资质的检测机构检验并附有检验合格证明的产品，且其质量应符合现行国家标准《混凝土外加剂》(GB 8076—2008)的规定。外加剂使用前应进行复验，复验结果满足要求后方可用于工程中。外加剂的品种和掺量应根据使用要求、施工条件、混凝土原材料的变化等通过试验确定。

③ 采用膨胀剂时应符合下列规定：

a. 在公路桥涵混凝土工程中采用的膨胀剂，其性能应符合现行国家标准《混凝土膨胀剂》(GB 23439—2009)的规定。

b. 膨胀剂的品种和掺量应通过试验确定。

c. 掺入膨胀剂的混凝土宜采取有效的持续保湿养护措施，且宜按不同结构和温度适当延长养护时间。

(6) 掺合料

① 掺合料应保证其产品品质稳定，来料均匀；掺合料应由生产单位专门加工，进行产品检验并出具产品合格证书。掺合料的技术要求见《公路桥涵施工技术规范》(JTG/T F50—2011)附录B1。

② 混凝土中需要掺用粉煤灰、磨细矿渣、硅灰等掺合料时，其掺入量应在使用前通过试验确定。

③ 掺合料在运输与存储过程中，应有明显标识，严禁与水泥等其他粉状材料混淆。

(7) 混凝土配合比

① 混凝土的配合比应以质量比表示，并应通过计算和试配选定。试配时应使用施工实际采用的材料，配制的混凝土拌合物应满足和易性、凝结时间等施工技术条件；制成的混凝土应满足强度、耐久性(抗冻、抗渗、抗侵蚀)等质量要求。

② 普通混凝土的配合比，可按照现行行业标准《普通混凝土配合比设计规程》(JGJ 55—2011)的规定进行计算，并应通过试配确定。混凝土的试配强度，应根据设计强度等级，并考虑施工条件的差异和变化以及原材料质量可能的波动，按照《公路桥涵施工技术规范》(JTG/T F50—2011)附录B2计算确定；混凝土的坍落度和工作性能宜根据结构物情况和施工工艺要求确定，在满足工艺要求的前提下，宜采用低坍落度的混凝土施工。通过设计和试配确定的配合比，应经批准后方可使用，且应在混凝土拌制前将理论配合比换算为施工配合比。

③ 混凝土的最大水胶比、最小水泥用量及最大氯离子含量应符合表2.4.7的规定。

表2.4.7　混凝土的最大水胶比、最小水泥用量及最大氯离子含量

环境类别	环境条件	最大水胶比	最小水泥用量(kg/m³)	最低混凝土强度等级	最大氯离子含量(%)
Ⅰ	温暖或寒冷地区的大气环境，与无侵蚀的水或土壤接触的环境	0.55	275	C25	0.30
Ⅱ	严寒地区的大气环境，滨海环境	0.50	300	C30	0.15
Ⅲ	海水环境	0.45	300	C35	0.10
Ⅳ	受侵蚀性物质影响的环境	0.40	325	C35	0.10

注：(1) 水胶比系指水与胶凝材料用量的百分比。最小水泥用量包括掺合料。当掺用外加剂且能有效地改善混凝土的和易性时，水泥用量可减少25 kg/m^3。

(2) 严寒地区系指最冷月份平均气温低于或等于−10℃，且日平均温度低于或等于5℃的天数在145 d以上的地区。

(3) 预应力混凝土结构中的最大氯离子含量为0.06%，最小水泥用量为350 kg/m^3。

(4) 封底、垫层及其他临时工程的混凝土，可不受本表的限制。

④ 在混凝土中掺入外加剂时，除应符合上述第(5)条的规定外，尚应符合下列规定：

a. 在钢筋混凝土和预应力混凝土中，均不得掺用氯化钙、氯化钠等氯盐。

b. 当从各种组成材料引入的氯离子含量(折合氯盐含量)大于表2.4.7规定的限值时，宜在混凝土中采取掺加阻锈剂、增加保护层厚度、提高密实度等防腐蚀措施。

c. 掺入引气剂的混凝土，其含气量宜为3.5%～5.5%。

⑤ 除应对由各种组成材料带入混凝土中的碱含量进行控制外，尚应控制混凝土的总碱含量。每立方米混凝土的总碱含量，对一般桥涵不宜大于3.0 kg/m^3，对特大桥、大桥和重要桥梁不宜大于1.8 kg/m^3；当混凝土结构处于受严重侵蚀的环境时，不得使用有碱活性反应的集料。

⑥ 泵送混凝土的配合比宜符合下列规定：

a. 最小水泥用量宜为280～300 kg/m^3（输送管径100～150 mm）。通过0.3 mm筛孔的砂不宜少于15%，砂率宜控制在35%～45%范围内。

b. 混凝土拌合物的出机坍落度宜为100～200 mm，泵送入模时的坍落度宜控制在80～180 mm之间。

c. 宜通过试验掺用适量的减水剂、泵送剂和掺合料。

3）机具设备准备

① 机械设备：混凝土搅拌机、皮带输送机、插入式振动器、平板式振动器、自卸翻斗汽车、机动翻斗车、混凝土搅拌运输车和输送泵车（泵送混凝土）等。

② 主要工具：大小平锹、串筒、溜槽、胶皮管、混凝土卸料槽、吊斗、手推胶轮车、抹子。

4. 作业条件准备

(1) 基坑或基槽的安全防护措施已完成，且已垫层封底并验收合格。

(2) 设置龙门板（或桩），定出轴线及基础边线，标出基础标高控制点。

(3) 混凝土配合比已试配合格，并通过换算确定了施工配合比。

(4) 施工机具安设准备就绪，施工现场道路畅通。

（二）工艺流程

扩大刚性基础施工工艺流程如下：

基底整平或垫层封底→扩大刚性基础放线→复验→材料见证取样、试配制混凝土→复试→立基础模板→复验→混凝土的浇筑→养护、验收→隐蔽工程记录归档并转入下一循环。

（三）扩大基础施工要点

1. 一般规定

(1) 扩大基础的基底为非黏性土或干土时，在施工前应将其润湿，并应按设计要求浇筑混凝土垫层，垫层顶面不得高于基础底面设计高程；地基为淤泥或承载力不足时，应按设计要求处理后方可进行基础的施工；基底为岩石时，应采用水冲洗干净，且在基础施工前应铺设一层不低于基础混凝土强度等级的水泥砂浆。

(2) 扩大基础的施工宜采用钢模板。混凝土宜在全平截面范围内水平分层进行浇筑，且机械设备的性能应满足混凝土浇筑施工的要求；当浇筑量过大，设备性能难以满足施工要求，或大体积混凝土需要温控时，可分块浇筑。

(3) 扩大基础属大体积混凝土的，应按大体积混凝土的规定组织施工。

2. 混凝土的拌制

(1) 混凝土的配料宜采用自动计量装置，各种衡器的精度应符合要求，计量应准确。

计量器具应定期标定，迁移后应重新进行标定。拌制混凝土所用的各项材料应按质量投料，配料数量的允许质量偏差应符合表 2.4.8 的规定。

表 2.4.8　配料数量允许质量偏差

材料类别	允许偏差(%)	
	现场拌制	预制场或集中搅拌站拌制
水泥、干燥状态的掺合料	±2	±1
粗、细集料	±3	±2
水、外加剂	±2	±1

(2) 外加剂宜以稀释溶液加入，其稀释用水和原液中的水量，应从拌合加水量中扣除。加入搅拌筒的外加剂溶液应充分溶解，并搅拌均匀。掺合料应采用与水泥相同的输送、计量方式加入。

(3) 混凝土应采用机械拌制，拌制时，自全部材料装入搅拌筒开始搅拌至开始出料的最短搅拌时间，应按照搅拌机产品说明书的要求并经试验确定。

(4) 混凝土拌合物应搅拌均匀，颜色一致，不得有离析和泌水现象，对在施工现场集中拌制的混凝土，应检测其拌合物的均匀性。检测时，应在搅拌机的卸料过程中，从卸料流的 1/4～3/4 之间部位取试样进行试验，试验结果应符合下列规定：

① 混凝土中砂浆密度两次测值的相对误差应不大于 0.8%。

② 单位体积混凝土中粗集料含量两次测值的相对误差应不大于 5%。

(5) 混凝土搅拌完毕后，应按下列要求检测混凝土拌合物的各项性能：

① 混凝土拌合物的坍落度及其损失，宜在搅拌地点和浇筑地点分别取样检测，每一工作班或每一单元结构物不应少于两次，评定时应以浇筑地点的测值为准。当混凝土拌合物从搅拌机出料起至浇筑入模的时间不超过 15 min 时，其坍落度可仅在搅拌地点取样检测。

② 必要时，尚应对工作性能、泌水率及含气量等混凝土拌合物的其他指标进行检测。

3. 混凝土的运输

(1) 运输能力应与混凝土的凝结速度和浇筑速度相适应，应使浇筑工作不间断且混凝土运到浇筑地点时仍能保持其均匀性和规定的坍落度。混凝土的运输宜采用搅拌运输车，或在条件允许时采用泵送方式输送；采用吊斗或其他方式运输时，运距不宜超过 100 m且不得使混凝土产生离析。

(2) 采用搅拌运输车运输混凝土时，途中应以 2～4 r/min 的慢速进行搅动，卸料前应以常速再次搅拌。混凝土运至浇筑地点后发生离析、泌水或坍落度不符合要求时，应进行第二次搅拌，二次搅拌时不宜任意加水，确有必要时，可同时加水、相应的胶凝材料和外加剂并保持其原水胶比不变；二次搅拌仍不符合要求时，则不得使用。

(3) 混凝土采用泵送方式时应符合下列规定：

① 应使输送混凝土的泵能连续工作，泵送的间歇时间不宜超过 15 min。在泵送过程中，受料斗内应具有足够的混凝土，应防止吸入空气产生阻塞。

② 输送管应顺直,转弯处应圆缓,接头应严密不漏气。

③ 向低处泵送混凝土时,应采取必要措施,防止混凝土离析或堵塞输送管。

4. 混凝土基础施工

(1) 在基础混凝土浇灌前,应对支架、模板、钢筋和预埋件等进行检查,模板内的杂物、积水和钢筋上的污物应清除干净;对模板的缝隙和孔洞应予堵严;木模板表面要浇水湿润,但不得积水。

(2) 自高处向模板内倾卸混凝土时,应防止混凝土离析。直接倾卸时,其自由倾落高度不宜超过 2 m;超过 2 m 时,应通过串筒、溜管(槽)或振动溜管(槽)等设施下落,倾落高度超过 10 m 时,应设置减速装置。

(3) 基础混凝土应按一定的厚度、顺序和方向分层连续浇筑,且应在下层混凝土初凝或能重塑前浇筑完成上层混凝土;上、下层同时浇筑时,上层与下层的前后浇筑距离应不小于 1.5 m;在倾斜面上浇筑混凝土时,应从低处开始逐层扩展升高,并保持水平分层。混凝土分层浇筑的厚度不宜超过表 2.4.9 的规定。

表 2.4.9　混凝土分层浇筑厚度

振捣方法		浇筑层厚度(mm)
采用插入式振动器		300
采用附着式振动器		300
采用表面振动器	无筋或配筋稀疏时	250
	配筋较密时	150

(4) 采用振动器振捣混凝土时,应符合下列规定:

① 插入式振动器的移位间距应不超过振动器作用半径的 1.5 倍,与侧模应保持 50～100 mm 的距离,且插入下层混凝土中的深度宜为 50～100 mm。

② 表面振动器的移位间距应使振动器平板能覆盖已振实部分且不小于 100 mm。

③ 附着式振动器的布置距离,应根据结构物形状和振动器的性能通过试验确定。

④ 每一振点的振捣延续时间宜为 20～30 s,以混凝土停止下沉、不出现气泡、表面呈现浮浆为度。

(5) 混凝土的浇筑宜连续进行,因故中断间歇时,其间歇时间应小于前层混凝土的初凝时间或能重塑时间。混凝土的运输、浇筑及间歇的全部时间不宜超出表 2.4.10 的规定;当超出时应按浇筑中断处理,并应留置施工缝,同时应做好记录。

表 2.4.10　混凝土的运输、浇筑时间及间歇的全部允许时间(min)

混凝土强度等级	气温≤25℃	气温＞25℃
≤C30	210	180
＞C30	180	150

注:当混凝土中掺有促凝剂或缓凝剂时,其允许时间应通过试验确定。

(6) 施工缝的位置应在混凝土浇筑之前确定，且宜留置于结构受剪力和弯矩较小并便于施工的部位，施工缝宜设置成水平面或垂直面。对施工缝的处理应符合下列规定：

① 对处理层混凝土表面的松弱层应予以凿除。对处理层混凝土的强度，当采用水冲洗凿毛时，应达到 0.5 MPa；人工凿毛时，应达到 2.5 MPa；采用风动机凿毛时，应达到 10 MPa。

② 经凿毛处理后的混凝土面，应采用洁净水冲洗干净。

③ 重要部位及有抗震要求的混凝土结构或钢筋稀疏的钢筋混凝土结构，宜在施工缝处补插锚固钢筋；有抗渗要求的混凝土，其施工缝宜做成凹形、凸形或设置止水带；施工缝为斜面时宜浇筑或凿成台阶状。

(7) 在环境相对湿度较小、风速较大的条件下浇筑混凝土时，应采取适当措施防止混凝土表面过快失水。浇筑混凝土期间，应随时检查支架、模板、钢筋、预应力管道和预埋件等的稳固情况，并应及时填写混凝土施工记录。新浇筑混凝土的强度达到 2.5 MPa 之前，不得使其承受行人、运输工具、模板、支架及脚手架等荷载。

(8) 基础混凝土浇筑完成后，应在其收浆后尽快采用草帘等予以覆盖并洒水保湿养护。覆盖时不得损伤或污染混凝土的表面。混凝土表面用模板覆盖时，应在养护期间使模板保持湿润。混凝土的养护不得采用海水或含有害物质的水。混凝土的洒水保湿养护时间应不少于 7 d，对重要工程或有特殊要求的混凝土，应根据环境湿度、温度、水泥品种，以及掺用的外加剂和掺合料等情况，酌情延长养护时间，并应使混凝土表面始终保持湿润状态。当气温低于 5℃时，应采取保温养护的措施，不得向混凝土表面洒水。

(9) 新浇筑的混凝土与流动的地表水或地下水接触时，应采取临时防护措施，保证混凝土在 7 d 以内且强度达到设计强度的 50%之前，不受水的冲刷侵袭；当环境水具有侵蚀作用时，应保证混凝土在 10 d 以内且强度达到设计强度的 70%之前，不受水的侵袭。混凝土处于冻融循环作用的环境时，应在结冰期到来 4 周前完成浇筑施工，且在混凝土强度达到设计强度等级的 80%前不得受冻，否则应采取技术措施，防止发生冻害。

5. 片石混凝土基础施工

(1) 片石混凝土中掺用的片石含量不应超过基础体积的 20%。片石尺寸不应超过所浇筑部分最小尺寸的 1/3，片石厚度应为 150～300 mm。片石的抗压强度等级应符合设计规定；设计未规定时，小桥涵的基础应不低于 MU30，大、中桥的基础应不低于 MU40。

(2) 片石混凝土施工时，应使用质地坚硬、密实、耐久、无裂纹和无风化的石料。其施工工艺是先铺一层 100～150 mm 厚混凝土打底，再均匀稀铺片石，然后浇筑混凝土。在混凝土中埋放片石时应符合下列规定：

① 片石表面应粗糙、冲洗干净，并完全饱水；在浇筑混凝土时只埋入一半左右的片石。

② 当气温低于 0℃时，不得埋放片石。

③ 片石应分布均匀，净距应不小于 150 mm，片石边缘距结构侧面和顶面的净距应不小于 150 mm，片石不得触及构造钢筋和预埋件。

④ 片石的铺设应大头向下、小头向上，片石的纹理应与受力方向垂直。

⑤ 混凝土仍应采取分层连续浇筑的方式，每层混凝土的厚度不应超过 300 mm，大致水平，分层振捣，边振捣边加片石。

(3) 片石混凝土基础的其他施工要点和质量控制均与混凝土基础的施工要点和质量控制相同。

6. 大体积混凝土施工

(1) 大体积混凝土在选用原材料和进行配合比设计时，应按照降低水化热温升的原则进行，并应符合下列规定：

① 宜选用低水化热和凝结时间长的水泥品种。粗集料宜采用连续级配，细集料宜采用中砂。宜掺用可降低混凝土早期水化热的外加剂和掺合料，外加剂宜采用缓凝剂、减水剂；掺合料宜采用粉煤灰、矿渣粉等。

② 进行配合比设计时，在保证混凝土强度、和易性及坍落度要求的前提下，宜采取改善粗集料级配、提高掺合料和粗集料的含量、降低水胶比等措施，减少单位混凝土的水泥用量。

③ 大体积混凝土进行配合比设计及质量评定时，可按 60 d 龄期的抗压强度进行控制。

(2) 大体积混凝土的施工应提前制订专项施工技术方案，并应对混凝土采取温度控制措施。大体积混凝土的浇筑、养护和温度控制应符合下列规定：

① 施工前应根据原材料、配合比、环境条件、施工方案和施工工艺等因素，进行温控设计和温控监测设计，并应在浇筑后按该设计要求对混凝土内部和表面的温度实施监测和控制。对大体积混凝土进行温度控制时，应使其内部最高温度不大于 75 ℃，内表温差不大于 25 ℃。

② 大体积混凝土可分层、分块浇筑，分层、分块的尺寸宜根据温控设计的要求及浇筑能力合理确定；当结构尺寸相对较小或能满足温控要求时，可全断面一次浇筑。

③ 分层浇筑时，在上层混凝土浇筑之前应对下层混凝土的顶面进行凿毛处理，且新浇混凝土与下层已浇筑混凝土的温差宜小于 20 ℃，并应采取措施将各层间的浇筑间歇期控制在 7 d 以内。

④ 分块浇筑时，块与块之间的竖向接缝面应平行于结构物的短边，并应在浇筑完成拆模后按施工缝的要求进行凿毛处理。分块施工所形成的后浇段，应在对大体积混凝土实施温度控制且其温度场趋于稳定后方可浇筑；后浇段宜采用微膨胀混凝土，并应一次浇筑完成。

⑤ 大体积混凝土的浇筑宜在气温较低时进行，但混凝土的入模温度应不低于 5 ℃；在夏季高温施工时，宜采取措施降低混凝土的入模温度，且其入模温度不宜高于 28 ℃。

⑥ 大体积混凝土的温度控制宜按照“内降外保”的原则，对混凝土内部采取设置冷却水管通循环水冷却，对混凝土外部采取覆盖蓄热或蓄水保温等措施。在混凝土内部通水降温时，进出口水的温差宜≤10 ℃，且水温与内部混凝土的温差宜不大于 20 ℃，降温速率宜不大于 2 ℃/d；利用冷却水管中排出的降温用水，在混凝土顶面蓄水保温养护时，养护水温度与混凝土表面温度的差值应不大于 15 ℃。

⑦ 大体积混凝土采用硅酸盐水泥或普通硅酸盐水泥时，其浇筑后的养护时间不宜少于 14 d，采用其他品种水泥时不宜少于 21 d。在寒冷天气或遇气温骤降天气时浇筑的混凝土，除应对其外部加强覆盖保温外，尚宜适当延长养护时间。

(四) 质量验收

1. 质量标准

扩大基础施工质量应符合表 2.4.11 的规定。

表 2.4.11 扩大基础施工质量标准

检查项目	规定值或允许偏差
混凝土强度(MPa)	在合格标准内
平面尺寸(mm)	±50
基础底面高程(mm)	土质±50;石质+50,−200
基础顶面高程(mm)	±30
轴线偏位(mm)	25

2. 施工准备的质量检验

(1) 混凝土的质量宜分为施工前、施工过程和施工后三个阶段进行检验。施工前检验的项目应全部合格方可进行施工;施工过程中的检验项目不合格时,应分析原因,采取措施调整,待合格后方可继续施工;施工后的检验应与施工前、施工过程的检验共同作为混凝土质量评定和验收的依据。

(2) 混凝土施工前的检验项目应包括下列内容:

① 施工设备和场地;

② 混凝土的原材料和各种组成材料的质量;

③ 混凝土配合比及其拌合物的工作性能、力学性能及抗裂性能等,对耐久性混凝土,尚应包括耐久性的性能;

④ 基础、钢筋、预埋件等隐蔽工程及支架、模板;

⑤ 混凝土的运输、浇筑和养护方法及其设施;

⑥ 安全设施检验。

3. 施工过程的质量检验

(1) 混凝土施工过程的检验项目应包括下列内容:

① 混凝土组成材料的外观及配料、拌制,每一工作班应不少于 2 次检验,必要时应随时抽样试验;

② 混凝土的和易性、坍落度及扩展度等工作性能,每个工作班应不少于 2 次检验;

③ 砂石材料的含水率,每日开工前应检测一次,天气有较大变化时应随时检测;当含水率变化较大并将使配料偏差超过规定时,应及时调整;

④ 钢筋、预应力管道、模板、支架等的安装位置和稳固性;

⑤ 混凝土的浇筑质量;

⑥ 外加剂的使用效果。

(2) 混凝土拆模且养护结束后,应对实体混凝土进行下列检验:

① 养护情况;

② 混凝土强度和拆模的时间；

③ 混凝土外露面质量；

④ 结构的外形尺寸、位置、裂缝、变形和沉降等。

(3) 对混凝土应制取试件，检验其在标准养护条件下 28 d 龄期的抗压强度。不同强度等级及不同配合比的混凝土应分别制取试件，试件应在浇筑地点从同一盘混凝土或同一车运送的混凝土中随机制取。试件制取组数应符合下列规定：

① 浇筑一般体积的结构物(如基础、墩台等)时，每一单元结构物制取组数应不少于 2 组。

② 连续浇筑大体积结构物时，每 200 m^3 或每一工作班制取组数应不少于 2 组。

③ 每片梁(板)，长 16 m 以下的应制取 1 组，16～30 m 应制取 2 组，31～50 m 应制取 3 组，50 m 以上者应不少于 5 组。

④ 就地浇筑混凝土的小桥涵，每一座或每一工作班应制取不少于 2 组；当原材料和配合比相同，并由同一拌和站拌制时，可几座合并制取试件不少于 2 组。

⑤ 应根据施工需要，制取与结构物同条件养护的试件，作为判断结构混凝土在拆模、出池、吊装、预施应力、承受荷载等阶段强度的依据。

(4) 除另有规定外，混凝土应以标准养护条件下 28 d 龄期试件的抗压强度进行评定，其合格条件应符合下列规定：

① 应以强度等级相同、龄期相同以及生产工艺条件和配合比相同的混凝土组成同一验收批，同一验收批的混凝土强度应以同批内所有各组标准尺寸试件的强度测定值(当为非标准尺寸试件时应进行强度换算)为代表值。

② 大桥等重要工程及中小桥、涵洞工程的试件大于或等于 10 组时，应以数理统计方法按下述条件评定：

$$m_{fcu} \geqslant f_{cu,k} + \lambda_1 S_{fcu} \tag{2.20}$$

$$f_{cu,min} \geqslant \lambda_2 f_{cu,k} \tag{2.21}$$

$$S_{fcu} = [(\sum f_{cu,i}^2 - n m_{fcu}^2)/(n-1)]^{0.5} \tag{2.22}$$

式中　m_{fcu}——同一检验批 n 组混凝土立方体抗压强度的平均值，MPa；

$f_{cu,k}$——混凝土立方体抗压强度的标准值，MPa；

S_{fcu}——同一检验批混凝土立方体抗压强度的标准差，MPa，精确到 0.01，当计算值小于 2.5 MPa 时，应取 2.5 MPa；

$f_{cu,i}$——第 i 组混凝土样本试件的立方体抗压强度代表值，MPa，精确到 0.1；

n——本检验期内的样本数量；

$f_{cu,min}$——同一检验批 n 组混凝土立方体抗压强度的最小值，MPa；

λ_1、λ_2——混凝土强度的合格判定系数，取值见表 2.4.12。

表 2.4.12　混凝土强度的合格判定系数

试件组数	10～14	15～19	≥20
λ_1	1.15	1.05	0.95
λ_2	0.90	0.85	

③ 中小桥及涵洞等工程，同批混凝土试件少于10组时，可采用非统计方法按下述条件进行评定：

$$m_{f_{cu}} \geqslant \lambda_3 f_{cu,k} \tag{2.23}$$

$$f_{cu,min} \geqslant \lambda_4 f_{cu,k} \tag{2.24}$$

式中　λ_3、λ_4——混凝土强度的合格判定系数；λ_4 取 0.95；当混凝土强度等级小于 C60 时，取 $\lambda_3=1.15$，当混凝土强度等级≥C60 时，取 $\lambda_3=1.10$。

④ 当混凝土强度按试件强度进行评定达不到合格条件时，可采用无损检测法或钻取试样确定结构混凝土的实际强度和浇筑质量。如仍有不合格，应采取措施进行处理。

二、独立基础与条形基础施工工艺

（一）施工准备

1. 技术准备

技术准备的内容均与扩大刚性基础施工相同。

2. 材料准备

(1) 混凝土的材料准备要求均与扩大刚性基础施工相同。

(2) 桥涵工程中采用的普通钢筋应符合现行国家标准《钢筋混凝土用钢　第1部分：热轧光圆钢筋》(GB 1499.1—2008)、《钢筋混凝土用钢　第2部分：热轧带肋钢筋》(GB 1499.2—2007)、《钢筋混凝土用余热处理钢筋》(GB 13014—2013)、《冷轧带肋钢筋》(GB 13788—2008)的规定；环氧树脂涂层钢筋应符合现行行业标准《环氧树脂涂层钢筋》(JG 3042—1997)的规定；其他特殊钢筋应符合其相应产品标准的规定。

(3) 钢筋应具有出厂质量证明书和试验报告单，进场时除应检查其外观和标志外，尚应按不同的钢种、等级、牌号、规格及生产厂家分批抽取试样进行力学性能检验。检验试验方法应符合现行国家标准的规定。钢筋经进场检验合格后方可使用。

(4) 钢筋分批检验时，可由同一牌号、同一炉罐号、同一尺寸的钢筋进行组批，每批的质量不宜大于60 t，超过60 t的部分，每增加40 t(或不足40 t的余数)应增加一个拉伸和一个弯曲试验试样；钢筋的进场检验亦可由同一牌号、同一冶炼方法、同一浇注方法的不同炉罐号组成混合批进行，但各炉罐号的含碳量之差应不大于0.02%，含锰量之差应不大于0.15%。

(5) 钢筋在运输过程中应避免锈蚀、污染或被压弯；在工地存放时，应按不同品种、不同规格，分批分别堆置整齐，不得混杂，并应设立识别标志，存放的时间不宜超过6个月。存放场地应有防水、排水设施，且钢筋不得直接置于地面，应垫高或堆置在台座上，顶部应采用合适的材料予以覆盖，防止水浸或雨淋。

3. 主要机具准备

(1) 机械设备：混凝土搅拌机、皮带输送机、插入式振动器、平板式振动器、自卸翻斗汽车、机动翻斗车、混凝土搅拌运输车和输送泵车(泵送混凝土用)、钢筋调直机、钢筋切割机、钢筋制弯机、电焊机等。

(2) 主要工具:大小平锹、串筒、溜槽、胶皮管、混凝土卸料槽、吊斗、手推胶轮车、抹子。

4. 作业条件准备

(1) 进场入库的各种规格的钢筋均已分批检验合格。

(2) 其他作业条件准备要求均与扩大刚性基础施工相同。

(二) 工艺流程

独立基础放线→复验→材料见证取样、试配制混凝土→复试→绑扎钢筋→复验→立基础模板→复验→混凝土的浇筑→养护、验收→隐蔽工程记录归档并转入下一循环。

(三) 钢筋工程施工要点

1. 钢筋的制作与加工

(1) 钢筋的级别、种类和直径应按设计规定采用,当需要代换时,应得到设计人员的书面认可。

(2) 钢筋应平直,表面应洁净、无损伤和局部弯折,使用前应将表面的污渍、漆皮、鳞锈等清除干净,带有颗粒状或片状老锈的钢筋不得使用;当除锈后钢筋表面有严重的麻坑、斑点,已伤蚀截面时,应降级使用或剔除不用;盘圆或弯折的钢筋均应调直;碳素钢的冷拉率不宜大于 2%,低合金钢的冷拉率不宜大于 1%。

(3) 钢筋的形状、尺寸及其端部的弯钩应按照设计和现行规范规定进行加工。加工后的钢筋,其表面不应有削弱钢筋截面的伤痕。

(4) 箍筋的末端应做弯钩,弯钩的形状应符合设计规定。弯钩的弯曲直径应大于被箍受力主钢筋的直径,且 HPB300 级钢筋应不小于箍筋直径的 2.5 倍,HRB335 级钢筋应不小于箍筋直径的 4 倍。弯钩平直部分的长度,一般结构应不小于箍筋直径的 5 倍;有抗震要求的结构,应不小于箍筋直径的 10 倍。

(5) 预制构件的吊环,必须采用未经冷拉的热轧光圆钢筋制作,且其使用时的计算拉应力应不大于 50MPa。

2. 钢筋的连接

(1) 钢筋的连接宜采用焊接接头或机械连接接头。绑扎接头仅在钢筋构造复杂、施工困难时方可采用。绑扎接头的钢筋直径不宜大于 28 mm,对轴心受压和偏心受压构件中的受压钢筋可不大于 32 mm;轴心受拉和小偏心受拉构件不应采用绑扎接头。

(2) 受力钢筋的连接接头应设置在内力较小处,并应错开布置。对焊接接头和机械连接接头,在接头长度区段内,同一根钢筋不得有两个接头;对绑扎接头,两接头间的距离应不小于 1.3 倍搭接长度。配置在接头长度区段内的受力钢筋,其接头的截面面积占总截面面积的百分率应符合表 2.4.13 的规定。

(3) 钢筋的焊接接头应符合下列规定:

① 钢筋的焊接接头宜采用闪光对焊,或采用电弧焊、电渣压力焊或气压焊,但电渣压力焊仅可用于竖向钢筋的连接,不得用作水平钢筋和斜筋的连接。钢筋焊接的接头形式、焊接

方法和焊接材料应符合现行行业标准《钢筋焊接及验收规程》(JGJ 18—2012)的规定。

表 2.4.13 接头长度区段内受力钢筋接头面积的最大百分率

接头形式	接头面积的最大百分率(%)	
	受拉区	受压区
主钢筋绑扎接头	25	50
主钢筋焊接接头	50	不限制

注:(1) 焊接接头长度区段内是指 35d(d 为钢筋直径)长度范围内,但不得小于 500 mm;绑扎接头长度区段是指 1.3 倍搭接长度。

(2) 在同一根钢筋上宜少设接头。

(3) 装配式构件连接处的受力钢筋焊接接头可不受此限制。

(4) 绑扎接头中钢筋的横向净距不应小于钢筋直径且不应小于 25 mm。

② 每批钢筋焊接前,应先选定焊接工艺和焊接参数,按实际条件进行试焊,并检验接头外观质量及规定的力学性能,试焊质量经检验合格后方可正式施焊。焊接时,对施焊场地应有适当的防风、雨、雪、严寒的设施。

③ 电弧焊宜采用双面焊缝,仅在双面焊无法施焊时,方可采用单面焊缝。采用搭接电弧焊时,两钢筋搭接端部应预先折向一侧,两接合钢筋的轴线应保持一致;采用帮条电弧焊时,帮条应采用与主筋相同的钢筋,其总截面面积不应小于被焊接钢筋的截面面积。电弧焊接头的焊缝长度,对双面焊缝不应小于 5d,单面焊缝不应小于 10d(d 为钢筋直径)。电弧焊接与钢筋弯曲处的距离不应小于 10d,且不宜位于构件的最大弯矩处。

(4) 钢筋的机械连接宜采用镦粗直螺纹、滚轧直螺纹或套筒挤压连接接头。镦粗直螺纹和滚轧直螺纹连接接头适用于直径大于或等于 25 mm 的 HRB335、HRB400 级热轧带肋钢筋;套筒挤压连接接头适用于直径 16～40 mm 的 HRB335、HRB400 级热轧带肋钢筋。各类接头的性能均应符合现行行业标准《钢筋机械连接技术规程》(JGJ 107)的规定,并应符合下列规定:

① 钢筋机械连接接头的等级应选用Ⅰ级或Ⅱ级,接头的性能指标应符合《公路桥涵施工技术规范》(JTG/T F50—2011)附录 M 的规定。

② 钢筋机械连接接头的材料、制作、安装施工及质量检验和验收,应符合现行行业标准《钢筋机械连接用套筒》(JG/T 163－2013)或《钢筋机械连接技术规程》(JGJ 107—2010)的规定。

③ 钢筋机械连接件的最小混凝土保护层厚度,应符合设计受力主筋混凝土保护层厚度的规定,且不得小于 20 mm;连接件之间或连接件与钢筋之间的横向净距不宜小于 25 mm。

④ 对受力钢筋机械连接接头的位置要求,应符合本节第②条焊接接头的规定。连接套筒、锁母、丝头在运输和储存过程中应采取防护措施,防止雨淋、沾污和损伤。

(5) 钢筋机械接头在施工现场的检验与验收应符合下列规定:

① 技术提供单位应向使用单位提交有效的型式检验报告。

② 钢筋连接工程开始前及施工过程中,应对第一批进场钢筋进行接头工艺试验。进行工艺试验时,每种规格钢筋的接头试件不应少于 3 个,3 个接头试件的抗拉强度和残余

变形均应满足《公路桥涵施工技术规范》(JTG/T F50—2011)附录 A2 的要求。

③ 现场检验应进行外观质量检查和单向拉伸强度试验。

④ 接头的现场检验应按验收批进行。同一施工条件下采用同一批材料的同等级、同形式、同规格接头，以 500 个为一个验收批进行检验与验收，不足 500 个时亦作为一个验收批。

⑤ 对接头的每一个验收批，应在工程结构中随机截取 3 个试件做抗拉强度试验，当 3 个接头试件的抗拉强度符合相应等级要求时，该验收批为合格。如有 1 个试件的抗拉强度不合格，应再取 6 个试件进行复检，复检中如仍有 1 个试件的试验结果不合格，则该验收批为不合格。

⑥ 在现场连续检验 10 个验收批，其全部试件抗拉强度试验一次抽样均合格时，验收批接头数量可扩大 1 倍。

(6) 钢筋机械接头连接组装完成后，应符合下列规定：

① 对镦粗直螺纹连接接头，套筒每端不宜有一扣以上的完整螺纹外露，加长丝头型、扩口型及加锁母型接头的外露螺纹不受此限制，但应有明显的标记。

② 对滚轧直螺纹连接接头，标准型接头连接套筒外应有有效螺纹外露；正反丝扣型接头套筒单边外露有效螺纹不得超过 2 倍螺距；其他连接形式应符合产品设计要求。

③ 对套筒挤压接头，挤压后套筒长度应为原套筒长度的 1.10～1.15 倍，压痕道数应符合型式检验确定的道数。

(7) 钢筋的绑扎接头应符合下列规定：

① 绑扎接头的末端距钢筋弯折处的距离，不应小于钢筋直径的 10 倍，接头不应位于构件的最大弯矩处。

② 受拉钢筋绑扎接头的搭接长度，应符合表 2.4.14 的规定；受压钢筋绑扎接头的搭接长度，应取受拉钢筋绑扎接头搭接长度的 0.7 倍。

表 2.4.14　受拉钢筋绑扎接头的搭接长度

钢筋类型	混凝土强度等级		
	C20	C25	＞C25
HPB300	$35d$	$30d$	$25d$
HRB335	$45d$	$40d$	$35d$
HRB400、RRB400	—	$50d$	$45d$

注：(1) 当带肋钢筋直径大于 25 mm 时，其受拉钢筋的搭接长度应按表中数值增加 $5d$ 采用；当带肋钢筋直径≤25 mm 时，其受拉钢筋的搭接长度按表中数值减少 $5d$ 采用。

(2) 当混凝土在凝固过程中受力钢筋易受扰动时，其搭接长度应增加 $5d$。在任何情况下，纵向受拉钢筋的搭接长度均不应小于 300 mm，受压钢筋的搭接长度均不应小于 200 mm。

(3) 环氧树脂涂层钢筋的绑扎接头搭接长度，受拉钢筋按表中数值的 1.5 倍采用。

(4) 两根不同直径的钢筋的搭接长度，以较细的钢筋直径计算。

③ 受拉区内 HPB300 钢筋绑扎接头的末端应做弯钩；HRB335、HRB400、RRB400 钢筋的绑扎接头末端可不做弯钩；直径不大于 12 mm 的受压 HPB300 钢筋的末端可不做弯

钩,但搭接长度应不小于钢筋直径的30倍。在钢筋搭接处,应在其中心和两端用铁丝扎牢。

3. 钢筋的绑扎与安装

(1) 在工程施工过程中,应采取适当的措施,防止钢筋产生锈蚀。对设置在结构或构件中的预留钢筋的外露部分,当外露时间较长且环境湿度较大时,宜采取包裹、涂刷防锈材料或其他有效方式,进行临时性防护。

(2) 钢筋的安装应符合下列规定:

① 钢筋的级别、直径、根数、间距等应符合设计的规定。

② 对多层多排钢筋宜根据安装需要在其间隔处设立一定数量的架立钢筋或短钢筋,但架立钢筋或短钢筋的端头不得伸入混凝土保护层内。

③ 当钢筋过密影响到混凝土浇筑质量时,应及时与设计人员协商解决。

(3) 钢筋的绑扎应符合下列规定:

① 钢筋的交叉点宜采用直径0.7～2.0 mm的铁丝扎牢,必要时可采用点焊焊牢。绑扎宜采取逐点改变绕丝方向的“8”字形方式交错扎牢;对直径25 mm及以上的钢筋,宜采取双对角线的十字形方式扎牢。

② 结构或构件拐角处的钢筋交叉点应全部绑扎;中间平直部分的交叉点可交错绑扎,但绑扎的交叉点宜占全部交叉点的40%以上。

③ 钢筋绑扎时,除设计有特殊规定者外,箍筋应与主筋垂直。

④ 绑扎钢筋的铁丝丝头不应进入混凝土保护层内。

(4) 钢筋与模板之间应设置垫块,垫块的制作、设置和固定应符合下列规定:

① 混凝土垫块应具有足够的强度和密实性;采用其他材料制作垫块时,除应满足使用强度的要求外,其材料中不应含有对混凝土产生不利影响的成分。垫块的制作厚度不应出现负误差,正误差应不大于1 mm。

② 用于重要工程或有防腐蚀要求的混凝土结构或构件中的垫块,宜采用专门制作的定型产品,且该类产品的质量同样应符合本小节第a条的规定。

③ 垫块应相互错开、分散设置在钢筋与模板之间,但不应横贯混凝土保护层的全部截面进行设置。垫块在结构或构件侧面和底面所布设的数量应不少于3个/m^2,重要部位宜适当加密。

④ 垫块应与钢筋绑扎牢固,且其绑丝的丝头不应进入混凝土保护层内。

⑤ 混凝土浇筑前,应对垫块的位置、数量和紧固程度进行检查,不符合要求时应及时处理,应保证钢筋的混凝土保护层厚度满足设计要求和规范的规定。

(5) 钢筋骨架的焊接拼装应在坚固的工作台上进行,操作时应符合下列规定:

① 拼装前应按设计图纸放大样,放样时应考虑焊接变形的预留拱度。拼装时,在需要焊接的位置宜采用楔形卡卡紧,防止焊接时局部变形。

② 骨架焊接时,不同直径钢筋的中心线应在同一平面上,较小直径的钢筋在焊接时,下面宜垫厚度适当的钢板。施焊顺序宜由中到边对称地向两端进行,先焊骨架下部,后焊骨架上部。相邻的焊缝应采用分区对称跳焊,不得顺方向连续一次焊成。

(6) 钢筋网的焊点应符合设计规定,当设计未规定时,应按下列要求进行焊接:

① 在焊接钢筋网的受力钢筋为 HPB300 或冷拉 HPB300 钢筋的情况下，当焊接钢筋网只有一个方向为受力钢筋时，网两端边缘的两根锚固横向钢筋与受力钢筋的全部交叉点必须焊接；当焊接钢筋网的两个方向均为受力钢筋时，则沿网四周边缘的两根钢筋的全部交叉点均应焊接；其余的交叉点可焊接或绑扎一半，或根据运输和安装条件决定。

② 当焊接钢筋网的受力钢筋为冷拔低碳钢丝，而另一方向的钢筋间距小于 100 mm 时，除网两端边缘的两根钢筋的全部交叉点必须焊接外，中间部分的焊点距离可增大至 250 mm。

(7) 束筋施工时，其规格、数量、位置及锚固长度应符合设计要求。束筋的搭接接头应先由单根钢筋错开搭接，接头中距应为表 2.4.14 中规定的单根钢筋搭接长度的 1.3 倍；再用一根长度为 $1.3(n+1)l_s$ 的通长钢筋进行搭接绑扎，其中 n 为组成束筋的单根钢筋根数，l_s 为单根钢筋搭接长度。

(四) 模板工程施工要点

1. 一般规定

(1) 模板宜采用钢材、胶合板或其他适宜的材料制作。钢材的性能和质量应符合现行国家标准《碳素结构钢》(GB/T 700—2006)的规定；胶合板的性能和质量应符合现行国家标准《混凝土模板用胶合板》(GB/T 17656—2008)或现行行业标准《混凝土模板用竹材胶合板》(LY/T 1574—2000)的规定；其他材料应符合其相应国家或行业标准的规定。常备式定型钢构件应符合该产品相应的技术规定。

(2) 基础模板应符合下列规定：

① 模板应具有足够的强度、刚度和稳定性，应能承受施工过程中所产生的各种荷载作用。

② 模板的构造应简单合理，结构受力应明确，安装、拆除应方便。

③ 模板应能与混凝土结构或构件的特征、施工条件和浇筑方法相适应，应保证结构物各部位形状尺寸和相互位置的准确。

④ 模板的板面应平整，接缝处应严密且不漏浆；模板与混凝土的接触面应涂刷隔离剂，但不得采用废机油等油料，不得污染钢筋及混凝土的施工缝。

(3) 模板应进行施工图设计，经批准后方可用于施工。模板施工图设计应包括下列内容：

① 工程概况和工程结构简图；

② 结构设计的依据、设计计算书、设计说明书和使用说明书；

③ 总装图和细部构造图；

④ 制作、安装的质量及精度要求；

⑤ 安装、拆除时的安全技术措施及注意事项；

⑥ 材料的性能质量要求及材料数量表。

(4) 在模板上设置的吊环，严禁采用冷加工钢筋制作，且吊环的计算拉应力应不大于 50 MPa。

2. 模板设计

(1) 模板的设计应根据工程结构形式、荷载情况、地基土类别、施工设备和材料性能等条件进行。

(2) 钢模板的设计应符合现行国家标准《钢结构设计规范》(GB 50017—2003)的规定,采用冷弯薄壁型钢时应符合现行国家标准《冷弯薄壁型钢结构技术规范》(GB 50018—2002)的规定;采用定型组合钢模板时应符合现行国家标准《组合钢模板技术规范》(GB 50214—2013)的规定。木模板的设计应符合现行国家标准《木结构设计规范》(GB 50005—2003)的规定。采用其他材料的模板的设计应符合其相应的专门技术规定。

(3) 模板的构造要求应符合下列规定:

① 模板背面应设置主肋和次肋作为其支承系统,主肋和次肋的布置应根据模板的荷载和刚度要求进行。次肋的配置方向应与模板的长度方向相垂直,应能直接承受模板传递的荷载,其间距应按荷载数值和模板的力学性能计算确定;主肋应承受次肋传递的荷载,且应能起到加强模板结构的整体刚度和调整平直度的作用。支架或支撑的着力点应设置在主肋上。

② 模板的配板应根据配模面的形状、几何尺寸及支撑形式决定。配板时宜选用大规格的模板为主板,其他规格的模板作为补充;配板后的板缝应规则,不得杂乱无章。

③ 对在墩柱、梁、板的转角处使用的模板及各种模板面的交接部分,应采用连接简便、结构牢固、易于拆除的专用模板。

④ 当设置对拉螺杆或其他拉筋,需要在模板上钻孔时,应使钻孔的模板能多次周转使用,并应采取措施减少或避免在模板上钻孔。

(4) 基础模板的设计在进行强度计算时,应考虑新浇混凝土对模板侧面的压力和混凝土入模时产生的水平方向的冲击荷载;在进行刚度验算时,可只考虑新浇混凝土对模板侧面的压力。

(5) 验算基础模板的刚度时,其最大变形值不得超过下列允许值:

① 模板的挠度为模板构件跨度的1/250。

② 钢模板的面板变形为1.5 mm,钢棱变形为$L/500$(L为计算跨径)。

3. 模板的制作与安装

(1) 模板的制作应符合下列规定:

① 钢模板应按批准的加工图进行制作,成品检验合格后方可使用。组装前应对零部件的几何尺寸和焊缝进行全面检查,合格后方可进行组装。

② 制作钢木组合模板时,钢与木之间的接触面应贴紧。面板采用防水胶合板的模板,除应使胶合板与背楞之间密贴外,对在制作过程中裁切过的防水胶合板茬口,应按产品的要求及时涂刷防水涂料。

③ 木模板与混凝土接触的表面应刨光,且应保持平整。木模板的接缝可制作成平缝、搭接缝或企口缝。当采用平缝时,应有防止漏浆的措施;转角处应加嵌条或做成斜角。

④ 采用其他材料(高分子合成材料面板、硬塑料或玻璃钢)制作模板时,其接缝应严密,边肋及加强肋应安装牢固,并应与面板成一整体。

(2) 模板的安装应符合下列规定:

① 模板应按设计要求准确就位,且不宜与脚手架连接。

② 安装侧模板时,支撑应牢固,应防止模板在浇筑混凝土时产生位移。

③ 模板在安装过程中,必须设置防止倾覆的临时固定设施。

④ 模板安装完成后,其尺寸、平面位置和顶部高程等应符合设计要求,节点联结应牢固。

⑤ 固定在模板上的预埋件和预留孔洞均不得遗漏,安装应牢固,位置应准确。

4. 模板的拆除

(1) 模板的拆除期限和拆除程序等应严格按施工图设计的要求进行,设计未要求时,应根据结构物特点、模板部位和混凝土所应达到的强度要求决定。

(2) 基础侧模板应在混凝土抗压强度达到 2.5 MPa,且能保证其表面及棱角不致因拆模而受损坏时方可拆除。

(3) 芯模和预留孔道的内模,应在混凝土强度能保证其表面不发生塌陷或裂缝现象时方可拆除。

(4) 同一部位模板、支架的拆除,应遵循后支先拆、先支后拆的顺序原则进行。

(5) 在低温、干燥或大风环境下拆除模板时,应采取必要的措施或及时验收回填,防止混凝土表面产生裂缝。

(五) 混凝土工程施工要点

独立基础和条形基础的混凝土工程的施工要点,均与混凝土或大体积混凝土扩大刚性基础的施工要点相同。

(六) 质量检验

1. 钢筋工程质量检验

(1) 钢筋加工的质量应符合表 2.4.15 的规定。

表 2.4.15　钢筋加工的质量标准

项　　目	允许偏差(mm)
受力钢筋顺长度方向加工后的全长	±10
弯起钢筋各部分尺寸	±10
箍筋、螺旋筋各部分尺寸	±5

(2) 绑扎或焊接的钢筋网和钢筋骨架不得有变形、松脱和开焊,钢筋安装质量应符合表 2.4.16 的规定。

(3) 钢筋骨架拼装和焊接钢筋网的允许偏差不得超过表 2.4.17 的规定。

2. 模板工程质量检验

(1) 模板制作的质量应符合表 2.4.18 的规定。

(2) 基础模板的安装精度应符合表 2.4.19 的规定。

表 2.4.16　钢筋安装质量标准

<table>
<tr><th colspan="3">项　目</th><th>允许偏差(mm)</th></tr>
<tr><td rowspan="3">受力钢筋间距</td><td colspan="2">两排以上排距</td><td>±5</td></tr>
<tr><td rowspan="2">同排</td><td>梁、板、拱肋</td><td>±10</td></tr>
<tr><td>基础、锚碇、墩台、柱</td><td>±20</td></tr>
<tr><td colspan="3">箍筋、横向水平钢筋、螺旋筋间距</td><td>±10</td></tr>
<tr><td colspan="2" rowspan="2">钢筋骨架尺寸</td><td>长</td><td>±10</td></tr>
<tr><td>宽、高或直径</td><td>±5</td></tr>
<tr><td colspan="2" rowspan="2">绑扎钢筋网尺寸</td><td>长、宽</td><td>±10</td></tr>
<tr><td>网眼尺寸</td><td>±20</td></tr>
<tr><td colspan="3">弯起钢筋位置</td><td>±20</td></tr>
<tr><td colspan="2" rowspan="3">保护层厚度</td><td>柱、梁、拱肋</td><td>±5</td></tr>
<tr><td>基础、锚碇、墩台</td><td>±10</td></tr>
<tr><td>板</td><td>±3</td></tr>
</table>

表 2.4.17　钢筋骨架拼装和焊接钢筋网的质量标准

项　目	允许偏差(mm)
骨架的宽及高	±5
骨架长度,网的长及宽	±10
箍筋间距,网眼的尺寸	±10
网眼的对角线差	15

表 2.4.18　模板、支架制作质量标准

<table>
<tr><th colspan="3">项　目</th><th>允许偏差(mm)</th></tr>
<tr><td rowspan="7">木模板制作</td><td colspan="2">模板的长度和宽度</td><td>±5</td></tr>
<tr><td colspan="2">不刨光模板相邻两板表面高低差</td><td>3</td></tr>
<tr><td colspan="2">刨光模板相邻两板表面高低差</td><td>1</td></tr>
<tr><td rowspan="2">平板模板表面最大的局部不平
(用 2 m 靠尺、塞尺检测)</td><td>刨光模板</td><td>3</td></tr>
<tr><td>不刨光模板</td><td>5</td></tr>
<tr><td colspan="2">拼合板中木板间的缝隙宽度和榫槽嵌接紧密度</td><td>2</td></tr>
<tr><td colspan="2">支架尺寸</td><td>±5</td></tr>
</table>

续表 2.4.18

<table>
<tr><th colspan="3">项　目</th><th>允许偏差(mm)</th></tr>
<tr><td rowspan="8">钢模板制作</td><td rowspan="2">外形尺寸</td><td>长和宽</td><td>+0,-1</td></tr>
<tr><td>肋高</td><td>±5</td></tr>
<tr><td colspan="2">面板端偏斜</td><td>0.5</td></tr>
<tr><td rowspan="3">连接配件(螺栓、卡子等)的孔眼位置</td><td>孔中心与板面的间距</td><td>±0.3</td></tr>
<tr><td>板端中心与板端的间距</td><td>+0,-0.5</td></tr>
<tr><td>沿板长宽方向的孔</td><td>±0.6</td></tr>
<tr><td colspan="2">板面局部不平(用 2m 靠尺、塞尺检测)</td><td>1</td></tr>
<tr><td colspan="2">板面和板侧挠度</td><td>±1</td></tr>
</table>

表 2.4.19　基础模板安装质量标准

项　目	允许偏差(mm)
模板高程	±15
模板尺寸	±30
轴线偏位	15
模板相邻两板表面高低差	2
模板表面平整	5
预埋件中心线位置	3
预留孔洞中心线位置	10
预留孔洞截面内部尺寸	+10,-0

3. 混凝土工程质量检验

(1) 独立基础和条形基础的混凝土工程的质量检验,均与混凝土或大体积混凝土扩大刚性基础的质量检验的内容和方法相同。

(2) 表观质量检验时,混凝土应振捣密实,蜂窝面积应不大于 400 cm^2;孔洞可见面积不应大于 100 cm^2;应无缝隙、夹渣层。

(七) 安全技术

(1) 基础施工时,应先检查基坑、槽帮土质、边坡坡度,如发现裂缝、滑移等情况,应及时加固。堆放材料应离开坑边 1 m 以上。深基坑上下应设梯子或坡道,不得踩踏模板或支撑上下。

(2) 片筏(箱形)基础浇灌,应搭设牢固的脚手平台、马道,脚手板铺设要严密,以防石子掉下;采用手推车、机动翻斗车、吊斗等浇灌,要有专人统一指挥、调度和下料,以保证不发生撞车事故;用串筒下料,要防堵塞,以免发生脱钩事故;泵送混凝土浇灌应采取措施,以防堵塞和爆管。

(3) 操纵振动器的操作人员,必须穿胶鞋,接电要安全可靠,并设专门保护性接地导线,避免火线跑电发生危险。如出现故障,应立即切断电源修理;电线如出现磨损,应及时更换。

(4) 施工人员应戴安全帽、穿软底鞋;工具应放入工具袋内;向基坑内运送混凝土、传递物件,不得抛掷。

(5) 雨、雪、冰冻天施工,架子上应有防滑措施,并在施工前清扫水、霜、积雪后才能上架子;五级以上大风应停止作业。

(6) 现场机械设备及电动工具应设置漏电保护器,接线端子应单独设置,不得共用,以保证用电安全;夜间施工,应装设足够的照明。

(7) 冬期施工应符合国家现行标准《建筑工程冬期施工规程》(JGJ/T 104—2011)和施工技术方案的规定。

三、筏形基础施工工艺

(一) 施工准备

(1) 筏形基础的技术准备、材料准备、机具准备均与独立基础和条形基础的准备内容和要求相同。

(2) 筏形基础的作业条件准备:应根据工程地质勘察和工程水文资料,保证基坑在无水情况下进行钢筋混凝土筏体施工。当地下水位较高时,应采取人工降低地下水位法使地下水位降至基坑底下不少于 500 mm。其他作业条件准备均与独立基础和条形基础的准备内容和要求相同。

(二) 工艺流程

筏形基础放线→复验→材料见证取样、试配制混凝土→复试→绑扎钢筋→复验→立基础模板→复验→混凝土的浇筑→养护、验收→隐蔽工程记录归档并转入下一循环。

(三) 筏形基础施工要点

1. 施工方法

根据筏形基础结构形式、施工的具体条件及要求可采用以下两种方法之一进行施工。

方法一:先在垫层上绑扎底板梁的钢筋和上部柱插筋,先浇筑底板混凝土,待达到25%以上强度后,再在底板上支梁侧模板,浇筑梁部分混凝土。此法可降低施工强度,且支梁模方便,但处理施工缝较复杂。

方法二:底板和梁钢筋、模板一次同时支好,梁侧模板用混凝土支墩或钢支脚支承并固定牢固,混凝土一次连续浇筑。此法一次完成施工,质量易于保证,可缩短工期。桥涵筏基础施工一般采用此方法。

2. 技术要求与施工要点

(1) 筏形基础的钢筋工程、模板工程的技术要求与施工要点均与独立基础和条形基础的技术要求与施工要点相同。

(2) 筏形基础的混凝土应一次连续浇筑完成。当筏形基础长度大于 40 m 时,应考虑在中部适当部位设置贯通后浇带,以避免出现温度收缩裂缝和便于进行施工分段流水作业;对大体积的筏形基础,应符合大体积混凝土的施工要求。

(3) 混凝土浇筑方向应平行于次梁长度方向，对于平板式片筏基础则应平行于基础长边方向。

(4) 当混凝土工程量较大，不能整体一次浇灌完成时，应设置垂直施工缝，并用模板支护。施工缝的设置应符合下列规定：

① 当平行于次梁长度方向浇筑时，应留在次梁中部 1/3 跨度范围内。

② 对平板式可留设在任何位置，但施工缝应平行于底板短边且不应在柱脚范围内。

③ 在施工缝处继续浇灌混凝土时，应将施工缝表面清扫干净，清除水泥薄层和松动石子等，并浇水湿润，铺上一层水泥浆或与混凝土配比相近的水泥砂浆，再继续浇筑混凝土。

(5) 对于梁板式筏形基础，基础梁高出底板部分应分层浇筑，每层浇灌厚度不宜超过 200 mm。当底板上或梁上有立柱时，混凝土应浇筑到柱脚顶面，留设水平施工缝，并预埋连接立柱的插筋。水平施工缝处理与垂直施工缝相同。

(6) 沉降观测。在桥涵工程中，筏形基础常作为箱涵的底板，经常建在软土地基上，故在浇筑混凝土时，应在基础底板上预埋好沉降观测点，定期进行观测，并做好观测记录。

(7) 混凝土工程的其他技术要求与施工要点均与独立基础和条形基础的技术要求与施工要点相同。

3. 施工注意事项

(1) 混凝土应分层浇灌，分层振捣密实，防止出现蜂窝麻面和混凝土不密实；在吊帮(模、板)根部，应在梁下底板浇筑完毕，停 0.5～1.0 h，待沉实后，再浇上部梁，以免在根部出现"烂脖子"现象。

(2) 在混凝土浇捣中应防止垫块移位、钢筋紧贴模板，或振捣不密实造成露筋。

(3) 为严格保持混凝土表面标高正确，要注意避免水平桩移动，或混凝土多铺过厚，少铺过薄；操作时要认真找平，模板要支撑牢固等。

(4) 对厚度较大的筏板浇筑，应采取预防温度收缩裂缝措施，并加强养护，防止出现裂缝。

(5) 模板拆除应在混凝土强度能保证其表面及棱角不至于同时受损坏时，方可进行。

(6) 在已浇筑的混凝土强度达到 1.2 MPa 以上之后，方可在其上行人或进行下道工序施工。

(7) 在施工过程中，对暖卫、电气、暗管以及所立的洞口等进行妥善保护，不得碰撞。

(8) 基础内预留孔洞，预埋螺栓、铁件，应按设计要求设置，不得后凿混凝土。

(9) 如箱涵筏形基础的埋深超过相邻建(构)筑物基础时，应有妥善的保护措施。

4. 后浇带施工要求

后浇带也称施工后浇带。按作用可分为三种：一是用于解决高层主体与低层裙房的差异沉降者，称为后浇沉降带；二是用于解决钢筋混凝土收缩变形者，称为后浇收缩带；三是用于解决混凝土温度应力者，称为后浇温度带。桥涵基础的后浇带主要是后者。

后浇带施工，包括基础及上部结构施工中所有的预留变形缝("缝"很宽，故称为"带")，是待主体结构完成，再将后浇带混凝土补齐，这时"缝"即不再存在，故也称为"假缝"。后浇带的施工解决了不设永久变形缝的问题。

(1) 后浇带应按设计要求预留，一定要留企口缝，并按规定时间灌注混凝土，浇灌前应将表面清理干净，将钢筋加以整理或施焊，然后浇注早强、无收缩水泥配制的混凝土或膨胀混凝土，浇注后加强养护。施工中要采取有力措施，加强监督与检查，以确保后浇带的施工质量。

(2) 正确掌握后浇收缩带和后浇温度带灌注混凝土的时间。施工后浇收缩带，宜在主体结构完工两个月后浇筑微膨胀混凝土，这时主体混凝土收缩量约完成60%以上；如确有困难时也不宜少于1个月。如果后浇温度带单独设置，则灌注混凝土的时间宜选择在温度较低时，不要在热天补齐冷天留下来的后浇温度带。

(3) 施工后浇带的位置宜选在结构受力较小的部位，后浇带的配筋应能承担浇筑混凝土成为整体后的差异沉降而产生的内力，一般可按差异沉降变形反算为内力，而在配筋上予以加强。后浇带的宽度应考虑便于施工操作，并按结构构造要求而定，一般宽度以700～1000 mm为宜。

(4) 后浇带的断面形式应考虑浇筑混凝土后连接牢固，一般宜避免留直缝。对于板，可留斜缝；对于梁及基础，可留企口缝。而企口缝又有多种形式，可根据结构断面情况确定后浇带两侧的隔断做法。后浇带两侧宜采用钢筋支架铅丝网或单层钢板网隔断，钢筋支架的钢筋直径及间距设置视构件断面大小而定，以支撑稳定为原则。铅丝网的网眼一般不宜过大，以避免灌注混凝土时跑浆，如网眼偏大，可在网外粘贴一层塑料薄膜，并支挡固定好，以承受灌注混凝土时的挤压力，并保证不跑浆。待混凝土凝固后，薄膜即可撕去，钢筋支架亦可除去，而铅丝网则留在后浇带两侧，即永久留在后浇带内。

(5) 采取措施确保后浇带处钢筋的位置准确、连续不断。对于板，单层钢筋下应设置垫块，双层钢筋应设置支架；对于梁，底部钢筋亦应加垫块，上部钢筋一般直径较大，可不用支架，但应注意的是在后浇带部位应设马道通过，不应直接踩钢筋。

(6) 保证后浇带补偿混凝土后的整体连接。采用钢筋支架铅丝网隔断，后浇带两侧混凝土应局部干硬一些，即水灰比小一些，既保证振捣密实，又不跑浆，使侧面混凝土强度和其他混凝土一致。在浇注混凝土前，应将后浇带处侧面混凝土凿毛，清刷干净，底部碎屑清除彻底。

(四) 质量检验与安全技术

筏形基础质量验收与安全技术要求均与独立基础和条形基础的质量验收与安全技术要求相同。

四、地下连续墙施工工艺

(一) 施工准备

1. 技术准备

(1) 根据地质资料、水文资料、区域内障碍物和有关试验资料、施工图纸及标准规范，编制地下连续墙施工技术方案。

(2) 完成工程测量控制点的定位、移交、复核工作。

(3) 确定工程材料、机具、劳动力的需求量。

(4) 完成进场材料的取样复检及混凝土的试配工作。

(5) 组织施工人员进行技术、质量、安全、环境等各方面的交底工作。

(6) 在堤防等水利、防洪设施及其他既有建筑物周边进行地下连续墙工程的施工时，应就施工可能会导致对其不利的影响进行评估，必要时应采取有效措施进行保护。

2. 材料准备

地下连续墙的材料准备与独立基础和条形基础的准备内容和要求相同。

3. 主要机具准备

（1）机械设备：挖掘机或铣槽机、泥浆制浆机、泥浆泵、混凝土搅拌机、皮带输送机、插入式振动器、平板式振动器、自卸翻斗汽车、机动翻斗车、混凝土搅拌运输车和输送泵车（泵送混凝土用）、钢筋调直机、钢筋切割机、钢筋制弯机、电焊机、起重机械等。

（2）主要工具：大小平锹、串筒、溜槽、胶皮管、混凝土卸料槽、吊斗、手推胶轮车、抹子。

4. 作业条件准备

（1）设置龙门板（或桩），定出地下连续墙轴线及基础边线，标出基础标高控制点。

（2）混凝土配合比已试配合格，并已换算确定了施工配合比；进场入库的各种规格的钢筋均已分批检验合格。

（3）施工机具安设准备就绪，施工现场道路畅通；施工平台已搭设完毕，其质量与安全均已验收合格。

（二）工艺流程

地下连续墙放线→复验→搭设施工平台→施工平台质量与安全验收→材料见证取样、试配制混凝土→复试→导墙挖槽→绑扎导墙钢筋笼→复验→下放导墙钢筋笼→复验→导墙混凝土的浇筑→养护、验收→隐蔽工程记录归档→地下连续墙挖槽→绑扎地下连续墙钢筋笼→复验→下放地下连续墙钢筋笼→复验→地下连续墙混凝土的浇筑→养护、验收→隐蔽工程记录归档。

（三）地下连续墙施工要点

1. 施工平台与导墙

（1）施工平台应坚固、平整，适合于重型设备和运输车辆行走，平面尺寸及高度应满足施工需要。

（2）采用泥浆护壁挖槽构成的地下连续墙应先构筑导墙。导墙的材料、平面位置、形式、埋置深度、墙体厚度、顶面高程应符合设计要求；设计未作要求时，应符合下列规定：

① 导墙宜采用钢筋混凝土构筑，混凝土强度等级不宜低于 C20。导墙的形式根据土质情况可采用板墙形、⼕形或倒 L 形，墙体的厚度应满足施工需要。

② 导墙的平面轴线应与地下连续墙轴线平行，两导墙的内侧间距宜比地下连续墙墙体的厚度大 40～60 mm。导墙应每隔 1～1.5 m 距离设置一道支撑。

③ 导墙底端埋入土内的深度宜大于 1 m；基底土层应夯实，如地基土较松散或较软弱时，构筑导墙前应采取加固措施；导墙顶端应高出地面，遇地下水位较高时，导墙顶端应高于稳定后的地下水位 1.5 m 以上。

（3）导墙分段施工时，段落的划分应与地下连续墙划分的节段错开。安装预制导墙块时，应按照设计要求施工，并应保证连接处的质量，防止渗漏。混凝土导墙在浇筑及养护时，应避免重型机械、车辆在附近作业和行驶。施工过程中，应对导墙的沉降和位移进行监测。

2. 地下连续墙施工

(1) 地下连续墙的槽孔施工,应根据水文、地质情况和施工条件选用能满足成槽要求的机具与设备,必要时可选用多种设备组合施工。

(2) 槽壁式地下连续墙的槽孔开挖应符合下列规定:

① 槽孔宜分段施工,开挖前应按已划分的单元槽段,决定各段开挖的先后次序,且相邻槽孔之间应留有足够的安全距离。挖槽施工开始后应连续进行,直到槽段完成。

② 成槽机械开挖一定深度后,应立即输入调制好的泥浆,并宜保持槽内的泥浆面不低于导墙顶面 300 mm。挖掘的槽壁及接头处应保持竖直,其倾斜率应不大于 0.5%;接头处相邻两槽段的挖槽中心线在任一深度的偏差值均不得大于墙厚的 1/3;槽底高程不得高于墙底的设计高程。

③ 挖槽时应加强观测,如遇槽壁发生坍塌或槽孔偏斜超过允许偏差时,应查明原因,采取相应措施后方可继续施工。槽段开挖达到槽底设计高程后,应对成槽质量进行检验,合格后方可进行下一工序。

④ 挖槽施工应做好施工记录,并应妥善处理废弃泥浆及钻渣,防止污染环境。

(3) 采用钻劈法施工槽孔时,钻头直径应满足设计墙厚的要求,且开孔钻头的直径应大于终孔钻头的直径。副孔长度应合理选择,且宜在主孔终孔后再劈打副孔。

(4) 采用钻抓法施工槽孔时,宜先采用钻机钻进主孔,再采用抓斗抓取副孔;采用两钻一抓法时,主孔的中心距不宜大于抓斗的开度。

(5) 采用抓取法和铣削法施工槽孔时,主孔长度宜等于抓斗开度和一次铣削长度,副孔长度宜为主孔长度的 1/3～1/2。当采用铣削法时,宜根据槽孔的深度、斜率要求以及先期地下连续墙混凝土的强度,确定铣削先期墙段的长度和铣削接头的施工时间,且应对先期墙段混凝土铣削后的端部进行清理。施工槽孔时应随时测量接缝处端孔的孔斜率,并进行控制。接缝的位置应准确,并应将其标记在导墙上。

(6) 槽孔如需嵌入基岩,基岩面的确定应符合下列规定:

① 依照地下连续墙中心线地质剖面图,当孔深接近预计基岩面时,宜留取岩样,并根据岩样的性质确定基岩面。

② 当邻孔基岩面已确定时,亦可对照邻孔基岩面的高程,分析本槽孔的钻进情况,确定基岩面。

③ 当采用上述方法难以确定基岩面,或对基岩面有怀疑时,应钻取芯样进行验证和确定。

(7) 槽孔的清底工作应在吊放接头装置之前进行。清底工序应包括清除槽底沉淀的泥渣和置换槽中的泥浆。清底应符合下列规定:

① 清底之前应检测槽段的平面位置、横截面和竖直面;当槽壁的竖向倾斜、弯曲和宽度超过允许偏差时,应进行修槽工作,使其符合要求。修槽后的槽段接头处应进行清理。

② 清底的方法宜根据槽孔的形状、尺寸、施工环境条件及设备条件等确定,施工可参

照“泥浆护壁钻孔灌注桩”的相关规定执行。

③ 清理槽底和置换泥浆工作结束 1 h 后，应进行检验，槽底以上 200 mm 处的泥浆相对密度不应大于 1.15，槽底沉淀物厚度应符合设计要求。

(8) 接头的结构形式应符合设计要求，施工应符合下列规定：

① 对管式接头，当初期的单元槽段开挖完成并清底后，应将钢制接头管竖直吊放入槽内，紧靠单元槽段两端；接头管的底端应插入槽底以下 100～150 mm，管长应略大于地下连续墙设计值。接头管可分节于管内并用销子连接固定；管外应平顺无凸出物，管外径宜比墙厚小 50 mm。灌注水下混凝土时，应经常转动及稍提升接头管，待混凝土初凝后将接头管拨出，拔管时不得损坏接头处的混凝土。

② 对箱式和隔板式接头，在其吊放的钢筋骨架一端应带堵头钢板，堵头钢板向外伸出的水平钢筋应插入接头箱管中。灌注水下混凝土时，应使混凝土不流入接头箱管内；混凝土初凝后，应逐步吊出接头箱管，且先灌节段骨架的外伸钢筋应伸入邻段混凝土内。

③ 当地下连续墙与梁、承台或墩柱连接时，结构接头的施工应在连接处按设计要求埋设连接钢筋，预埋的连接钢筋应与后浇的梁、承台或墩柱上的主钢筋可靠连接。

(9) 地下连续墙钢筋骨架的制作和吊放除应符合本教材前述钢筋工程的相关规定外，尚应符合下列规定：

① 钢筋骨架应根据设计图和单元槽段的划分长度制作，并宜在胎架上试装成型；骨架主筋的接长宜采用机械连接，骨架中间应留出上下贯通的导管位置。

② 吊放钢筋骨架时，应使其中心对准单元槽段中心。钢筋骨架应竖直、不变形，并能顺利地下放插入槽内，下放时不得使骨架发生摆动。

③ 全部钢筋骨架入槽后应固定在导墙上，并应使骨架顶端高程符合设计要求。

④ 当钢筋骨架不能顺利插入槽内时，应将骨架吊起，查明原因并采取措施后，重新放入，不得强行压入槽内。

(10) 水下混凝土应采用导管法灌注。单元槽段长度小于 4 m 时，可采用 1 根导管灌注；单元槽段长度超过 4 m 时，宜采用 2 或 3 根导管同时灌注。采用多根导管灌注时，导管间净距不宜大于 3 m，导管距节段端部不宜大于 1.5 m；各导管灌注的混凝土表面高差不宜大于 0.3 m；导管内径不宜小于 200 mm。

(四) 质量检验与安全技术

1. 质量检验

(1) 导墙的施工质量要求应符合下列规定：

① 导墙平面轴线与地下连续墙平面轴线的偏差不应大于 10 mm；

②导墙内墙面应竖直，顶面应水平，墙后应填土且应与墙顶齐平；两导墙内墙面间的距离允许偏差为±5 mm，导墙顶面高程的允许偏差为±10 mm。

(2) 地下连续墙施工质量应符合表 2.4.20 的规定。对作为永久基础的地下连续墙，其墙体混凝土宜进行超声波无损检测。

表 2.4.20　地下连续墙施工质量标准

项　　目	规定值或允许偏差	项　　目	规定值或允许偏差
混凝土强度(MPa)	在合格标准内	外形尺寸(mm)	+30，−0
轴线位置(mm)	30	顶面高程(mm)	±10
倾斜度	墙身高度的0.5%	槽底高程(mm)	不高于设计值
沉淀厚度(mm)	符合设计要求		

2. 安全技术

安全技术与柱下独立基础和条形基础施工相同。

五、基坑回填工艺

(一) 施工准备

1. 技术准备

(1) 回填土方案审批。

(2) 试验(含水量、分层厚度、压实遍数)。

(3) 交底工作。

(4) 根据分层回填厚度确定抄平线。

(5) 机械行走路线。

2. 材料准备

基坑回填土应符合设计要求，保证填方的强度和稳定性，如设计无要求时应符合以下规定：

(1) 碎石类土、砂土和爆破石渣(粒径不大于每层铺土厚的2/3)可用于表层下的填料。

(2) 含水量符合压实要求的黏性土可作各层填料。

(3) 淤泥和淤泥质土一般不能用作填料，但在软土地区，经过处理后含水量符合压实要求的，可用于填方中的次要部位。

(4) 碎块草皮和有机质含量大于5%的土只能用于无压实要求的填方。

(5) 含有盐分的盐渍土中，仅中、弱两类盐渍土一般可以使用，但填料中不得含有盐晶、盐块或含盐植物的根基。

(6) 不得使用冻土和膨胀性土作填料。

3. 主要机具准备

(1) 机械设备：蛙式打夯机或内燃打夯机或振动夯实机、自卸翻斗汽车、机动翻斗车等。常用的小型打夯机械技术性能见表2.4.21。

表 2.4.21　常用的小型打夯机械技术性能与规格

项　目	型　号				
	蛙式打夯机		振动夯实机		内燃打夯机
	HW-70	HW-201	Hz-280	Hz-400	ZH7-120
夯板面积(cm^2)	—	450	2800	2800	550
夯击次数(次/min)	140～165	140～150	1100～1200	1100～1200	60～70
行走速度(m/min)	—	8	10～16	10～16	—
影响深度(mm)	—	—	300	300	300～500
生产效率(m^3/h)	5～10	12.5	33.6	336m^2/min	18～27
外形尺寸(mm) 长×宽×高	1180×450 ×905	1006×500 ×900	1350×560 ×700	1205×560 ×889	434×265 ×1180
重量(kg)	140	125	400	400	120

(2) 主要工具:大小平锹、木夯、石夯、手推胶轮车等。

4. 作业条件准备

(1) 回填前隐蔽工程已验收合格。

(2) 已做好抄平线和回填土分层回填控制点。

(3) 按施工方案确定车辆、机械的施工顺序及行走路线。

(二) 基坑回填工艺流程

坑壁清理→检验回填土质→分层铺土→分层夯实→检验密实度→修整找平→检查验收。

(三) 基坑回填施工要点

1. 一般要求

(1) 填土应尽量采用同类土填筑,并宜控制土的含水量在最优含水量范围内。当采用不同的土填筑时,应按土类有规则地分层铺填,将透水性大的土层置于透水性较小的土层之下,不得混杂使用;边坡不得用透水性较小的土封闭,以利水分排出和基土稳定,并避免在填方内形成水囊和产生滑动现象。

(2) 填土应从最低处开始,由下向上整个宽度分层铺填碾压或夯实。分层虚铺厚度,对于蛙式打夯机和振动夯实机不宜超过 30 cm;对于内燃打夯机不应超过 50 cm。

(3) 在地形起伏之处,应做好接槎,修筑 1∶2 阶梯形边坡,每台阶高可取 50 cm、宽 100 cm。分段填筑时每层接缝处应做成大于 1∶1.5 的斜坡,碾迹重叠 0.5～1.0 m,上下层错缝距离不应小于 1 m。接缝部位不得在基础、墙角、柱墩等重要部位。

(4) 填土应预留一定的下沉高度,以备在行车、堆重或干湿交替等自然因素作用下,土体逐渐沉落密实。预留沉降量根据工程性质、填方高度、填料种类、压实系数和地基情况等因素确定。当土方用机械分层夯实时,其预留下沉高度(以填方高度的百分数计):对砂土为 1.5%;对粉质黏土为 3%～3.5%。

2. 基坑回填施工注意事项

(1) 在基础的两侧宜同时对称回填。

(2) 坑基回填的土料必须符合设计要求，不混杂，防止回填土不均匀下沉。

(3) 回填施工过程中应经常检查排水措施、每层填筑厚度、含水量控制和压实程度。

(4) 对有密实度要求的填方，必须按规定分层夯压密实。取样测定压实后土的干密度，90%以上符合设计要求，其余10%的最低值与设计值的差不应大于0.08 g/cm^3，且不应集中。

(5) 土的实际干密度可用环刀法(或灌砂法)测定，或用小型轻便触探仪直接通过锤击数来检验干密度和密实度，符合设计要求后，才能填筑上层。其取样组数：基坑和室内填土每层按100～500 m^{2}取样一组。取样部位应在每层压实后的下半部；用灌砂法取样应为每层压实后的全部深度。

(6) 回填土应按其沉降量预填相应的厚度。填方施工结束后，应检查标高、边坡坡度和压实程度等。

(四) 质量安全检查

1. 质量标准

(1) 填土工程质量检验标准详见表2.4.22。

表 2.4.22　填土工程质量检验标准

检查项目	允许偏差或允许值(mm)					检查方法
	桩基、基坑、基槽	场地平整		管沟	地(路)面基础层	
		人工	机械			
标高	−50	±30	±50	−50	−50	水准仪
分层压实系数	按设计要求					按规定方法
回填土料	按设计要求					取样检查或直观鉴别
分层厚度及含水量	按设计要求					水准仪及抽样检查
表面平整度	20	20	30	20	20	靠尺或水准仪

(2) 填方的密实度要求和质量指标通常以压实系数λ_c表示。压实系数为土的(实际)干土密度与最大干土密度$\rho_{d,max}$的比值。最大干土密度$\rho_{d,max}$是在最优含水量时，通过标准的击实方法确定的。密实度要求一般根据工程结构性质、使用要求以及土的性质确定，如未作规定，地坪垫层以下及基础底面标高以上的压实填土，压实系数不应小于0.94。

压实填土的最大干密度$\rho_{d,max}$(t/m^3)宜采用击实试验确定，当无试验资料时，可按式(2-25)计算：

$$\rho_{d,max}=\eta\frac{\rho_W d_s}{1+0.01\omega_{op}d_s} \tag{2-25}$$

式中　η——经验系数，对于黏土取0.95，粉质黏土取0.96，粉土取0.97；

ρ_W——水的密度，t/m^3；

d_s——土粒密度，t/m^3；

ω_{op}——最优含水量(以小数计),可按当地经验或取 ω_p+2;

ω_p——土的塑限值。

2. 成品保护

① 测量控制点、水准点的保护。

② 基础混凝土强度达到一定强度后才能进行基坑回填。

③ 已完成填土面做成一定的排水坡度。

④ 基坑开挖废弃的多余土石方不应堵塞河道和影响生态环境。

单元五　围堰法施工工艺

一、围堰工程概述

围堰是位于河流或浅滩中的桥梁在施工过程中作为临时挡水的建筑物。其作用是进行施工导流,围护施工中的基坑,保证桥梁工程能采用旱地上的施工工艺,或在静水条件下进行水下开挖基坑作业,并继续其他工序。在导流任务完成以后,为了不影响河流的防汛与通航,应予以拆除。

(一) 围堰的分类

(1) 按围堰的组成材料分为:土石围堰,土袋围堰,钢板桩围堰,木笼(竹笼)或铅丝笼(钢筋笼)围堰,膜袋围堰。

(2) 按围堰与水流方向的相对位置分为:横向围堰和纵向围堰。

(二) 围堰的基本功能要求

(1) 应具有足够的稳定性、防渗性、防冲性和一定的强度。

(2) 构造简单,经济合理,便于修建、维护和拆除。

(3) 围堰的布置应力求使水流平顺,不发生严重的局部冲刷。

(4) 围堰的接头盒与岸边的联结应安全可靠,不致因集中渗漏等破坏作用而引起围堰失事。

(5) 在必要时,应设置防止冰凌、船筏冲击的设施。

(三) 影响围堰形式的选用因素

围堰形式的选用与下列因素有关:

(1) 工程项目的规模、工期和开工时间;

(2) 施工现场的地形、工程地质与工程水文条件;

(3) 施工期间的通航要求;

(4) 施工单位的施工能力与技术水平;

(5) 基础的结构特点;

(6) 围堰的基本功能要求。

（四）围堰的基本参数与一般要求

（1）堰顶高度：宜高出施工期间可能出现的最高水位（包括浪高）50～70 cm。

（2）围堰形状：设置围堰后，河流断面减小会引起水流流速增大，应考虑由此而导致水流对围堰、河床的冲刷及影响通航、导流等因素。

（3）堰内面积：应满足坑壁放坡和基础施工的要求。

（4）围堰断面：应满足本身强度和稳定性的要求。

（5）围堰施工时间：宜安排在枯水时期施工。

二、围堰的基本形式、构造与施工要点

（一）土石围堰

1. 土石围堰的构造与特点

（1）土石围堰是利用自重维持其稳定性，故又称重力式围堰，堰身断面大，主要是防地面水，适用于水深 1.5 m 以内，流速 0.5 m/s 以内，河床土质渗水性较小且满足泄洪要求的情况下。其构造如图 2.5.1 所示。

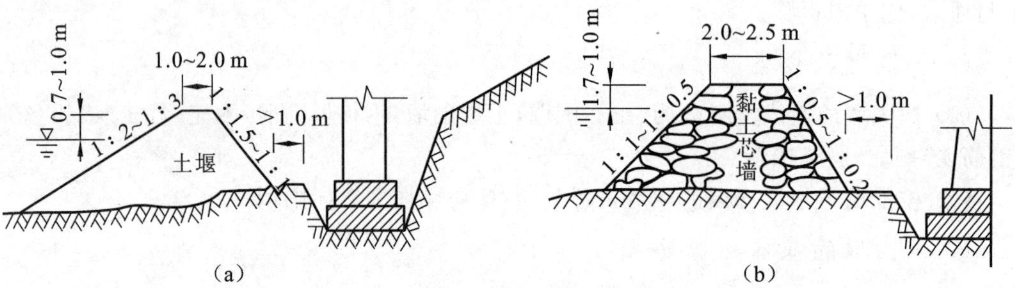

图 2.5.1　围堰

（a）土围堰；（b）土石围堰

（2）土石围堰的顶面高程应高出施工期间可能出现的最高水位（包括浪高）0.5～0.7 m。

（3）土石围堰的外形尺寸应考虑河流断面被压缩后流速增大导致水流对围堰本身和河床的集中冲刷，以及对河道泄洪、通航和导流的影响等不利因素。堰顶宽一般为 1～2 m，堰外边坡视填土在水中的自然坡度而定，一般为 1∶2～1∶3；堰内边坡一般为 1∶1.5～1∶1。坡脚距基坑边缘距离根据河床土质及基坑深度而定，但不得小于 1 m。

（4）堰内的平面尺寸应满足基础施工作业的需要。

2. 土石围堰的施工要点

（1）围堰的填筑应分层进行，减少渗漏，并应满足堰身强度和稳定的要求。

（2）堰顶的宽度宜根据施工需要确定；边坡的坡度应根据围堰的位置、高度及基坑开挖深度等条件确定。

（3）在筑堰之前，应将堰底河床处的树根、石块及其他杂物清除干净。

（4）筑堰材料宜采用黏性土或砂夹黏土，填筑应自上游开始至下游合龙，注意不要直接

向水中倾卸填土，而应沿着已出水面的填土坡面往下倒，填土超出水面之后应进行夯实。

(5) 堰外坡面有受水流冲刷的危险时，应采用合适的材料对其进行防护，一般在外坡面用草皮、柴排、片石或内填砂土的草袋加以防护。

(二) 土袋围堰

1. 土袋围堰的构造与特点

(1) 用草袋、麻袋、玻璃纤维袋等装土再码叠而成的围堰统称土袋围堰。土袋围堰也是利用自重维持其稳定性，是重力式围堰的另一种形式。

(2) 土袋围堰适用于水深在 3 m 以内，流速在 1.5 m/s 以内，河床土质渗水性较小且满足泄洪要求的情况下。其构造如图 2.5.2 所示。

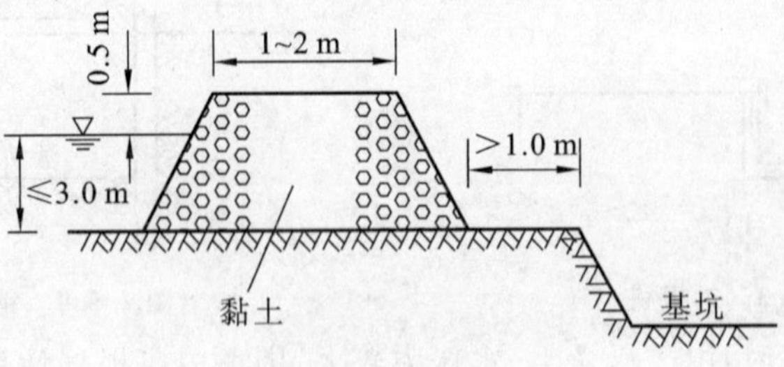

图 2.5.2　土袋围堰

(3) 土袋围堰的顶面高程应高出施工期间可能出现的最高水位(包括浪高)0.5～0.7 m。

(4) 土袋围堰的堰顶宽度一般为 1～2 m，有黏土芯墙时为 2～2.5 m。堰外边坡视水深及流速而定，一般为 1∶1～1∶0.5；堰内坡度一般为 1∶0.5～1∶0.2。内坡脚距基坑边缘距离不小于 1 m。

2. 土袋围堰的施工要点

(1) 土袋围堰的袋内填土宜采用黏性土，装填量宜为 60%，装土过多，堆码不平稳且袋间空隙多，易渗漏；袋口应缝合；水流流速较大时，在过水面及迎水面，袋内可装填粗砂或卵石。堆码时土袋的上下层和内外层应相互错缝，搭接长度宜为 1/2～1/3，堆码应密实平整。

(2) 土袋围堰的中心部分可填筑黏土及黏性土芯墙，此时也可用砂土装袋。在水中堆码土袋，可用带钩的杆子钩送就位。

(三) 钢板桩围堰

1. 钢板桩围堰的构造与特点

(1) 钢板桩围堰一般适用于砂类土、碎卵石类土、半干硬性黏土和风化岩等地层，它具有材料强度高，防水性能好，穿透土层能力强，堵水面积最小，修建和拆除可以高度机械化，回收率高并可多次重复使用的优点。因此当水深超过 5 m 或土质较硬时，可选用这种围堰。但钢板桩一次投资大，配备一套(包括沉桩设备)如只偶然使用几次，就显得很不经济，所以只有较大的工程单位才拥有这种设备。

(2) 桥梁工程常用的两种钢板桩形式如图 2.5.3 所示。一字形的钢板桩抗挠性较差,多用于圆形围堰;槽形的钢板桩抗挠性较好,多用于深水处的矩形围堰。也可用型钢拼成各种形状的组合钢板桩。围堰的转角处,要用特制的钢板桩。

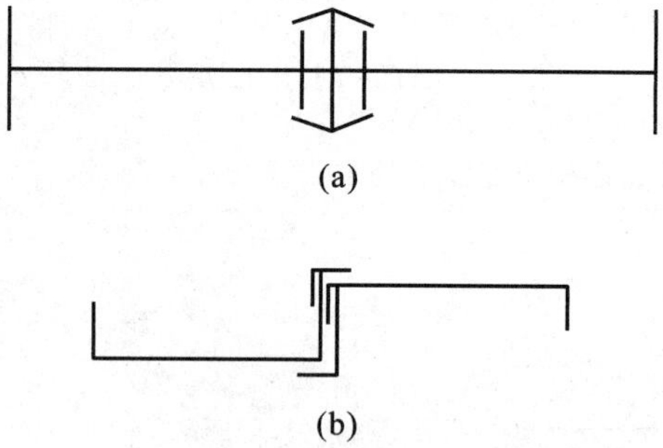

图 2.5.3　钢板桩

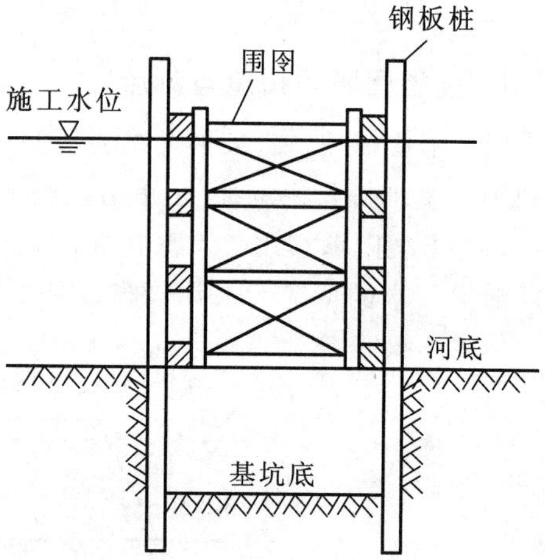

图 2.5.4　钢板桩围堰

(3) 当围堰较深时,由于承受土、水压力较大,围堰内应根据计算,安设由多层木、钢木或型钢组成的支撑,常称围囹,如图 2.5.4 所示。

(4) 钢板桩成品长度有多种规格,最长 20 m,并可根据需要接长,但相邻的接缝要错开 2 m 以上。钢板桩顶端要有圆孔,便于起吊。

2. 钢板桩围堰的施工要点

(1) 钢板桩的材质、性能和尺寸应符合产品的相应规定。钢板桩在存放、搬运和起吊时,应采取措施防止其变形及锁口损坏。经过整修或焊接后的钢板桩,应采用同类型的短桩进行锁口通过试验,合格者方可继续使用。

(2) 钢板桩施打前应设置测量观测点,控制其施打的部位。

(3) 钢板桩在施打前应在锁口处采用止水材料捻缝,防止在使用过程中漏水。常用的止水材料,其质量比为黄油∶沥青∶干锯末∶干黏土粉=1∶1∶1∶0.5。

(4) 钢板桩施打顺序应按既定的施工技术方案进行,并宜从上游开始分两头向下游方向合龙。插打钢板桩,一般先将全部钢板逐根或逐组插打到稳定深度,然后再依次打入到设定高程;在能保证钢板桩垂直沉入的条件下,每根或每组钢板桩也可一次打到设计深度。

(5) 钢板桩的沉桩方法有锤击、振动和射水等,但在黏土中不宜使用射水下沉的方法。

(6) 施打钢板桩应有导向装置,应能保证桩的位置准确。在开始沉入几根或几组钢板桩时,施打时应随时检查其平面位置是否正确,桩身是否垂直,如发现倾斜应立即纠正或拔起重新施打。施打完成后所有钢板桩的锁口均应闭合。

(7) 同一围堰内采用不同类型的钢板桩时,宜将不同类型桩的各半拼焊成一根异形钢板桩,分别与相邻桩进行连接。接长的钢板桩,其相邻桩的接头位置应相互错开。

(8) 拔除钢板桩之前,应向堰内注水,使堰内外的水位保持平衡。拔桩应从下游侧开始逐步向上游侧进行，拔除的钢板桩应对其锁口进行检修并涂油，堆码妥善保存。

(9) 钢板桩达到设计高程时，桩顶的平面位置偏差，在水上打桩时不得大于 20 cm，在陆上打桩时不得大于 10 cm。

(四) 竹笼、木笼、铅丝笼及钢笼围堰

1. 竹笼、木笼、铅丝笼及钢笼围堰的构造与特点

(1) 竹(铅丝)笼围堰是在笼内填筑土、石，依靠本身重力抵抗水流冲击的围堰，是重力式围堰的又一种形式。竹(铅丝)笼围堰可做成单层或双层。双层围堰如图 2.5.5 所示。

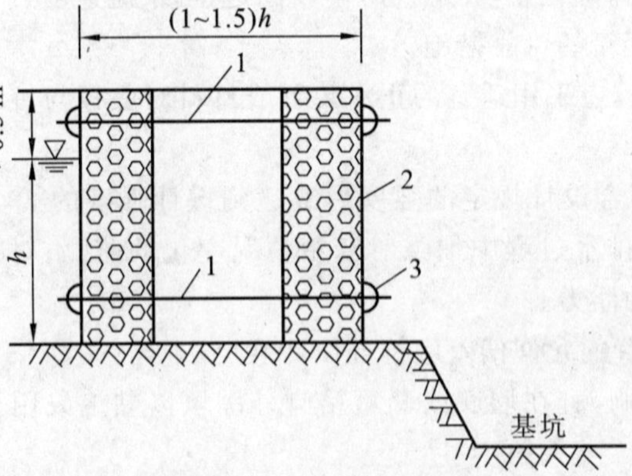

图 2.5.5　双层竹笼围堰

1—对拉铅丝；2—填石；3—横木

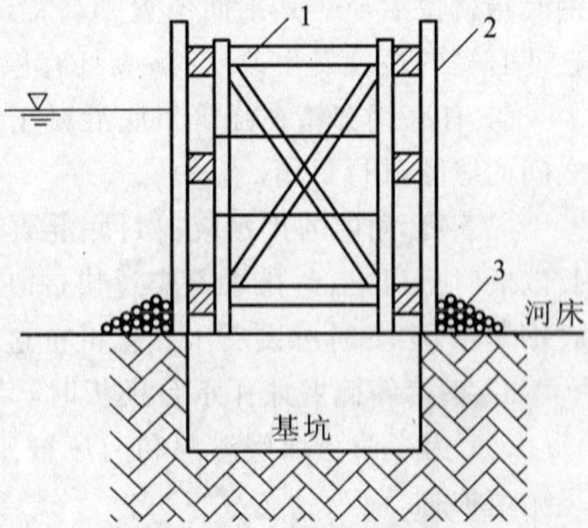

图 2.5.6　套箱围堰

1—套箱支架；2—套箱外壁；3—土袋护脚

(2) 木笼、钢笼一般做成套箱，故亦称为套箱围堰。套箱是一种无底的围套，内设木、钢支撑组成支架。木板套箱在支架外面钉装两层企口板，用油灰捻缝以防漏水；无底钢套箱采用焊接或铆合而成的钢板外壁。套箱围堰如图 2.5.6 所示。

(3) 竹笼、木笼、铅丝笼围堰适用于水深在 4 m 以内，流速较大，且能满足泄洪要求的情况下；当水深超过 4 m 时，宜采用钢笼围堰。

(4) 围堰的层数宜根据水深、流速、基坑大小及防渗要求等因素确定；围堰的宽度宜为水深的 1.0～1.5 倍；笼子直径视水深及流速而定，一般为 80～100 cm。

(5) 钢套箱分无底钢套箱和有底钢套箱两种。有底钢套箱围堰和双壁钢围堰适用于桩基础的承台施工。

2. 竹笼、木笼、铅丝笼及钢笼围堰的施工要点

(1) 竹(铅丝)笼围堰一般先用竹或铅丝编织成有底的圆笼，然后按围堰的位置将笼子放入水中，投入卵石或片石，直到稳定在河床上。竹笼必须制作牢固，应用钢筋、螺栓、铁丝等连接加固，以防填土石时被胀坏。采用铅丝笼时也应采用钢筋加固。

(2) 相邻笼子之间要紧靠密排，分内外两圈，两圈笼子之间填以黏土，以防渗水。内外笼之间设对拉铅丝，外围的水平方向，用钢筋或竹材通过铁丝捆扎，使内外两圈形成一个整体。

(3) 木套箱采用浮运就位，然后加重下沉。下沉套箱前，应清除河床覆盖层并整平岩层。

(4) 钢套箱围堰的施工应符合下列规定：

① 对有底钢套箱，除应进行结构的计算和验算外，尚应针对套箱内抽干水后的工况进行抗浮验算。钢套箱采取悬吊方式安装时，应验算悬吊装置及吊杆的强度是否满足受力要求。

② 钢套箱应根据现场设备的起吊能力和移运能力确定采用整体式或装配式制作，制作时应采取防止接缝渗漏的措施。

③ 钢套箱下沉就位时，在下沉过程中应保持平稳，当采用多个千斤顶吊放时，应使各千斤顶的行程同步，且宜设置导向装置或利用已成桩作为导向的承力结构进行准确定位。钢套箱就位后应对其平面位置和高程进行精确调整，并应及时予以固定；当水流速度过大会使套箱的位置发生改变时，应具有稳定套箱的可靠措施。

④ 有底钢套箱在浇筑封底混凝土之前，应采用适宜的止水装置或材料对底板与桩基之间的缝隙进行封堵。

⑤ 钢套箱内的排水应在封底混凝土符合设计规定的强度后或达到设计强度的80%及以上时方可进行，排水不应过快，并应在排水过程中加强对套箱情况变化的监测；对有底钢套箱，必要时可设反压装置抵抗过大的浮力。

⑥ 钢套箱侧壁兼作承台模板时，其位置的允许偏差应符合设计规定。

(5) 为了防止堰底渗漏和河床被水冲刷，宜在堰底或套箱箱脚外围填以黏土或用土袋抛填护脚。

(6) 双壁钢围堰的施工应符合下列规定：

① 围堰的双壁间距应根据下沉时需要克服的浮力、土层摩阻力及基底抗力等经计算确定，并应在双壁之间分设多个对称的、横向互不相通的隔水舱。

② 双壁钢围堰兼作钻孔平台时，应将钻孔施工产生的全部荷载及各种工况加入到围堰结构的最不利荷载组合中进行设计和验算。钢围堰需度讯或度凌施工时，应制订稳定和防撞击、防冲刷的可靠方案，并应进行相应的验算。

③ 双壁钢围堰结构的制作宜在工厂按设计要求进行，各节、块应按预定的顺序对称组装拼焊，制作完成后应进行焊接质量检验，并应进行水密试验。

④ 围堰应根据现场的水文、地质和通航等情况，设置可靠的定位系统和导向装置。其浮运、下沉、定位等工序的施工及允许偏差应符合本书情境五沉井基础的相关规定。

⑤ 围堰下沉至设计高程，在灌注封底混凝土之前，应对河床面进行清理和整平。围堰置于岩面上时，宜将岩面整平；基岩岩面倾斜或凹凸不平时，宜将围堰底部制作成与岩面相应的异形刃脚，增加其稳定性并减少渗漏。

(五) 膜袋围堰

1. 膜袋围堰的构造与特点

(1) 膜袋围堰的构造与受力特点类似土袋围堰。

(2) 膜袋围堰适用于水深在5 m以内，流速在3 m/s以内，且河(湖、海)床较平缓时。

(3) 膜袋围堰的其他构造要求均同土袋围堰。

2. 膜袋围堰的施工要点

(1) 在筑堰之前,应将堰底河床处的树根、石块及其他杂物清除干净,并应将河(湖、海)床的陡坎整平。

(2) 填筑应自上游开始至下游合龙,堆码时膜袋的上下层和内外层应相互错缝,搭接长度宜为1/2～1/3,堆码应密实平整。

(3) 堰外坡面有受水流冲刷的危险时,应采用合适的材料对其进行防护,一般在外坡面用草皮、柴排、片石或内填砂土的草袋加以防护。

(4) 膜袋的缝口应牢固严密,袋内可采用砂或水泥固化土材料填充,填充后应采取有效措施降低膜袋内的水分。

(5) 围堰沉降稳定后方可进行基坑的排水,排水时应控制水位的下降速度。

三、围堰的防渗与防冲

围堰的防渗和防冲是保证围堰正常工作的关键问题,对土石围堰来说尤为突出。一般土石围堰在流速超过3.0 m/s时,会发生冲刷现象,尤其在采用分段围堰法导流时,若围堰布置不当,在束窄河床段的进、出口和沿纵向会出现严重的涡流,淘刷围堰及其基础,以致导致围堰失事。

(一) 围堰的防渗

土石围堰的防渗一般采用斜墙、斜墙带水平铺盖、垂直防渗墙或灌浆帷幕等措施,如图2.5.7所示。围堰一般需在水中修筑,因此,如何保证斜墙和水平铺盖的水下施工质量是一个关键的课题。

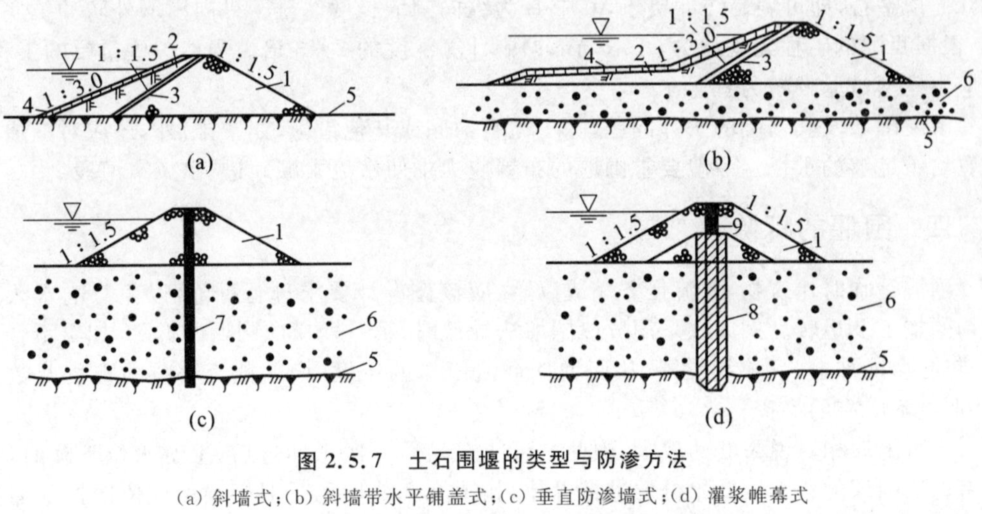

图2.5.7　土石围堰的类型与防渗方法

(a) 斜墙式;(b) 斜墙带水平铺盖式;(c) 垂直防渗墙式;(d) 灌浆帷幕式

1—堆石体;2—黏土斜墙、铺盖;3—反滤层;4—护面;

5—隔水层;6—覆盖层;7—垂直防渗墙;8—灌浆帷幕;9—黏土芯墙

工程实践证明,保证斜墙和水平铺盖的水下施工质量的关键是选择适当的施工方法。斜墙和水平铺盖的施工宜采用自卸汽车卸料,推土机进占的水下抛填方法,并配合采用开身驳船，从上游向堰身进行抛填水平铺盖，以限制斜墙土料向上游延伸过远，也使推土机抛填斜墙土料的方量有所降低。

（二）围堰的防冲

围堰遭到冲刷在很大程度上与其平面布置有关，尤其在分段围堰法导流时，水流进入围堰区段时河床束窄，流出围堰区段时河床又突然扩大，如图 2.5.8 所示，这样就不可避免地在河底引起动水压力的重新分布，水面形状发生急剧改变。此时在围堰的上游转角处产生很大的局部压力差，局部流速显著提高，形成螺旋状的底层涡流，流速方向自下而上，从而淘刷堰脚及基础。为了避免由局部淘刷而导致溃堰的严重后果，必须采取护底措施。

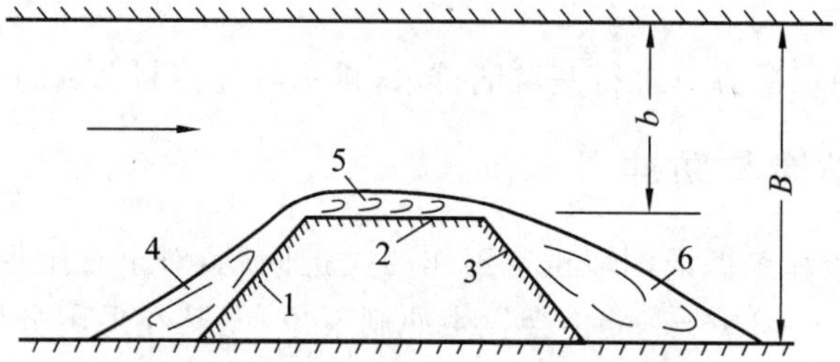

图 2.5.8 分段围堰法导流时的流态图

1—上游围堰；2—纵向围堰；3—下游围堰；

4—上游涡流区；5—纵向涡流区；6—下游涡流区

当前，一般多采用简易的抛石护底措施来保护堰脚及其基础的局部冲刷。关于围堰区护底的范围及抛石尺寸的计算至今还不成熟，应通过水工模型试验，以实验确定为宜。

若河底流速超过堰脚或基础的抗冲流速时，则必须加以保护。一般认为护底长度达到 0.6 L 左右，即可满足防冲要求，其中 L 为纵向围堰长度。至于纵向围堰外防冲护底范围，根据我国的工程经验认为，可取局部冲刷计算深度的 2～3 倍。当然一些重要的工程，仍应以模型试验校核为宜。

解决围堰及其基础的防冲问题，除了抛石护底或其他措施(如柴排)外，还应对围堰的布置给予足够的重视。一般要求围堰的布置应力求使水流平顺地进、出束窄河段。

四、围堰的拆除

围堰是临时建筑物，导流任务完成以后，应该按设计要求进行拆除，以免影响永久建筑物的施工及运转。例如在采用分段围堰法导流时，第一期横向围堰的拆除，如果不合要求，势必会增加上、下游水位差，从而增加截流工作的难度，增大截流物料的重量及数量等，造成不应有的浪费。

土石围堰相对说来断面较大，因此有可能在最后一次汛期过后，上游水位下降时，即可考虑从围堰的背水坡开始分层进行拆除，如图 2.5.9 所示。但必须保证依次拆除后所残留的断面能继续挡水和维持稳定，以免发生安全事故，使基坑过早淹没，影响施工。一般土石围堰的拆除可用挖土机、爆炸法或用人工方法。

草土围堰的拆除比较容易，一般水上部分用人工拆除，水下部分可在堰体挖一缺口，任由过水冲毁或用爆破法爆除。钢板桩围堰的拆除，首先要用抓斗或吸石器将填料清除，然后用拔桩机起拔钢板桩。木笼围堰的拆除比较困难，一般可用抓斗先掏出木笼内所填

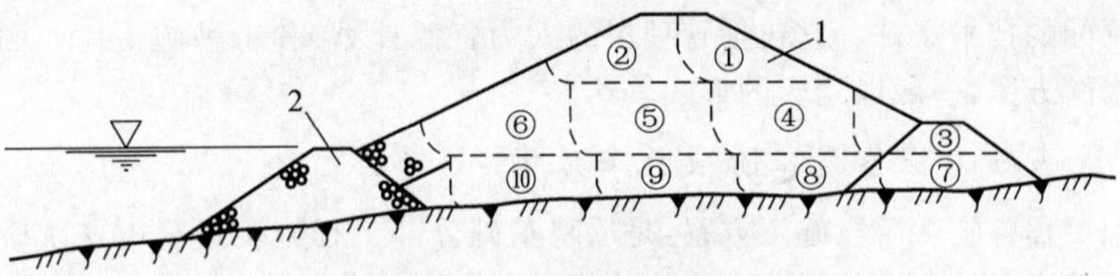

图 2.5.9　土石围堰的拆除

1—正向铲挖除；2—索式挖土机挖除；①～⑩—拆除顺序

土石，然后拔除防渗板桩墙，这样浮起的木笼或可撤走或可就地拆除，有时水下部分的木笼也可用爆破法炸毁。混凝土围堰的拆除一般只能用爆破法炸除。用爆破法拆除围堰时，应注意不使主体建筑物或其他设施受到爆破的危害。

单元六　浅基础施工方案的编制

一、浅基础施工方案的内容

单位工程的施工方案均由编制依据、工程概况、材料计划、机械设备与工具计划、人力资源计划、施工方法、开工与竣工的时间计划、组织机构与控制要求等基本内容组成。分部分项工程施工方案的内容也不例外。但应注意桥梁基础工程与其他土木工程的基础工程有所不同，其他土木工程的基础大多连成了整体，而桥梁基础一般都是以墩台为单位的单元体，故桥梁基础施工方案的第一项内容是简述基础工程概况并绘制墩台基础编号图。

（一）墩台基础编号图

墩台基础编号图是在基础工程概况的基础上根据桥梁基础平面布置图绘制的一种简图，其目的是对基础进行编号，故该图可不受制图比例的限制。

（二）浅基础工程施工的材料计划

浅基础工程施工的材料计划，是反映基础分部工程各部位的材料用量的技术文件。它包括材料的种类与规格、各种材料的数量、用料部位及其说明，一般以列表的形式表达。

（三）浅基础工程施工的机械设备与工具计划

（1）机械设备计划

浅基础工程施工的机械设备计划，是反映基础分部工程各部位所需要机械设备的技术文件。它包括机械设备的种类、型号规格、各种机械设备的数量、使用部位的台班量、租赁期限及其说明，一般以列表的形式表达。

（2）工具计划

浅基础工程施工的工具计划，是反映基础分部工程各部位所需要的施工作业工具的技术文件。它包括施工作业工具的种类、型号规格、各种施工作业工具的数量及其说明，一般以列表的形式表达。

（四）浅基础工程施工的人力资源计划

浅基础工程施工的人力资源计划，是反映基础分部工程施工过程中各阶段的人力资源用量与调配的技术文件。它包括管理层的人力资源计划、各工种施工作业的人力资源计划及其调配方案，一般以列表的形式表达。

（五）浅基础工程各施工阶段施工方案

浅基础工程各施工阶段施工方案，是反映基础分部工程施工过程中各阶段的施工技术的指导性技术文件。它包括基础定位放线与测量控制方案、基坑开挖方案、基坑支护方案、基坑排水方案、基底检验与地基局部处理方案、基础施工方案及基坑回填方案等内容。

（1）基础定位放线与测量控制方案

基础定位放线与测量控制方案，是反映基础分部工程施工前在施工现场进行定位放线和施工过程中各阶段的测量定位控制的指导性技术文件。它包括采用的测量定位控制系统、基准点的选用、测量定位控制标准及其配套的仪器设备等内容。

（2）基坑开挖方案

基坑开挖方案，是反映桥涵基坑开挖的基本要求、桥涵基坑开挖的主要方法、施工机械的选用要求、基坑开挖施工工艺、基坑质量安全检查要求的指导性技术文件。

（3）基坑支护方案

基坑支护方案，是反映基础分部工程进行基坑开挖过程中，为确保基坑开挖顺利进行，控制周边环境影响在允许范围内的一种施工措施的指导性技术文件。它包括基坑支护的基本要求、基坑支护的主要方法、施工机械的选用要求、基坑支护施工工艺、基坑支护结构质量安全检查要求等内容。

（4）基坑排水方案

基坑排水方案，是反映基础分部工程施工过程中，为确保开挖基坑作业在无水或少水的情况下顺利进行，防止边坡塌方和地基承载能力的下降，同时也有利于基础的砌筑与养护的一种施工措施的指导性技术文件。它包括排除地面水和基坑内排水两个方面，及其基坑排水的基本要求、基坑排水的主要方法、排水机械的选用要求、流砂的防治方法等内容。

（5）基底检验与地基局部处理方案

基底检验与地基局部处理方案，是反映基础分部工程在基坑开挖完成后，对不同编号基础预定的基底检验内容和相应的检验方法，以及地基可能出现的局部问题准备采用的预案的指导性技术文件。

（6）基础施工方案

基础施工方案，是反映相应基础形式施工控制的指导性技术文件。它包括基础施工的材料要求、人力资源要求、施工机械的选用要求、基础工程施工方法与施工工艺、各编号基础的施工顺序、基础工程的质量安全检查要求等内容。

（7）基坑回填方案

基坑回填方案，是反映各编号基础浇筑养护完毕并检查验收以后，进行基坑回填施工控制的指导性技术文件。它包括基坑回填的材料要求、人力资源要求、施工机械的选用要求、基坑回填施工方法与施工工艺、各编号基础的基坑回填顺序、基坑回填的质量安全检查要求等内容。

（六）基础工程开工与竣工的时间计划

基础工程开工与竣工的时间计划，是反映基础分部工程施工工期的标志性技术文件。

它包括开工时间计划和竣工时间计划。

（七）组织机构与控制要求

组织机构与控制要求，是反映基础分部工程施工项目管理的质量和水平的指导性技术文件。它包括子项目采用的组织措施、技术措施、管理措施和经济措施等内容。

二、旱地上浅基础施工方案的编制方法

（一）基础工程材料计划的编制

浅基础工程施工的材料计划的编制，应根据基础分部工程的施工预算的工程量，并考虑材料的损耗量，按基础编号、材料的种类与规格、各种材料的数量和附加说明（或备注）列表，如表 2.6.1 所示。

表 2.6.1　基础工程材料计划

基础编号	材料种类与规格	数　量	备　注
1号基础	挖运土方	(m^3)	
	挖运石方	(m^3)	
	回填土石方	(m^3)	
	42.5 级水泥	(t)	
	碎石	(m^3)	
	砂	(m^3)	
	片石	(m^3)	
	木模板	(m^2)	
	钢模板	(m^2)	
	钢筋	(t)	
	…		
	…		
2号基础	…		
	…		
	…		
	…		
…	…		

（二）基础工程施工机械与施工工具计划的编制

基础工程施工机械与施工工具计划的编制，应根据基础分部工程的各分项工程的施工预算的台班量，并考虑施工现场的环境条件和工程地质情况，以列表的形式综合确定各种施工机械的型号、规格、数量、租赁期限和各种施工工具的型号、规格、数量及其附加说

明(或备注),如表 2.6.2 所示。

表 2.6.2 基础工程施工机械与施工工具计划

类型	名称与型号	数量	备注
土方机械	推土机	…	…
	挖土机	…	…
	铲运机	…	…
	装载机	…	…
基坑支护机械	…	…	…
基坑排水机械	…	…	…
混凝土机械	…	…	…
模板机械	…	…	…
钢筋机械	…	…	…
施工工具	…	…	…

(三)基础工程施工人力资源计划的编制

基础工程施工人力资源计划的编制,应根据基础分部工程的各分项工程的施工预算的人工工日量,按基础施工段或施工工艺流程和分部工程施工工期,确定相应的各工种的施工人数和岗前培训,以及技术交底、安全交底计划,加以说明(或备注)并列表,如表 2.6.3 所示。

表 2.6.3 基础工程施工人力资源计划

施工段	工种	人数	备注
子项目部	管理人员		
	技术人员		
土方工程	土方工		
	支护工		
	排水工		
混凝土工程	架子工		
	模板工		
	钢筋工		
	混凝土工		
	养护工		

(四)浅基础工程各施工阶段施工方案的确定

(1) 基础定位放线与测量控制方案的编制

① 基础定位放线与测量控制方案的编制,应根据基础分部工程的设计要求,并考虑

施工现场的环境条件和工程地质情况，综合确定测量定位控制系统、基准点的选用、测量线路和控制网的布设、测量定位控制标准及其配套的仪器设备等内容。

② 测量人员的配备：测量负责人由测量专业毕业的长期从事大型工程测量的工程师担任，全面负责测量工作质量、进度、技术方案编制与实施；测量员 1～2 名，负责日常轴线控制、标高测量、沉降观测、基坑监测及内业资料等。

③ 测量控制网的布设应坚持先整体、后局部，高精度控制低精度的原则。

④ 旱地上宜采用全站仪进行平面轴线的控制；宽阔水域宜采用 GPS 测量定位，且宜在水域上建立专门的测量平台。

⑤ 桥涵基础工程施工阶段测量工作的重点为基础轴线和底板标高的控制。宜采用外控法进行基础平面轴线的控制。

⑥ 高程控制网的测设，应根据勘测设计单位在现场交代的控制性桩点，在复测原控制网的基础上，根据施工需要用精密水准仪进行闭合检查，适当加密、优化，建立施工测量控制网。场区内至少引测 3 个水准点，点间距离控制在 50 m 左右，距离基坑开挖边线应大于 15 m。

⑦ 标高传递：施工过程中进行标高引测，采用水准仪配合铟钢尺向基坑内和施工层传递，每层至少传递 3 个水准点以便相互校核，以其平均点引测水平线。抄平时，应尽量将水准仪安置在测点范围的中心位置，并进行一次精密定平。

⑧ 其他施工测量的技术要求、测量的程序和施工测量控制标准均详见本情境单元一的相关内容。

(2) 基坑开挖方案的编制

① 基坑开挖方案的编制，应根据桥涵基坑开挖的基本要求、基础的平面形式与尺寸、工程地质勘察报告和各编号基础施工预算的土石方工程量，综合分析确定各基础基坑开挖的主要方法，选定相应的施工机械和基坑开挖施工工艺，明确基坑质量和安全检查的具体要求。

② 各种桥涵基坑开挖的基本要求、基坑开挖的主要方法、施工机械的选用要求、基坑开挖施工工艺、基坑质量安全检查要求均详见本情境单元二的相关内容。

(3) 基坑支护方案的编制

① 基坑支护方案的编制，应根据基坑周边环境、土层结构、工程地质、水文情况、基坑形状、开挖深度、施工拟采用的开挖方法、排水方法、施工作业设备条件、安全等级和工期要求以及技术经济效果等因素加以综合全面地考虑而定。

② 各种桥涵基坑支护的基本要求、基坑支护的主要方法、施工机械的选用要求、基坑支护施工工艺、基坑支护质量安全检查要求均详见本情境单元二的相关内容。

(4) 基坑排水方案的编制

① 基坑排水方案的编制，应根据基坑周边环境、土层结构、工程地质、水文气象资料、基坑开挖深度、基坑涌水量的大小、施工拟采用的开挖方法、施工作业设备条件、安全等级和工期要求以及技术经济效果等因素，综合全面地考虑确定地面排水和基坑内排水方案。

② 基坑排水的基本要求、排水与降水的主要方法、排水机械的选用要求、井点降水的施工工艺、流砂防治的方法与要点均详见本情境单元三的相关内容。

(5) 基底检验与地基局部处理方案的编制

① 基底检验方案的编制，应根据工程地质勘察报告、拟建建筑物的类型和特点、桥涵基础设计图纸及环境监测资料等因素，综合全面地考虑确定基底检验的重点内容、基底检验拟采用的方法和基底检验的质量标准。

② 基坑地基局部处理方案的编制，应根据基底检验报告、工程地质施工勘察报告、拟建建筑物的类型和特点、施工作业设备条件、安全等级和工期要求以及技术经济效果等因素，综合全面地考虑进行确定。

③ 基底检验的重点内容、基底检验的方法和基底检验的行业质量标准与地基局部处理的基本要求、局部处理的主要方法、施工机械的选用要求、局部处理的施工工艺均详见本情境单元三的相关内容。

(6) 基础施工方案的编制

① 基础施工方案的编制，应根据桥涵各编号基础的基础结构类型与特点、基础的平面形式与尺寸、基础施工的排水方式、各编号基础施工预算的钢筋混凝土工程量，综合分析确定各编号基础拟采用的主要施工方法，选定相应的施工机械和基础施工工艺，明确各编号基础的质量和安全检查的具体要求。

② 各种类型桥涵基础施工的基本要求、施工机械的选用要求、基础施工方法与施工工艺、基础施工质量安全检查要求均详见本情境单元四的相关内容。

(7) 基坑回填方案的编制

① 基坑回填方案的编制，应根据桥涵基坑开挖的深度、基础的结构形式、工程地质勘察报告、各编号基础施工预算的回填工程量，综合分析确定各基础基坑回填采用的材料、基坑回填的主要方法，选定相应的施工机械和基坑回填施工工艺，明确基坑回填质量和安全检查的具体要求。

② 各种桥涵基坑回填的基本要求、基坑回填的主要方法、施工机械的选用要求、基坑回填施工工艺、基坑回填质量安全检查要求均详见本情境单元四的相关内容。

(五) 基础工程开工与竣工的时间计划的编制

(1) 基础工程开工时间的拟定

基础工程开工时间的拟定，应根据水文气象资料、四通一平的准备情况、社会政治因素、里程碑纪念要求、工期要求以及技术经济效果等因素，综合全面地考虑确定，并宜尽可能避开雨季施工。

(2) 基础工程竣工时间的拟定

基础工程竣工时间的拟定，应根据水文气象资料、社会政治因素、里程碑纪念要求、工期要求以及技术经济效果等因素，综合全面地考虑确定，并宜尽可能在雨季来临之前竣工。

(六) 组织机构与控制要求

(1) 组织机构

① 施工组织机构均应实行项目负责制。

② 基础工程如果由总包单位自行施工，应按总包单位的单位工程施工组织机构执

行;如果由分包单位施工,分包单位应建立自己的施工组织机构,分包单位的施工组织机构应接受总包单位的施工组织机构的指导与检查,并绘制相应的施工组织结构图。

③ 应明确施工组织机构中,各级人员的职能分工及其相应的岗位职责。

(2) 项目控制的基本要求

项目控制的基本要求一般根据项目管理的目标和项目管理的七大工作任务及其相应的措施展开编制。

① 施工安全控制方案,包括安全控制的组织措施、技术措施、管理措施和经济措施。

② 施工质量控制方案,包括质量控制的组织措施、技术措施、管理措施和经济措施。

③ 施工进度控制方案,包括进度控制的组织措施、技术措施、管理措施和经济措施。

④ 施工成本控制方案,包括成本控制的组织措施、技术措施、管理措施和经济措施。

⑤ 施工合同管理方案,包括合同管理的组织措施、技术措施、管理措施和经济措施。

⑥ 施工信息管理方案,包括信息管理的组织措施、技术措施、管理措施和经济措施。

⑦ 与施工有关的组织与协调,包括施工单位内部的组织与协调和与施工相关的外部影响因素的沟通与协调。

三、围堰工程施工方案的编制方法

(一) 围堰工程施工方案的内容

围堰工程施工方案,是反映围堰工程施工控制的指导性技术文件。它包括围堰工程的结构选型与围堰基本参数的确定、围堰工程的材料要求、人力资源要求、施工机械的选用要求、围堰的分段与施工顺序、围堰的施工工艺要求、堰内基础工程施工方法与施工工艺、堰内排水方案、围堰的防渗与防冲措施、围堰工程的质量安全检查要求、围堰的拆除方案等内容。

(二) 围堰工程施工方案的编制步骤

(1) 确定围堰工程的结构选型与围堰基本参数

① 围堰工程的结构选型与围堰基本参数的确定,应根据桥涵基础在河床中的位置、围堰和基础工程施工的季节及其相应的工程水文资料、基础的结构形式和平面尺寸、堰内基础工程施工方法与施工工艺、工程地质勘察报告等综合分析确定。

② 各种围堰结构的构造形式与适用范围均详见本情境单元五的相关内容。

(2) 编制围堰工程的材料、人力资源和施工机械计划

围堰工程的材料、人力资源和施工机械计划,应根据围堰工程的施工预算和计划工期,作为单独的分部分项工程进行编制,其编制方法和内容与基础工程相同。

(3) 确定围堰的施工段、施工顺序、围堰的施工工艺及要求

① 围堰的施工段分段应根据河床的水流特征、围堰的工程量和施工栈道的工程量综合考虑。对于静水或浅滩中的围堰,可根据工程量分段施工;对于河流中的围堰,一般沿河流纵向分两段施工。

② 围堰的施工顺序应根据水流方向,分段同时施工,自上游开始至下游合龙。

③ 围堰的施工工艺及其质量安全检查要求,可根据围堰的结构形式详见本情境单元

五的相关内容。

(4) 编制围堰的堰内排水方案

围堰的堰内排水方案的编制，应根据堰内基础工程的施工方案(静水作业施工方案或基坑排水作业施工方案)、堰内存水量、堰内基坑渗流量等因素综合确定。其编制方法和内容与基础工程的基坑排水方案相同。

(5) 编制围堰的防渗、防冲与围堰的拆除方案

① 围堰的防渗、防冲与围堰的拆除方案的编制，应根据围堰施工与使用时的水文资料、围堰结构、工程地质、施工拟采用的方法、排水方法、施工作业设备条件、安全等级和工期要求以及技术经济效果等因素加以综合全面地考虑而定。

② 围堰的防渗、防冲与围堰的拆除要求，可根据围堰的结构形式详见本情境单元五的相关内容。

案例 璧山县绿岛新区文化西路桥梁工程施工方案

(一) 编制说明

1. 编制依据

(1) 国家有关桥梁工程施工验收规范、标准及有关规定。

(2) 重庆绿岛新区管理委员会提供的施工图纸、地勘资料。

(3) 本公司质量体系文件及其他支持性文件。

(4) 施工现场踏勘收集的实际情况及现场实测数据。

(5) 本公司的施工经验及技术成果。

2. 工程技术规范标准

本工程应严格按照现行施工技术规范编制施工方案，指导现场施工。

(1) 国家关于桥梁工程现行的有关法律、法规及行业有关规定。

(2) 国家关于桥梁工程现行的规章、标准及行业的有关规定：

①《公路桥涵设计通用规范》(JTG D60—2004)；

②《公路桥涵地基与基础设计规范》(JTG D63—2007)；

③《公路桥涵施工技术规范》(JTJ 041—2000)。

(二) 工程概况

璧山地处重庆市西侧，与西永大学城只有一山之隔，大学城隧道已在2010年9月底全线贯通，璧山与主城已成为零距离。重庆绿岛新区包括整个璧山县域全境。根据建设拓展的阶段，分三个层次，即核心区、中心区、县域全境。绿岛新区核心区是新区首批启动项目，规划面积8 km^2。

绿岛新区一期路网工程位于核心区东北部，共包含6条道路，文化路西段是本标段三条路中其中一条，文化路西段大桥位于桩号K0＋637.000～K0＋783.080处，全桥长146.08 m，为40 m＋60 m＋40 m变截面连续箱梁结构。

桥梁横跨秀水湖，其中P1、P2桥墩布置在秀水湖深水区，水深3 m，湖底为淤泥质软土，根据地勘资料显示，淤泥深2.5～3 m，地面往下3～6 m为粉质黏土，往下6～8 m为

强风化页层，往下 8～16 m 为中风化岩层，地质条件差。根据现场实测，桥梁横跨湖面段从 K0＋673.01～K0＋762.07 段全部为深水区，实测 6 个点位的水深分别为 3.2 m、2.85 m、2.97 m、2.93 m、3.15 m、3.05 m，平均水深按 3 m 考虑。桥梁横跨湖水面总长度为 89.06 m。

气候、气象：璧山县域属亚热带湿润气候。县域东、西是低山区，两山间为丘陵谷地，对夏季来自海洋潮湿的气流起扰动辐合作用。因此，具有春旱、夏热、冬暖雪少、无霜期长、雨量充沛，以及风小、湿度大、云雾多、日照少、绵雨多等特点。年平均降水量 1047.3 mm。1968 年最多达 1516.4 mm，1961 年最少仅 642.8 mm，1959—1985 年间，年降水量在 1000 mm 以上的有 16 年，在 1000 mm 以下的有 11 年。降水量低表现在：山区多于浅丘区，北部多于南部，夏季多于其他季节。县域自南向北，海拔高度每升高 100 m，年平均降水量约增加 20 mm。

1. 围堰

地勘资料显示，原地面以下淤泥深 2.5～3 m，地面往下 3～6 m 为粉质黏土，往下 6～8 m 为强风化页层，往下 8～16 m 为中风化岩层。土质为低渗水土壤，根据国家相关规范要求，水深 3 m 应采用土袋围堰，从节约成本、工期紧的角度考虑，拟定土石围堰。土石围堰迎水面采用土袋堆码。

2. 塔吊

工程总工期为 240 日历天，桥梁工程属本工程重点，在 180 日历天以内完成桥梁主体工程。由于工程材料数量大，人工转运困难，运距较远等原因，为了保证工期、质量，决定在 K0＋670.51 左侧，K0＋764.57 分别设 63 型塔吊一座，用于材料转运。

3. 满堂支架

本桥结构形式为变截面连续箱梁结构，桥身荷载大，支架采用桥梁工程比较常用的碗扣支架，采用 25 cm 厚的 C25 混凝土做支架持力层。为分散支架整体荷载，支架持力层左、右侧各加宽 1 m 硬化，总宽度为 26 m。

（三）施工部署

1. 施工组织机构设置

略。

2. 工程施工管理目标

（1）工期目标

工程总工期为 240 日历天，桥梁围堰 30 天内完成，180 天之内完成桥梁主体工程。

（2）质量目标

争做优质工程，精心组织施工。

（3）安全生产目标

安全方针：安全第一，预防为主。

安全生产原则：管生产，必须管安全；谁主管，谁负责。

安全生产目标：坚持“安全第一，预防为主”的方针，工伤死亡事故为零，重伤事故为零，火灾事故为零，轻伤事故≤6‰。

(4) 文明施工和环保目标

强化施工现场科学管理,满足现场环保要求,争创文明工地。

(5) 科技进步目标

把好安全、质量、进度关。

3. 施工过程划分

(1) 围堰工程

测量放线→围堰填筑→堰内抽水→堰外土袋堆填→堰内淤泥挖弃→堰内碎石盲沟→堰内防渗土工膜铺筑→堰内土袋堆码→堰内土石分层回填→静载试验。

(2) 塔吊

测量放线→塔吊基坑开挖→塔吊基坑人工整平、验底→模板安装→基础构件预埋、钢筋制作和安装→混凝土浇筑→模板拆除→沟槽回填。

(3) 满堂支架

测量放线→基础硬化→支架搭设→支架预压。

(4) 工程总体施工流程

工程总体施工流程见图1。

图1 工程总体施工流程

（四）施工总平面布置

1. 施工用电及施工用水

（1）施工临时用水

因现场距自来水源较远，不能接城区自来水，本次施工用水及饮用水采用机钻水井，井径 ϕ50 mm，井深 50 m。

（2）施工用电

施工用电采用由业主提供的变压器供电。

2. 施工办公及生活设施

工程项目部设在秀湖路 K0＋440 左侧与文化西路交口处，采用防火保暖活动板房，板房面积 206 m^2，厨房、厕所、食堂采用 MU10 标砖砌筑，空高 3.7 m。生活区域全部采用 C25 混凝土硬化，硬化厚度 30 cm，活动板房基础采用 C25 混凝土现浇，厚度为40 cm，高出生活区 10 cm。

（五）施工进度计划

施工围堰填筑 10 天，堰内抽水 5 天，堰内清淤、盲沟、土袋及回填 15 天，场地硬化 3 天，塔吊基础在围堰完成后与其他工作平行作业，计划工期 15 天。整个措施项目施工预计 30 日历天内全部完成。

（六）施工准备

1. 施工现场准备

（1）现场测控网布设：采用绿岛新区管理委员交于本工程施工的导线点布设控制网。

（2）组织施工物资和机具进场。

2. 技术准备

（1）组织专家组、业主单位等相关部门对桥梁措施方案进行评审。

（2）对工程地质、周围环境、技术经济等条件进行了解，拟定应变措施。

（3）组织人员进行施工排序工作，并按照进度要求安排材料计划。

（4）编制工程施工作业计划、安全技术措施及质量、进度、成本控制目标规划。

（5）提出材料、机具、设备供应计划，特别是业主提供的材料、设备供应计划。

3. 物资准备

（1）建筑材料准备。

（2）施工机械调拨。主要施工机械（具）设备见表 1。

表 1　主要施工机械（具）设备

序号	机具名称	规格或型号	能力	单位	数量	备　注
1	履带式反铲挖掘机	小松 300	1.4 m^3	台	3	
2	自卸汽车	红岩牌	6 m^3	台	8	中国　重庆
3	履带式推土机	SD22/SD16	4.2 m^3	台	1	
4	电动冲击夯（蛙式）	HW-60/32	3/1.5 kW	台	2	中国　上海

续表 1

序号	机具名称	规格或型号	能力	单位	数量	备 注
5	水泵	21/2 PW	2.2 kg/s	台	25	中国 上海
6	发电机组	7E410 型	15 kW/30 kW	台	2	
7	振动压路机	SR18M	18 t	台	1	振动压路机
8	手持振动器	220V		台	5	
9	翻斗车	1T		辆	2	中国 重庆
10	手持电动钻孔机	380V		台	15	
11	电焊机	380V		台	2	
12	切割机	220V		台	2	
13	汽车吊	16T		台	2	中国 徐州

4. 劳动组织准备

(1) 根据工期要求及进度计划，以及各施工阶段的作业量和工种状况，劳动力的配备要充足，以利于平行流水施工。劳动力计划见表 2。

(2) 加强机械管理和劳动力的科学调配，充分提高劳动效率。

表 2 劳动力计划

序号	工种	人数
1	机械操作手	15
2	汽车司机	18
3	电工	2
4	混凝土工	10
5	钢筋工	8
6	模板工	5
7	杂工	120
合计		178

5. 主要工程量

主要工程量见表 3。

表 3 主要工程量

序号	项目名称	单位	工程量
1	土石围堰	m^3	15307.19
2	土袋人工堆码	m^3	2788.82
3	一般土石回填(分层碾压密实)	m^3	23573.23

续表 3

序号	项目名称	单位	工程量
4	挖除淤泥(外运 3 km)	m^3	7042.42
5	400 g/m^2 防渗土工膜	m^2	4130.60
6	C25 支架基础	m^3	877.62
7	D1500 钢筋混凝土管	m	327.52
8	C20 混凝土管基础	m^3	526.75
9	沟槽挖土石方	m^3	3198.23
10	管腔回填中粗砂	m^3	1838.47
11	管顶钢筋网加固	kg	3694.08
12	集水坑干砌 MU30 青条石	m^3	18.72
13	C25 混凝土塔吊基础	m^3	121.50
14	C25 混凝土塔吊基坑开挖	m^3	229.50
15	塔吊基础钢筋制安	kg	10890
16	集水坑抽水	台班	360.00
17	围堰抽水	m^3	379.79
18	碎石盲沟	m^3	44.53
19	满堂脚手架持力层 C25 混凝土拆除	m^3	877.62
20	管道拆除外运	m	327.52
21	管道基础拆除外运	m^3	121.50
22	挖运石渣(外运 3 km)	m^3	37887.01
23	近 0# 桥台挖运土方(外运 3 km)	m^3	288.86

(七) 主要施工方法

1. 围堰施工

本工程围堰采用土石围堰，长度为 89.06 m，参照《桥梁工程施工技术规范》(JTJ 041—2000)第四章第 2 节第 2、3 小节相关要求进行施工。施工技术规范要求堰顶宽度不小于3 m，根据实际机械设备，本工程堰顶施工宽度为 6 m，规范要求迎水面的边坡坡比为1∶2～1∶3，堰内边坡坡比为 1∶1～1∶1.5，从节约成本以及科学的角度考虑，本工程围堰迎水面边坡按 1∶2 坡比收坡，堰内边坡按 1∶1.5 收坡。围堰施工完成后将堰内积水抽干，同时土石围堰迎水面堆填 2 m 宽土袋，防止湖水长时间直接浸泡造成塌方，另可起到阻挡湖水快速渗入堰内的作用。围堰外侧边坡土袋施工的同时，将堰内 2.5 m 深淤泥挖除，堰内淤泥挖除后采用 18T 振动压路机碾压，并在堰内边坡坡脚左右幅各挖一道50 cm×50 cm 的碎石盲沟，堰内底铺设 400 g/m^2 的防渗土工膜，土工膜顶面再堆码 30 cm 土袋，堰内土袋顶分层混填土石方。防渗土工膜与土袋的结合主要是起双层防水作用，预防渗水浸泡堰内土石方，土袋另可起到防止土石回填过程中损坏防渗土工膜的作用。碎石盲沟的主要功能是沉积少量的渗水，在桥梁中段，碎石盲沟上方采用 MU30 条石砌筑两座集水坑，每个集水坑安装一台污水泵，每天 24 h 间隙抽水。围堰高度：根据湖面最高水位历史资料显示，应高出目前 283.55 m 的水位高程 1.5 m，并横向设置四道 D1500 Ⅱ 级钢筋混凝土管，用于满足汛期排水需求。

(1) 测量放线：采用托谱康 102N 全站仪测定围堰的平面位置，用大汽车轮胎结合木板做成临时小船，用于固定围堰在湖中的方位桩，方位桩采用长竹竿加彩旗在湖中固定。

(2) 围堰填筑：采用从岸边往中间填筑，填料采用就近的可用土石(土石比例 2∶8)，6 m^3 自卸汽车运输填料，推土机推平，直到填完湖面，然后采用 18T 振动压路机对整个围堰进行碾压。尽量将湖底淤泥层挤出回填路堤。

(3) 堰内抽水：堰内积水总共 23 296.85 m^3，采用 21/2PW 水泵进行抽水，每台抽水机每台班抽水 63 m^3，采用 25 台抽水机日夜不停抽水，5 个工作日将堰内水抽干，考虑堰内底大量的渗水，预计需要 8 个工作日才能完全清除堰内积水。

(4) 堰外土袋堆填：堰外土袋采用人工装土，平均每两人每天装 80 袋，投放劳动力 100 人需装 13 天。采用人工堆填，机械堆填力度过大，会造成损坏。

(5) 堰内挖淤：堰内积水抽干后采用 2 台挖掘机挖淤，6 m^3 自卸汽车外运淤泥。清淤完成后用压路机将基底碾压密实。

(6) 堰内碎石盲沟：盲沟沟槽采用人工开挖，人工回填碎石。

(7) 防水土工膜：人工铺设防水土工膜，铺设宽度至常水位高程以上 10 cm，搭入围堰内 2.5 m。使用的土工膜必须符合防渗水相关规范要求。施工过程中土工膜不得起皱，每卷土工膜横向搭接宽度不得低于 25 cm，纵向搭接宽度不得低于 70 cm。

(8) 堰内土袋堆码：采用人工装土、人工堆码，从堰内底面开始堆码。

(9) 堰内土石方回填：堰内土石方回填关系到桥梁满堂支架的稳定，按相关规范要求，每层填筑厚度不超过 40 cm，填料粒径不宜超过 10 cm，18T 振动压路机分层碾压，填至满堂脚手架以下 80 cm 时，每层回填厚度不得超过 30 cm。

土石方回填过程中，根据试验频率预埋 1.4 m×1.4 m(长×宽)、20 cm 厚承载板，待堰内土石方回填到位后组织试验人员进行静载试验，试验过程中采用砂袋静压。

2. 塔吊

本桥水面宽度 89.06 m，根据现场施工需求设 63 型塔吊两座，基础为 4.5 m×4.5 m×3.5 m 深的 C25 混凝土基础。

(1) 基坑开挖：根据塔吊基础的平面位置，结合地勘资料，按规范要求进行基坑开挖。

(2) 基坑钢筋及预埋件制作：基坑开挖完成后安装在钢筋棚加工好了的钢筋笼及预埋件，钢筋主筋宜采用整筋，如需接长时，采用对焊或机械连接。

(3) 模板制作及安装：模板采用胶合板制作，在现场安装加固成形。

(4) 基坑浇筑混凝土：采用商品混凝土浇筑，人工振捣密实，待终凝后养护。

(5) 塔吊安装：塔吊采用 16T 汽车吊进行安装。

3. 满堂支架

满堂支架持力层采用 C25 商品混凝土进行硬化，厚 25 cm，总长度 140 m，实际硬化面积为总面积减去 P1、P2 桥墩盖梁所占位置。距离 0[#] 桥台约 12 m 需要开挖成台阶形式，台阶宽 2.4 m，高 1.2 m。为防止满堂脚手架荷载使台阶立面变形，台阶立面采用 M7.5 浆砌 MU10 标砖作为临时挡墙，墙身 240 mm 宽。为减轻满堂支架整体荷载，满堂支架持力层左、右两边各加宽 1 m。

(1) 支架基础：支架基础边模采用 25 cm 厚的钢模板，模板采用钢筋固定，模板内侧在浇筑前刷一层柴油，方便脱模。模板在进场前需进行检查和验收，检查板面是否平整光洁，有无凹凸变形及锈蚀，各部位尺寸是否满足设计要求。在基础混凝土终凝后方可拆模。在基础混凝土浇筑前，基础内底洒水湿润，混凝土采用商品混凝土，浇筑过程中采用手持振动棒振捣，再用平板振动器收平表面。混凝土浇筑完成后，每天三次对其进行养护。

(2) 支架安装：现浇连续箱梁的满堂支架采用碗扣式脚手架搭设，根据梁体自重及施工附加荷载计算立杆布置间距和横杆竖向步距。支架变截面以内，水平纵横间距600 mm×600 mm；支架变截面以外，水平纵横间距 600 mm×900 mm；立面间距均为 600 mm。

碗扣式满堂脚手架搭设前铺好垫木，检查脚手架有无弯曲、接头开焊、断裂等现象，无误后方可安装。按桥梁各跨不同的支架高度计算并调整好底座的螺帽位置，使螺帽顶面位于同一水平面上，可调底座与垫木间用铁钉固定。拼装时，脚手架立杆必须保证垂直度，尤其必须在第一层所有立杆与横杆安装调整完成无误后，方可继续向上拼装，否则会引起以后各层拼装困难。拼装到顶层立杆后，装上顶层可调“U”形托，并根据设计标高将“U”形托顶面调整到设计标高位置。铺设顶层顺桥向方木时，注意使两纵向方木接头处位于“U”形托可调支撑处；铺设横向方木时，使用水平仪检查标高，使用木楔调整标高，无误后安装箱梁底模。

支架预压采用砂袋，预压重量为梁体自重的 120%，消除支架的非弹性变形。支架搭设好后，上铺箱梁底模，吊放足够的砂袋于每跨，压前在每跨底模外侧布置观测点，定期测量相应观测点标高，当变形稳定后，取下砂袋卸载，分析测量数据，考虑支架弹性变形后，确定可恢复弹性下沉量及不可恢复下沉量；考虑梁体设计预拱度，计算出底模预留拱度值，通过托盘及木楔调整好底模标高。预压过程中要检查支架的工作情况，杆件有无压弯或变形，方木有无压裂等。

(八) 工期、质量保证措施

1. 工期保证措施

为了保证工期要求，加快施工进度，从上到下要强化施工管理，按时完成工程施工任务。

(1) 按施工单位较成熟的项目法管理体制，实行项目经理责任制，实施项目法施工，对本工程行使计划、组织、指挥、协调、实施、监督六项基本职能，并在施工单位系统内选择成建制的、能打硬仗的、并有大型市政施工业绩的施工队伍组成作业层，承担本施工任务。

根据业主的使用要求的施工周期，科学合理地组织施工，形成各分部分项工程在时间、空间上充分利用，从而缩短各工种的施工工期。

(2) 建立施工工期全面质量管理领导小组，针对主要影响工期的工序进行动态管理，实行 PDCA 循环，找出影响工期的原因，确定对策，不断加快工程进度。

(3) 质量保证：

① 建立生产例会制度，生产班组至少每星期开展 1 次安全质量教育活动，检查前期

以来的计划执行情况，布置后期的计划安排，对于拖延进度计划的工作要找出原因，并及时采取有效措施保证计划完成。

② 经常与监理、建设、设计、质监等部门加强联系，及时解决施工中出现的问题。

(4) 施工工期保证计划：

① 在施工队伍正式进场之前，制订详细的项目进度计划，同时，与业主和设计院进行协调，确定各方需配合的事宜。

② 制定具体的奖惩措施，单位工程按原计划提前完工，并达到总包要求的，则对其进行奖励；反之，对其进行处罚。

③ 由项目经理统一监管项目总进度的执行情况，统计部门每天对项目的施工工程量进行统计整理，以确保每天所必须完成的工作量。

④ 加强施工现场的监督检查，在工程进场开工前，各项目的工序管理及其组织关系根据总进度安排各自部门的项目工作计划，至项目经理进行统一管理。

⑤ 在保证进度计划的情况下，必须保证工程施工质量，不能以牺牲质量来取得计划的实现。

⑥ 严格执行进度管理，一旦发现情况，应及时说明原因，并采取相应的积极措施予以调整。

⑦ 动态控制进度，协调各主、分包单位的进度安排并作出及时调整，保证总进度及节点、目标的实现；定期组织召开工程例会，及时向业主及监理上报工程进度。每月提供进度分析报表，及时向业主及监理提供有关施工进度信息和存在问题。

⑧ 协调安排各种设备材料供应单位的进场、退场时间以及相应施工周期，组织有条不紊的交叉施工。

⑨ 配备合理的施工机械，充分发挥施工机械和设备种类齐全、数量充足的优势；合理安排工程进度，优化组合施工机具，确保工期按期完工。

⑩ 严格执行国家技术规范要求，避免支架持力区基础沉降。

⑪ 建立人力、物力、设备的后备市场，根据现场的需要及时调增人员及设备，确保工程节点。

⑫ 积极采用新工艺，新设备，同时采用两班作业制，保证机械完好率，提高机械利用率。

⑬ 对影响工程进度的工程材料提前定购；在编制实施性施工组织设计时要充分考虑冬雨季的特点，使计划建立在可靠的基础上。

⑭ 合理减少节假日，确保工期目标的实现。

⑮ 加强劳动组织，提高劳动效率，保证工程顺利进行。

⑯ 提前安排成品及半成品制作加工，并落实主要材料进货渠道。

⑰ 在施工过程中积极应用推广新材料、新技术、新工艺，达到缩短工期，提高工程质量的效果。

⑱ 选择有经验的现场管理人员组织施工。

⑲ 合理制订原材料、成品、半成品的计划，避免因材料不到位，而影响工期。

（5）经济手段保证：

① 实行合理的工期目标奖罚制度，根据工作需要，特殊工序采取每日两班制度。

② 实行内部奖罚制度，严格执行奖罚兑现。

（6）新技术保证：采用成熟的科技成果，向科学技术要速度、要质量，通过新技术的推广应用来缩短各工序的施工周期，从而缩短工程的施工工期。

2. 质量保证措施

根据工程实际，贯彻执行企业质量方针，做到“精心组织，精心施工，科学管理，质量第一”，以人的工作质量确保工序质量，以工序质量确保工程质量。

（1）质量计划

① 工程质量目标：达到合格标准，争创优质工程，杜绝重大质量事故。

② 本工程质量控制和管理按全面质量管理及质量保证体系模式运行。

（2）质量保证体系

项目经理→项目部质量工程师→分包单位质检员→生产班组质检员。

（3）质量保证总体措施

① 认真执行、实施公司制定的质量保证体系，实行项目经理、项目总工质量负责制。

② 项目全体员工牢固树立全面质量管理的意识，质量控制以人为本，以人的工作质量来保证工序质量和工程质量。

③ 强化基层管理，严格执行施工操作规程，强化自检、互检和专检，做到标准化、制度化。

④ 对工程质量实行全员、全过程控制。

⑤ 组织技术人员开展科研攻关活动，推广新技术、新工艺、新设备，以保证工程质量。

⑥ 建立技术交底制度。工程施工质量实行“工序质量”控制管理方法，对主要工序先由技术员进行技术交底，质量检查员现场跟踪控制。

⑦ 隐蔽工程验收。隐蔽工程由施工队伍自检，经项目质量管理机构复检，再报请工程师验收，办好签证后，方可进行下道工序。

⑧ 建立生产例会和质量专题会议制度，定期研究质量工作的计划和对策，并对近期工程质量作出全面评估，制定进一步质量优化方案。

⑨ 建立职工分配与质量等级挂钩制度，对工程质量实行奖优罚劣。对质量高于本工程验评标准的实行奖励，对质量低于本工程验评标准的，坚决予以整改，作业人员承担材料损失费并受到适当的处罚。

（4）施工前的质量控制

① 编制详细的施工组织设计和施工措施计划，做到开工有报告，施工有方案、措施，技术质量标准明确，人员经培训持证上岗，检测手段满足要求。

② 投入工程的原材料会同监理工程师进行检验和交货验收，验收时同时查验材质证明和产品合格证书。还应按“技术条款”的规定进行材料的抽样检验，并将检验结果提交监理工程师。

③ 主要计量器具检验合格，并进行标识。

（5）施工过程的质量控制

① 项目部对分部、分项工程进行划分，并制订质量检验计划。

② 施工现场的测量、定位放线及高程水准点复核无误，并将测量结果报送监理工程师审批。

③ 根据质量手册，项目部制订项目质量计划。

④ 制定关键工序质量控制点，严格工序管理和控制。

⑤ 严格工序交接制度和隐蔽工程的验收检查，未经监理工程师签证，不允许进行下道工序施工。

⑥ 发现未经检验和擅自替换、变更的工程材料使用在工程上，应立即下达停工指令，并上报查明原因。

⑦ 项目部应保证质量记录的真实、完整、准确、规范。

⑧ 应及时向业主和监理单位申请工程实体的中间检验。

(6) 质量保证体系各要素控制

① 对工程使用文件的控制措施

本工程使用的文件有图纸、技术资料、施工验收规范、规程、质量检验评定标准；程序文件、工艺标准、操作规程、施工方案、作业指导书、各种质量记录等。

a. 对上述文件必须进行编号、登记、标识、整理、保存、归档，且列出本工程受控文件清单。

b. 任何人不得以任何借口擅自修改文件、图纸，需要修改时，必须经过审批且符合程序。

② 对物资采购及存放的控制措施

a. 严格选择和控制材料供应厂商。

b. 根据合同、图纸的要求编制工程材料及设备需要量计划，明确规定物资品种、规格、型号、数量、供应时间、有关技术质量等，并根据施工总体进度计划及时将施工所需的物资送到现场，保证工程按时顺利进行。

c. 对于本工程的合格供应方和物资采购计划需经本工程项目部项目经理批准。

d. 特定情况下，所需特殊物资(为特殊过程所用)应派专人到指定处采购。

e. 急需从合格供应方名单之外的分供应方采购时，对该分供应方应有应急评价和审批手续，且有记录。

f. 进入现场的所有物资，均需检验或验证，不准紧急放行。验证物资采用检查外观质量、产品标牌、规格型号、点检产品数量、审核产品质量证明文件等方式，并做好检验和验证记录。

g. 对于工程进场物资，要按品种、型号、规格进行分类堆码整齐，挂上与物资相符的标签，标签清洁醒目；物资标记上有搬运、放置要求的按要求堆码；库内外清洁卫生；库房通风、采光，有防水、防盗安全措施。

h. 对具有特殊物理、化学性能的物资，要有防雨、防潮、控温、防损坏、防泄漏等必要防范措施。

i. 应按月对库存物资进行检查盘点，对超过有效期的物资以及其他原因产生的质量损失或丢失的物资应及时作出降级使用、报损、报废的报告。

③ 产品标识和可追溯性控制措施

项目施工时对材料、预制件、半成品、成品、安装交付阶段等都必须进行标识，满足合同和法规的要求。本工程产品标识采用下列方式：

a. 原材料的标识采取标签、标记、标牌等方式标明原材料名称、型号、规格，材质及来源。

b. 半成品的标识：混凝土构件用黑墨水在制件上写明图号或工号、合同号等。

c. 工程设备的标识：工程设备的随行文件，开箱点交记录、验收清单等。

d. 工程项目的标识：分项、分部及隐蔽工程记录和测量成果记录及工程图号(要附单位、分部分项工程分表)。

④ 做好施工准备工作

a. 配备齐全工程施工人员。针对本工程出现的新技术、新工艺、新材料的信息，及时提出职工培训需求计划和培训要求。必要时，项目部组织对职工进行现场操作培训，满足工程项目需要。分包方保证达到企业质量体系相关要求的内容，并有具体措施。对本工程中从事特殊工作的人员，还要进行资格考核认可，通过考核合格者，方能上岗作业或工作。所有各岗位人员，都应持有岗位证书，做到持证上岗。

b. 施工准备人员要做到：确认与甲方签订的质量保证协议以及对工程技术标准、规范的要求，并熟悉这些内容。明确业主对本工程项目质量的要求，以便制订本工程质量目标。参加设计交底，了解工程概况；掌握本单位资源情况，以便编制施工组织设计和施工方案；对施工现场进行调查。

c. 做好设计图纸的自审和会审工作。为掌握设计意图，预防施工过程中发生工程质量问题，施工准备人员必须进行设计图纸的审查工作，对自审中提出的问题要记录在案，作为会审的基础。会审后提出的问题要求设计单位在开工前进行说明或修改，这部分内容要成为正式文件，等同于设计图纸，不经会审不得施工。自审与会审记录应归档保存。

d. 做好施工方案编制工作，科学合理制订施工方案。施工方案其编制原则为：适用、安全、合理、经济、满足工程质量要求。

e. 做好施工生产条件准备，其内容主要有：施工现场环境(三通一平、临时设施搭建)要满足施工要求；对人员、材料、机具、施工辅料、资金调配予以落实；完成测量定位工作。

⑤ 施工工序质量控制措施

a. 切实做好安全和施工技术交底，填写相应的交底记录，并归档。

b. 做好工序检验工作。依据有关标准、规范和设计图纸对工序施工内容的质量作出判定，填写记录并存档。做好工序过程中的自检、互检、专检工作，做好检查记录。组织工序间交接检验工作，不合格工序不得流入下道工序。经常实测、分析、判断工序活动效果，填写质检记录。随时对投入的材料进行检验和控制。

随时注意操作人员是否按操作规程、工艺标准和图纸要求施工，密切关注施工机械设备、施工环境和人员等条件的变化。发现不利保证工程质量的情况，要及时加以控制和纠正。在施工中对重要的或影响全局的技术工作加强复核，发现问题及时纠正。

预检和隐检：对被下道施工隐蔽的工程项目，需详细做好隐蔽记录，经技术人员、质检员、监理、业主(必要时请设计人员参加)进行隐检，经签字认可后才能隐蔽。

c. 施工质量管理：施工前技术人员必须认真熟悉图纸和有关技术资料，对技术参数和使用的材料了解清楚，做到心中有数；施工技术人员必须按确认的管道布置图制订出施工作业指导书，编制施工质量要求和施工安全措施；施工前对班组施工人员作详细的技术交底，并做好技术交底记录。

(7) 成品保护措施

① 加强成品保护意识教育，切实贯彻成品保护条例。

② 加强原材料、成品及半成品保护工作。

③ 施工段设专人负责成品保护，对已完成的管道接口及时隐蔽，在此之前设专人看护，如有损坏要查清责任。

3. 管理制度

(1) 技术质量交底管理制度

加强职工教育，使项目部全体员工牢固树立"百年大计、质量第一"的意识。并能保证质量。具体内容如下：

① 桥梁措施方案经审批完成后，由项目经理组织桥梁措施项目施工交底会议。

② 桥梁措施方案经专业组评审，业主和监理签字后，由项目经理牵头，项目工程师组织人员认真学习施工方案，并进行技术、质量、安全书面交底，列出监控部位和监控要点。

③ 本着谁负责施工谁负责质量、安全工作的原理，各工程队负责人在安排施工任务的同时，必须对施工班组进行书面技术质量安全交底，做到交底不明确不上岗，不签证不上岗。

(2) 材料管理制度

① 严格控制所采购材料的质量。各类材料到场后，必须由项目总工程师同监理工程师组织有关人员进行抽样检查，发现问题立即与供货商联系，直到退货。

② 做好原材料二次复试取样、送样工作。

(3) 不定期抽查和定期检查管理制度

① 不定期抽查：质量安全部对每个项目进行不定期抽样检查，发现问题以书面形式发出限期整改指令单，并在指定限期内将整改情况以书面形式反馈到质量安全部。班组在分项工序施工中要做好自检工作，确保当天问题当天解决。

② 项目经理部每星期组织一次由项目总工程师带领质检人员、现场工程技术人员及专业施工员对工地进行定期检查，并进行质量讲评，发现问题及时处理。

(4) 工程质量优劣奖罚管理制度

① 遵守"谁施工、谁负责"的原则，对各分包班组进行全面质量管理和追踪管理。

② 凡各施工班组在施工过程中，违反操作规程，不按图纸施工，屡教不改和发生了质量问题，项目经理有权对施工班组进行处罚。处罚形式为整改停工、罚款直至赶出本工地。

③ 凡各施工班组在施工过程中，按图纸施工，质量优良且达到优质，项目部可对施工班组进行奖励。奖励形式为表扬、表彰、奖金。

④ 在实施奖罚时，以平常检查、每月一次大检查、质检单位的抽查、评定的质量等级

为依据。

(5) 特殊过程的质量控制制度

① 从人员配置、设备仪器的使用及产品使用三方面进行控制，实行特殊过程质量责任制，定岗、定人、定标准，实行专项检验。

② 对采用的新工艺、新技术、新材料进行控制，三新项目使用需有技术质量论证，并经上级批准后实施。

(6) 施工过程质量的检验评定制度

① 过程的质量检验：按"过程检验和试验检验程序"执行。

② 不合格产品和处理：按"不合格产品控制程序"执行。

③ 过程控制质量记录：施工过程中的活动都需要有记录，按《质量记录控制程序》。

(7) 过程技术资料管理制度

设专职资料员，在施工全过程中积累的原始记录和资料，均按业主规定的统一表格填写、汇总、审核、装订，供监理工程师和监理站检查。

4. 施工质量检测程序和方法及方式

(1) 质量检测程序

① 项目部质检部门负责组织业主、监理、设计单位共同对单位工程进行验收，并上报有关部门检测和评定。

② 项目部质检部门负责本工程检验和验收。

③ 项目部质检部门、技术部门共同负责本工程关键过程及特殊过程施工的检验、试验和验收管理。

④ 项目经理部具体实施进场物资和分部、分项工程(半成品)的检验和试验，并组织相关人员进行不同形式的检查工作。

(2) 检测方法及方式

① 方法

a. 过程检验：对工程施工过程的全过程进行检查，特别是关键过程和特殊过程的检查。

b. 节点检查：对分部、分项工程进行检查。

c. 抽样检查：对一般工序，有疑问的在施工中进行抽样检查，不符合要求的应及时开具不合格报告，督促施工操作人员整改实施。

d. 最终检验：即管网分部工程完工后，进行检验评定。

② 方式

a. 班组自检：施工班组按照施工验收规范和操作工艺的要求，边操作边检查，误差控制在规定范围内，否则立即整改。

b. 项目经理部专职检查：当分项工程完工后，项目经理部质量员组织有关人员对分项工程的质量进行评定；分部工程完工后，由项目经理部质量员组织验收与检查，交项目总工程师评定。在项目自专检评定的基础上，再报监理公司核检。

(九) 安全保证措施及安全管理体系

1. 安全生产目标

在施工现场严格执行施工现场安全生产保证体系及《建筑施工安全检查标准》(JGJ 59—2011),确立了本工程的安全目标:重大伤亡事故为零,创重庆市"安全标准化工地"。为了确保达到这一目标,我们结合本工程的特点,以人为本,以提高员工自我保护与相互保护能力为核心,并根据多年的施工实践制定了一整套的安全技术组织措施。

2. 安全保证体系流程

安全保证体系流程见图2。

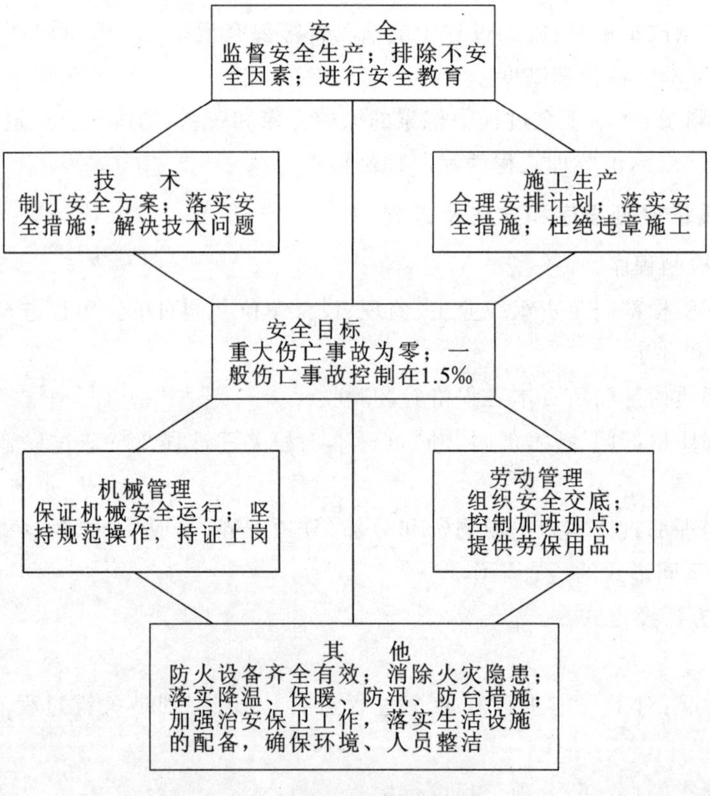

图2　安全保证体系流程

3. 安全生产总体措施

(1) 成立以项目部为首的安全领导小组,全面负责施工全过程的安全检查、布置、安全监督。

(2) 认真贯彻"安全第一,预防为主"的方针,严格按照国家颁布的"建筑安装安全生产技术操作规程"组织实施。

(3) 建立完善的安全生产责任制、安全生产交底制度、安全生产检查制度、安全生产奖惩制度。

(4) 建立工地安全管理体系。

(5) 施工中针对不同的施工阶段及施工的具体特点，对安全措施及时予以调整、健全，做到安全生产的动态管理。

(6) 凡政府规定的持证上岗人员，必须持证上岗，且证件在有效期内。

4. 项目经理部施工现场安全管理

(1) 前期安全工作：在施工开始前，落实不同阶段、不同工序的安全技术措施，并对专业施工班组在交接过程中或者交叉工作中的施工安全措施进行协调。

(2) 安全管理责任人：项目经理为负责施工安全管理的责任人。根据本工程的性质、规模和特点，并配专职的安全管理员。

(3) 安全技术措施：在编制正式施工组织设计的过程中，技术人员要向安全员、施工人员(包括管理和劳务人员)进行安全技术交底。

(4) 施工安全防护设施的设置应满足安全要求，并做到如下几点：

① 根据工程进度及时调整和完善防护措施。

② 对于事故易发区，设置专项的安全设施及醒目的警示标志。

③ 根据季节或天气变化，调整安全防护措施。

(5) 机械、机具、电气设备的安装和使用：安装前按规定进行检测，合格后再安装。使用前，按规定进行安全性能试验，合格后再使用。使用期间，指定专人负责维修、保养，保证其完好、安全。

(6) 电气安全保护和防火安全：保持变配电设施和输配电线路处于安全、可靠的可使用状态；确保用火作业符合消防要求。

(7) 施工中的专项安全技术交底：施工中应根据施工组织设计和施工进度，向不同工种的施工人员进行专项的安全技术交底。

(8) 现场日常安全管理：建立施工现场日常安全巡视和检查制度，发现事故隐患和违反安全标准应及时进行纠正。

(9) 施工现场的安全过程控制：

① 必须贯彻“安全第一，预防为主”的方针，坚持“谁施工谁负责工程安全生产，管生产必须管安全”的原则，积极开展标准化现场管理，严格安全生产责任制，成立安全生产领导小组，由项目经理担任组长全面负责安全工作，配备专职安全员，坚持安全值班制度和安全教育制度。

② 对各工种在施工前都必须进行安全技术交底，各类特种工种都必须持证上岗，定期检查；纠违章，查隐患，杜绝事故的发生。

③ 工程施工时，为了确保行人安全，通道上方搭设防护棚，做好“四口、五临边”的防护工作，并制订防止高空物体坠落的各种措施，严格按操作规程进行操作，正确使用安全“三宝”。

④ 确实做好安全用电工作，严格执行《施工现场临时用电安全技术规范》(JGJ 46—2005)，所有供电箱均应按规定正确使用电熔丝，电器及机械设备须按有关规定安装。

5. 安全施工过程控制措施

(1) 严格执行安全生产法规，遵守安全生产六大纪律。

(2) 认真做好全员安全生产教育，未经安全教育不得上岗。

(3) 做到无安全交底不施工；无施工方案、技术交底不施工。

(4) 严格执行起重机械“三限位”、“二保险”、“十不吊”的规定。

(5) 夜间施工有足够的照明。

(6) 定期检查现场施工用电设备的触电、漏电保护装置。

(7) 吊运的材料必须捆扎牢固。

(8) 施工现场平面管理必须充分考虑安全。作业区域的孔、洞、坑、沟应盖好、填平或架设围栏，并配有明显标志。工作场所应有安全卫生及防火要求，施工作业通道必须保持畅通，做到安全生产、文明施工。

(9) 施工用的临时建筑、设施，必须按有关要求进行设计，并经工程技术负责人批准后才能施工。竣工后要由工程负责人会同安全技术人员检查验收后才能使用。

(10) 施工现场要有交通指示标志，危险地区应挂“危险”或“禁止通行”的明显标志；夜间应设红灯示警；场地狭小，人、车来往频繁的地方，应设临时交通指挥人员。

(11) 施工现场在跨越或临近主要交通路口时应与有关单位联系采取安全措施，保证安全施工。

(12) 必须做好冬季的防冻防滑，雨季的防洪等安全工作，要编制专门的安全技术措施。

(13) 施工现场安全纪律如下：

① 全体职工要热爱本职工作，努力学习，提高政治、文化、业务水平和本工种的操作技能，积极参加安全施工(生产)的各种活动，提出改进安全工作的意见，搞好安全施工(生产)。

② 遵守劳动纪律，服从领导和安全检查人员的指挥，工作时思想集中，坚守岗位；严禁打闹、开玩笑等违反劳动纪律的现象。

③ 未经许可不得从事非本工种作业；严禁一切人员酒后工作，不得在禁止烟火的地方吸烟。

④ 严格执行操作规程，不得违章指挥和违章作业，对违章作业的指令有权拒绝，并有责任制止他人违章作业。

⑤ 按照作业要求，正确穿戴个人防护用品；进入施工现场必须戴好安全帽；电工、电焊工一定要穿绝缘鞋；严禁穿高跟鞋、裙子等进入施工现场。

⑥ 正确使用防护装置和防护设施，对各种防护装置和防护设施、警告、安全标志不得任意拆除和随意挪动。

(14) 施工用电安全技术管理：

① 现场施工用高压、低压设备及线路，应按照施工组织设计及有关电气安全技术规程，进行安装和架设；各种电气、机械的传动危险部位，应设围栏或防护装置，并挂警告标志。

② 施工现场设置的电源箱、配电箱以及临时设的各种型号的刀闸开关，都必须装门、加盖，上锁，并挂警示牌，并有专人负责管理。

③ 开关箱内要整洁，要按设备的额定容量接保险丝，严禁用铜丝、铝丝或铁丝当保险丝使用。

④ 电气设备和线路应绝缘良好，接地或接零要符合设备要求和安全技术要求；线路不得与金属绑在一起；各种电动机具应设置单独开关；禁止一闸多用，遇有临时停电或工

作间断时,必须拉闸断电。

⑤ 电气设备和线路要定期维护,维修时必须事先切断电源,并在开关上悬挂明显标志,如必须带电作业时,要编制明确的安全作业措施。

⑥ 施工现场停电与送电,一定要与调度室取得联系,再向供电部门申请办理手续后方可实施;停电、送电要有专人负责,并在开关处挂有"不准合闸,有人工作"的警示标志。

⑦ 施工现场的建筑物距离高压线较近时,要与有关单位联系采取妥善的安全措施。

⑧ 施工现场的日常维修电工必须经培训取证、持证上岗,不得一人操作,最少得两人一同作业,并实行工号负责制。特别是在雷雨季节,要加强线路及电气设备的检查维护工作。

(15) 施工机械及机具安全技术管理:

① 所有施工机械及机具必须建立使用、检查、维修、保养制度,保证施工机械、机具符合安全要求。

② 所有施工机械、机具一律不准在超温、超压、超负荷的情况下运行,设备不得带病运行。设备操作前,必须对各部位进行详细的检查。

③ 所有机械设备的机械部分的连接螺栓必须紧固,电气设备符合要求,电动机、电缆以及接零线不能有漏电和连接不良现象;转动部分的防护罩应齐全和牢靠。

(16) 土方施工阶段的安全措施:挖土时要注意土壁的稳定性,发现有裂缝及坍塌的可能性时,人员要立即离开并及时处理。每日或雨后必须检查土壁及支撑稳定情况,在确保安全的情况下继续工作,并且不得将土和其他物件堆在支撑上,不得在支撑下行走或站立。

配合挖土机的清坡、清底时,工人不准在机械回转半径下工作。基槽四周要进行围挡,要设置一定数量临时上下的施工楼梯。场内道路应及时整修,确保车辆安全畅通。各种车辆应有专人负责指挥引导。车辆进出口的人行道下,如有地下管线(道)必须铺设厚钢板,以免引起地面堆载超荷引起土体位移、板桩位移或支撑破坏。挖土机械不得在施工中碰撞支撑,以免引起支撑破坏或拉损。

(17) 垫层施工的安全措施:对混凝土施工,使用振动机前要检查电源电压、漏电开头、保护电源线路是否良好,电源线不得有接头。振动机移动时,不硬拉电线,不在钢筋及其他锐利物上拖拉,以防割破拉断电线,从而造成触电伤亡事故。

(18) 根据工程施工现场和周围环境情况,施工过程针对性的应急措施有:

① 治安管理。施工人员如发生打架斗殴应立即制止,由综合办给予处理并出榜告示;在现场不能控制事态的情况下,立即拨打报警电话。

② 消防。施工现场按规定设置灭火机和消防水龙头。如发生火灾,立即切断电源,组织人员疏散,氧气、乙炔瓶等易燃易爆物品及时转移到安全地带。组织人员利用灭火器材进行灭火,并拨打火警电话。

(19) 爆破:

① 爆破法开挖石方安全施工工艺流程:施爆区管线调查→炮位设计与审批→配备专业施爆人员→用机械或人工清除施爆区覆盖层或强风化层→钻孔→爆破器材检查与试验→炮孔(或坑道、药室)检查→清除废渣→装药并安装引爆器材→布置安全岗和施爆区

安全员→炮孔堵塞→撤离施爆区、飞石区、强震影响区的人和牲畜→起爆→清除瞎炮→解除警戒→落石测定爆破效果，设计爆破效果→检查飞石地震波对施工爆区外的构造物造成的损害和损失。

② 现场指挥，严格按照安全操作规程施工。

③ 严格执行爆破材料领取发放、保管和使用制度。爆破员领爆破器材必须经现场负责人批准，并在领取表上签字，领取数量不得超过当班使用量，剩余的要当天退回并签字。爆破物品不得转让、转卖，不得转借给他人使用。

④ 加强爆破施工作业的组织领导，统一指挥，明确责任，规定爆破时间及任务。爆破人员进行爆破作业时不得打火吸烟。

⑤ 加强爆破安全警戒，警戒半径 200 m。作业现场要有专人负责指挥，在危险区的边界，设置警戒岗和标志；在爆破前发出信号，待危险区的人员撤至安全地点后，方准爆破。爆破后，必须对现场进行检查，确认安全后，才能发出解除警戒信号。

⑥ 爆破人员在确认安全后，即按如下次序发出三次信号：第一次发出预备信号，第二次发出爆破信号，复查有无哑炮，无误后才能发出第三次解除信号。

⑦ 储存爆破物品时，炸药、雷管及导火索不许一起存放，发现爆破物品丢失被盗必须及时报告上级主管部门和公安机关。

6. 安全管理制度

(1) 安全生产责任制：必须编制安全技术措施，并在开工前进行安全技术交底。严格遵守施工现场安全纪律，严格按照有关施工安全操作规程进行施工。

(2) 安全技术教育培训制度：主管施工的领导干部和工程技术人员要认真学习国家劳动保护政策、法令、安全管理制度、安全操作规程，进行经常性的安全教育和培训考核。特殊工种除进行一般安全教育外，必须参加本工种的安全技术教育培训，经考试合格后，方可独立操作。

(3) 安全生产检查制度：定期进行安全生产检查以推动安全生产管理，及时发现事故隐患，消灭事故于萌芽。每个班组和施工点要坚持日检制度，并建立检查记录，对存在的隐患限期整改，确认安全可靠后方可施工。

(4) 安全生产奖惩办法：通过对安全管理生产的先进单位和个人进行表彰，对发生伤亡事故和交通事故的单位及个人进行惩罚，推进施工现场标准化管理，不断提高广大职工的安全意识和遵章守纪的自觉性。

（十）确保文明施工、环保的技术组织措施

(1) 成立以项目经理为组长，项目施工副经理、项目总工程师为副组长，各施工队长，生产、技术、质量、安全、消防、保卫、材料、行政卫生等管理人员为成员的施工现场文明管理小组，对各单位进行统一管理，监督检查。

(2) 构建现场文明标准化体系(图 3)。

（十一）雨季施工措施

(1) 雨季施工时应随时掌握天气变化情况，做好雨季施工前的准备。

(2) 在晴天施工时，劳动力要加强，形成“抢晴天，保雨天”的局面。

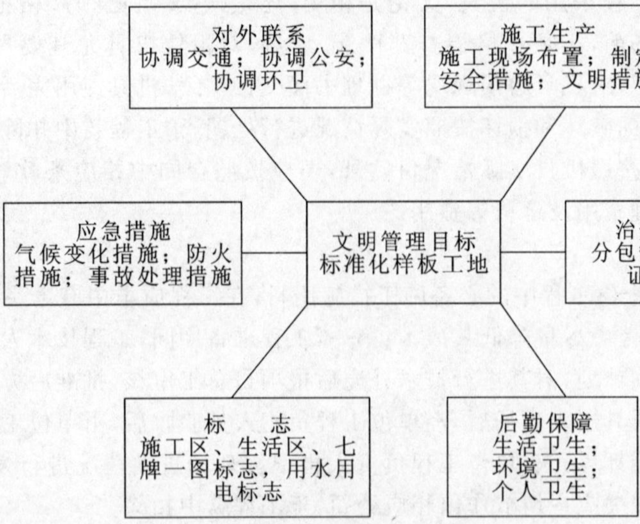

图 3　现场文明标准化体系

(3) 根据施工现场的实际情况，在土方施工时，在盲沟中段设置 MU30 干砌条石集水井，井内设置潜水泵，潜水泵要完好，并有一定储备，以保证暴雨后能在较短的时间内排出积水。

(4) 对临时道路和排水明沟进行经常维修和疏通，以保证畅通和排水；在雨季时要有专人和班组进行维修养护。

(5) 经常巡视土方边坡的变化，防止塌方。

(6) 雨后回填时，去掉堆土区上表面被水渗湿部分，回填时应排出污泥，然后撒一层白灰，必要时，堆土区覆盖薄膜，周围设排水沟排水。

(7) 所有电器设备需加防护罩，还应做好接地保护。

(8) 现场配备足够的塑料薄膜，保证新浇灌的混凝土不被雨水冲刷，模板表面的脱膜剂不被雨水冲掉。

(十二) 降低成本的措施

努力做好项目的成本核算，科学合理组织施工，降低各种生产成本；做好施工力量与施工任务、施工进度的优化组合，最大限度地发挥项目的施工能力和潜力；明确落实目标责任人。

(1) 项目经理部将作为目标责任主体，全权负责落实所有各项管理目标，制订各项保证措施，确立目标主要责任人、次要责任人和关联责任人。

(2) 选择目标管理点(为实现目标而选择的重点管理对象)。不同的职能部门，在不同的施工阶段都有不同的管理点。

(3) 具体措施如下：

① 人员方面：除项目管理人员的任用需要求严格外，外协队伍的亦应严格挑选，要求工人技术全面，经验丰富。特殊工种的操作人员必须持证上岗，并严格执行其特殊工种的操作规程。

② 机具方面:本工程采用的机具,无论是租赁,还是采购,均必须严格把好三关:第一,机具采购、租赁入场前,必须严格检查其性能、质量,对租赁机具尤其要严格把关;第二,机具发放使用前必须对机具磨损现况等办理书面交接手续,机具使用完后归还亦应检查,并对超常规和故意的破坏和损坏按照实际情况进行处罚,于工程款中扣除;第三,租赁机具归还租赁方时,除按照机具实际情况付款外,还应按照合同中相应条款,考虑扣除使用期间发生的机具修理费用及运费等费用。

③ 材料方面:

a. 周转料具作为土建工程中的必备施工措施用料,在工程成本中有着举足轻重的作用,故本工程从三方面考虑尽量降低其成本:第一,工程准备期间,工程技术人员需对工程所需周转料具进行仔细计划,对其进行技术补充后报项目总工审核,批准后方可成为正式用料计划;第二,周转料具进入现场后,经单位工程负责人员验收后,由单位工程负责人负责此部分材料的全程管理;第三,单位工程负责人再根据现场进度情况进行发放、委派管理、回收等,对超常规损失应视情节作出相应处罚,于工程款中扣除。

b. 施工用料由于主料乙方自供,故降低材料成本更具实际意义。材料计划的提出、材料入场的检验、材料使用的发放都必须严格把好质量关,使用过程中应严格执行施工规范,减少材料的浪费,对能够回收利用的要充分利用,做到"工完、料尽、场地清"。

④ 制度方面:制订严格的有关材料使用节约、浪费的奖惩条例;有关工程质量、进度完成情况的奖惩条例;有关现场安全、文明施工的奖惩条例。另外依据项目法建立项目管理人员岗位责任制,并由项目经理牵头作定期或不定期的检查考核,从管理方面为降低成本打好基础。

⑤ 施工方面:施工前技术人员应对工程图进行详细审查,并作出相应的施工方案;对施工措施的采用需有可行性保障,材料、机具(机械)等的调用需及时进行;施工完毕后需对成品进行有效的保护;在安全、文明施工方面亦需随时管理检查,减少非工程费用。

小　结

本情境重点介绍了桥涵基础定位放线方法、基坑开挖的方法、各种基坑支护的施工工艺、基坑检验与地基局部处理的方法、围堰法施工的基本要求与施工工艺、刚性扩大基础施工工艺、独立基础与条形基础施工工艺、筏形基础施工工艺、地下连续墙施工工艺,以及各种基础施工的施工要点。介绍了浅基础施工方案的内容与编制方法,并以实际工程案例展示了某基础施工方案的具体内容。

思考题

1. 简述旱地上浅基础施工的基本工序。
2. 简述桥涵基础定位放线的基本程序。
3. 简述基坑开挖的方法与基本要求。

4．简述基坑支护的类型。
5．简述基坑排水的方法，了解各种方法的适用范围。
6．简述各种基础的材料要求。
7．简述各种基础的施工要点。
8．简述基础工程的各种质量标准。
9．简述围堰的类型，了解各种围堰的适用范围。
10．简述基础工程施工方案的内容与编制方法。

情境三　人工地基工程施工

学习目标

1. 了解人工地基分类。
2. 掌握垫层的作用、设计方法、施工要点。
3. 掌握排水固结法原理、构造、施工工艺。
4. 掌握强夯法加固机理、设计参数、施工步骤。
5. 掌握挤密法加固原理、构造、施工方法。
6. 掌握深层搅拌法加固原理、设计要点、施工方法。

单元一　单一地基处理

一、概述

在软弱地基或特殊土地基上修建桥涵或填筑路基时，其天然地基的承载力往往比较低或承载力不稳定，需采用人工加固方法增强地基强度和改善地基土性能，从而提高地基承载力，这种采用人工方法加固地基的工程称为人工地基工程。

软弱地基处理的目的是改善地基土的性质，达到满足路基或桥梁对地基强度、变形和稳定的要求，其中包括改善地基土的渗透性，提高地基强度或增加其稳定性，降低地基的压缩性以减小其变形，改善地基的动力特性以提高其抗液化性能。

根据地基处理方法的原理，常用地基处理方法如表 3.1.1 所示。由于各种地基处理方法具有不同的适用范围和优缺点，具体选用时应结合场地的工程地质条件、地基处理的要求和施工条件，经综合分析比较，选择经济合理的处理方法。同时，还需注意环境保护，避免对地面及地下水体产生污染，以及避免振动噪音对周围环境产生不良影响等。

二、换土垫层法

（一）原理及适用范围

换土垫层法（又称换填法）是将处于路基或桥梁基础底面以下一定深度内的软弱土挖去或部分挖去，分层回填强度较高的砂、碎石或灰土以及其他性能稳定、无侵蚀性的材料，并夯实或压实后作为地基持力层。

常用的垫层有：砂垫层、碎石垫层、灰土或素土垫层、矿渣垫层等。

垫层的作用主要体现在以下几个方面：

表 3.1.1　地基处理方法

类　别		处理方法	原理及作用	适用范围
单一地基处理	换土垫层	砂、石垫层 素土垫层 灰土垫层 矿渣垫层	以砂、碎石、素土、灰土和矿渣等强度较高的材料，置换地基表层软弱土，提高持力层的承载力，扩散应力，减小沉降量	适用于处理暗沟、暗塘等浅层软弱土地基
	排水固结（预压）	砂井预压 排水板预压 真空预压	在地基中增设竖向排水体，加速地基的固结和强度增长，提高地基的稳定性；通过预压方式加速沉降发展，使基础沉降提前完成	适用于处理淤泥、淤泥质土和冲填土等饱和软弱土层
	碾压及夯实	机械碾压 振动压实 重锤夯实 强夯法	机械碾压、振动压实是利用压实原理，通过机械碾压夯击，把表层地基土压实。强夯则利用强大的夯击能，在地基中产生强烈的冲击波和动应力，迫使土固结密实	适用于碎石土、砂土、粉土、低饱和度的黏性土、杂填土等。对饱和黏性土应慎重采用
复合地基处理	振密挤密	振冲挤密 灰土挤密桩 砂桩 石灰桩 爆破挤密	采用一定的技术措施，通过振冲或挤密，使土体的孔隙减少，强度提高；必要时，在振动挤密的过程中，回填砂、砾石、灰土、素土等，与地基土组成复合地基，从而提高地基的承载力，减少沉降量	适用于处理松砂、粉土、杂填土及湿陷性黄土
	化学加固（深层搅拌）	干法 湿法	利用水泥、石灰做固化剂，通过特别深层搅拌机械，将软土与固化剂强制拌和，形成具有较好整体性、水稳性、强度又满足要求的复合地基	黏性土、冲填土、粉砂、细砂等
	化学加固（注浆）	渗入注浆 高压注浆 锚杆注浆	利用压力将可凝固的浆液均匀地注入地基中，以填充渗透和挤密等方式，排出地基土空隙中的水分和气体，并填充其位置，硬化后将地基土胶结成一个整体，从而使地基得到加固，并减少渗漏和不均匀沉降	软弱土地基、岩石地基加固；建筑物纠偏等加固处理
	加　筋	土工合成材料 锚　固 树根桩 加筋土	在地基或土体中埋设强度较大的土工合成材料、钢片等加筋材料，使地基或土体能承受抗拉力，保持整体性，提高刚度，改变地基土体的应力场和应变场，从而提高地基的承载力，改善变形特性	浅层软弱土地基、填土及陡坡填土、砂土

（1）提高浅层地基承载力。以抗剪强度较高的砂或其他填筑材料置换基础下较弱的土层，可提高浅层地基承载力，避免地基的破坏。

(2) 减小地基沉降量。一般浅层地基的沉降量占总沉降量比例较大。如以密实砂或其他填筑材料代替上层软弱土层,就可以减小这部分的沉降量。由于砂垫层或其他垫层对应力的扩散作用,使作用在下卧层土上的压力较小,这样也会相应减小下卧层土的沉降量。

(3) 加速软弱土层的排水固结。砂垫层和碎石垫层等垫层材料透水性强,软弱土层受压后,垫层可作为良好的排水面,使基础下面的孔隙水压力迅速消散,加速垫层下软弱土层的固结和提高其强度。

(4) 防止冻胀。粗颗粒的垫层材料孔隙大,不易产生毛细现象,因此可以防止寒冷地区土中结冰所造成的冻胀。

在各类工程中,垫层所起的主要作用有时也是不同的,如房屋建筑物基础下的砂垫层主要起换土的作用,而在路堤及土坝等工程中,往往以排水固结为主要作用。

换填法适用于建筑物荷载不大时的浅层软土(软土厚度≤3 m)地基处理,可用于处理淤泥、淤泥质土、湿陷性黄土、膨胀土、素填土、杂填土、季节性冻土地基以及暗沟、暗塘等浅层软基。但砂垫层不宜用于处理湿陷性黄土地基,因为砂垫层较大的透水性反而易引起土的湿陷。

(二) 垫层的设计要点

垫层的设计不但要满足建筑物对地基变形及稳定的要求,而且应符合经济合理的原则。其设计内容主要是确定断面的合理厚度和宽度。对于垫层,既要求有足够的厚度来置换可能被剪切破坏的软弱土层,又要有足够的宽度以防止垫层向两侧挤出。对于有排水要求的垫层来说,还需形成一个排水面,促进软弱土层的固结,提高其强度,以满足上部荷载的要求。

1. 垫层厚度的确定

垫层厚度应根据垫层底面处下卧层的承载力确定,如图 3.1.1 所示。垫层底面处的附加应力与土自重应力之和不应超过同一标高处下卧层的容许承载力,其表达式为:

$$p_z + p_{cz} \leqslant f_z \tag{3.1}$$

式中 f_z——垫层底面处土层的地基承载力,kPa;

p_z——垫层底面处的附加应力,kPa;

p_{cz}——垫层底面处土的自重应力,kPa。

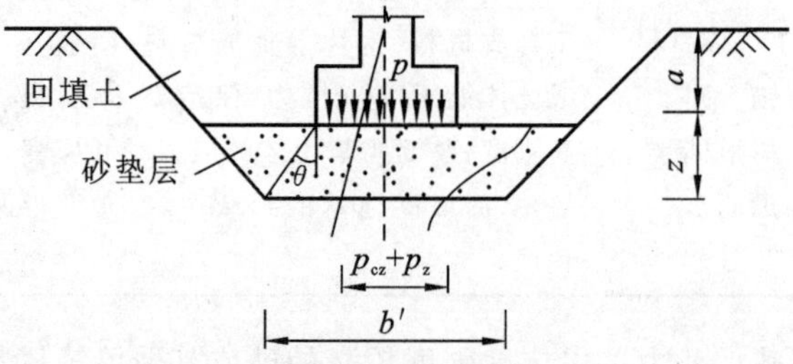

图 3.1.1 砂垫层内应力分布

具体计算时，一般可根据垫层的容许承载力确定基础宽度，再根据下卧层的承载力确定垫层的厚度。垫层的厚度一般不宜大于 3 m，太厚造价太高、施工困难；太薄（<0.5 m）则垫层作用不明显。

垫层底面处的附加应力值 p_z 可分别按式(3.2)和式(3.3)简化计算：

矩形基础
$$p_z = \frac{b(p - p_c)}{b + 2z\tan\theta} \tag{3.2}$$

条形基础
$$p_z = \frac{bl(p - p_c)}{(b + 2z\tan\theta)(l + 2z\tan\theta)} \tag{3.3}$$

式中　p——基础底面压应力，kPa。

p_c——基础底面处土的自重应力，kPa。

l、b——基础底面的长度和宽度，m；

z——基础底面下垫层的厚度，m；

θ——垫层的压力扩散角，可按表 3.1.2 采用。

表 3.1.2　压力扩散角 θ

换填材料 / z/b	中砂、粗砂、砾砂、圆砂、角砾、卵石、碎石	黏性土和粉土（$8<I_p<14$）	灰土
0.25	20°	6°	30°
≥0.5	30°	23°	

注：当 $z/b<0.25$ 时，除灰土仍取 $\theta=30°$ 外，其余材料均取 $\theta=0°$；当 $0.25<z/b<0.5$ 时，θ 值可用内插法求得。

2. 垫层宽度的确定

垫层宽度 b' 需满足两方面要求：一是满足应力扩散的要求；二是防止垫层向两边挤出。一般可按下式或根据当地经验确定。

$$b' \geqslant b + 2z\tan\theta \tag{3.4}$$

式中　b、z、θ——物理意义与同式(3.3)。

整片垫层的宽度可根据施工要求适当加宽。垫层顶面每边宜超出基础底边不小于 0.3 m，或从垫层底面两侧向上按当地开挖基坑所要求的坡度放坡。

3. 沉降验算

对于重要的建筑或垫层下存在软弱下卧层的建筑，还应进行地基变形验算。建筑物基础的沉降 S 小于或等于建筑物允许沉降[S]。而建筑物基础的沉降 S=垫层自身的变形量 S_1+下卧土层的变形量 S_2。

（三）垫层的施工要点

1. 垫层材料选择

不同垫层的材料有不同的要求。例如砂垫层，砂料以中粗砂为宜，要求不均匀系数不小于 5，有机质含量、含泥量和水稳定性不良的物质均不宜超过 3%，且不得含有大石块。

2. 基坑开挖要求

施工时必须避免扰动软弱下卧层的结构。一般基坑开挖后立即回填垫层，不可暴露过久、浸水或任意践踏坑底。

垫层底面宜铺设在同一标高上，如深度不同，地基土面应挖成踏步或斜坡搭接，各层错开 0.5～1.0 m，搭接处应注意捣实，施工应按先深后浅的顺序进行。

3. 垫层填筑压实工艺

垫层填料应分层填筑、分层压实。每层铺填厚度应控制在 20～30 cm，压实度逐层进行检验，合格后方可进行上层施工。

三、排水固结法

（一）加固原理及适用范围

排水固结法（又称预压法），是在软基中设置砂井、塑料排水板等竖向排水体，然后加载预压，使土体中的孔隙水排出，土体逐渐固结，地基发生沉降，同时强度得以逐步提高的一种地基处理方法。

排水固结法通常由排水系统和加压系统两部分组成。加压系统有堆载预压和真空预压两种。排水系统由竖向排水体和水平排水体两部分组成，竖向排水体采用砂井、袋装砂井或塑料排水板等；水平排水体常采用砂垫层，如图 3.1.2 所示。根据固结理论，黏性土固结所需时间与排水距离的平方成正比，因此，加速土层固结最有效的方法是增加土层的排水途径，缩短排水距离。排水系统就是依此而设置。

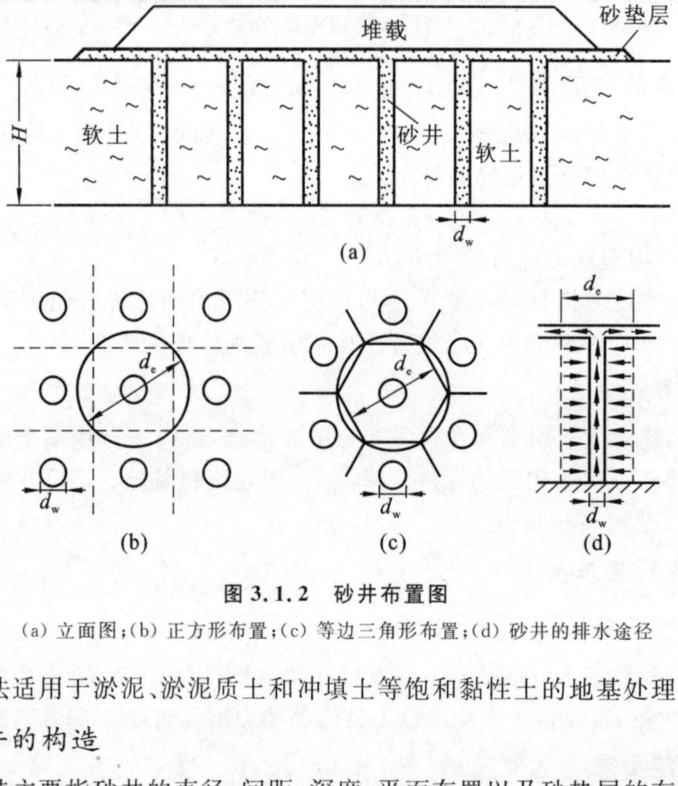

图 3.1.2　砂井布置图

(a) 立面图；(b) 正方形布置；(c) 等边三角形布置；(d) 砂井的排水途径

排水固结法适用于淤泥、淤泥质土和冲填土等饱和黏性土的地基处理。

（二）砂井的构造

砂井的构造主要指砂井的直径、间距、深度、平面布置以及砂垫层的布置等。

1. 砂井的直径 d_w

砂井的直径由黏性土层的固结特性和施工期限确定。

因缩小井距要比增大砂井直径更有利于加速土层的固结，故原则上采用“细而密”的布置方案。砂井的直径不宜过大或过小，过大不经济；过小，施工易造成灌砂率不足、缩颈或砂井不连续等质量问题。普通砂井直径 d_w 为 30～50 cm，袋装砂井直径为 7～10 cm。

2. 砂井的深度

砂井深度的选择与土层分布、地基中附加应力的大小、施工期限和条件等因素有关。当软黏土层不厚（$H=10\sim20$ m），底部有透水层时，砂井应尽可能穿透软黏土层；当软黏土层较厚（$H>20$ m），但其间有砂层或砂透镜体时，砂井应尽可能打至砂层或透镜体；当软黏土层很厚，其中又无透水层时，可按地基的稳定性及建筑物变形要求来决定。以地基抗滑稳定性控制的工程，如路堤、土坝、岸坡、堆料场等，砂井深度应通过稳定分析确定，且砂井深度至少应超过最危险滑动面 2 m。以沉降控制的工程，如压缩土层厚度不大，砂井易贯穿；压缩土层深厚，则砂井深度应根据在限定的预压时间内应消除的变形量确定。

工程应用中，砂井的深度一般为 10～20 m。

3. 砂井的布置和间距

砂井常按正方形或等边三角形（即梅花形）布置，如图 3.1.2(b)、(c)示。由于梅花形排列较正方形紧凑有效，故应用较多。砂井的布置范围应稍大于建筑物基础范围，即由基础轮廓线向外增大 2～4 m。

砂井的间距 s 与单根砂井的有效排水圆柱体直径 d_e[图 3.1.2(b)、(c)、(d)]有关：

当采用正方形布置时：

$$s=\frac{1}{1.13}d_e \tag{3.5}$$

当采用等边三角形布置时：

$$s=\frac{1}{1.05}d_e \tag{3.6}$$

而单根砂井的有效排水圆柱体直径 d_e 又与砂井的直径 d_w 存在如下关系，

$$d_e=nd_w \tag{3.7}$$

式中　n——砂井的井径比（普通砂井 $n=6\sim8$，袋装砂井或塑料排水板 $n=15\sim22$）。

工程应用中，砂井的间距一般取 1～3 m。

4. 砂垫层

在砂井顶面应铺设排水砂垫层，以连通各个砂井形成通畅的排水面，将水排到场地以外。砂垫层厚度一般为 0.3～0.5 m；水下施工时，砂垫层厚度一般为 1 m 左右。为节省砂子，也可采用连通砂井的纵横砂沟代替整片砂垫层，砂沟的高度一般为 0.5～1.0 m，砂沟宽度取砂井直径的 2 倍。

5. 砂井和砂垫层的材料

砂井和袋装砂井的砂料宜采用中粗砂，渗透系数不小于 10^{-2} cm/s，含泥量应小于 3%。

袋装砂井应用干砂灌实，袋口扎紧；底部置于设计深度，顶面高出孔口 200 mm，以便埋入砂垫层中。袋装砂井的砂袋可采用聚丙烯、聚乙烯等材料制成，砂袋的渗透系数应不小于砂的渗透系数。

砂垫层的砂料也宜采用中粗砂，渗透系数不小于 10^{-2} cm/s，含泥量应小于 5%。

（三）砂井的施工

普通砂井成孔方法有沉管法、射水法。袋装砂井和塑料排水板施工采用导管式振动打桩机、塑料排水板插板机等。

1. 普通砂井的施工工艺流程

排除地面水、整平原地面→铺设砂垫层（厚 20～30 cm）→桩机就位→打设桩管到设计深度→向桩管中灌注砂子→拔起桩管，活瓣桩尖张开，砂留在桩孔中→将桩管再次打到设计深度→再灌注砂子→拔起桩管完成扩大砂井→同法打设其他点位处的砂井→全部砂井打设完毕后，铺上层水平砂垫层（厚约 1 m）。

2. 袋装砂井施工工艺流程

排除地面水、整平原地面→铺设砂垫层（厚 20～30 cm，便于桩机就位）→桩机就位→打设套管到设计深度→沉入砂袋→拔起套管，砂袋留在桩孔中→埋置砂井头（使其竖立，防止砂井头歪斜）→同法打设其他点位处的袋装砂井→全部袋装砂井打设完毕后，铺上一层水平砂垫层（厚约 1 m）。袋装砂井施工图如图 3.1.3 所示。

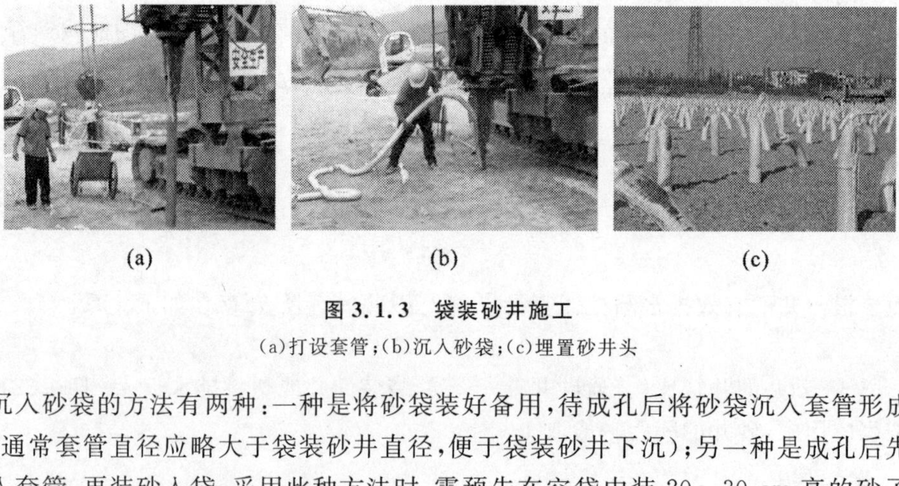

(a)　　(b)　　(c)

图 3.1.3　袋装砂井施工

(a)打设套管；(b)沉入砂袋；(c)埋置砂井头

沉入砂袋的方法有两种：一种是将砂袋装好备用，待成孔后将砂袋沉入套管形成的桩孔中（通常套管直径应略大于袋装砂井直径，便于袋装砂井下沉）；另一种是成孔后先将空袋置入套管，再装砂入袋，采用此种方法时，需预先在空袋中装 20～30 cm 高的砂子作为压重，再将袋装入套管，使袋下沉到设计深度，然后把袋子固定到装砂子用的出料口，由漏斗将砂子装入袋中，装满砂子后取下袋子。

拔套管时拧紧套管上盖，一边把压缩空气送进套管（防止将砂袋带上来），套管下盖自动打开，一边提升套管。

（四）真空预压法

真空预压法是先在需加固的软土地基表面铺设一层透水砂垫层或砂砾层，再在其上覆盖一层不透气的塑料薄膜或橡胶布,四周密封,与大气隔绝,在砂垫层内埋设渗水管道,然后与真空泵连通进行抽气,使透水材料保持较高的真空度,在土的孔隙水中产生负的孔隙水压力,将土中孔隙水和空气逐渐吸出,从而使土体固结,如 3.1.4 所示。对于渗透系数小的软黏土,为加速孔隙水的排出,也可在加固部位设置砂井、袋装砂井或塑料排水带等竖向排水系统。

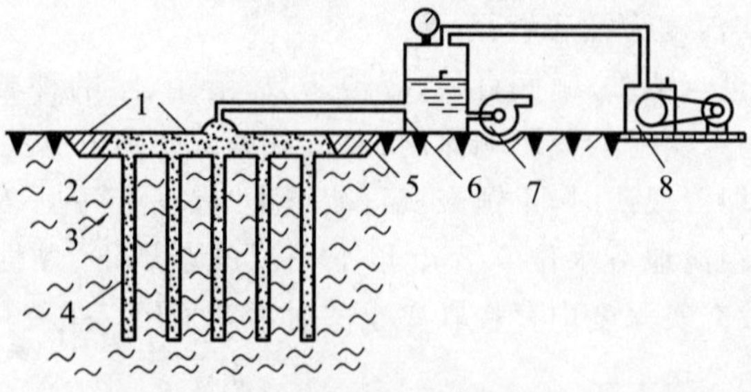

图 3.1.4　真空预压

1—塑料膜或橡胶布;2—砂垫层;3—淤泥;4—砂井;5—黏土;6—集水罐;7—抽水泵;8—真空泵

真空预压法具有如下特点:

(1) 不需要大量堆载,节省运输和造价;

(2) 无需分期加荷,工期短,效果好;

(3) 无噪声、无振动、无污染。

真空预压法的实质是利用大气压差作为预压荷载,其成功的关键在于能否形成负压区,并要求薄膜和四周地基浅层土体不漏气,这些在施工过程中应特别给予重视。

真空预压法适用于:饱和均质黏性土及含较薄砂夹层的黏性土,特别适用于新冲填土、超软黏性土地基的加固。

四、碾压法与夯实法

碾压与夯实是修路、筑堤、加固地基表层最常用的简易处理方法。通过夯锤或机械的夯击或碾压,使填土或地基表层疏松土孔隙体积减小,密实度提高,从而降低土的压缩性,提高其抗剪强度和承载力。目前常用的方法有:振动压实、重锤夯实以及 20 世纪 70 年代发展起来的强夯法等。

(一) 振动压实法

振动压实法是用振动压实机在地基表层施加振动,将浅层松散土振实的方法。

振动压实的效果取决于振动力的大小、填土的成分和振动时间。一般来说,振动时间越长,效果越好。但振动超过一定时间后振实效果将趋于稳定。因此,在施工前应进行试振,找出振实稳定所需要的时间。振实时应从基础边缘外放 0.6 m 左右,先振基槽两边,后振中间。振实有效深度可达 1.5 m。如地下水位过高,则影响振实质量。此外,为避免振动对周围建筑物的影响,要求振源与建筑物的距离应大于 3 m。

该法适用于:处理砂土和由炉灰、炉渣、碎砖等组成的杂填土地基。

（二）重锤夯实法

重锤夯实法是利用起重机械将夯锤提到一定高度后，让锤自由落下，重复夯击使地基被压密以加固地基的方法。对于湿陷性黄土，重锤夯实可降低表层土的湿陷性；对于杂填土，则可降低其不均匀性。

重锤通常由钢筋混凝土制成，锤重一般不小于 15 kN，锤底直径为 0.7～1.5 m，落距 2.5～4.5 m；有效夯实深度为锤底直径。

重锤夯实法的效果与锤重、锤底直径、夯击遍数、落距、土的种类、含水量等有密切的关系，应当根据设计的夯实密度及影响深度，通过现场试夯确定有关参数。当地下水位离地表很近或软弱土层埋置很浅时，重锤夯实可能产生“橡皮土”的不良效果。

该法适用于处理距离地下水位 0.8 m 以上稍湿的杂填土、黏性土、湿陷性黄土和分层填土等地基，但有效夯实深度内存在软黏土层时不宜采用。主要用于浅层地基土加固，加固深度一般为 1.2～2 m。

（三）强夯法

强夯法是用起重机械将重锤（一般为 80～300 kN）从 6～30 m 高处下落，以强大的冲击能强制压实加固地基深层的密实方法，如图 3.1.5 所示。该法可提高地基承载力，降低其压缩性，减轻甚至消除砂土振动的液化危害，消除湿陷性黄土的湿陷性等。一般地基土强度可提高 2～5 倍，压缩性可降低 2～10 倍，加固影响深度可达 6～10 m。

(a)　　(b)

图 3.1.5　强夯法

(a)强夯机械；(b)夯坑

1. 强夯法的加固机理及适用范围

强夯法的加固机理与重锤夯实法有本质的区别。强夯法在夯击地基时，除产生强大的冲击能外，还在地基中产生强大的动应力和冲击波，进而对土体产生：①压密作用，土中孔隙体积被压缩；②局部液化作用，导致土体内孔隙水压力骤然上升，当与上覆压力相等时，土体即产生局部液化，土丧失强度，土粒重新自由排列；③固结作用；④时效作用。

对多孔隙、粗颗粒、非饱和土，为动力密实机理。即强大的冲击能，强制超压密地基，使土中气相体积大幅度减小。对细粒饱和土，为动力固结机理。即强大的冲击能与冲击波，破坏土的结构，使土体局部液化并产生许多裂隙，作为孔隙水的排水通道，使土体固结;土体触变恢复压密土体。

强夯法适用于碎石土、砂土、建筑垃圾、低饱和度的粉土、黏性土、素填土、杂填土和湿陷性黄土等地基,也可用于防止粉土及粉砂的液化;对于淤泥与饱和软黏土,如采取一定措施,也可以采用。但强夯法不得用于对工程周围建筑物和设备有一定振动影响的地基加固,必需时,应采取防振、隔振措施。

2. 强夯法的设计参数

应用强夯法加固软弱地基,一定要根据现场的地质条件和工程的使用要求,正确地选用各项技术参数。

(1) 夯击能

夯击能分单击夯击能和单位夯击能。

单击夯击能是指锤重与落距的乘积。单击夯击能不能太小,否则无法使水与土颗粒产生相对流动,水不能排出,重复夯击还容易使地基变成橡皮土。目前国内采用的最大单击夯击能为 8000 kN · m。

单位夯击能是指单位面积上所施加的总夯击能。单位夯击能应根据地基土类别、结构类型、荷载大小和需处理深度等综合考虑,并通过现场试夯确定。一般对粗颗粒土可取 1000～3000 kN · m/m^2;细颗粒土可取 1500～4000 kN · m/m^2。

(2) 夯击次数

夯击次数指单个夯点一次连续夯击的次数。夯击次数应按现场试夯得到的锤击数和夯沉量关系曲线确定,且应同时满足:最后两击的平均夯沉量不大于 50 mm,当单击夯击能量较大时不大于 100 mm;夯坑周围地面不应发生过大隆起;不因夯坑过深而发生起锤困难。每夯击点之夯击次数一般为 3～10 击。

(3) 夯击遍数、两遍间隔时间

夯击遍数(对整个场地完成全部夯击点的夯击称为一遍)应根据地基土的性质确定,一般可取 2～3 遍,最后再以低能量(如前几遍能量的 1/5～1/4,击数为 2～4 击)满夯一遍,以加固前几遍之间的松土和被振松的表层土。

两遍夯击之间的时间间隔,取决于土中超静孔隙水压力的消散快慢,一般两遍之间间隔 1～4 周。对渗透性较差的黏性土不少于 3 周;若无地下水或地下水在 −5 m 以下,或含水量较低的碎石类土,或透水性强的砂性土,可取 1～2 天间隔时间,甚至不需间隔时间,夯完一遍后,将土推平,连续夯击。

(4) 夯击点布置及范围

夯击点布置根据基础的形式和加固要求而定,对大面积地基一般采用等边三角形、等腰三角形或正方形;对条形基础夯点可成行布置;对独立柱基础可按柱网设置,采取单点或成组布置,但在基础下面必须布置夯点。

夯击点间距通常可取夯锤直径的 3 倍,一般第一遍夯击点间距为 5～9 m,以后可适当减小。对处理深度较大或单击夯击能较大的工程,第一遍夯击点间距宜适当增大。

强夯处理范围应大于建筑物基础范围,每边超出基础外缘的宽度宜为设计处理深度的 1/2～2/3,并不小于 3 m。

(5) 有效加固深度

强夯法的有效加固深度 H 应根据现场试夯或当地经验确定，也可按式(3.8)估算：

$$H=\alpha\sqrt{\frac{Wh}{10}} \tag{3.8}$$

式中 W——夯锤重，kN；

h——落距，m；

α——折减系数，黏性土取 0.5；砂性土取 0.7；黄土取 0.35～0.50。

3. 强夯法的施工步骤

(1) 清理并平整施工现场，标出第一遍夯点位置并测量场地高度；

(2) 起重机就位，使夯锤对中夯点位置；

(3) 将夯锤起吊到预定的高度，待夯锤脱钩自由下落后，放下吊钩，测量锤顶高程；按设计规定的夯击次数及控制标准，重复夯击完成一个点的夯击；

(4) 重复②～③的步骤，完成第一遍全部夯点的夯击；

(5) 用推土机将夯坑填平，并测量场地高度；

(6) 在规定的间隔时间之后，按上述步骤完成全部夯击遍数，最后用低能量满夯将场地表层松土夯实，并测量夯后场地高程。

单元二 复合地基处理

一、挤密法与振冲法

(一) 挤密法

挤密法又称为挤密桩法，是指在软弱土层中以沉管、冲击的方式成孔，将土侧向挤密，然后向孔中填入碎石、砂、灰土、石灰或炉渣等填料，再加以振实成桩并且进一步挤密桩间土的方法。挤密法施工形成的桩称为挤密桩。挤密桩按其填入材料不同分别称为挤密砂桩、挤密土桩和挤密灰土桩等。

1. 挤密法的加固机理与适用范围

挤密法加固机理是：一方面成孔施工过程中挤密桩间土，土的密实度增加，另一方面桩体与桩间土形成复合地基，地基强度提高。

对于砂土地基，当采用振动法下沉桩管和一次拔管成桩时，由于桩管下沉对周围砂土产生很大的横向挤压力，桩管将地基中同体积的砂挤向周围的砂层，使其孔隙比减小，密度增大，这就是挤密作用。有效挤密范围可达 3～4 倍桩直径；当采用振动法下沉桩管和逐步拔出桩管成桩时，下沉桩管时对周围砂层产生挤密作用，拔起桩管时对周围砂层产生振密作用，有效振密范围可达 6 倍桩直径左右。振密作用比挤密作用更显著。对于软弱黏性土地基，由于桩体本身具有较大的强度和变形模量，桩的断面也较大，桩体置换同体积的软弱黏性土，与土组成复合地基，共同承担上部荷载。

挤密砂桩常用来加固松砂易液化的地基以及结构疏松的杂填土地基。挤密土桩及灰土桩常用来加固湿陷性黄土地基，处理深度一般为 5～15 m，是我国黄土地区地基处理的主要方法之一。

2. 挤密桩的构造与布置

桩孔直径一般为 30～80 cm，桩孔宜按梅花形布置，必要时也可按正方形布置，桩间距一般为 3～5 倍桩径。

如软弱土层不很厚，挤密桩一般穿透软土层；如软弱土层很厚，挤密桩长度可按桩底承载力和沉降量的要求，根据地基的稳定性和变形验算确定。

3. 挤密法施工要点

挤密法施工包括成孔挤密和桩孔回填夯实两个步骤。

(1) 成孔挤密

常用成孔方法有沉管法成孔、冲击法成孔。

沉管法成孔是指使用振动机或锤击打桩机，将带有特制桩靴的钢制桩管（图 3.2.1）打入土层中设计深度形成桩孔，成孔深度一般为 7～8 m。

冲击法成孔是指使用冲击机，将锤头提升到一定高度后自由落下，反复冲击使土层冲孔，成孔深度可达 20 m 以上。

(2) 桩孔回填夯实（或振实）

采用沉管法成孔时，桩管沉入设计深度后，往桩管中灌入填料（砂、碎石或土），边分层灌入填料夯实（或振实），边将桩管向上拔起（桩靴留在孔底），直至桩孔灌满填料。

采用冲击法成孔后，往孔中分层灌入填料，分层夯实，直至桩孔灌满填料。

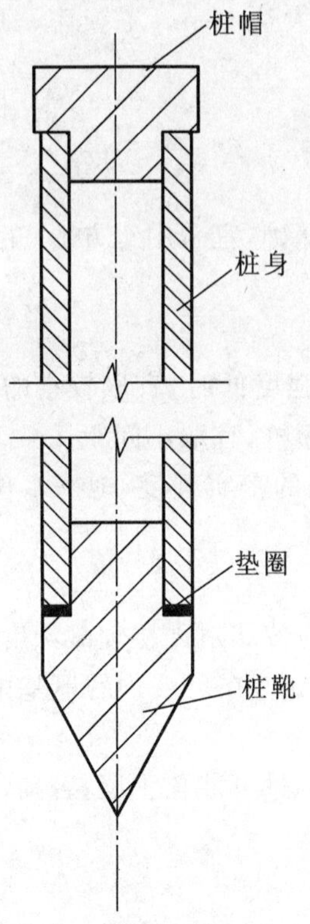

图 3.2.1　钢制桩管构造示意图

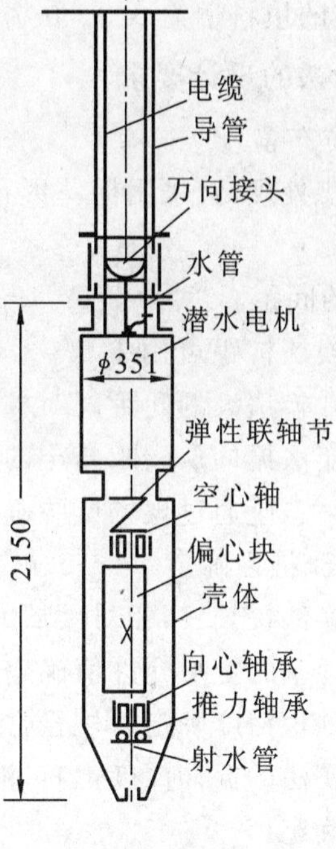

图 3.2.2　振冲器构造示意图

（二）振冲法

振冲法是利用一个振冲器(图 3.2.2)，借助于高压水流边振边冲，使地基变密；或在黏性土地基中成孔，在孔中填入碎石制成一根根的桩体，桩体和原来的土构成比原来抗剪强度高和压缩性小的复合地基。

1. 振冲法的加固机理与适用范围

振冲法按加固机理和效果的不同，分为振冲置换法和振冲密实法两类。振冲置换法是在地基土中借振冲器成孔，往桩孔中填入碎石(或砂砾)并振密，制成一根根以碎石、砂砾等散粒材料组成的桩体，桩体与原地基土一起构成复合地基，使其排水性能得到很大改善，有利加速土层固结，使承载力提高，沉降量减小，故又称振冲碎石桩法。振冲密实法主要是利用振动和压力水使砂层液化，砂颗粒相互挤密，重新排列，孔隙减少，从而提高砂层的承载力和抗液化能力，故又称振冲挤密砂桩法，这种桩根据砂土的不同，又有加填料和不加填料两种。

振冲置换法适用于：处理不排水且抗剪强度不小于 20 kPa 的黏性土、粉土、饱和黄土和人工填土等地基，如果桩周围土的强度过低，则难以形成桩体。

振冲密实法适用于：处理松散砂土和粉土等地基，不加填料的振冲密实法仅适用于处理黏粒含量小于 10%的粗砂、中砂地基。

振冲法不适用于在地下水位较高、土质松散易塌方和含有大块石头等障碍物的土层中使用。

国内应用振冲法加固地基的深度一般为 14 m，最大达 18 m，置换率一般在 10%～30%，每米桩的填料量为 0.3～0.7 m^3，直径为 0.7～1.2 m。

2. 振冲法的设计要求

(1) 桩位布置

对大面积处理，宜采用梅花形布置；对独立或条形基础，宜采用正方形、矩形或等腰三角形布置。

(2) 桩的间距

振冲置换法桩距可用 1.5～2.5 m，荷载大或原土强度低时，宜取较小的间距；反之，宜取较振冲置换法大的间距。对桩端未达相对硬层的短桩，宜取小间距。

振冲密实法振冲点间距与土的颗粒组成、要求达到的密实程度、地下水位、振冲器功率、水量等有关，应通过现场试验确定，可取 1.8～2.5 m。

(3) 桩长、桩径确定

振冲置换法桩长：当相对硬层的埋藏深度不大时，应按相对硬层埋藏深度确定；否则，应按建筑物地基的变形允许值确定，但桩长不宜小于 4 m。在可液化的地基中，桩长应按要求的抗震处理深度确定。桩径常为 0.8～1.2 m。

振冲密实法的振冲深度：当可液化土层不厚时，应穿过可液化土层；否则，按要求的抗震处理深度确定。

(4) 填料

振冲置换法可用含泥量不大的碎石、卵石、角砾、圆砾等硬质材料。常用碎石的粒径为 20～50 mm，材料的最大粒径不宜大于 80 mm。

振冲密实法宜用碎石、卵石、角砾、圆砾、砾砂、粗砂、中砂等硬质材料。

3. 振冲法的施工机械与施工步骤

振冲法主要的施工机具是振冲器、吊机和水泵。振冲器是一个类似插入式混凝土振捣器的机具，其外壳直径为 0.2～0.45 m，长 2～5 m，重 20～50 kN，筒内主要由一组偏心块、潜水电机和水管三部分组成，如图 3.2.2 所示。振冲器有两个功能，一是产生水平向振动力（40～90 kN）作用于周围土体；二是从端部和侧部进行射水和补给水。振动力是加固地基的主要因素，射水起协助振动力在土中使振冲器钻进成孔，并在成孔后清孔及实现护壁作用。

振冲法的施工示意图如图 3.2.3 所示，振冲法具体施工步骤如下：

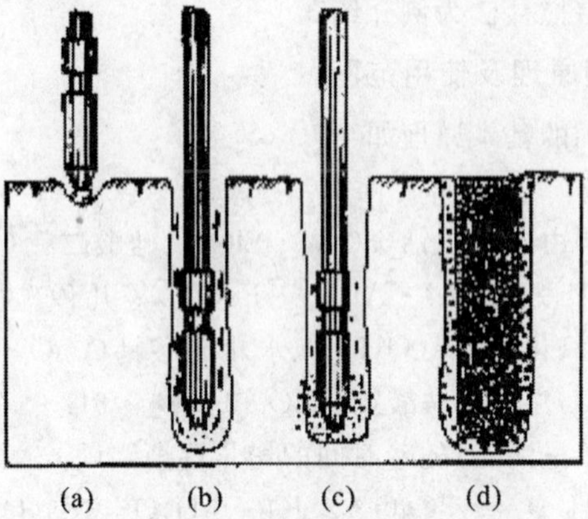

图 3.2.3　振冲施工过程

(a)定位、启动；(b)成孔、清孔；(c)开始填料、振冲；(d)成桩

(1) 振冲器由吊车或卷扬机就位，打开下喷水口，启动振冲器；

(2) 在振动力和水冲作用下，在土层中形成孔洞；

(3) 到达设计标高后清孔（用循环水带出孔中稠泥浆），向桩孔逐段添加填料（粗砂、砾砂、碎石、卵石等），填料粒径不宜大于 80 mm，碎石粒径常用 20～50 mm，每段填料均在振冲器振动作用下振挤密实，达到要求密实度后就可以上提，重复上述操作直至地面，从而在地基中形成一根具有相当直径的密实桩体，同时孔周围一定范围的土也被挤密。孔内填料的密实度可以从振动所耗的电量来反映，通过观察电流变化来控制。

振冲法的显著优点是用一个较轻便的机具，将强大的水平向振动（有的振冲器也附有垂直向的振动）直接递送到深度达 20 m 左右的软弱地基内，施工设备较简单，操作方便，施工速度快，造价较低。缺点是加固地基时要排出大量的泥浆，环境污染比较严重。

二、化学加固法

化学加固法是指在软土地基中掺入水泥、石灰等，通过搅拌、喷射方式使其与土颗粒混合固化，或把一些能固化的化学浆液（水泥浆、水玻璃、氯化钙溶液等）注入地基土孔隙，以改善土的物理力学性质的地基加固方法。

按加固材料的状态分为粉体类(水泥、石灰粉末)和浆液类(水泥浆及其他化学浆液)。按施工工艺分为深层搅拌法(低压搅拌法)、高压喷射注浆法和灌浆法三类,下面分别予以介绍。

(一) 深层搅拌法

深层搅拌法是利用水泥、石灰(浆液或粉体)等材料作固化剂的主剂,通过特制的深层搅拌机械,在地基深处就地将软土和固化剂强制拌和,使软土硬结成具有整体性、水稳定性和较高强度的水泥或石灰加固体,与天然地基形成复合地基。

深层搅拌法又可分为水泥浆搅拌法和粉体喷射搅拌法,所形成的桩称为水泥搅拌桩和粉喷桩。

深层搅拌法采用水泥或石灰作为固化剂时,各自的加固原理、设计方法、施工技术均不相同。下面以水泥深层搅拌法为例介绍。

1. 深层搅拌法加固原理及使用范围

水泥深层搅拌法加固的基本原理如下:

(1) 水泥的水化反应

普通硅酸盐水泥主要由硅酸三钙($3CaO \cdot SiO_2$)、硅酸二钙($2CaO \cdot SiO_2$)、铝酸三钙($3CaO \cdot Al_2O_3$)、铁铝酸四钙($4CaO \cdot Al_2O_3 \cdot Fe_2O_3$)等几种矿物组成,这些矿物与土中水发生水化反应,生成氢氧化钙[$Ca(OH)_2$]、水化硅酸钙($CaO \cdot 2SiO_2 \cdot 3H_2O$)、水化铝酸钙($CaO \cdot Al_2O_3 \cdot 6H_2O$)、水化铁酸钙($CaO \cdot Fe_2O_3 \cdot 6H_2O$)等化合物,从而降低土中含水量。这些水化物初始呈液态,随着时间的增长逐渐结硬。

$$2(3CaO \cdot SiO_2)+6H_2O = 3CaO \cdot 2SiO_2 \cdot 3H_2O+3Ca(OH)_2$$

$$2(2CaO \cdot SiO_2)+4H_2O = 3CaO \cdot 2SiO_2 \cdot 3H_2O+Ca(OH)_2$$

$$3CaO \cdot Al_2O_3+6H_2O = 3CaO \cdot Al_2O_3 \cdot 6H_2O$$

$$4CaO \cdot Al_2O_3 \cdot Fe_2O_3+2Ca(OH)_2+10H_2O = 3CaO \cdot Al_2O_3 \cdot 6H_2O + 3CaO \cdot Fe_2O_3 \cdot 6H_2O$$

(2) 土颗粒与水泥水化物的作用

软土中的矿物质(如 SiO_2、Al_2O_3)与水泥水化物中的 $Ca(OH)_2$ 进行化学反应,生成不溶于水的结晶化合物。这些新形成的化合物在水中和空气中逐渐硬化,增大了水泥土的强度。

$$SiO_2+Ca(OH)_2+nH_2O \rightarrow CaO \cdot SiO_2 \cdot (n+1)H_2O$$

$$Al_2O_3+Ca(OH)_2+nH_2O \rightarrow CaO \cdot Al_2O_3 \cdot (n+1)H_2O$$

此外,软土中含有游离的钠离子 Na^+ 和钾离子 K^+,它们能和水泥水化生成的钙离子 Ca^+ 进行当量吸附交换,并使较小的土颗粒形成较大的粒团,使土体强度提高。

(3) 碳酸化作用

水泥水化物中的 $Ca(OH)_2$ 与空气中的 CO_2 反应生成不溶于水的碳酸钙 $CaCO_3$,也能提高软土的强度,并与周围土体形成复合地基。

深层搅拌法适用于:加固较深较厚的淤泥、淤泥质土、粉土和含水量较高、且地基承载力特征值不大于 120 kPa 的黏性土地基。对超软土效果更为显著。图 3.2.4 所示为用于软基处理的粉喷桩。

图 3.2.4　粉喷桩

2. 深层搅拌桩的设计要点

(1) 固化剂和外掺剂

固化剂宜选用强度等级为 32.5 级以上的普通硅酸盐水泥。水泥掺量一般为 12%～20%。外掺剂可根据工程需要和土质条件选用早强、缓凝、减水以及节约水泥等作用的材料。

(2) 桩长和桩径

桩长应通过计算确定,一般水泥搅拌桩桩长可达 30 m,桩体直径为 60～80 cm;粉喷桩桩长可达 10～30 m,桩体直径为 50～100 cm。

(3) 布桩形式

深层搅拌桩可根据需要做成柱状、壁状和块状三种形式。柱状是每隔一定的距离打设一根搅拌桩,采用正方形、三角形等布置形式,适用于单独基础和条形、筏形基础下的地基加固;壁状是将相邻搅拌桩部分重叠搭接而成,适用于深基坑开挖时的软土边坡加固以及多层砌体结构房屋条形基础下的加固;块状是将多根搅拌桩纵横相互重叠搭接而成,适用于上部结构荷载大而对不均匀沉降控制严格的建筑物地基加固和防止深基坑隆起及封底时采用。

3. 深层搅拌桩的施工方法

(1) 水泥浆搅拌法

水泥浆搅拌法是用回转的搅拌叶将压入软土内的水泥浆与周围软土强制拌和形成水泥加固体。搅拌机由电动机、中心管、输浆管、搅拌轴和搅拌头组成,并有灰浆搅拌机、灰浆泵等配套设备。水泥浆搅拌法施工过程如图 3.2.5 所示,其施工步骤如下:

① 搅拌机就位:用起重机悬吊深层搅拌机,将搅拌头定位对中。

② 预搅下沉:启动电机,搅拌轴带动搅拌头,边旋转搅松地基边下沉。

③ 提升、喷浆、搅拌:当搅拌头沉到设计深度后,略为提升搅拌头,将制备好的水泥浆由灰浆泵通过中心管,压开球形阀,注入地基土中;边喷浆、边搅拌、边提升,使水泥浆和土体强制拌和,直至设计加固的顶面,停止喷浆。

④ 重复搅拌下沉一次:使水泥浆与地基土充分搅拌均匀。

⑤ 重复搅拌提升一次:使水泥浆与地基土充分搅拌均匀。

⑥ 搅拌结束:清洗管道中残存水泥浆,移至新孔。

(2) 粉体喷射搅拌法

粉体喷射搅拌法是指搅拌机钻头正转切土下沉到设计深度,然后反转提升钻头,同时

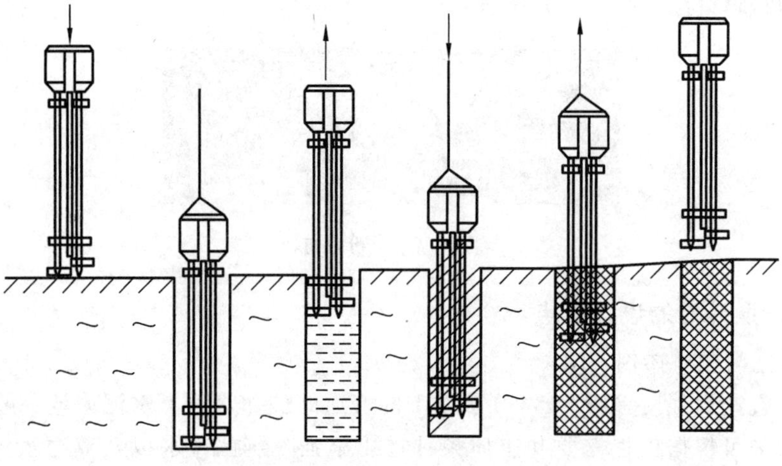

图 3.2.5　水泥浆搅拌法施工过程示意

(a) 搅拌机就位；(b) 预搅下沉；(c) 提升、喷浆、搅拌；
(d) 重复搅拌下沉一次；(e) 重复搅拌提升一次；(f) 搅拌结束

用压缩空气输入水泥或石灰粉，边喷粉、边搅拌、边提升，直至钻头提出地面形成桩体。

粉体喷射搅拌法施工过程如图 3.2.6 所示，其施工步骤如下：

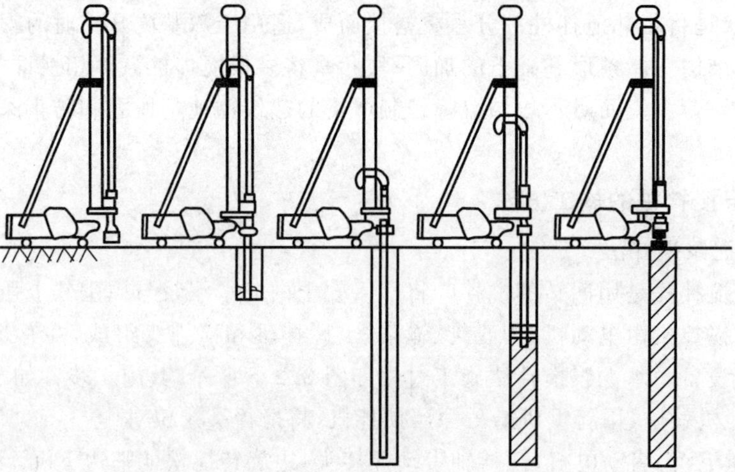

图 3.2.6　粉体喷射搅拌法施工过程示意

(a) 搅拌机对准桩位；(b) 预搅下沉；(c) 钻进结束；(d) 提升、喷粉、搅拌；(e) 搅拌结束

① 搅拌机就位：移动钻机，对准桩孔，主轴垂直。

② 预搅下沉：启动电机，逐级加速，正转预搅下沉并在钻杆内连续输送压缩空气，以干燥通道。

③ 钻进结束：搅拌头达到设计深度并在原位钻动 1～2 min 时，钻进结束。

④ 提升、喷粉、搅拌：启动粉体发送器，将水泥粉呈雾状喷入地基，反转提升转头，边喷粉、边搅拌、边提升，直至到设计停灰标高后，慢速原地搅拌 1～2 min。必要时再次将搅拌头下沉与提升一次，使粉体搅拌均匀。

⑤ 搅拌结束：钻具提升到地面后，移位进行下一根桩的施工。

（二）高压喷射注浆法

高压喷射注浆法是利用钻机把带有特殊喷嘴的注浆管钻进至土层的预定位置后，用高压脉冲泵（工作压力在 20 MPa 以上），将水泥浆液通过钻杆下端的喷射装置，向四周以高速水平喷入土体，借助液体的冲击力切削土层，使喷流射程内土体遭受破坏，土体与水泥浆充分搅拌混合，胶结硬化后形成加固体，从而使地基得到加固，如图 3.2.7 所示。

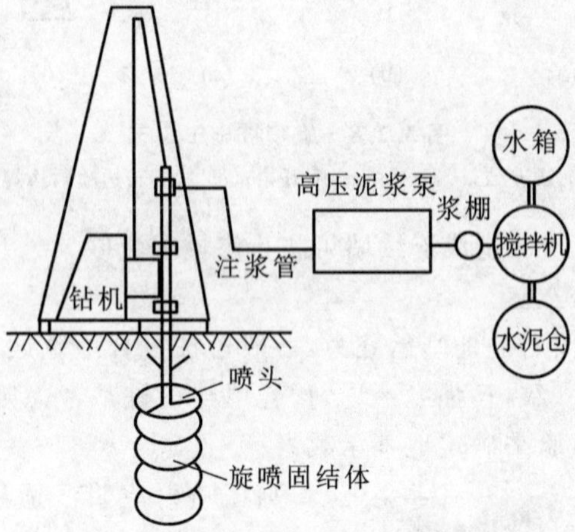

图 3.2.7　高压喷射注浆系统示意图

加固体的形状与注浆管的提升速度和喷射流方向有关。一般分为旋转喷射（简称旋喷）、定向喷射（简称定喷）和摆动喷射（简称摆喷）三种形式。旋喷时，喷嘴边喷射边旋转和提升，可形成圆柱状加固体（称为旋喷桩）。定喷时，喷射方向固定不变，喷嘴边喷射边提升，可形成墙板状加固体，用于基坑防渗和稳定边坡等工程。摆喷时，喷嘴边喷射边摆动一定角度和提升，可形成扇形状加固体，通常用于托换工程。

高压喷射法的施工机具主要由钻机和高压发生设备两部分组成。高压发生设备包括高压泥浆泵、高压水泵、空气压缩机、水泥浆搅拌机等。

旋喷桩施工工艺如图 3.2.8 所示。

高压喷射注浆法的旋喷管分单管、二重管、三重管三种。单管法只喷射水泥浆，可形成直径为 0.6～1.2 m 的圆柱形加固体；二重管法则为同轴复合喷射高压水泥浆和压缩空气两种介质，可形成直径为 0.8～1.6 m 的桩体；三重管法则为同轴复合喷射高压水、压缩空气和水泥浆液三种介质，形成的桩径可达 1.2～2.2 m。

高压喷射注浆法的特点是：

(1) 能够比较均匀地加固透水性很小的细粒土，作为复合地基可提高其承载力，降低压缩性。

(2) 施工设备简单、灵活，能在室内或洞内净高很小的条件下对土层深部进行加固。

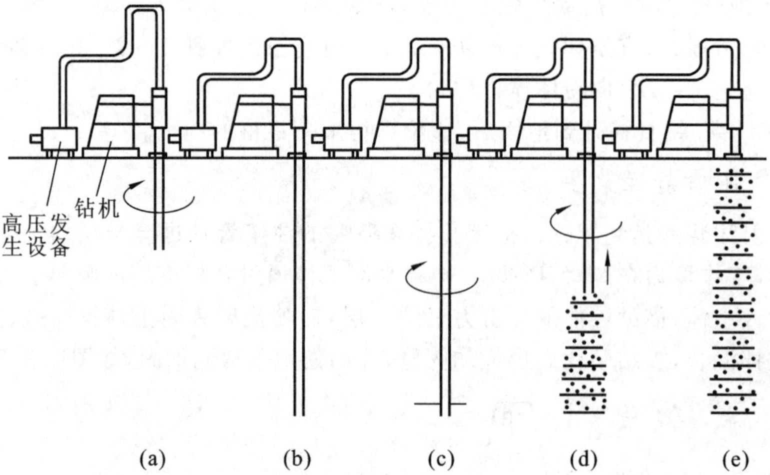

图 3.2.8　旋喷桩施工工艺

(a) 开始钻进;(b) 钻进结束;(c) 高压旋喷开始;(d) 边旋转边喷射边提升;(e) 旋喷结束

(3) 能控制加固体形状,制成连续墙可防止渗透和流砂。

(4) 不污染环境,无公害。

高压喷射注浆法加固后的地基承载力,一般可按复合地基或复合桩基考虑。由于加固后的桩柱直径上下不一致,且强度不均匀,若单纯按桩基考虑则不安全,条件许可情况下,尽可能做现场载荷试验来确定地基承载力。

图 3.2.9　用于基坑支护的旋喷桩

高压喷射注浆法适用于:处理淤泥、淤泥质土、黏性土、粉土、砂土、湿陷性黄土、碎石土以及人工填土等地基的加固。但对含有较多大粒块石、坚硬黏性土、大量植物根茎或含过多有机质的土及地下水流过大、喷射浆液无法在注浆管周围凝聚的情况下,不宜采用。

高压喷射注浆法可用于既有建筑和新建筑的地基处理、深基坑侧壁挡土或挡水、基坑底部加固防止管涌与隆起、坝的加固与防水帷幕等工程。图 3.2.9 所示为用于基坑支护的旋喷桩。

(三) 灌浆法

灌浆法是利用压力或电化学原理通过注浆管将加固浆液注入地层中,经一定时间后,浆液将松散的土体或缝隙岩体胶结成整体,形成强度大、防水防渗性能好的人工地基。

灌浆法可分为压力灌浆和电动灌浆两类。压力灌浆是常用的方法,是在各种大小压力下使水泥浆液或化学浆液挤压充填土的孔隙或岩层缝隙。电动化学灌浆是在施工中以注浆管为阳极,滤水管为阴极,在直流电电渗作用下孔隙水由阳极流向阴极,在土中形成渗浆通道,化学浆液随之渗入孔隙而使土体结硬。

灌浆法所用浆液材料有粒状浆液(纯水泥浆、水泥黏土浆和水泥砂浆等统称为水泥基浆液)和化学浆液(环氧树脂类、甲基丙烯酸酯类和聚氨酯等)两大类。

粒状浆液中常用的水泥浆液其水泥强度等级一般为32.5级以上的普通硅酸盐水泥,由于含有水泥颗粒,故对孔隙小的土层难于在压力下压进,只适用于粗砂、砾砂、大裂隙岩石等孔隙直径大于0.2 mm的地基加固。如采用超细水泥,则可适用于细砂等地基。水泥浆液有取材容易、价格便宜、操作方便、不污染环境等优点,是国内外常用的压力灌浆材料。

化学浆液中常用的是以水玻璃($Na_2O \cdot nSiO_2$)为主剂的浆液,由于它无毒、价廉,流动性好等优点,在化学浆液中应用最多,约占90%。其他还有以丙烯酰胺为主剂和以纸浆废液木质素为主剂的化学浆液,它们性能较好,黏滞度低,能注入细砂等土中。但有的价格较高,有的虽价廉源广,但有含毒的缺点,用于加固地基受到一定限制。

目前灌浆法可用于桥梁桩基底部地基的加固补强、溶洞的填充、隧道开挖时的围岩加固、建筑物防渗堵漏等。

三、加筋法

加筋法是指在土体中加入土工织物、土工格栅(图3.2.10)、土工网等土工合成材料,给土体提供抗拉强度,使土体的整体性、强度、稳定性提高。其应用范围有:软基处理、斜坡地段路堤加固。

土工合成材料有较高的强度和韧性(抗拉性)等力学性能,且能紧贴于地基表面,使其上部施加的荷载能均匀分布在地层中,当地基可能产生冲切破坏时,铺设的土工合成材料将阻止破坏面的出现,从而提高地基承载力。当受集中荷载作用时,在较大的荷载作用下,高模量的土工合成材料受力后将产生一垂直分力,抵消部分荷载。如将土工合成材料铺设在软土地基的表面,由于其承受拉力和土的摩擦作用而增大侧向限制,阻止侧向挤出,从而减小变形和增大地基的稳定性。

除用于加固地基外,加筋法还可用于斜坡地段路堤的加固。为防止路堤沿斜坡下滑,除沿斜坡挖台阶外,还可在路堤土中加入土工合成材料,如图3.2.11所示。由于土工合成材料的"包裹"作用阻止路堤变形,从而增强路堤土内部的强度以及路堤的稳定性。

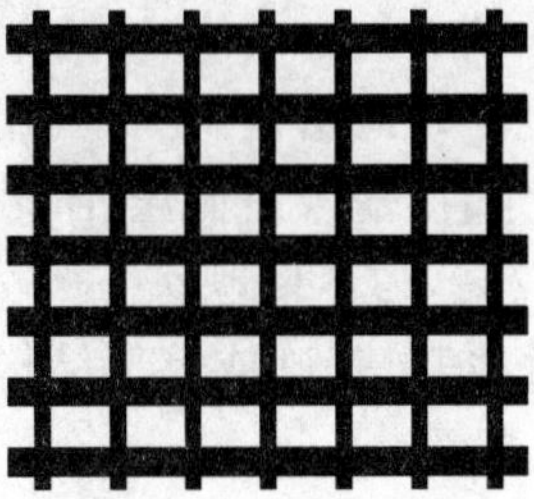

图3.2.10　土工格栅

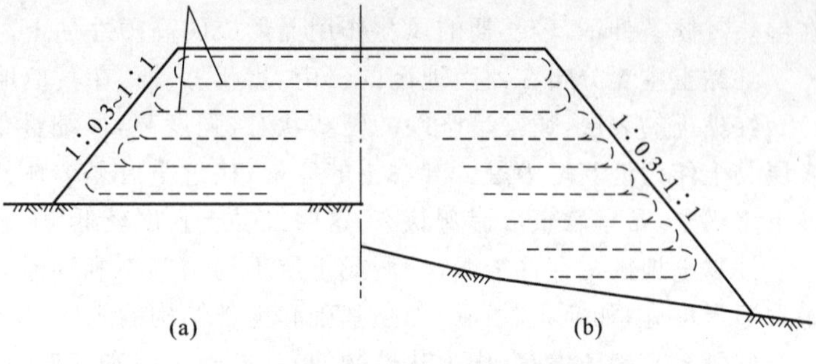

图3.2.11　土工合成材料加筋

(a)水平地基;(b)倾斜地基

四、特殊土地基处理

特殊土地基是指膨胀土地基、湿陷性黄土地基、红黏土地基、多年冻土地基等。

(一) 膨胀土地基

膨胀土地基是指由膨胀土组成的地基。膨胀土是指黏粒成分主要由亲水矿物组成,同时具有显著的吸水膨胀和失水收缩两种变形特征的黏性土。

膨胀土的黏粒成分较高,塑性指数 $I_p=22\sim25$,其天然含水量小于塑限,液性指数 $I_c<0$。

在天然状态下,它的工程性质较好,强度较高,压缩性低,易被误认为是良好的地基。实际上,由于膨胀土裂隙发育,使得吸水能力强,遇水后软化,其体积变化可达原来的40%以上。在工程建设中,如不采取一定的工程措施,可使房屋产生开裂、倾斜,使道路路堑滑坡,涵洞、桥梁产生不均匀沉降,导致开裂。

膨胀土地基处理可采用换土垫层法、土性改良法和桩基础等。换土垫层法可采用非膨胀性的土或灰土换填,换填厚度可通过变形计算确定。土性改良可通过在膨胀土中掺入一定量的石灰来提高土的强度,也可以采用压力注浆的方法将石灰浆灌入膨胀土的裂隙中,起加固作用。当大气影响深度较深,膨胀土层较厚,选用地基加固法有困难时,可采用桩基础穿越。

(二) 湿陷性黄土地基

湿陷性黄土地基是指由湿陷性黄土组成的地基。湿陷性黄土是黄土的一种,颗粒组成以粉粒为主,粉土粒含量占土重的60%以上,含有大量的碳酸盐、硫酸盐、氯化物等可溶性盐类,一般具有肉眼可见的大孔隙,竖直节理发育,能保持直立的天然边坡。

湿陷性黄土主要分布在陕西、山西、甘肃等地区。

湿陷性黄土受水浸湿后,在覆盖土层的自重应力和附加应力作用下,土的结构迅速破坏而发生显著的附加下沉,其强度也迅速降低。

湿陷性黄土地基处理的目的在于破坏湿陷性黄土的大孔结构,以便全部或部分消除地基的湿陷性,从根本上避免或削弱湿陷的发生。常用的地基处理方法有:垫层法、重锤夯实法、强夯法、挤密法、化学加固法等。

(三) 红黏土地基

红黏土地基是指由红黏土组成的地基。红黏土是由石灰岩、白云岩等碳酸盐类岩石,在湿热气候条件下,经长期的风化作用而形成的高塑性黏土。

红黏土主要分布在西南地区的云南、贵州、广西,在其他地区也有分布。

红黏土的表层,通常呈坚硬的硬塑状态,强度高,压缩性低,为良好地基,可充分利用表层黏土作为地基持力层。红黏土的底层,接近下卧基岩附近,尤其在基岩面低洼处,因地下水积聚,常呈软塑或流塑状态,这时红黏土强度较低,压缩性较高,为不良地基。

红黏土地区常存在溶洞、土洞或土层不均匀等不利因素,应对地基、基础或上部结构采取适当措施,如换土、填洞、加强基础和上部结构的刚度、采用桩基等。

红黏土有裂隙发育,作为建筑物地基,在施工时和建筑物建成后应做好防排水措施,以免水分渗入地基中。

(四) 季节性冻土

季节性冻土地基是指由季节性冻土组成的地基。季节性冻土是指在冬季冻结、夏季全部融化,呈周期性冻结、融化的土。

季节性冻土产生机理：地基土是粉性土时，毛细水上升速度快，作用强，为水分向上聚集创造了条件。冬季气温降低时，地基中毛细水结成冰晶，随着气温下降，冰晶体积逐渐增大，在土层中形成冰夹层。由于水结成冰时，体积膨胀5%～10%，使土体随着膨胀发生隆起。由于地下水位较高或排水困难，春季化冻时地基中水分不能及时排出，形成湿软地基，承载力不满足要求。

季节性冻土分布在我国东北、西北、华北和青藏高原地区。

地基的冻融对结构物产生较大的破坏，主要表现在：因基础产生不均匀的上抬，使结构物开裂或倾斜；桥墩、电塔等结构物逐年上拔；路基土冻融后，在车辆的多次碾压下，路面变软，出现弹簧现象，甚至路面开裂，翻浆冒泥。

季节性冻土地区修建建筑物时，最好将不冻胀土层或弱冻胀土层作为持力层。

此外也可采取换填土层法，即将基础底面以下的一定深度内的粉性土换为黏性土、砂性土等毛细作用弱的土；或在地基内部地下水位以下设置盲沟，以降低地下水位，减小毛细现象。

案例　人工地基施工方案

一、强夯法地基处理案例

（一）工程概况

某仓库工程，占地面积200000 m^2。拟建场地原始地貌为残丘冲沟坡地，有一大冲沟贯穿整个场地，场地主要为填方区，仅东西两面有少许挖方区，冲沟发育部位的填土厚度较大，且深部有泥炭质土分布，地下水位埋深0.2～5.5 m。

根据地质勘察报告，场地土层自上而下依次为：

(1) 人工填土：厚2.5～8.5 m，主要为粉质黏土和碎石，局部为粉土，含淤泥和植物根系。由于回填时间短（约1年），土层结构松散，承载力标准值为80 kPa。

(2) 冲洪积层：粉质黏土，厚0.7～5.8 m，可塑状，承载力标准值为160 kPa，属中压缩性土。

(3) 沼泽相沉积层：泥炭质土，成分以粉土、黏土为主，含有大量的泥炭及植物根茎等有机质。上部呈软塑状态，下部呈软塑-流塑状态，厚1～8.1 m，承载力标准值为100 kPa。

(4) 坡残积层：粉质黏土，厚0.6～7.4 m，硬塑，承载力标准值为220 kPa。

（二）地基处理方案

该仓库工程地基加固的基本要求为：地基承载力标准值不小于150 kPa，地基土压缩模量不小于0.9 kPa，地基有效加固深度为8 m，地基压实系数不小于0.95。

由地质情况可知，该场地是典型的大面积厚填土非均质地基，拟采用强夯法处理地基，根据单夯点试验结果，确定强夯施工参数如下：

(1) 单击夯击能：重锤选用质量为17.5 t、底面直径为2.6 m的圆柱形铸铁锤，单击夯击能为3000 kJ(落距17.2 m)。

(2) 夯击遍数及夯点布置:工程分3遍夯实,第1、2遍为点夯,夯点布置成梅花形,单击夯击能3000 kJ,第3遍为满夯,锤印相接,单击夯击能1000 kJ。

(3) 单点击数:第1、2遍单点为8击,第3遍单点为两击。

(4) 点夯收锤标准:根据《深圳地区建筑地基处理技术规范》,确定最后两击平均夯沉降量不大于70 mm的击数为控制击数。当夯不下去且周围隆起过大时,夯点击数不小于4击。

(5) 夯击间隔时间:根据有关规范,结合本工程的地质情况,确定每遍之后的孔隙水消散期为21 d。

(三) 施工工艺

主要工艺流程为:场地整平→测量夯前高程、绘高程图、放点→第1遍点夯→推平、碾压、检测→测量、绘场地高程图、放点→第2遍点夯→推平、碾压、检测→测量、绘场地高程图→补夯→推平→第3遍满夯→推平场地→测量高程→检测→竣工验收。

(四) 处理效果

经强夯法处理后,地基各项性能指标达到设计要求:地基承载力标准值为230 kPa,地基土压缩模量为10 MPa,地基压实系数不小于0.95,地基有效加固深度达到8m。

二、粉喷桩处理软基案例

(一) 工程概况

湖北某高速公路K4+400～K4+534段,为水塘、鱼塘地段,分布有深层软土,软土层厚度约2～11 m,地质分布图如图1所示。

图中各土层工程地质特征如下:

① 填土Q_4^{me}:主要为沟塘田埂黏性人工填土,条带状零星分布。

② 淤泥Q_4^{al+l}:褐灰、灰绿色,饱和,呈软塑状态,浅表部地层普遍发育。

③ 黏土及亚黏土Q_4^{al}:褐黄、褐灰色,饱和,呈软塑状态,部分硬塑,为区段浅部相对硬壳层,普遍发育。

⑤ 淤泥质亚黏土Q_4^{al+l}:灰色、青灰色,饱和,呈软塑状态。

⑧ 粉细砂Q_4^{al}:灰色,饱和,稍密-中密状态,局部夹黏性土薄层。

⑨ －2粗砾砂Q_4^{al}:灰色,饱和,呈密实状态。

⑰ －1强风化泥岩S:灰、灰绿色,半坚硬状态,岩芯呈土柱状破碎,风化强烈、泥化明显。

⑰ 弱风化泥岩S:灰、灰绿色,坚硬状态,岩芯呈土短柱、长柱状,部分破碎,薄层结构,岩层倾角55°～65°。

根据设计荷载计算,本路段天然地基总沉降量为82 cm,该路段属公路一般路段,容许工后沉降为30 cm(从开放交通之日起至路面大修日止,所容许发生的沉降视为容许工后沉降),天然地基总沉降量远大于容许沉降量,需进行软基处理。

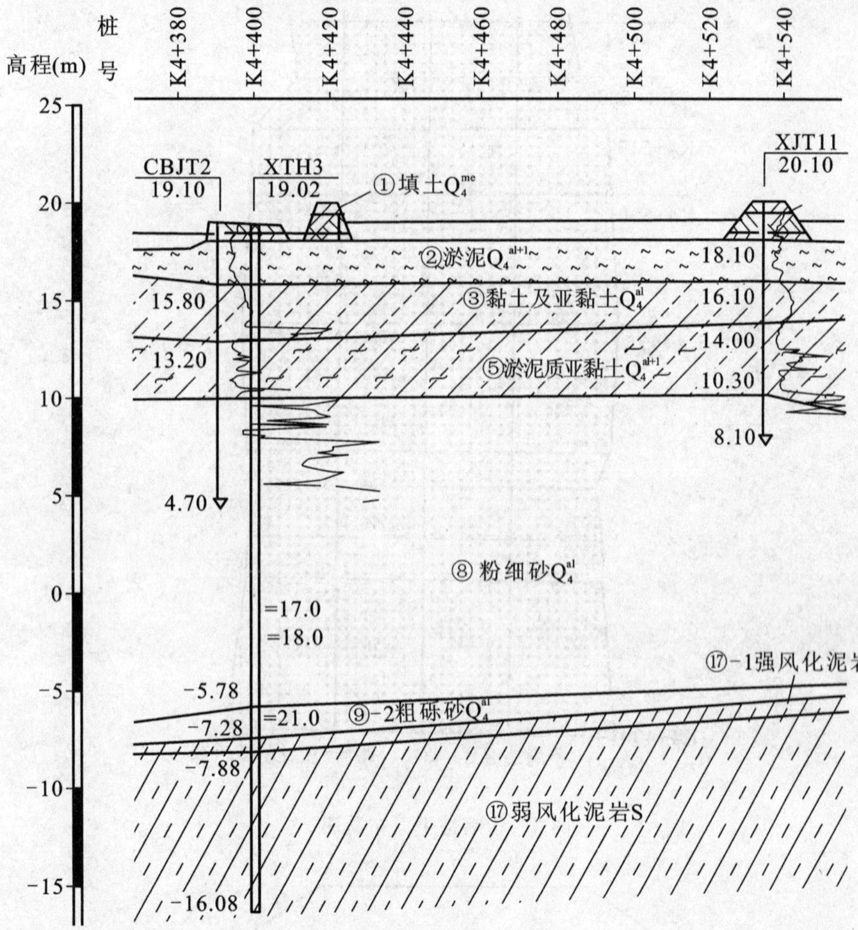

图 1　地质情况图

（二）地基处理方案

针对 K4＋400～k4＋534 段软土特点，采用了粉喷桩处理软基，并辅以土工格栅加筋，处理后形成桩土复合地基。

软基处理段落长 239 m，宽度约 75 m，梅花形布置，间距 1.8 m，粉喷桩直径 50 cm，桩长 11 m，桩顶铺两层碎石垫层（每层 30 cm 厚），铺两层土工格栅。粉喷桩桩顶高程＋19.5 m，桩底高程＋8.5 m，桩底端伸入粉细砂土层中。粉喷桩平面布置图、横断面布置示意图如图 2 和图 3 所示。

粉喷桩加固料采用 32.5 普通硅酸盐水泥，由于本段软土含水量≤50％，则水泥用量为 50 kg/m。粉喷桩强度及承载力设计参数：28 天龄期取芯强度 R28 大于 0.8 MPa，90 天龄期取芯强度 R90 大于 1.2 MPa，90 天做静荷载试验，单桩承载力大于 140 kPa，复合地基承载力大于 120 kPa。

土工格栅：最大负荷延伸率＜10％，抗拉强度＞40 kN/m。

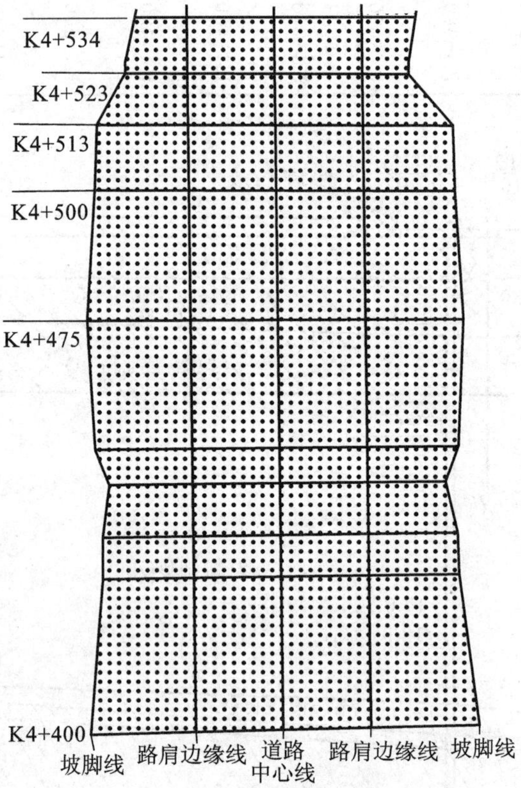

图 2　粉喷桩平面布置图

图 3　粉喷桩横断面布置示意图

（三）施工工艺

粉喷桩施工工艺：场地清理（抽水、清淤、整平，回填 30 cm 厚黏土并夯实）→测量放样→粉体喷射搅拌机就位→预搅下沉→喷粉、搅拌、提升→重复搅拌下沉→重复搅拌提升→关闭搅拌机械，移动机械到下一点位。

土工格栅及碎石垫层施工工艺：全部粉喷桩施工完毕后，铺 30 cm 厚碎石垫层并压实→铺土工格栅→再铺一层 30 cm 厚碎石垫层并压实→再铺一层土工格栅。

注意事项：

(1) 土工格栅下 5～8 cm 厚度内的碎石垫层应用细砂置换，以防土工格栅受损，边缘处土工格栅回裹 1 m。

(2) 为了确定各种操作技术参数，粉喷桩施工前施工单位必须考虑到不同的地质情况，根据室内配比进行工艺性试桩，试桩应达到下列要求：

满足设计水泥喷入量的各种技术参数。钻进速度：参考值 $V \leqslant 1.5$ m/min；平均提升速度：参考值 $V_p \leqslant 0.8$ m/min；搅拌速度：参考值 $R \approx 30$ r/min；钻进、复搅与提升时管道压力：0.1 MPa $\leqslant P \leqslant$ 0.2 MPa；喷灰时管道压力：0.25 MPa $\leqslant P \leqslant$ 0.40 MPa。

成桩试验的桩数不宜少于 5 根。

(3) 粉喷桩施工完一个月后，才能进行上部路堤填筑。且路堤填筑过程中，应严格控制填土速度，以免填土过快造成地基破坏。一般每填一层，应进行一次沉降监测。控制标准为：路堤中心线地面沉降速率每昼夜不大于 1 cm，坡脚水平位移速率，每昼夜不大于 0.5 cm。粉喷桩处理后的地基能承受的最大加载速度一般为 1.96 kPa/d，即 10 cm/d。

(四) 处理效果

采用粉喷桩处理后，工后沉降量为 13 cm，达到设计要求；复合地基承载力也达到设计要求。

小　结

本情境主要介绍了如下内容：

(1) 人工地基分类。

(2) 垫层的作用、设计方法、施工要点。

(3) 排水固结法原理、构造、施工工艺。

(4) 强夯法加固机理、设计参数、施工步骤。

(5) 挤密法加固原理、构造、施工方法。

(6) 深层搅拌法加固原理、设计要点、施工方法。

思考题

1. 什么叫软弱地基？
2. 人工地基分哪几类？
3. 换填法中垫层的作用有哪些？
4. 排水固结法加固地基的原理是什么？袋装砂井法施工步骤有哪几步？
5. 粉喷桩的施工步骤有哪几步？

情境四　桩基础工程施工

学习目标

1. 掌握预制沉桩施工工艺。
2. 掌握泥浆护壁钻孔灌注桩施工工艺。
3. 掌握人工成孔灌注桩施工工艺。
4. 掌握基桩的检验方法。

当地基浅层土质较差，持力土层埋藏较深，荷载较大时；桥位所处河床冲刷大，采用浅基础施工困难或不安全时；桥梁结构对不均匀沉降敏感时；施工水位过高，为了避免水下施工时；桥位处于地震区时可采用桩基础。

按承台位置的高低分，可分为高承台桩基础和低承台桩基础；按承载性状分类，可分为摩擦桩和端承桩；按成桩方法分类，可分为非挤土桩[包括干作业法钻（挖）孔灌注桩、泥浆护壁法钻孔灌注桩、套管护壁法钻孔灌注桩]、部分挤土桩（包括冲孔灌注桩、挤扩孔灌注桩、预钻孔沉桩、敞口预应力混凝土管桩）、挤土桩（包括锤击、静压、振动沉入的预制桩及闭口预应力混凝土管桩等）。

在施工中，应该依据地质条件、设计荷载、施工设备、工期限制及对附近建筑物产生的影响等来选择桩基的施工方法。预制沉入桩、钻孔灌注桩和挖孔灌注桩应用最为广泛，本章就这三种桩基础的施工方法作一介绍。

单元一　预制沉入桩施工

一、沉入桩的类型

沉入桩所用的基桩主要为预制的钢筋混凝土桩和预应力混凝土桩。截面形式常用的有实心方桩和空心管桩两种。管桩一般由工厂以离心成型法制成。近年来发展的 PHC 高强预应力混凝土管桩已在工程上广泛应用。制作钢筋混凝土桩和预应力混凝土桩时应执行《公路桥涵施工技术规范》。此外，还应注意以下事项：

（1）钢筋混凝土桩内的纵向主钢筋如需接头时，应采用对焊接头；

（2）螺旋筋或箍筋必须箍紧主筋，与主筋交接处应用点焊焊接或用铁丝扎结牢固；

（3）预应力混凝土的纵向主筋采用冷拉钢筋且需焊接时，应在冷拉前采用闪光接触对焊焊接；

(4) 桩长用法兰盘连接时,法兰盘应对准位置焊接在钢筋或预应力钢筋上;对先装法预应力混凝土桩,法兰盘应先焊接在预应力钢筋上,然后进行张拉;

(5) 混凝土应由桩顶向桩尖方向连续灌注,不得中断;

(6) 桩的钢筋骨架(包括预应力钢筋骨架)允许偏差应符合相关规定。

二、沉入桩的施工方法

沉入桩的常用施工方法有:锤击沉桩、静力压桩和振动沉桩等。

(一) 锤击沉桩

锤击沉桩是利用桩锤下落时的瞬时冲击机械能,克服土体对桩的阻力,使其静力平衡状态遭到破坏,导致桩体下沉,达到新的静压平衡状态,如此反复地锤击桩头,桩身也就不断地下沉。锤击沉桩是预制桩最常用的沉桩方法。该法施工速度快,机械化程度高,适应范围广,现场文明程度高,但施工时有挤土、噪音和振动等公害,对在城市中心和夜间施工有所限制。

锤击沉桩一般适用于中密砂类土、黏性土。由于锤击沉桩依靠桩锤的冲击能量将桩打入土中,因此一般桩径不能太大(不大于 0.6 m),入土深度在 40 m 左右,否则对沉桩设备要求较高。沉桩设备是桩基施工的质量与成败的关键,应根据土质、工程量、桩的种类、规格、尺寸、施工期限、现场水电供应等条件选择。

1. 施工设备

锤击沉桩的主要设备有桩锤、桩架及动力装置三部分。沉桩设备如图 4.1.1 所示。在选择打桩设备时,应根据土壤的性质、工程的大小、桩的种类、施工期限、动力供应条件和现场情况综合确定。

(1) 桩架:主要由底盘、导向杆、斜撑、滑轮组等组成。桩架的作用是将桩吊到打桩位置,并在打桩过程中引导桩的方向,保证桩锤能沿要求的方向冲击。桩架应能前后左右灵活移动,以便对准桩位。

(2) 桩锤:是对桩施加冲击力,将桩打入土中的机具。施工中常用的桩锤有落锤、单动汽锤、双动汽锤、柴油桩锤和振动桩锤。选择桩锤应根据地质条件、桩的类型、桩身结构强度、桩的长度、桩群密集程度以及施工条件等因素来确定,其中尤以地质条件影响最大。土的密实程度不同所需桩锤的冲击能量可能相差很大。实

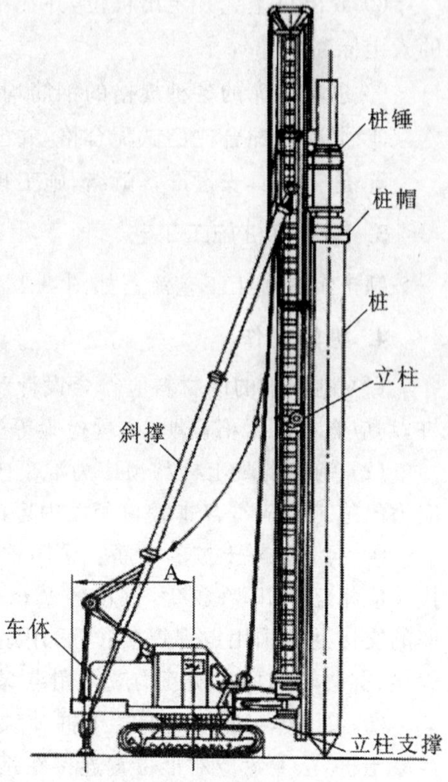

图 4.1.1　沉桩设备

践证明：当桩锤重大于桩重的1.5～2倍时，能取得较好的效果。

（3）动力装置取决于所用的桩锤，由驱动桩锤及卷扬机用的动力设备组成。

2. 锤击沉桩施工准备

（1）技术准备：

① 根据地质资料、环境条件、施工图纸及标准规范，编制沉桩施工方案。

② 完成工程测量控制点的定位、移交、复核工作。

③ 确定工程材料、机具、劳动力的需求量。

④ 完成进场材料的取样复检及混凝土的试配工作。

⑤ 组织施工人员进行技术、质量、安全、环境等各方面的交底工作。

⑥ 完成打桩试验，检验设备和工艺是否符合要求。按照规范的规定，试桩不得少于两根。

（2）材料准备：与钢筋混凝土基础或地下连续墙的材料准备要求相同。

（3）机具准备：在钢筋混凝土基础的机具准备的基础上，增加锤击沉桩机械设备。

（4）作业条件准备：

① 基础处地上、地下障碍物已处理完毕，且已对场地进行平整压实。

② 放出桩基线并定出桩位，并在不受打桩影响的适当位置设置水准点，以便控制桩的入土标高。

③ 进场入库的各种规格的钢筋均已分批检验合格。

④ 混凝土配合比已试配合格，并已换算确定了施工配合比。

⑤ 施工机具安设准备就绪，施工现场道路及水、电管线畅通。

3. 锤击沉桩施工工艺

锤击沉桩施工工艺流程如图4.1.2所示。

4. 桩的制作

（1）制作桩的原材料应符合设计和本教材相关内容的规定。外购或自行制作的成品桩，均应有出厂合格证明、质量检验等资料。

（2）钢筋混凝土桩和预应力混凝土桩制作时，预制场的设置、模板、钢筋、混凝土和预应力的施工除应符合本教材相关内容的规定外，尚应符合下列规定：

① 钢筋混凝土桩的主筋宜采用整根钢筋，如需接长时，宜采用对焊连接或机械连接，接头应相互错开，在桩尖、桩顶各2 m长范围内的主筋不应有接头。箍筋或螺旋筋与纵筋的交接处宜采用点焊焊接；当采用矩形绑扎筋时，箍筋末端应为135°弯钩或90°弯钩加焊接；桩两端的加密箍筋均应采用点焊焊成封闭箍筋。

② 采用焊接连接的混凝土桩，应按设计要求准确预埋连接钢板。采用法兰盘连接的混凝土桩，法兰盘应对准位置连接在钢筋或预应力筋上；先张法预应力混凝土桩采用法兰盘连接时，应先将法兰盘连接在预应力筋上，然后再进行张拉；法兰盘应保证焊接质量。

③ 预制桩钢筋骨架的施工质量应符合表4.1.1的规定。

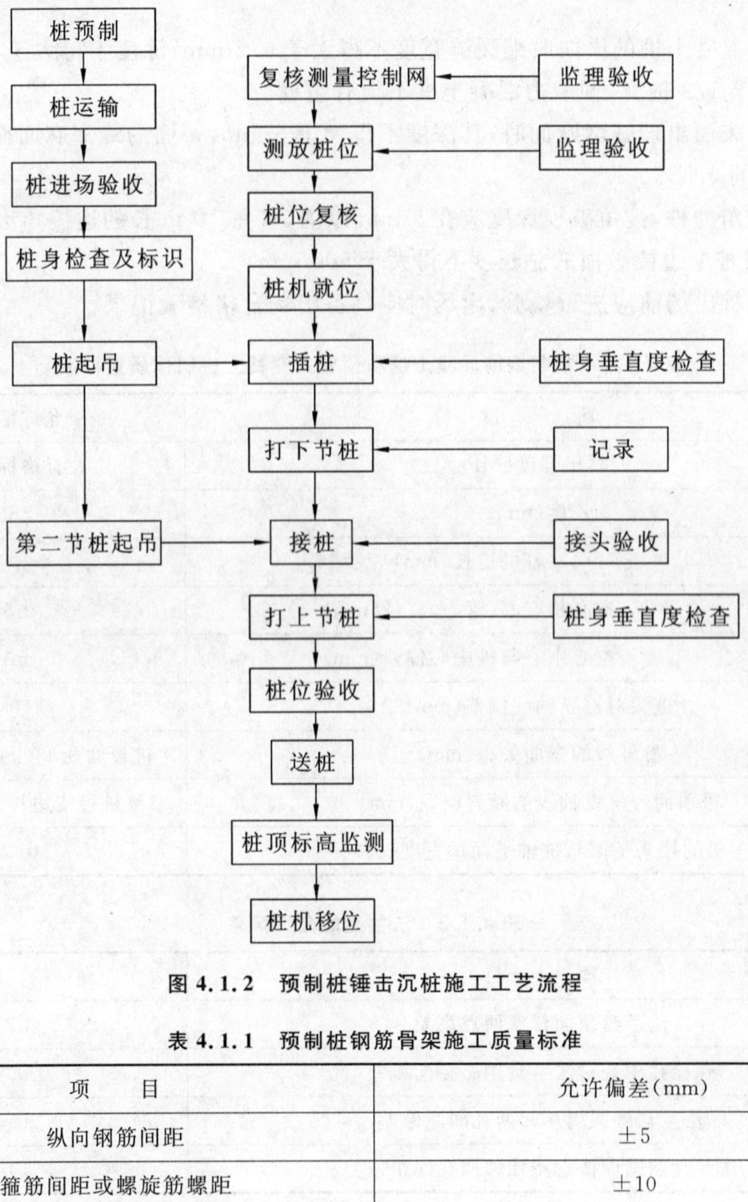

图 4.1.2　预制桩锤击沉桩施工工艺流程

表 4.1.1　预制桩钢筋骨架施工质量标准

项　　目	允许偏差(mm)
纵向钢筋间距	±5
箍筋间距或螺旋筋螺距	±10
纵向钢筋保护层厚度	±5
桩顶钢筋网片位置	±5
桩尖纵向钢筋位置	±5

④ 每根或每一节桩的混凝土应由桩顶向桩尖方向连续浇筑,不得留施工缝。混凝土浇筑完毕后,应及时覆盖养护,并应在桩上标明编号、浇筑日期和吊点位置,同时应填写制桩记录。

(3) 预制钢筋混凝土桩和预应力混凝土桩的制作质量应符合表 4.1.2 的规定;采用法兰盘接头的预制桩,其法兰盘制成后的允许偏差应符合表 4.1.3 的规定。同时应符合下列规定：

① 钢筋混凝土桩的横向收缩裂缝宽度不得大于 0.2 mm，深度不得大于 20 mm，裂缝长度不得大于 1/2 桩宽；预应力混凝土桩不得有裂缝。

② 桩的表面出现蜂窝麻面时，其深度不得大于 5 mm，每面的蜂窝麻面面积不得超过该面总面积的 0.5%。

③ 有棱角的桩，棱角破损深度应在 5 mm 以内，且每 10 m 长的边棱角上只能有 1 处破损，在 1 根桩上边棱破损的总长度不得大于 500 mm。

④ 预制桩出场前应进行检验，出场时应具备出场合格检验记录。

表 4.1.2 预制钢筋混凝土桩和预应力混凝土桩制作质量标准

项目		允许偏差
混凝土强度(MPa)		在合格标准内
长度(mm)		±50
横断面	桩的边长(mm)	±5
	空心桩空心(管心)直径(mm)	±5
	空心中心与桩中心偏差(mm)	±5
桩尖对桩纵轴线偏差(mm)		10
桩轴线的弯曲矢高(mm)		桩长的 0.1%，且不大于 20
桩顶面与桩纵轴线的倾斜偏差(mm)		1%桩径或边长，且不大于 3
桩的接头平面与桩轴平面垂直度(%)		0.5

表 4.1.3 法兰盘的允许偏差

项目	允许偏差(mm)
法兰盘顶面任意两点高差	≤2
螺栓孔中心对法兰盘中心径向偏差	±0.5
法兰盘顺圆周相邻两孔间距偏差	±0.5
法兰盘顺圆周任意不相邻两孔间距偏差	≤1

(4) 先张法预应力混凝土管桩的制作应符合现行国家标准《先张法预应力混凝土管桩》(GB 13476—2009)的规定；后张法预应力混凝土大直径管桩的制作应符合现行行业标准《港口工程桩基规范》(JTJ 254—1998)的规定。预制管节的允许偏差应符合表 4.1.4 的规定；用于水上沉没的大直径管桩宜在预制场内按设计桩长拼接成整根长桩，拼接后管桩的允许偏差应符合表 4.1.5 的规定。

(5) 钢管桩的制作应符合下列规定：

① 制作钢管桩的材料应符合设计要求，并应有出厂合格证明和质量检验报告。钢管桩的分节长度应满足桩架的有效高度、制作场地条件、运输与装卸能力等要求。

表 4.1.4　预制管节允许偏差

项　目	允许偏差(mm)	项　目	允许偏差(mm)	项　目	允许偏差(mm)
管节外周长	+15，−5	管节壁厚	+10，−0	管壁端面倾斜	δ/100
				管节椭圆度	不大于 5
管节长度	±3	管节端面倾斜	d/1000	预留孔直径	±3

注：d 为管节直径；δ 为管壁厚度。

表 4.1.5　拼接后管桩的允许偏差

项目	允许偏差	项目	允许偏差
管桩长度(mm)	±100	接头处错开(mm)	6
桩顶倾斜(%)	<0.5d	拼接处弯曲矢高(mm)	8

注：d 为管桩直径。

② 钢管桩可采用成品钢管或自制钢管，焊接钢管的制作工艺应符合相应规范的规定。对焊接钢管的管节制作，管节外形尺寸的允许偏差应符合表 4.1.6 的规定。管节对口拼装时，相邻管节的焊接应错开 1/8 周长以上，相邻管节的管径允许偏差和板边高差应符合表 4.1.7 的规定。

表 4.1.6　管节外形尺寸的允许偏差

偏差部位	允许偏差(mm)
周长	±0.5%周长，且不大于 10
管端椭圆度	0.5%D，且不大于 5
管端平整度	2
管端平面倾斜	小于 0.5%D，且不大于 4

注：D 为管外径。

表 4.1.7　相邻管节管径和对口板边的允许偏差

管径(mm)	相邻管节管径允许偏差(mm)	板厚(mm)	对口的板边高差 Δ(mm)
≤700	≤2	δ≤10	<1.0
>700	≤3	10<δ≤20	<2.0
		δ>20	<δ/10，且不大于 3

③ 钢管桩的防腐处理应符合设计要求及现行行业标准《公路桥梁钢结构防腐涂装技术条件》(JT/T 722—2005)的规定。

(6) 钢管桩的焊接应符合设计要求，设计未要求时，除应符合《公路桥涵施工技术规范》(JTG/T F50—2011)第 19 章钢桥的相关规定外，尚应符合下列规定：

① 焊接前，应将焊缝上下 30 mm 范围内的铁锈、油污、水和杂物清除干净，并应将焊丝、焊条和焊剂烘干。

② 管节拼装所用的辅助工具(如夹具等)不应妨碍管节焊接时的自由伸缩。

③ 焊接定位点和施焊应对称进行。露天焊接时,应考虑由于阳光照射所造成的桩身弯曲。当环境温度低于－10 ℃时不宜焊接。

④ 钢管桩应采用多层焊,焊完每层焊缝后,应及时清除焊渣,并做外观检查,每一层焊缝均应错开。

⑤ 焊缝外观的允许偏差应符合表 4.1.8 的规定;钢管桩成品外形尺寸的允许偏差应符合表 4.1.9 的规定。

表 4.1.8 焊缝外观允许偏差

缺陷名称	允许偏差
咬边(mm)	深度不超过 0.5,累计总长度不超过焊缝长度的 10%
超高(mm)	3
表面裂缝、未熔合、未焊透	不允许
弧坑、表面气孔、夹渣	不允许

表 4.1.9 钢管桩外形尺寸的允许偏差

项目	允许偏差(mm)
桩长	＋300,－0
桩纵轴线的弯曲矢高	桩长的 0.1%,且不大于 30

5. 桩的吊运、存放和运输

(1) 钢筋混凝土桩和预应力混凝土桩的吊运、存放和运输应符合下列规定:

①. 桩在厂(场)内吊运时,桩身混凝土强度应符合设计规定,否则应经验算,确认不会对桩身混凝土产生损伤时方可进行。吊桩时桩身上的吊点位置距设计规定位置的允许偏差不应超过±20 mm,并应使各吊点同时均匀受力;吊点处应采取适当措施进行保护,避免绳扣或桩角对它的损伤。

② 桩的存放场地应平整、坚实,不应有不均匀沉降,且场地应有防排水设施。堆放时应设置垫木,支垫位置宜按设计吊点位置确定,其偏差不宜超过 200 mm;多层堆放时,各层垫木应位于同一垂直面上,且层数不宜超过 3 层。

③ 桩在运输时,应采用多支垫堆放,垫木应均匀放置且其顶面应在同一平面上;桩的堆放形式应使装载工具在装卸和运输过程中保持平稳。采用驳船装运时,对桩体应采取加撑和系绑等措施,防止在风浪的影响下发生倾斜;对管桩应采用特殊支架进行固定,防止其滚动和坠落。

(2) 钢管桩的吊运、存放和运输应符合下列规定:

① 吊运时吊点的位置应符合设计规定。

② 钢管桩应按不同规格分别堆放,堆放的形式和层数应安全可靠,并应避免产生纵向变形和局部压曲变形;长期存放时,应采取防腐蚀等保护措施。

③ 钢管桩在运输时，宜放置在半圆形专用支架上，必要时应采用缆索紧固；采用船舶装运多根不同规格的桩时，应考虑沉桩顺序的要求。

④ 钢管桩在吊运、存放和运输过程中，应采取适当措施，防止对其产生碰撞或摩擦而导致防腐涂料划伤、管身变形和其他损伤。

6. 试桩与桩基承载力

(1) 除一般的中、小桥沉桩工程，其地质不复杂并有可靠的数据和实践经验，可不进行试桩外，其他沉桩工程均应在施工前进行工艺试桩和承载力试桩，确定沉桩的施工工艺、技术参数和检验桩的承载力。

(2) 试桩的数量不宜少于两根，且应有钻探资料；试桩的规格应与工程桩一致，所用船机应与正式施工时相同。试桩试验办法见《公路桥涵施工技术规范》(JTG/T F50—2011)附录E。

(3) 特大桥和地质复杂的大、中桥，宜采用静压试验方法确定单桩容许承载力；一般大、中桥的试桩，可采用静载试验法，在条件适宜时，亦可采用可靠的动力检测法；锤击沉入的中、小桥试桩，在缺乏上述试验条件时，可结合具体情况，选用适当的动力公式计算单桩容许承载力。当确定的单桩容许承载力不能满足设计要求时，应会同监理和设计单位研究处理。

7. 沉桩

(1) 确定桩位和沉桩顺序

① 根据设计图纸编制工程桩测量定位图，并保证轴线控制点不受打桩时振动和挤土的影响，保证控制点的准确性。

② 工程桩在施工前，应根据施工桩长，在匹配的工程桩或桩架上画出以米为单位的长度标记，并按从下至上的顺序标明桩的长度，以便观察桩入土的深度及记录每米沉桩锤击数。

③ 沉桩顺序：沉桩顺序应根据现场地形条件、土质情况、桩距大小、斜桩方向、桩架移动的方便等来决定。同时应考虑使桩入土深度相差不大，土壤均匀挤密。

当基坑不大时，打桩应逐排打设或从中间开始分头向四周或两边进行；对于密集桩群，从中间开始分头向四周或两边对称施打；当一侧毗邻建筑物时，由毗邻建筑物处向另一方向施打；当基坑较大时，宜将基坑分为数段，然后在各段范围内分别施打，但打桩应避免自外向内或从周边向中间进行，以避免中间土体被挤密，桩难以打入；或勉强打入，但使邻桩侧移或上冒。

对基础标高不一的桩，宜先深后浅；对不同规格的桩，宜先大后小，先长后短，可使土层挤密均匀，以防止位移或偏移。

(2) 桩机就位：桩机就位前，场地必须平整。在软土地基中，为防止不均匀沉降，保证打桩机施工安全，宜采用厚度2～3 cm的钢板铺设在桩机履带板下，钢板宽度比桩机宽2 m左右，保证桩机行走和打桩的稳定性。

桩机行走时，应将桩锤放置于桩架中下部，以桩锤导向脚不伸出导杆末端为准。

(3) 吊桩喂桩和校正：吊桩喂桩，一般利用桩架附设的起重钩和桩机上的卷扬机吊桩就位，或配一台起重机吊桩就位，并用桩架上夹具或桩帽固定位置，调整桩身、桩锤、桩帽的中心线重合，使插入地面时桩身的垂直度偏差不大于 0.5%。

(4) 打桩：正常打桩宜采用“重锤低击，低锤重打”，可取得良好效果。

打第一节桩时必须采用桩锤自重、冷锤(不挂档位)或短距轻击将桩徐徐打入，直至桩身沉到某一深度不动为止；同时，用仪器观察桩的中心位置和角度，必要时，宜拔出重插，直至满足设计要求，确认无误后，再转为正常施打。

(5) 接桩：在一个墩、台桩基中，同一水平面内的桩接头数不得超过基桩总数的 1/4，但采用法兰盘按等强度设计的接头，可不受此限制；尽量避免桩尖落在厚黏性土层中接桩。

常用的接桩方法有：焊接法、法兰螺栓连接法、硫磺胶泥锚接等几种。前两种适用于各种土层，硫磺胶泥锚接适用于软土层。

(6) 桩的入土深度的控制，对于承受轴向荷载的摩擦桩，以标高为主，贯入度作为参考；端承桩则以贯入度为主，以标高作为参数。

(7) 施工时，应该做好施工记录；同时还应注意观察打桩入土的速度、打桩架的垂直度、桩锤回弹情况、贯入度变化情况等，发现异常，应立即通知有关单位和人员及时处理。

(8) 停锤控制标准：

① 设计桩尖标高处为硬塑黏性土、碎石土、中密以上的砂土或风化岩等土层时，根据贯入度变化并对照地质资料，确认桩尖已沉入该土层，贯入度达到控制要求。

② 当贯入度已达到控制要求，而桩尖标高未达到设计标高时，应继续锤入 0.10 m 左右(或还击 30～50 次)，如无异常变化即可停锤；若桩尖标高比设计标高高得多时，应报有关部门研究确定。

③ 设计桩尖标高处为一般黏性土或其他松软土层时，应以标高控制，贯入度作为校核。当桩尖已达设计标高，而贯入度仍较大时，应继续锤击，使其接近控制贯入度。

④ 在同一桩基中，各桩的最终贯入度应大致接近，而沉入深度不宜相差过大，避免基础产生不均匀沉降。如因土质变化太大，致使各桩贯入度或沉桩深度相差过大时，应报有关部门研究，另行制订停锤标准。对于特殊设计的桩，桩尖设计标高有高差时(如拱桥的桥台桩等)，应按设计要求处理。

(9) 从沉桩开始时起，应严格控制桩位及竖桩的竖直度或斜桩的倾斜度。在沉桩过程中，不得采用顶、拉桩头或桩身办法来纠偏，以防桩身开裂并增加桩身附加弯矩。

8. 事故处理

在施工的过程中，由于地质构造以及施工期间各种因素的影响，常有事故发生。事故发生后应及时确认事故类型，采取补救措施，以减少损失，保证工程质量。

(1) 桩顶位移或上升涌起：在沉桩过程中，相邻的桩产生横向位移或桩身上涌时，可拔起管桩，用钎或洛阳铲探明地下障碍物，较浅的障碍物挖除，深的障碍物用钻钻透或爆碎；对桩要吊线检查，桩不正直，桩尖不在桩纵轴线上时不宜使用；一节桩的细长比不宜超过 40；钻孔插桩：钻孔必须垂直，垂直偏差应在 1%以内，插桩时，桩应顺孔插入，不得歪斜；打桩注意打桩顺序，同时避免打桩期间同时开挖基坑，一般宜间隔 14 d，以消散孔隙压力，避免桩位移或涌起；在饱和土中沉桩，采用井点降水、砂井或挖沟降水或排水措施；位移过大，应拔出，移位再打；位移不大，可用木架顶正，再慢锤打入；障碍物不深，可挖去回填后再打；涌起量大的桩应重新打入。

(2) 桩身倾斜：当桩身垂直度偏差过大时，应检查安设桩架的场地是否平整，打桩机底盘是否保持水平；导杆应吊线保持垂直；稳桩时桩应垂直，桩帽、桩锤和桩三者应在同一垂线上；桩制作时应控制桩身弯曲度不大于1%；桩顶应与桩纵轴线保持垂直；桩尖偏离桩纵轴线过大时不宜使用。

(3) 桩头击碎：打桩时，若桩顶出现混凝土掉角，碎裂，坍塌或被打坏；桩顶钢筋局部或全部外露的情况，应在沉桩前，对桩构件进行检查，如桩顶不平或不垂直于桩轴线，应修补后才能使用；检查桩帽与桩的接触面处及桩帽垫木是否平整等，如不平整应进行处理后方能开打；沉桩时，稳桩要垂直；桩顶应加草垫、纸袋或胶皮等缓冲垫，如发现损坏，应及时更换；如桩顶已破碎，应更换或加垫桩垫，如破碎严重，可把桩顶剔平补强，必要时加钢板箍，再重新沉桩；遇砂夹层或大块石，可采用小钻孔再插预制桩的办法施打。

(4) 桩身断裂：沉桩时，桩身突然倾斜错位，贯入度突然增大，同时当桩锤跳起后，桩身随之出现回弹。应检查桩外形尺寸，发现弯曲超过规定或桩尖不在桩纵轴线上时，不得使用；沉桩过程中，发现桩不垂直，应及时纠正，或拔出重新沉桩；接桩要保持上下节桩在同一轴线上；桩在堆放、起吊、运输过程中，应严格按操作规程操作，发现桩不符合有关验收规定时不得使用；若已断桩，应及时联系设计院，采取补桩措施。

(5) 接头松脱、开裂：接桩处经锤击后，出现松脱、开裂等现象。接桩前，应将连接表面杂质、油污清除干净；接桩时，两节桩应在同一轴线上，预埋连接件应平整服帖，连接好后，应锤击几下再检查一遍，如发现松脱、开裂等现象，应采取补救措施，如重接、补焊。

(6) 沉桩达不到设计控制要求：沉桩未达到设计标高，或最后沉入度未达到控制指标的要求。此时应探明地下障碍物，并清除掉，或钻透或爆碎；在晚更新世的近代砂层沉桩，注意打桩次序，减少向一侧挤密的现象；打桩应连续打入，不宜间歇时间过长；防止桩顶打碎和桩身打断，措施同“桩顶破碎”、“桩身断裂”防治措施。

(7) 桩急剧下沉：桩下沉速度过快，超过了正常值。遇软土层或土洞应进行补桩或填洞处理；沉桩前检查桩垂直度和有无裂缝情况，发现弯曲或裂缝，应换桩处理后再沉桩；落锤不要过高，将桩拔起检查，改正后重打，或靠近原桩位作补桩处理。

(8) 桩身跳动，桩锤回弹：若发现桩反复跳动，不下沉或下沉很慢，或者出现桩锤回弹，此时应先检查原因，穿过或避开障碍物；桩身弯曲如超过规定，不得使用；接桩长度不应超过40d(d为桩径)，操作时注意落锤不应过高；如入土不深，应将桩拔起并避开原位置或换桩重打。

(二) 静力压桩

静力压桩包括锚杆静力压桩和机械静力压桩等非冲击力沉桩。

1. 锚杆静力压桩

锚杆静力压桩法，是近年来开发的一项基础加固新技术，在已有构筑物基础加固以及新建工程中得到较为广泛的应用，取得了良好的技术经济效益。

(1) 基本原理与性能

锚杆静压法沉桩，系利用构筑物的自重作为压载，先在基础上开凿出压桩孔和锚杆孔，然后埋设锚杆或在新建构筑物基础上预留压桩孔预埋钢锚杆，借锚杆反力，通过反力架，用液压压桩机将钢筋混凝土预制短桩逐段压入基础中开凿或预留的桩孔内，当压桩力达到桩的设计承载力的1.5倍和满足设计桩长时，便可认为满足设计要求，再将桩与基础连接在一起，卸去液压压桩机后，该桩便能立即承受上部荷载，从而可减小地基土的压力，及时阻止构筑物继续产生不均匀沉降。

锚杆静压装置如图4.1.3所示；锚杆静力压桩时的力系平衡如图4.1.4所示。

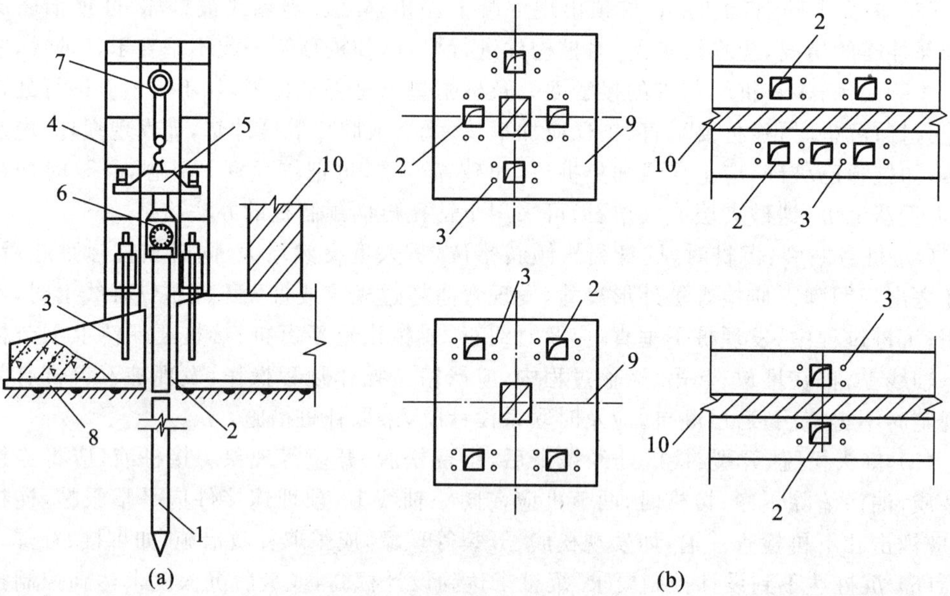

图4.1.3 锚杆静压法沉桩装置

(a)静压桩装置；(b)压桩孔与锚杆孔位置

1—桩；2—压桩孔；3—锚杆；4—钢结构及反力架；5—活动横梁；

6—千斤顶；7—电动葫芦；8—基础；9—柱基；10—砖墙

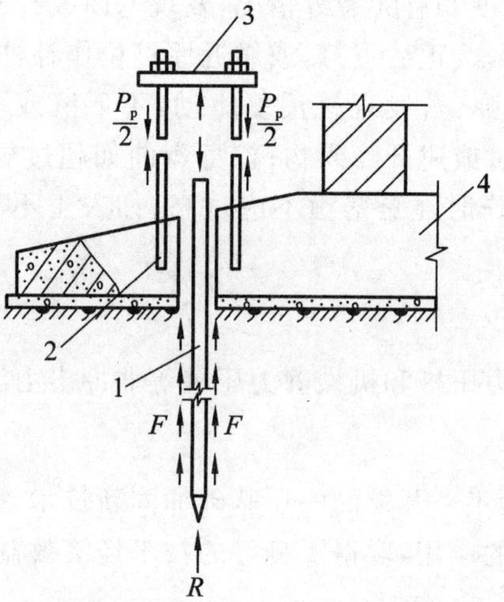

图4.1.4 锚杆静压法沉桩时力系平衡简图

1—桩；2—锚杆；3—反力架；4—基础

R—桩尖阻力；F—桩侧阻力

① 抗拔锚杆的基本性能

锚杆的形式，新浇基础一般采用预埋爪式锚杆螺栓；在旧有基础上，采用先凿孔，后埋设带镦粗头的直杆螺栓；后埋式锚杆与混凝土基础的黏结一般采用环氧树脂或硫磺胶泥砂浆，经固化或冷却后，能承受压桩时很大的抗拔力；锚杆埋深为(8～10)d(d 为锚杆直径)，端部镦粗或加焊钢筋箍，亦可采用螺栓锚杆。

② 压桩阻力与单桩承载力

将桩压入土中时，要克服土体对桩的阻力 P_p，压桩阻力 P_p 由桩侧阻力和桩尖阻力两部分组成，可按式(4.1)计算：

$$P_p = U\sum h_i f_i + Ag_i \tag{4.1}$$

式中　U——桩周长，m；

h_i——各土层的厚度，m；

f_i——各土层的桩侧阻力系数，kPa；

A——桩尖面积，m^2；

g_i——桩尖阻力系数，kPa。

在压桩过程中，由于挤土的作用，在桩周一定范围内出现重塑区，土的黏结力被破坏，土中超孔隙水压力增大，土的抗剪强度大大降低，故此桩侧向摩阻力明显减小，压桩即利用此特性，能用较小的压桩力将桩压入到较深的土层中去，随着时间的推移，超孔隙水压力逐渐消散，土体逐渐压密固结，抗剪强度也随之提高，土的结构强度得到恢复，桩的侧向摩阻力也明显增大。根据实践，当桩力为 1.3～1.5 Pa 时，经 3 周后，黏土的单桩承载力得到明显恢复，其安全度 K 达到 2，可满足设计要求。

(2) 特点及适用范围

锚杆静压桩的特点是：对于加固已沉裂、倾斜的建(构)筑物，可以迅速得到稳定；可在不停产、不搬迁的情况下进行基础托换加固；对于新建工程可与上部建筑同步施工，不占绝对工期；加固过程中无振动、无噪声、无环境污染，侧向挤压小；在压桩过程中可直接测得压桩力和桩的入土深度，可保证桩基质量；施工机具设备结构简单、轻便、移动灵活，操作技术易于掌握，可自行制造，可在狭小空间场地应用；锚杆静压法沉桩受力明确、简便，单桩承载力高(250～300 kN)，加固效果显著；不用大型机具，施工快速(新建工程每台班可压桩 60～80 延长米)，节省加固费用，做到现场文明施工。

可用于处理因桩基承载力不足引起的桩墩下沉。

(3) 机具设备

① YJ-150 型液压压桩机，由反力架、活动横梁、油压千斤顶、高压油泵、电动葫芦等部件组成，压桩力 500 kN，可自行制造。

② 配套机具，包括电焊机、切割机、空气压缩机、风钻、风镐、配制环氧树脂胶泥(砂浆)及熬制硫磺胶泥(砂浆)用的器具等。

(4) 桩段制作要求

桩段采用钢筋混凝土，截面形状为方形，桩的截面边长为 180～300 mm，桩段长一般为 1.0～3.0 m，钢筋采用Ⅰ级钢筋和Ⅱ级钢筋，混凝土强度不小于 C30。桩制作多采用无底模板间隔、重叠法生产，压桩时强度要求达到100%。

(5) 施工要点

① 锚杆静压法沉桩程序是：清理基础顶面覆土→凿压桩孔和锚杆孔→埋设锚杆螺栓→安装反力架→吊桩段就位、进行压桩施工→接桩→压到设计深度和要求的压桩力→封桩、将桩与基础连接→拆除压桩设备。

② 压桩孔可采用风镐或钻机成孔，压桩孔凿成上小下大截头锥形体，以利于基础承受冲剪；锚杆孔可采用风钻或钻机成孔，孔径为ϕ42 mm，深度为10～12倍锚杆直径，并清理干净，使其干燥。

③ 埋设的锚杆应与基础配筋扎在一起，可采用环氧胶泥(砂浆)粘结。环氧胶泥(砂浆)可加热(40℃左右)或冷作业，硫磺砂浆要求热作业，填灌密实，使混凝土与混凝土粘结在一起，采取自然养护16 h以上。

④ 反力架安装应牢固，不能松动，并保持垂直；桩吊入压桩孔后，亦要保持垂直。压桩时，要使千斤顶与桩段轴线保持垂直，并在一条直线上，不得偏压。

⑤ 每沉完一节桩，吊装上一段桩，桩间用硫磺胶泥连接。接桩前应检查插筋长度和插筋孔深度，接桩时应围好套箍，填塞缝隙，倒入硫磺胶泥，再将上节桩慢慢放下，接缝处要求浆液饱满，待硫磺胶泥冷却结硬后才可开始压桩。

⑥ 压桩施工应对称进行，防止基础受力不平衡而导致倾斜；几台压桩机同时作业时，总压桩力不得大于该节点基础上的建筑物自重，防止基础被抬起。

⑦ 压桩应连续进行，不得中途停顿，以防因间歇时间过长使压桩力骤增，造成桩压不下去或把桩头压碎等质量事故。

⑧ 封桩必须认真进行，应砍去外露桩头，清除桩孔内的泥水杂物，清洗孔壁，焊好交叉钢筋，湿润混凝土连接面，浇筑C30微膨胀早强混凝土并加以捣实，使桩与桩基承台结合成整体，湿养护7 d以上。

2. 机械静压桩施工

静力压桩是通过静力压桩机的压桩机构，以压桩机自重和桩机上的配重作反力而将预制钢筋混凝土桩分节压入地基土层中成桩。

其特点是：桩机全部采用液压装置驱动，压力大，自动化程度高，纵横移动方便，运转灵活；桩定位精确，不易产生偏心，可提高桩基施工质量；施工无噪声、无振动、无污染；沉桩采用全液压夹持桩身向下施加压力，可避免锤击应力，打碎桩头，桩截面可以减小，混凝土强度等级可降低1～2级，配筋比锤击法可省40%；效率高，施工速度快，压桩速度每分钟可达2 m，正常情况下每台班可压15根，比锤击法可缩短工期1/3；压桩力能自动记录，可预估和验证单桩承载力；施工安全可靠，便于拆装维修，运输等。但存在压桩设备较笨重，要求边桩中心到已有建筑物间距较大，压桩力受一定限制，挤土效应仍然存在等问题。

该方法适用于软土、填土及一般黏性土层中应用，特别适合于居民稠密及危房附近环境保护要求严格的地区沉桩；但不宜用于地下有较多孤石、障碍物或有4 m以上硬隔离层的情况。

(1) 静压法沉桩机理

静压预制桩主要应用于软土、一般黏性土地基。在桩压入过程中，以桩机本身的重量

(包括配重)作为反作用力,以克服压桩过程中的桩侧摩阻力和桩端阻力。当预制桩在竖向静压力作用下沉入土中时,桩周土体发生急速而激烈的挤压,土中孔隙水压力急剧上升,土的抗剪强度大大降低,从而使桩身很快下沉。

(2) 压桩机具设备

静力压桩机分机械式和液压式两种。前者由桩架、卷扬机、加压钢丝绳、滑轮组和活动压梁等部件组成,施压部分在桩顶端面,施加静压力为 600～2000 kN。这种桩机设备高大笨重,行走移动不便,压桩速度较慢,但装配费用较低,目前只有少数地区还在用这种设备;后者由压拔装置、行走机构及起吊装置等组成(图 4.1.5),采用液压操作,自动化程度高,结构紧凑,行走方便快速,施压部分不在桩顶面,而在桩身侧面,它是当前国内较广泛采用的一种新型压桩机械。

国内常用的有 YZY 系列和 ZYJ 系列液压静力压桩机。

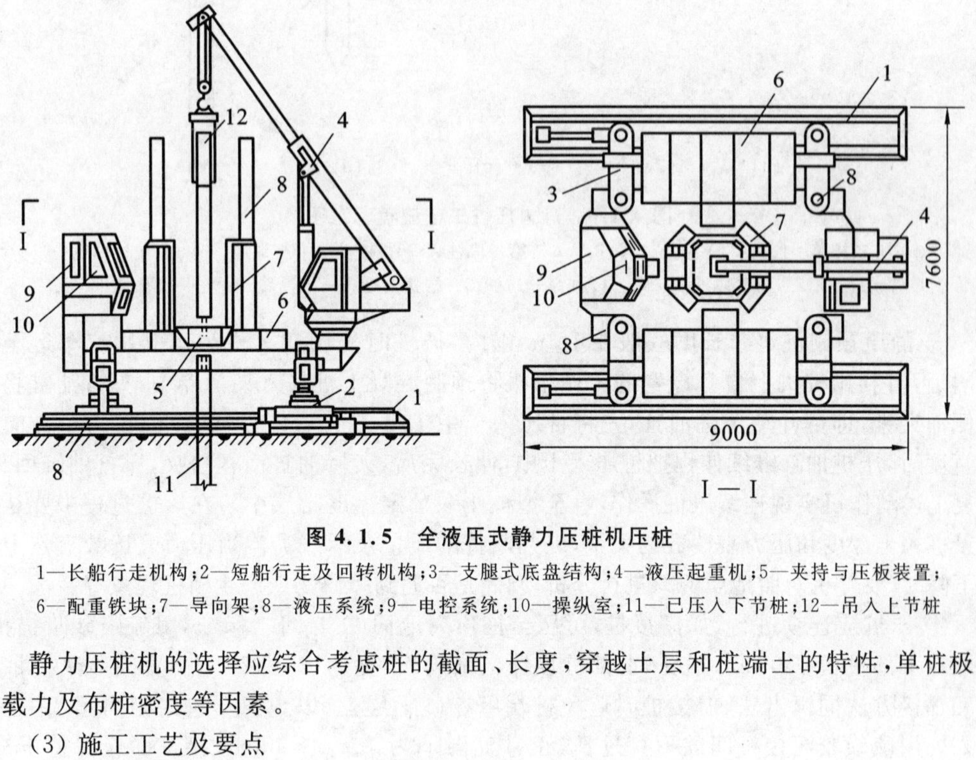

图 4.1.5　全液压式静力压桩机压桩

1—长船行走机构;2—短船行走及回转机构;3—支腿式底盘结构;4—液压起重机;5—夹持与压板装置;6—配重铁块;7—导向架;8—液压系统;9—电控系统;10—操纵室;11—已压入下节桩;12—吊入上节桩

静力压桩机的选择应综合考虑桩的截面、长度,穿越土层和桩端土的特性,单桩极限承载力及布桩密度等因素。

(3) 施工工艺及要点

① 静压预制桩的施工,一般都采取分段压入、逐段接长的方法。

其施工程序为:测量定位→压桩机就位→吊桩、插桩→桩身对中调直→静压沉桩→接桩→再静压沉桩→送桩→终止压桩→切割桩头。静压预制桩施工前的准备工作、桩的制作、起吊、运输、堆放、施工流水、测量放线、定位等均同锤击法打(沉)预制桩。静力压桩的工艺流程如图 4.1.6 所示。

② 压桩时,桩机就位系利用行走装置完成,它是由横向行走(短船行走)和回转机构组成。把船体当做铺设的轨道,通过横向和纵向油缸的伸程和回程使桩机实现步履式的横向和纵向行走。当横向两油缸一只伸程,另一只回程,可使桩机实现小角度回转,这样可使桩机到达要求的位置。

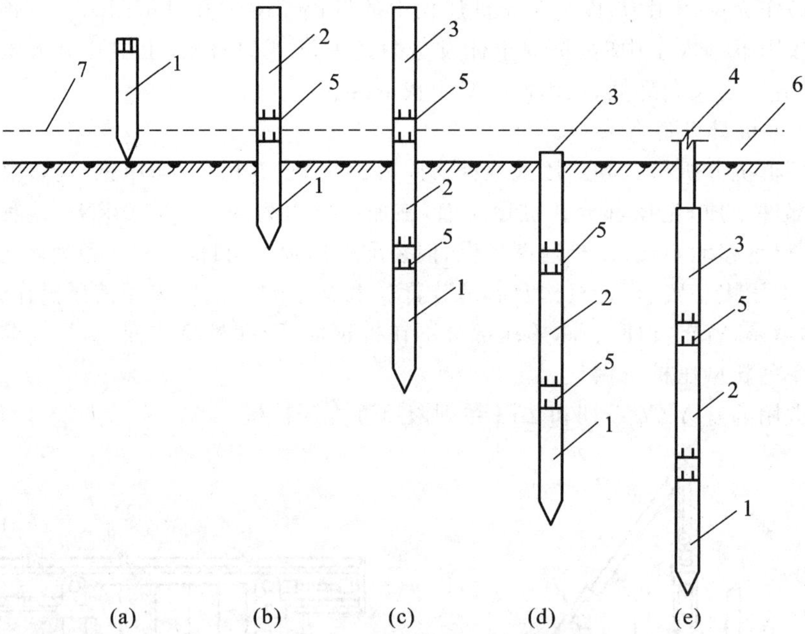

图 4.1.6　静力压桩工艺流程示意图

(a) 准备压第一段桩；(b) 接第二段桩；(c) 接第三段桩；(d) 整根桩压平至地面；(e) 送、接压桩完毕

1—第一段桩；2—第二段桩；3—第三段桩；4—送桩；5—桩接头处；6—地面线；7—压桩架操作平台线

③ 静压预制桩每节长度一般在 12 m 以内，插桩时先用起重机吊运或用汽车运至桩机附近，再利用桩机上自身设置的工作吊机将预制混凝土桩吊入夹持器中，夹持油缸将桩从侧面夹紧，即可开动压桩油缸，先将桩压入土中 1 m 左右后停止，调整桩在两个方向的垂直度后，压桩油缸继续伸程把桩压入土中，伸长完后，夹持油缸回程松夹，压桩油缸回程，重复上述动作可实现连续压桩操作，直至把桩压入预定深度土层中。在压桩过程中要认真记录桩入土深度和压力表读数的关系，以判断桩的质量及承载力。当压力表读数突然上升或下降时，要停机对照地质资料进行分析，判断是否遇到障碍物或产生断桩现象等。

④ 压桩应连续进行，如需接桩，可压至桩顶离地面 0.8～1.0 m 时用硫磺砂浆锚接，一般在下部桩留 ϕ50 mm 锚孔，上部桩顶伸出锚筋，长度为(15～20)d。硫磺砂浆接桩材料和锚接方法同锤击法，但接桩时避免桩端停在砂土层上，以免再压桩时阻力增大，难以压入。用硫磺胶泥接桩间歇不宜过长(正常气温下为 10～18 min)；接桩面应保持干净，浇筑时间不超过 2 min；上下桩中心线应对齐，节点矢高不得大于 1‰桩长。

⑤ 当压力表读数达到预先规定值，便可停止压桩。如果桩顶接近地面，而压桩力尚未达到规定值，可以送桩。静力压桩情况下，只需用一节长度超过要求送桩深度的桩，放在被送的桩顶上便可以送桩，不必采用专用的钢送桩。如果桩顶高出地面一段距离，而压桩力已达到规定值时则要截桩，以便压桩机移位。

⑥ 压桩应控制好终止条件，一般可按以下要求进行控制：

A. 对于摩擦桩，按照设计桩长进行控制，但在施工前应先按设计桩长试压几根桩，待停置 24 h 后，用与桩的设计极限承载力相等的终压力进行复压，如果桩在复压时几乎不动，则以此进行控制。

B. 对于端承摩擦桩或摩擦端承桩，按终压力值进行控制：

a. 对于桩长大于 21 m 的端承摩擦桩，终压力值一般取桩的设计极限承载力。当桩周土为黏性土且灵敏度较高时，终压力可按设计极限承载力的 0.8～0.9 倍取值；

b. 当桩长小于 21 m，而大于 14 m 时，终压力按设计极限承载力的 1.1～1.4 倍取值；或桩的设计极限承载力取终压力值的 0.7～0.9 倍；

c. 当桩长小于 14 m 时，终压力按设计极限承载力的 1.4～1.6 倍取值；或设计极限承载力取终压力值 0.6～0.7 倍，其中对于小于 8 m 的超短桩，按 0.6 倍取值。

C. 超载压桩时，一般不宜采用满载连续复压法，但在必要时可以进行复压，复压的次数不宜超过两次，且每次稳压时间不宜超过 10 s。

(4) 静力压桩常遇问题和防治及处理方法

静力压桩常遇问题和防治及处理方法见表 4.1.10。

表 4.1.10　静力压桩常遇问题和防治及处理方法

常遇问题	产生原因	防治及处理办法
液压缸活塞动作迟缓(YZY 型压桩机)	(1) 油压太低，液压缸内吸入空气； (2) 液压油黏度过高； (3) 滤油器或吸油管堵塞； (4) 液压泵泄漏，操纵阀泄漏过大	提高溢流阀卸载压力；添加液压油使油箱油位达到规定高度；修复或更换吸油管；按说明书要求更换液压油；拆下清洗、疏通；检修或更换
压力表指示器不工作	(1) 压力表开关未打开； (2) 油路堵塞； (3) 压力表损坏	打开压力表开关；检查和清洗油路；更换压力表
桩压不下去	(1) 桩端停在砂土层中接桩，中途间断时间过长； (2) 压桩机部分设备工作失灵，压桩停歇时间过长； (3) 施工降水过低，土体中孔隙水排出，压桩时失去超静水压力的“润滑作用”； (4) 桩尖碰到夹砂层，压桩阻力突然增大，甚至超过压桩机能力而使桩机上抬	避免桩端停在砂土层中接桩；及时检查压桩设备；降水水位适当；以最大压桩力作用在桩顶，采取停车再开，忽停忽开的办法，使桩有可能缓慢下沉穿过砂土层
桩达不到设计标高	(1) 桩端持力层深度与勘察报告不符； (2) 桩压至接近设计标高时过早停压，再补压时压不下去	变更设计桩长；改变过早停压的做法
桩架发生较大倾斜	当压桩阻力超过压桩能力或者来不及调整平衡	立即停压并采取措施进行调整，使保持平衡
桩身倾斜或位移	(1) 桩没有保持轴心受压； (2) 上下节桩轴线不一致； (3) 遇横向障碍物	及时调整，加强测量；障碍物不深时，可挖除回填后再压；歪斜较大时，可利用压桩油缸回程，将土中的桩拔出，回填后重新压桩

(5) 质量控制

① 施工前应对成品桩做外观及强度检验；接桩用焊条或半成品硫磺胶泥应有产品合格证书，或送有关部门检验；压桩用压力表、锚杆规格及质量也应进行检查；硫磺胶泥半成品应每 100 kg 做一组试体(3 件)，进行强度试验。

② 压桩过程中应检查压力、桩垂直度、接桩间歇时间、桩的连接质量及压入深度。重要工程应对电焊接桩的接头做 10% 的探伤检查。对承受反力的结构(对锚杆静压桩)应加强观测。

③ 施工结束后，应做桩的承载力及桩体质量检验。

④ 静力压桩质量检验标准见规范要求。

(三) 振动沉桩

振动沉桩适用于砂质土、硬塑及软塑的黏性土和中密及较松散的碎、卵石类土。对于软塑类黏土及饱和砂质土，当基桩入土深度小于 15 m 时，可只用振动沉桩机。除此情况外，宜采用射水配合沉桩。在选择沉桩机(锤)时，应验算振动上拔力对桩身结构的影响，同时应注意确保振动沉桩机、机座、桩帽连接可靠，沉桩时与桩中心轴线尽量保持在同一直线上。每一根桩的沉桩作业应一次完成，不可中途停顿，以免土层的摩阻力恢复，增加下沉困难。

(四) 射水沉桩

射水施工方法的选择应视土质情况而异，在砂夹卵石层或坚硬土层中，一般以射水为主，锤击或振动为辅；在亚黏土或黏土中，为避免降低承载力，一般以锤击或振动为主，以射水为辅，并应适当控制射水时间和水量。下沉空心桩，一般用单管内射水；当下沉较深或土层较密实时，可用锤击或振动，配合射水；下沉实心桩，将射水管对称地装在桩的两侧，并能沿着桩身上下自由移动，以便在任何高度射水冲土。必须注意，不论采取任何射水施工方法，在沉入最后阶段至设计标高 1～1.5 m 时，应停止射水，再用锤击或振动沉入至设计深度。对浅湿陷性黄土地层，除设计有特殊规定外，不宜采用射水沉桩。预制的钢筋混凝土桩或预应力混凝土桩以射水配合沉桩时，宜用较低落距锤击，避免因射水后，桩尖支承力不足，桩身产生超过允许的拉应力。

射水沉桩的施工要点是：吊插基桩时要注意及时引送输水胶管，防止拉断与脱落；基桩插正立稳后，压上桩帽桩锤，开始用较小水压，使桩靠自重下沉。初期应控制桩身不使下沉过快，以免阻塞射水管嘴，并注意随时控制和校正桩的方向；下沉渐趋缓慢时，可开锤轻击，沉至一定深度(8～10 m)已能保持桩身稳定后，可逐步加大水压和锤的冲击动能；沉桩至距设计标高一定距离(2.0 m 以上)停止射水，拔出射水管，进行锤击或振动使桩下沉至设计要求标高。

若采用中心射水法沉桩，要在桩垫和桩帽上留有排水通道，防止射水从桩尖孔返入桩内，产生水压，造成桩身胀裂。管桩下沉到位后，如设计要求以混凝土填芯时，应用吸泥等方法清除沉渣以后，用水下混凝土填芯。

(五) 水中沉桩

当河流水较浅时，一般可搭设施工便桥、便道、土岛和各种类型脚手架组成的工作平台，其上安置桩架并进行水中沉桩作业。

在较宽阔的河中，可将桩安设在组合的浮体上或固定平台上，亦可使用专用打桩船。此外还可采用：

（1）先筑围堰后沉基桩法。一般在水不深，桩基临近河岸时采用此法。

（2）先沉基桩后筑围堰法。一般适用于较深的水中桩基。此法包括拼装导向围笼并浮运至墩位，抛锚定位，围笼下沉接高；在围笼内插打定位桩，下沉其余基桩，然后插打钢板桩，组成防水围堰；吸泥、水下混凝土封底等工序。

（3）吊箱围堰修筑水中桩基法。一般适用于修筑深水中的高桩承台。悬吊在水中的套箱，在沉桩时用作导向定位，沉桩完后封底抽水，浇筑水中混凝土承台。

单元二　钻孔灌注桩施工

一、施工前的准备工作

钻孔灌注桩由于其施工速度快，质量稳定，受气候环境影响小，因而被普遍采用。但其施工前的准备工作十分重要，只有条件充分才能保证施工顺利进行。

（1）认真进行施工放样。用全站仪准确放出各桩位中心，用骑马桩固定位置，用水准仪测量地面标高，确定钻孔深度。

（2）根据地质资料，确定科学合理的钻孔方法和钻孔设备，架设好电力线路，配备适合的变压器。若用柴油机提供动力，则应购置与设备动力相匹配的柴油机和充足的燃油。混凝土搅拌机、电焊机、钢筋切割机，以及水泥、砂石材料均要在钻孔开始前准备妥当。

（3）埋设护筒。可以采用钢护筒，也可以采用现场预制的钢筋混凝土护筒。在放样好的桩位处，开挖一个圆形基坑将护筒埋入。护筒应坚实，不漏水，护筒内径应比桩径稍大 20～30 cm。护筒顶标高采用反循环钻时其顶部应高出地下水位 2.0 m；采用正循环钻时应高出地下水位 1.0～1.5 m；处于旱地时，护筒在满足上述条件的基础上还应高出地面 0.3 m。

（4）制备泥浆。钻孔泥浆由水、黏土和添加剂组成。按钻孔方法和地质情况，一般需采用泥浆悬浮钻渣和护壁。除地层本身全为黏性土，能在钻进中形成合格泥浆外，开工前应准备数量充足和性能合格的黏土和膨润土。调制泥浆时，先将土加水浸透，然后用搅拌机或人工拌制，按不同地层情况严格控制泥浆浓度。为了回收泥浆原料和减少环境污染，应设置泥浆循环净化系统。泥浆性能要求见表 4.2.1。

（5）钢筋笼制作。在钻孔之前或者钻孔的同时要制作好钢筋笼，以便成孔、清孔后尽快灌注混凝土，防止塌孔事故发生。钢筋笼应按图纸尺寸要求以及吊装和钢筋单根定长确定下料长度，注意主筋在 50 cm 范围内接头数量不能超过截面主筋根数总数的 50%，加强筋直径要准确；箍筋要预先调直，螺旋形布置在主筋外侧；定位筋应均匀对称地焊接在主筋外侧。下钢筋笼前应对其进行质量检查，保证钢筋根数、位置、净距、保护层厚度等满足要求。

表 4.2.1　泥浆性能要求

<table>
<tr><th rowspan="2">钻孔方法</th><th rowspan="2">土层情况</th><th colspan="7">泥浆指标</th></tr>
<tr><th>相对密度</th><th>黏度
(Pa·s)</th><th>静切力
(MPa)</th><th>含砂率
(%)</th><th>胶体率
(%)</th><th>失水率
(mL/30min)</th><th>酸碱度
pH</th></tr>
<tr><td rowspan="2">正循环回转冲击</td><td>黏性土</td><td>1.05～1.2</td><td>16～22</td><td>1.0～2.5</td><td rowspan="2">4～8</td><td rowspan="2">90～95</td><td><25</td><td rowspan="2">8～10</td></tr>
<tr><td>非黏性土</td><td>1.2～1.45</td><td>19～28</td><td>3～5</td><td><15</td></tr>
<tr><td rowspan="2">冲抓锥钻孔</td><td>黏性土</td><td>1.1～1.2</td><td>22～24</td><td>1～2.5</td><td rowspan="5"><4</td><td rowspan="5">>95</td><td><30</td><td rowspan="2">8～11</td></tr>
<tr><td>非黏性土</td><td>1.2～1.4</td><td>22～30</td><td>3～5</td><td rowspan="4"><20</td></tr>
<tr><td rowspan="3">反循环回转冲击</td><td>黏性土</td><td>1.02～1.06</td><td>16～20</td><td rowspan="3">1～2.5</td><td rowspan="3">8～10</td></tr>
<tr><td>砂土</td><td>1.06～1.10</td><td>19～28</td></tr>
<tr><td>碎石土</td><td>1.1～1.15</td><td>20～35</td></tr>
</table>

注：相对密度是泥浆密度与 4 ℃纯水密度之比（过去称为比重）。

二、钻孔施工方法

无论采用哪种钻孔方法，都要遵循以下一般要求：

(1) 钻孔就位前，应对钻孔的各项准备工作进行检查，包括场地与钻机座落处的平整和加固，主要机具的检查与安装。

(2) 必须及时填写施工记录表，交接班时应交代钻进情况及下一班应注意事项。

(3) 钻机底座和顶端要平稳，在钻进和运行中不应产生位移和沉陷。回转钻机顶部的起吊滑轮缘、转盘中心和桩位中心三者应在同一铅垂线上，偏差不超过 2 cm。

(4) 钻孔作业应分班连续进行，经常对钻孔泥浆性能指标进行检验，不符合要求时要及时改正。

（一）冲抓锥钻进

冲抓锥是一种最简单的钻孔机械，由三角立架、锥头、卷扬机三部分组成，如图 4.2.1 所示。施工时使三角立架固定滑轮，绕过滑轮的钢丝绳下端吊着由三块钢锥片组成的锥头；锥头张开的最大外围尺寸与桩孔直径相同。锥头对准桩孔中心，放开制动，锥头在自重作用下下落，打入孔内土层中。卷扬机将其向上提升时，通过拉索使锥头合拢，砂土被封闭在锥体内提升至井外。等锥体提升至孔口以上时，工人及时在井口放置一块钢盖板，将手推车或其他运输工具放于其上。打开锥头控制栓，使锥头张开，土体落入运输车中运走。移走钢板，即进行下一轮冲抓作业，如此循环钻进。

该方法的优点是所需机械简单，成本较低。缺点是施工自动化程度低，需人工清运渣土，劳动强度大，施工速度较慢。适用于砂砾石和砂土地层。

注意：应以小冲程稳而准地开孔，待锥具全部进入护筒后，再松锥进行正常冲抓。提锥应缓慢，冲击高度一般为 1.0～2.5 m。

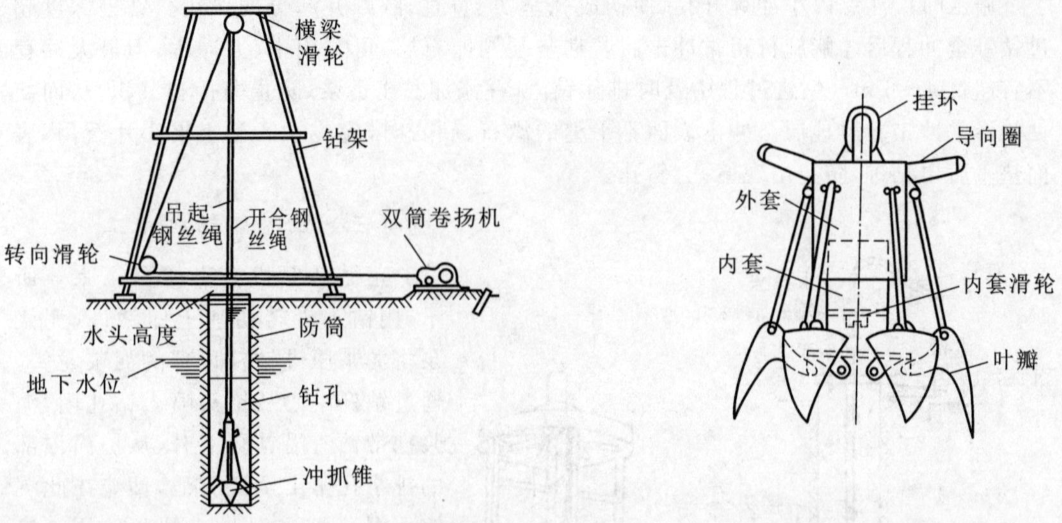

图 4.2.1　冲抓锥钻孔

（二）冲击钻孔

冲击钻孔设备由冲击钻头、三角立架、卷扬机三部分组成，如图 4.2.2 所示。该方法适用于砂砾石和岩石地层。其工作原理是：用卷扬机让钢丝绳通过三角立架上的滑轮将锥头提起，然后放开卷扬机，使锥头自然下落，锥头的冲击作用将砂砾石或岩石砸成碎末、细渣，靠泥浆将其悬浮起来排出孔外。锥体一般为圆柱形，用钢材制成，锥头呈“十”字形，利于破碎岩石。一般可先用 60～80 cm 的细锥头钻进，然后再用大锥头扩孔至设计孔径。这样一来可以保证孔壁稳定，防止塌孔；二来可以提高功效。卷扬机可以人工操作，也可以选用自动操作设备，因而该方法节省人力，可以 24 h 连续作业，施工效率较高，在工程中普遍适用。

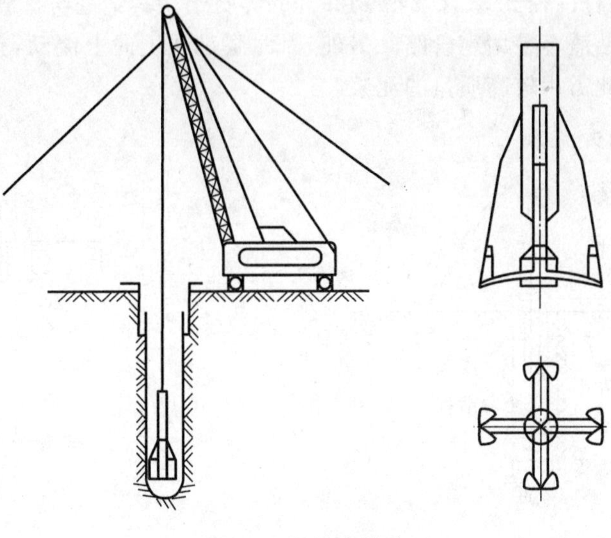

图 4.2.2　冲击钻孔

施工时应注意以小冲程开孔，使初成孔坚实、竖直、圆顺并起导向作用。钻进深度超过钻锥全冲程后才能施行正常冲击。若遇坚硬漂卵石层，可采用中、大冲程，但最大冲程不宜超过 4～6 m。钻进过程中及时排除钻渣，并添加黏土造浆，防止塌孔和沉积，从而使钻锥经常冲击新鲜地层。冲击表面不平整的漂石、硬岩时，应先投入黏土夹小片石，将表面垫平后再钻进，防止出现偏孔、斜孔。

（三）正循环钻机施工

正循环钻机施工如图 4.2.3 所示，用钻头旋转切削土体钻进，泥浆泵将泥浆压进钻杆顶部的泥浆龙头，通过钻杆中心从钻头喷入钻孔内，泥浆携带钻渣沿钻孔上升，从护筒顶部的排浆孔排出至沉淀池，钻渣在此沉淀而泥浆流入泥浆池循环使用。该方法适用于淤泥、黏性土、砂土以及砾卵石粒径小于 10 cm 且含量小于 20％的碎石土。其优点是钻进与排渣同时连续进行，在适用的土层中钻进速度较快。缺点是需设置泥浆槽、沉淀池等，施工占地较大且机具设备较复杂。

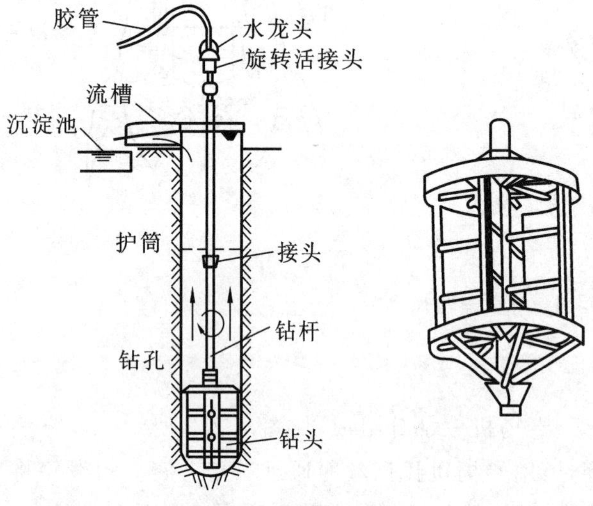

图 4.2.3　正循环钻机施工

（四）反循环钻机施工

反循环钻机施工如图 4.2.4 所示，与正循环法不同的是泥浆输入钻孔内，然后从钻头的钻杆下口吸进，通过钻杆中心排出至沉淀池内。该方法适用于软岩、黏性土、砂土以及砾卵石粒径小于钻杆内径 2/3、含量小于 20％的碎石土。其钻进与排渣效率较高，但接长钻杆时装卸麻烦，钻渣容易堵塞管路。另外，因泥浆是从下向上流动，孔壁坍塌的可能性较正循环法大，为此需用较高质量的泥浆。

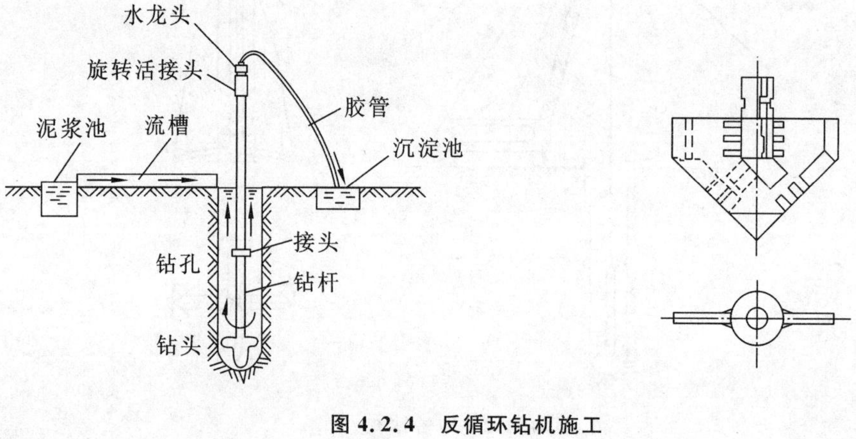

图 4.2.4　反循环钻机施工

各种钻孔方法的适用范围可参考表 4.2.2。钻孔灌注桩的施工工艺流程如图 4.2.5 所示。

表 4.2.2　各种钻孔方法的适用范围

序号	成孔设备（方法）	适用范围			
		地基条件	孔径(cm)	孔深(m)	泥浆作用
1	机动推钻	黏性土，砂土，砾石粒径小于 10 cm、含量小于 30%的碎石土	60～160	30～40	护壁
2	正循环回转钻法	黏性土，砂土，砾卵石粒径小于 2 cm、含量小于 20%的碎石土，软岩	80～200	30～200	浮悬钻渣并护壁
3	反循环回转钻法	黏性土，砂土，卵石粒径小于钻杆内径 2/3、含量小于 20%的碎石土，软岩	80～250	泵吸<40 气举<100	护壁
4	正循环潜水钻法	淤泥，黏性土，砂土，砾卵石粒径小于 2 cm、含量小于 20%的碎石土	60～150	50	浮悬钻渣并护壁
5	反循环潜水钻法	各类土层	60～150	泵吸<40 气举<100	护壁
6	全护筒冲抓和冲击钻法	各类土层	0～200	30～40	不需泥浆
7	冲抓锥	淤泥、黏性土、砂土、砾石、卵石	60～150	20～40	护壁
8	冲击实心锥	各类土层	80～200	50	浮悬钻渣并护壁
9	冲击管锥	黏性土、砂土、砾石、松散卵石	60～150	50	浮悬钻渣并护壁
10	冲击、振动沉管	软土、黏性土、砂土、砾石、松散卵石	25～50	20	不需泥浆

三、事故处理

由于地质构造的复杂性和施工期间各种因素的影响，钻孔事故常有发生。及时确认事故类型，采取补救措施，才能减少损失，保证质量。

（一）塌孔

遇钻孔坍塌时，应仔细分析，查明原因和位置，然后再进行处理。塌孔不严重时，可回填至塌孔位置以上，采取改善泥浆性能、加高水头、埋深护筒等措施继续钻进。若塌孔严重，应立即将钻孔全部用砂或小砾石夹黏土回填，暂停一段时间使其性能稳定后，再采取相应措施（加大泥浆浓度、快速钻进等）重钻。

（二）孔身偏斜、弯曲

一般可在偏斜处吊挂钻锥反复扫孔，使钻孔正直。偏斜严重时应回填黏性土到偏斜处，待沉淀密实后再重钻。

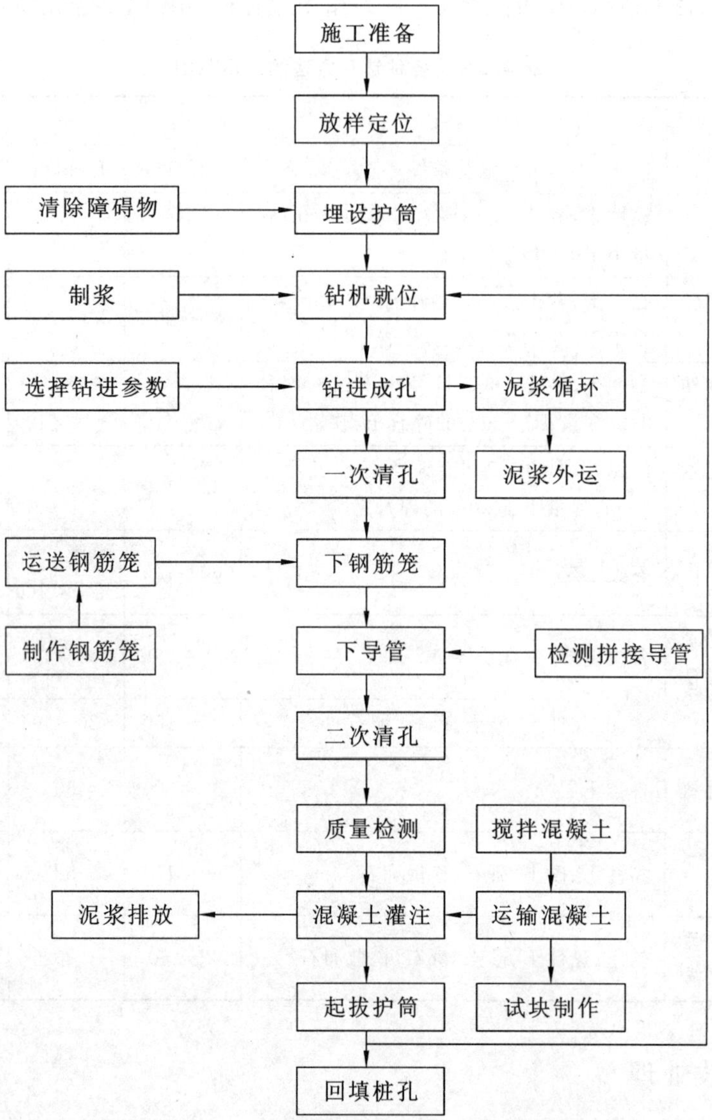

图 4.2.5　钻孔灌注桩施工工艺流程图

（三）扩孔、缩孔

孔径较大或者过小，称为扩孔、缩孔。遇此情况要采取防止塌孔和防止钻锥摆动过大的措施。缩孔是钻锥磨损过大后焊补不及时或因地层中有遇水膨胀的软土、黏土泥岩造成的。前者应及时补焊钻锥，后者则应选用失水率小的优质泥浆护壁。

（四）钻孔漏浆

若发现护筒内水头不能保持，水位下降，证明有漏浆现象，宜采用将护筒周围填土筑实，增加护筒沉埋深度，适当减小水头高度或采取加入黏土慢速转动等措施。用冲击法钻孔时，还可填入片石、碎卵石土，反复冲击以增强护壁。

（五）梅花孔或十字槽孔

多见于冲击钻孔，是由于钻锥的转向装置失灵，泥浆太稠，钻锥旋转阻力过大或冲程太小，钻锥来不及旋转而形成的。应采用片石或卵石与黏土的混合物回填钻孔，重新冲击钻进。

（六）糊钻、埋钻

常出现于正反循环回转钻进和冲击钻进中。遇此应对泥浆稠度、钻渣进出口、钻杆内径大小、排渣设备进行检查计算，并控制适当进程。若已严重糊钻，应停钻提出钻锥，清除钻渣。遇到塌方或其他原因造成埋钻时，应使用空气吸泥机吸走埋钻的泥砂，提出钻锥。

（七）卡钻

常发生在冲击钻孔时。卡钻后不能强提，只宜轻提，轻提不动时，可以用小冲击锥或用冲、吸的方法将钻锥周围的钻渣松动后再提出。掉入钻落物时，宜迅速用打捞叉、钩、绳套等工具打捞。若落体已被泥砂埋住，应先清除泥砂，使打捞工具接触落体后再进行打捞。

应特别注意的是，在任何情况下，严禁施工人员进入没有护筒或其他防护设施的钻孔中处理故障。当必须下人有护筒或其他防护设施的钻孔时，应检查孔内有无有害气体，并备齐防毒、防溺、防塌埋等安全设施后，才能行动。

四、清孔

在钻至设计标高后，检查孔径、桩孔垂直度、桩底地层情况与设计是否相符，达到技术规范要求后，即应进行清孔。其目的是将孔内钻渣清除干净，保证孔底沉淀土层厚度满足要求。清孔方法有掏渣清孔法、换浆清孔法、抽浆清孔法、喷射清孔法等几种。

掏渣清孔法是用掏渣筒、大锅锥或冲抓锥清掏孔底粗钻渣，仅适用于机动推钻、冲抓、冲击钻孔的各类土层摩擦桩的初步清孔。

换浆清孔法适用于正循环钻孔的摩擦桩。在钻孔完成之后，提升钻锥距孔底 10～20 cm，继续循环，以相对密度较低（1.1～1.2）的泥浆压入，把钻孔内的悬浮钻渣和相对密度较大的泥浆换出。

抽浆清孔法清孔效果较好，适用于各种方法钻孔的柱桩和摩擦桩，一般用反循环钻机、空气吸泥机、水力吸泥机或真空吸泥泵等进行。

喷射清孔法只宜配合其他清孔方法使用，是在灌注混凝土前对孔底进行高压射水或射风数分钟，使剩余少量沉淀物漂浮后，立即灌注水下混凝土。

五、钢筋骨架及导管吊装

（一）钢筋骨架

钢筋骨架由主筋、加强筋、螺旋箍筋、定位筋四部分组成，其构造应满足设计要求。经检查合格后，用吊车吊起垂直放入孔内，相邻节端应焊接牢靠，定位准确。下到设计位置后，应在顶部采取相应措施反压并固定其位置，防止在混凝土灌注过程中产生上浮。

（二）导管

导管是灌注水下混凝土的重要工具，一般选用刚性导管。刚性导管用钢管制成，内径一般为 25～35 cm，每节长 4～5 m，用端头法兰盘螺栓连接，接头间夹有橡胶垫防止漏水。导管上口一般设置储料槽和漏斗，在灌注末期，当钻孔桩桩顶低于井孔中水面时，漏斗底口高出水面不宜小于 4～6 m；当桩顶高于井孔中水面时，漏斗底口高出桩顶不宜小于 4～6 m。

导管使用前应进行必要的水密、承压和接头抗拉等试验。吊装前应进行试拼，接口连接应严密、牢固。吊装时，导管应位于井孔中央，并在混凝土灌注前进行升降试验。

六、水下混凝土的灌注

灌注混凝土之前，应先探测孔底泥浆沉淀厚度。如果大于规定，要再次清孔，但应注意孔壁的稳定，防止塌孔。运至桩位的混凝土应检查其均匀性和坍落度，如不符合要求，应进行第二次拌和。二次拌和仍达不到要求时不能使用。还要注意：①导管下口至孔底的距离一般为 25～40 cm；②导管埋入混凝土中的深度以不小于 1 m 为宜。首批灌注混凝土的数量应能满足导管初次埋置深度（≥1.0 m）和填充导管底部间隙的需要，如图 4.2.6所示。首批混凝土的数量按式(4.2)进行计算：

$$V \geqslant \pi d^2 h_1/4 + \pi D^2 H_c/4 \tag{4.2}$$

式中 V——首批混凝土所需数量，m^3；

h_1——井孔混凝土高度达到 H_c时，导管内混凝土柱需要的高度，m；$h_1 \geqslant \gamma_W H_W/\gamma_c$，如图 4.2.6 所示；

H_c——灌注首批混凝土所需井孔内混凝土面至孔底的高度，m；

H_W——井孔内混凝土面以上水或泥浆深度；

D——井孔直径，m；

d——导管内径，m；

γ_W——井孔内水或泥浆的密度，kg/m^3；

γ_c——混凝土拌合物的密度，kg/m^3。

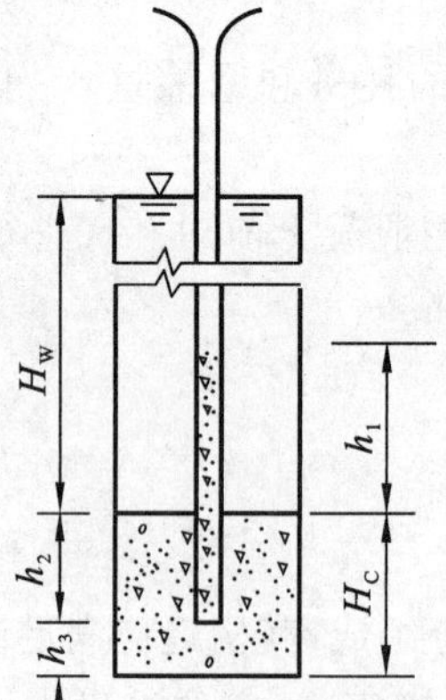

图 4.2.6 首批混凝土数量计算

h_2——导管初次埋置深度，$h_2 \geqslant 1.0$ m；

h_3——导管底端至钻孔底间隙，约为 0.4 m

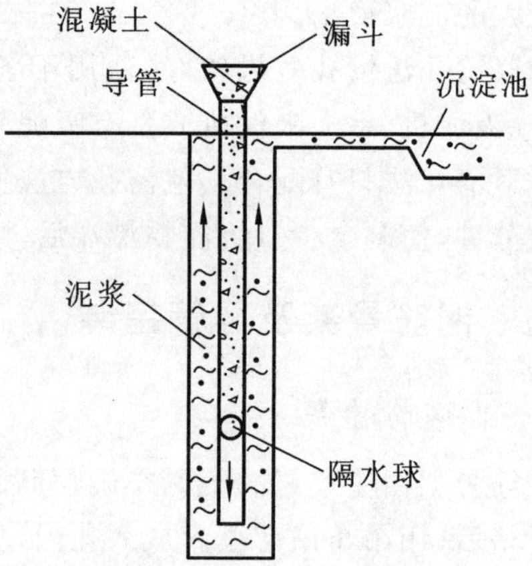

图 4.2.7 浇筑水下混凝土

混凝土灌注方法如图 4.2.7 所示。当钢筋笼就位，导管下至设计深度，首批混凝土已拌和完毕运送至桩位处时，即可开始灌注混凝土（俗称灌桩）。首批灌注时应在导管漏斗底口处设置可靠的防水设施（一般放置一个直径与管内孔完全吻合的木球）。混凝土倒入漏斗，压住木球向下运动，导管中水从管底压出，从井口逐渐排向井外，混凝土靠自重和向下冲力压至孔底。随着混凝土不断灌入，孔内混凝土面逐渐升高，井内积水不断上升，直至混凝土灌满全孔，水全部被排出。注意，首批灌注的混凝土的初凝时间不得早于灌注桩全部混凝土灌注完成时间，必要时要加入缓凝剂。每灌一段时间，要及时抽拔导管，导管埋入混凝土中的深度不能大于 6 m，但也不能小于 2 m，要根据混凝土的灌入量计算灌注高度，从而确定提升导管时间。导管提升太快，若超过已灌混凝土表面，就会形成断桩；若抽拔不及时，埋入过深，则有可能因为混凝土初凝，使导管不能拔除，造成工程事故。因此必须严格控制导管提升时间。

混凝土灌注开始后，必须连续进行，无论白天黑夜、刮风下雨都必须连续作业。提升拆除导管的时间要尽可能缩短。在灌注过程中，应将井孔内溢出的泥浆引流至适当位置，防止污染环境及河流。灌注的桩顶标高应比设计标高高出 0.5～1.0 m，待开挖基坑浇筑承台时凿除（俗称破桩头），目的是将孔内泥浆全部排除，保证桩体成桩质量。

混凝土灌完后要拔除护筒。处于地面及桩顶以下的整体式刚性护筒，应在灌注完混凝土后立即拔除；处于地面以上，能拆卸的护筒，须待混凝土抗压强度达到 5 MPa 后才能拆除。

七、质量检验与质量标准

桩基础属隐蔽工程，对其质量检验标准必须严格掌握。

钻（挖）孔在终孔和清孔后应使用仪具对成孔的孔位、孔深、孔形、孔径、竖直度、泥浆相对密度、孔底沉淀厚度、有否缩孔、坍塌等进行检验，并应满足表 4.2.3 中各项技术指标。

表 4.2.3　钻孔灌注桩成孔质量允许偏差

项目	允许偏差
孔的中心位置（mm）	群桩：不大于 100；单排桩：不大于 50
孔径（mm）	不小于设计桩径
倾斜度（%）	钻孔：＜1；挖孔：＜0.5
孔深（m）	摩擦桩：不小于设计规定；支承桩：比设计深度超深不小于 0.05
孔内沉淀土厚度（mm）	摩擦桩：符合设计规定。设计未规定时，对桩径≤1.5m 时，≤200；对桩径＞1.5m 或桩长大于 40m 或土质较差的桩，≤300；支承桩：不大于设计规定；设计未规定时≤50
清孔后泥浆指标	相对密度 1.03～1.10；粘度 17～20 Pa·s，含砂率＜2%；胶体率＞98%

注：①清孔后的泥浆指标是从桩孔的顶、中、底部分别取样检验的平均值。本项指标的测定，限指大直径桩或有特定要求的钻孔桩。

②对冲击成孔的桩，清孔后泥浆的相对密度可适当提高，但不宜超过 1.15。

钻孔桩水下混凝土的质量应符合：

(1) 强度应不低于设计强度。除检查灌注过程中预留试块的抗压强度外，还应凿平桩头，凿取桩头混凝土试块做抗压强度试验，一般可按基桩总数的5%～10%抽查；大桥的钻孔桩，应以地质钻机钻取桩身混凝土芯样做抗压试验，同时检查桩尖沉淀土实际厚度和桩底土层情况，钻取的芯样直径应不小于70 mm。

(2) 桩身混凝土无断层或夹层，钻孔桩桩底不高于设计标高，桩底沉淀厚度不大于设计规定。应仔细检查分析所有各桩径的混凝土灌注记录，并用无破损方法检验桩身，认为其中某些桩的质量可疑，则应以地质钻机钻通全桩取芯样，检查该桩有无夹泥、断桩、混凝土质量松软并做芯样的抗压强度试验。

(3) 桩头凿除后的预留部分无残余松散层和薄弱混凝土层；需嵌入承台内的桩头及锚固钢筋长度应符合规范要求。

(4) 在质量检查中，如发现断桩或其他重大质量事故，应会同有关部门共同研究提出处理方案。在处理过程中，应做好详细记录。

单元三　挖孔灌注桩施工

在桥梁施工中，有些大型桥梁由于自重大，墩台底面积小，对地基的单位压力很高，需要大直径的桩来承受，但却往往受到钻孔设备的限制而难以完成。在这种情况下，人们较多地采用了挖孔灌注桩。挖孔灌注桩的施工，是在测量定位后开挖工人下到桩孔中去，在井壁护圈的保护下，直接进行开挖，待挖到设计标高，桩底扩孔后，对基底进行验收，验收合格后下放钢筋笼，浇筑混凝土成桩。挖孔时如遇地下水，可使用潜水泵随时将水排除。

挖孔灌注桩多用人工开挖和小型爆破、配合小型机具成孔，再灌注混凝土形成桩基。该方法适用于土质较好且地下水位较低的黏土、亚黏土、含少量砂卵石的黏土层，对软土、流砂、地下水位较高、涌水量大的土层不宜采用，桩径一般为1～3 m，桩深20～40 m，最深可达60～80 m。其特点是机具设备简单，施工操作方便，占用施工场地小，对周围建筑物影响小，施工质量可靠，可全面展开施工，缩短工期，造价低。缺点是施工速度较慢。

一、施工前准备工作

施工前应根据水文地质条件、安全施工、提高挖掘速度和因地制宜的原则，选择合适的孔壁支护类型；平整场地，清除表面浮土，铲除松软层并夯实；施测墩台十字线，定立桩孔准确位置，设置护柱并经常检查校核；搭好孔口雨棚，安装提升设备，布置好出渣道路；合理堆放材料和机具，以免增加孔壁压力；防止土、石、杂物滚入孔内伤人；若孔口地层松软，为防止孔口坍塌，可在孔口使用混凝土护壁，每节护壁模板安装应设专人严格校核中心位置及护壁厚度。

二、施工工艺流程

挖孔灌注桩施工工艺流程见图4.3.1。

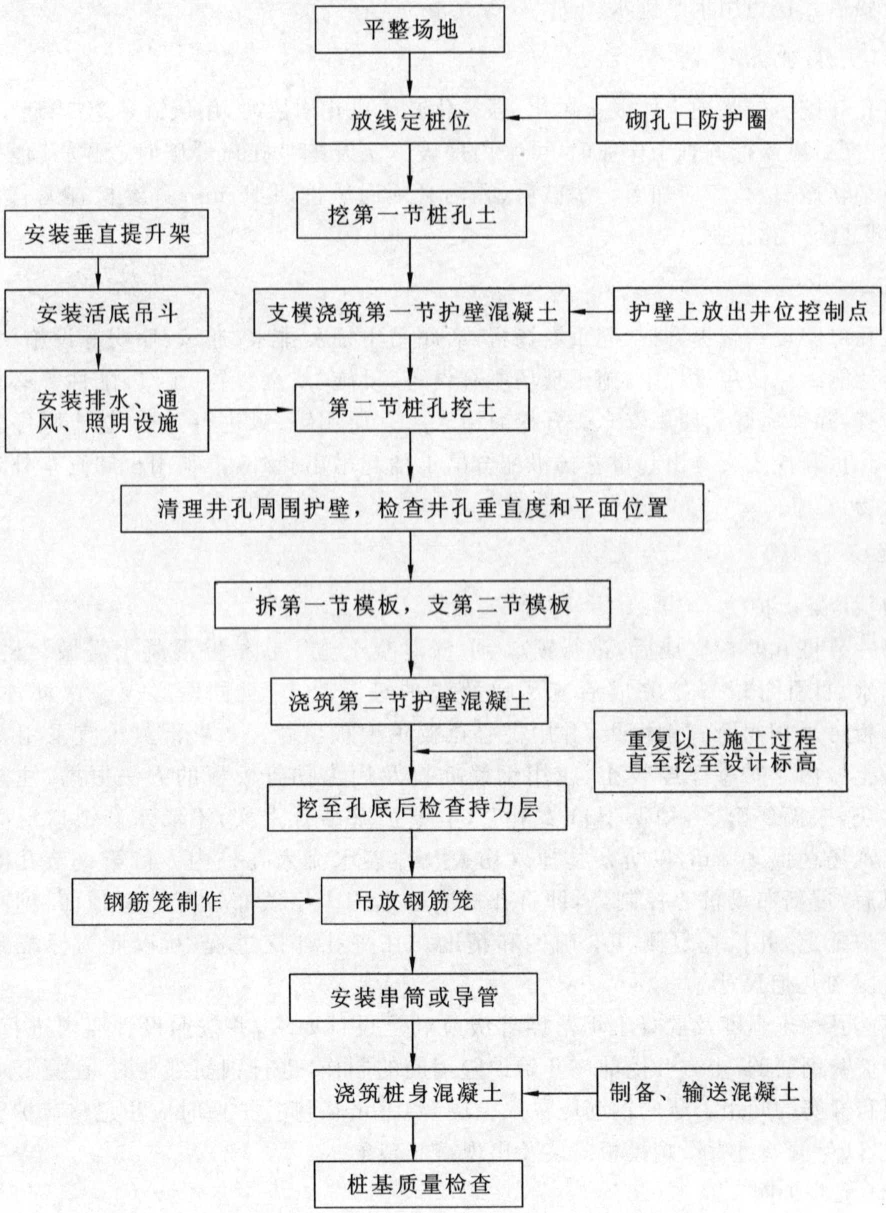

图 4.3.1　挖孔灌注桩施工工艺流程图

三、挖孔灌注桩施工要点

施工时，需按照地质、水文情况选择合适的挖孔及清渣方式。

（一）人工开挖

位于无水或极少量水地层的桩基，护壁施工后，可人工直接开挖，遇到岩石则采用浅层小药量爆破，人工清渣掘进，通过小型慢速卷扬机提升设备将渣石吊运出井。位于有水地基时要边开挖边用水泵排水。

（二）爆破开挖

桩孔开挖至较坚硬土层或全风化、强风化及中风化岩层时，用风镐开挖；当遇中风化、弱风化岩层，风镐挖掘难于作业时，可采用爆破方法开挖。孔口爆破时，现场其他孔内作业人员必须撤离，孔口应加盖。爆破后，孔内必须通风排烟 15 min 并经检查无有害气体后，方可继续下孔作业。

（三）出渣

在孔口安设垂直提升架、起重卷扬机、活底吊土桶及排水、通风、照明等设施，并检查其安全性能。在使用过程中，施工现场所有设备、设施、安全装置、工具、配件等必须经常进行检查，确保完好和使用安全。开挖时由人工逐层用镐、锹进行开挖，挖土顺序为先中间，后周边，开挖土石方由起重卷扬机配合吊土桶起吊出孔外，再利用自卸汽车外运至指定弃土场。

（四）护壁

(1) 混凝土护壁

第一节桩孔开挖完成后，进行锁口、护壁混凝土施工。护壁混凝土需振捣密实，防止渗漏水，桩孔分段开挖完成后应尽快灌注护壁混凝土，且同段必须一次灌注完毕。护壁模板可采用组合式钢模板，并用桩心点校正模板位置。护壁混凝土宜采用 C20 早强混凝土。由于护壁厚度较小，应用钢筋插捣及用力拍打模板的方法振捣，注意浇筑速度要快，振捣要密实，护壁下口要凿毛，上下护壁结合密实，不渗水。锁口混凝土顶面高出现场地面 30 cm，以防杂物掉入伤人及地表水流入孔桩内。待第一节孔圈护壁完成以后，重新布设桩心控制点，即将孔桩中心点用十字线布设于护壁顶面，标高基点布设于护壁上，并检查复测其准确性和精度。在桩孔开挖过程中，以此为标准来检查其垂直度和几何尺寸。

护壁混凝土强度及混凝土坍落度等级应满足设计要求，并按照设计要求进行配筋。设计有护壁钢筋的，土方开挖前应开始护壁钢筋的制作，进行钢筋绑扎时，注意竖向钢筋的间距和箍筋的间距。竖向钢筋应锚入土层 300 mm。绑扎护壁时应注意整节护壁钢筋的位置，以免偏差过大影响模板安装及出现露筋现象。

(2) 沉井护圈

挖孔前，先在桩位上制作钢筋混凝土井筒，然后在筒内挖土，井筒靠自重或附加荷载来克服筒壁与土壤之间的摩阻力，使其下沉至设计标高，再在筒内浇注混凝土。

(3) 钢套管护圈

钢套管护圈挖孔桩，是在桩位处先用桩锤将钢套管强行打入土层中，再在钢套管的保护下，将管内土挖出，吊放钢筋笼，浇注桩基混凝土。待浇筑混凝土完毕，用振动锤和人字拔杆将钢管立即强行拔出移至下一桩位使用。这种方法使用于流砂地层，地下水丰富的强透水地层或承压水地层，可避免产生流砂和管涌现象，能确保施工安全。

四、特殊地质情况处理

（一）孔桩流砂的处理

人工挖孔时，当遇到地质突变，出现细砂、粉砂层，特别是在地下水的作用下形成流砂时，要采取有效可靠的措施。

流砂情况较轻时，可以缩短循环开挖深度，缩短孔壁的暴露时间，及时进行护壁混凝土灌注。当孔壁塌落，有泥砂流入而不能形成桩孔时，可用纺织袋装土逐渐堆堵，形成桩孔的外壁，并保证内壁满足设计要求。

流砂情况较严重时，可以下钢套筒，加强护壁。钢套筒与护壁钢模板相似，以孔外径为直径，可分成4～6段圆弧，再加上适当的肋条，相互用螺栓或钢筋环扣连接，每开挖0.5 m左右，即可分片将套筒装入，伸入孔底不小于0.2 m，插入上部混凝土护壁外侧不小于0.5 m，安装后即支模灌注护壁混凝土。若放入钢套筒后流砂仍上涌，可采取混凝土封闭孔底，待混凝土凝结后，将孔心部位的混凝土凿除以形成桩孔。必要时，可以打管注浆，固结砂土后开挖。

（二）孔桩淤泥质土层的处理

在遇到淤泥质等软弱土层时，一般可用方木、木板、模板等支挡，并要缩短这一段的开挖深度，及时灌注混凝土护壁。支挡的方木沿周边打入底部不小于0.2 m，上部嵌入上段已浇好的混凝土后面，可斜向放置、双排布置互相反向交叉。

五、终孔检查

挖孔达到设计高程后，应进行孔底处理。必须做到平整、无松渣、污泥等软弱层。检查孔底形状、桩径、垂直度、嵌入岩层深度是否符合设计要求，可采用检孔器进行终孔检查。开挖过程中应经常检查了解地质情况，如有与设计资料不符的，应提出变更设计。按技术规范要求检查桩位、成孔的倾斜度、孔径，如符合要求，并经监理工程师检查同意后，进入下一道工序。检查项目详见表4.3.1。

六、钢筋笼制作与吊装

为确保钢筋笼质量，钢筋笼在钢筋加工房加工，并绑扎成型，通过临时便道由运输车运至现场。加强筋点焊在主筋上，保证钢筋笼骨架刚度。螺旋箍筋调直后均匀地绑扎在主筋上，为确保连接牢固，每节钢筋笼两端箍筋点焊在主筋上。同一截面受拉区其主筋接头不能超过50%，受压区不限制。接头双面焊接的长度不应小于$5d$（d为钢筋直径）；如采用单面焊接，其长度不应小于$10d$。预先在钢筋笼上设导向鼻（钢筋制作），同一截面设置三个，在竖向错开60°布置，或预制8 cm厚的水泥垫块绑扎于钢筋笼外侧，以确保保护层的厚度。

表 4.3.1　挖孔灌注桩检查项目表

序号	检查项目			规定值或允许偏差值	检查方法和频率
1	桩混凝土强度(MPa)			在合格标准内	按 JTJ 041—2000 检查
2	桩位(mm)	群桩		100	用全站仪或经纬仪:每桩检查
		排架桩	允许	50	
			极值	100	
3	孔深(m)			不小于设计值	测量绳:每桩测量
4	孔径(mm)			不小于设计值	探孔器:每桩测量
5	桩的倾斜度(%)			0.5%桩长,且不大于 200	垂线法:每桩检查
6	钢筋骨架底面高程(mm)			±50	水准仪测骨架顶面高程后反算:每桩检查

为使钢筋骨架正确牢固定位,除主筋上安设钢筋"耳环"或混凝土垫块外,也可在孔壁上打入钢钎,用铁丝与主筋绑扎使其牢固定位。

在安放钢筋笼前,先用探孔器检查桩孔有无缩孔现象,探孔器长为钢筋笼直径 3 倍,或 4～6 m 长,孔径应比桩径小 2 cm 为宜。察看探孔器是否顺利放到底,孔径是否符合要求。

钢筋笼利用吊车分节起吊、安放,现场焊接各段钢筋笼。钢筋笼底口应向内弯曲 10～15 cm 为宜,钢筋笼慢慢吊起移至孔口,在操作人员的扶持下将正位后的钢筋笼骨架慢慢吊入孔内。在骨架入孔时,清除骨架上的泥土和杂物,修复变形或移位的箍筋,重焊或绑扎已开焊的焊点。钢筋笼焊接时上下两节必须保证在同一竖直线上,主筋采用机械连接,在连接时,先将孔内钢筋笼用两根 16 号工字钢或钢管穿过,并固定在孔两侧的方木上,上部钢筋笼露出适当高度,以方便操作,然后用吊车将上节钢筋笼垂直吊起,慢慢移至孔口,将上下两钢筋笼对好,采用直螺纹套筒连接。钢筋笼在起吊、运输或安装时应采取措施,防止变形、扭转、弯曲。

钢筋笼吊装应对准孔位,扶稳后,缓慢下放,不得碰损孔壁。吊放就位时,钢筋笼必须居中设置,应特别注意钢筋笼配筋方向与设计一致,不得偏转,并应检测其水平位置和高程,以及预埋检测管的位置是否达到设计要求,合格后方可固定钢筋笼。

桩的钢筋骨架在混凝土灌注前整体放入孔内。钢筋笼按设计长度及实际成孔的尺寸(有时会超出设计长度)分节制作,采用机械连接接长钢筋笼。为了保证运输或安装时不变形,应在制作时加设三角形内撑。钢筋笼用吊车起吊竖直下至孔内,并适时割去钢笼内三角形支撑,当放至上端接头时,将钢筋笼临时固定在平台上松去吊点,用吊车依次吊起相邻的上一节钢筋笼,与临时固定在平台上的钢筋笼焊接。接头完成后,埋设好无破损检测的预埋管(桩径≥1.8 m 的桩基埋设 ϕ57 声测管 4 根,桩径<1.8 m 的桩基埋设 ϕ57 声测管 3 根),并完成接头处的箍筋绑扎工作,经监理工程师同意后,松去平台上的临时固定设施,再用吊车起吊下放钢筋笼。钢筋笼下放至孔内后,应进行定位,选 3～6 根纵向主筋

接长并与钢护筒顶端焊好，防止其上浮和偏位。钢筋笼安装完毕，声测管上端口也必须用10 mm厚钢板封口，防止杂物及泥浆进入管内。图4.3.2为钢筋笼安装示意图。

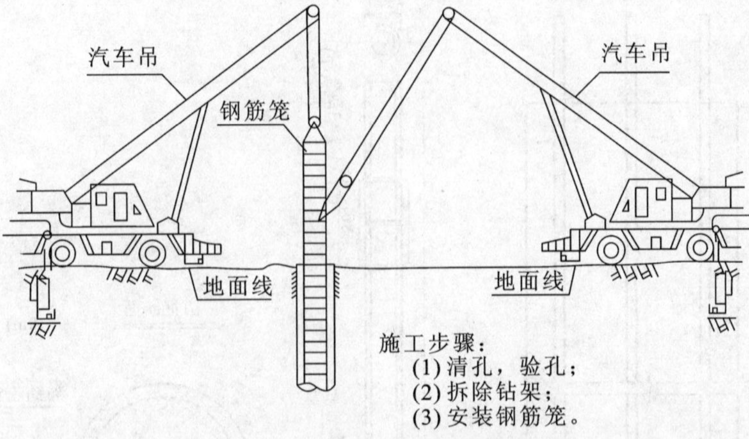

图4.3.2　钢筋笼安装示意图

七、灌注混凝土

混凝土集中拌和后，用搅拌运输车运至孔口，下料采用串筒或导管，不得在孔口抛铲或倒车卸入。混凝土浇筑应连续分层浇筑，每层厚度不得超过1.5 m，采用插入式振捣棒振捣。浇筑前应将孔内积水排干净，并检查钢筋笼上预埋件是否固定牢靠，位置是否准确，之后浇筑混凝土，混凝土桩头超浇0.15～0.3 m，灌注后加以保护并设明显标志，以免发生意外。浇筑桩芯混凝土时，相邻孔内不得作业，孔底不得留人。桩头混凝土应适时凿除。灌注桩身混凝土时应留置试块，试块组数按照规范要求。

桩芯混凝土施工中对混凝土的浇筑、振捣、养护等工序严格按技术标准进行操作，加强质量监督与自检，控制各工序的施工质量。为保证施工质量应注意以下问题：

(1) 每辆混凝土输送车必须有配料单和混凝土使用部位及性能的相关资料，到达施工现场后，试验人员检查混凝土的数量、坍落度、和易性、含砂率、混凝土运输时间及混凝土的温度，若不能满足要求，则不签收。

(2) 严格控制混凝土骨料粒径，保证混凝土密实度；混凝土自由倾落高度不得大于2 m，否则应加串筒，防止引起混凝土离析。

(3) 混凝土采用分层连续浇筑，每层浇筑高度不得大于1.5 m，中断时间不得大于45 min，紧随分层捣实。振捣采用插入式振捣器，振捣器转动后方可插入混凝土内，振完后徐徐提出，不能过快或停转后再拔出来。振动过程中应避免振动器与钢筋直接接触。

八、成桩的质量检测

为了检查挖孔灌注桩的混凝土浇筑质量，桩径≥1.8 m的挖孔灌注桩其钢筋笼内埋设4根ϕ57的声测管，呈正方形布置；桩径<1.8 m的挖孔灌注桩其钢筋笼内埋设ϕ57声测管3根，呈正三角形布置。声测管用钢板密封管底，管顶临时加盖，以防混凝土或杂物

掉入管内(声测管埋设如图 4.3.3 所示)。

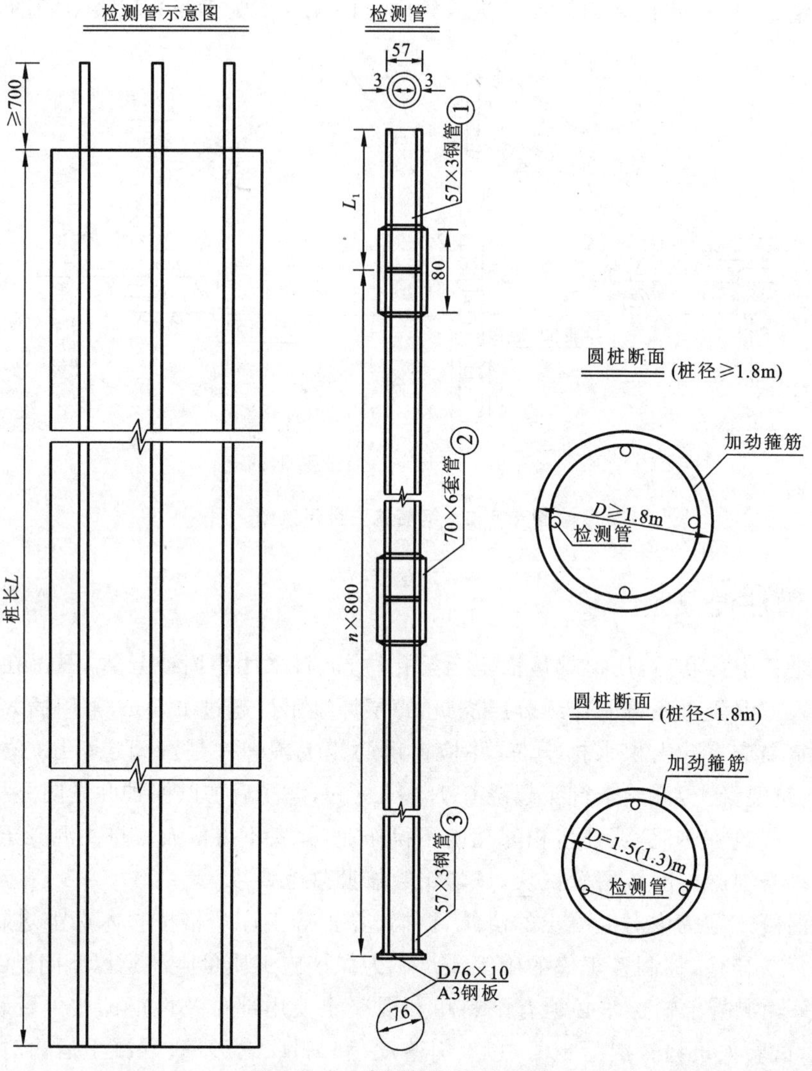

图 4.3.3　声测管埋设示意图

桩基达到一定强度后,通过预埋的声测管逐桩采用超声波对成桩的混凝土质量进行检测,要求Ⅰ类桩比例不低于 98%,Ⅱ类桩不大于 2%,且不允许出现Ⅲ类桩。声测管采用无缝钢管,不得使用焊管,其长度应延伸至平台顶面。声波检测前清理出超声波管头,锯开封口,灌放清水,等待检测。声测管底部用钢板焊接封底,管内充水,并用木塞钢板焊接封堵管口。检测合格后,管内用水泥浆灌注填充。必要的时候还需采取钻芯取样进行桩基检测。

案例　泥浆护壁钻孔灌注桩施工方案

××大桥右线 4# 墩 Y-1 钻孔桩,桩号:右线 YK11+398,桩基直径 ϕ2.2 m,设计桩长

30 m。由于××大桥的地质以卵石为主，且桩基需嵌入弱风化熔结凝灰岩不小于2.5D，且桩入土深度不小于 15 m。决定钻孔的方法采用冲击钻，本桩采用 JK-8 型钻机冲击成孔。

（一）施工顺序

桩位测量放样→场地准备与钻孔平台搭设→护筒制作与埋设→泥浆制备→钻孔→清孔→检孔器检孔→插放钢筋笼→灌注水下混凝土→检测。

（二）准备工作

钻孔灌注桩施工前准备工作的主要内容有桩位测量放样，场地准备，护筒制作和埋设，泥浆制备等。

（1）桩位测量放样

测量放样采用全站仪进行，根据待放桩位的中心坐标和附近两个互相通视的导线点坐标，利用极坐标法即可放出中心桩。为便于检查复核，应在中心桩附近适当位置的纵横方向上各设置两个保护桩。

（2）场地准备

钻孔场地的平面尺寸应根据桩基位置的平面尺寸、钻机基底座的平面尺寸、钻机移位要求、施工方法及其他配合施工的机具设备布置等情况决定。

（3）护筒的制作和埋设

护筒平面位置与竖直度准确与否，护筒底部是否紧密不透水，对成孔、成桩质量都有重大影响。埋设时，护筒中心线对准正常测量标定的桩位中心，并严格保持护筒的竖直度，其偏差均应控制在规范规定的范围之内。

护筒埋设要求准确、稳定、不变形、底部不漏水，能保持孔内水头稳定，形成静水压力，保护孔壁不坍塌。

（4）泥浆制备与处理

制备泥浆应选择水化快、造浆能力强、黏度大、含砂率低的黏土或膨润土，但应尽量就地取材。

（三）钻孔

冲击钻的冲程大小和泥浆稠度，按通过的土层情况来决定。当通过砂砾、砂、卵石层时，采用 1～2 m 的中、小冲程，并加大泥浆稠度，反复冲击使孔壁坚实，防止坍孔。当通过坚硬密实卵石层时，可采用 4～5 m 的大冲程，使卵石破碎。在任何情况下，最大冲程不宜超过 6 m，防止卡钻、冲坏孔壁或使孔不圆。在易坍塌或钻孔漏水地段，宜采用小冲程，并提高泥浆的黏度和密度。

（四）成孔与终孔

钻孔灌注桩在成孔过程中和终孔后要对钻孔进行阶段性的成孔质量检查。

（五）清孔与检查

当钻孔达到设计标高后，请监理工程师对成孔质量进行检测并经监理工程师同意后，应立即进行清孔。钻孔在终孔和清孔后，须进行检查，并将检测结果报请监理工程师审查,合格后才能进行下道工序。

(六) 钢筋笼制作与安装

(1) 钢筋笼制作

钢筋笼应在硬化后的场地(并铺设枕木)上进行制作,制好后的钢筋骨架必须平整垫放。钢筋骨架的制作应符合设计及规范的有关要求。

(2) 钢筋笼安装

采用汽车吊机进行安装,第一节钢筋笼放入孔内,在护筒顶用工字钢从加劲箍的下面穿过,然后挂住钢筋笼,并保证工字钢水平和钢筋笼垂直。吊放第二节钢筋笼并与第一节对准后进行机械套管连接下放。下放钢筋笼时要缓慢均匀,根据下笼深度,随时调整钢筋笼入孔的垂直度,尽量避免其倾斜及摆动。

(七) 声测管安装

本桩等间距埋设,预埋时用U形钢管焊接在钢筋笼内侧,管底密封,管顶加盖以防杂物落入。木桩和钢筋笼一起入孔。

(八) 灌注桩水下混凝土施工

水下混凝土用罐车运输到浇筑点,采用导管自密法灌注。导管放入孔内后,导管下口离孔底 25～40 cm,水下混凝土灌注前再次检测孔底沉渣厚度,如沉渣厚度不满足设计要求,则进行第二次清孔处理,确保沉渣厚度不超出设计要求。

小　结

本情境主要介绍了如下内容:

(1) 预制沉桩的分类及相关施工工艺。

(2) 钻孔灌注桩的施工工艺。

(3) 挖孔灌注桩的施工工艺。

思考题

1. 预制沉桩施工前的准备工作包括哪些?
2. 如何确定锤击沉桩的沉桩顺序?
3. 简述静力压桩的施工工艺。
4. 钻孔灌注桩正循环钻孔的方法是什么?
5. 钻孔灌注桩反循环钻孔的方法是什么?
6. 简述人工挖孔灌注桩的施工工艺。

情境五　沉井基础工程施工

学习目标

1. 掌握旱地上沉井基础的施工工艺。
2. 掌握沉井下沉纠偏和克服沉井下沉困难的处理措施。
3. 掌握筑岛法沉井基础施工的基本要点与施工工艺。
4. 掌握浮运法沉井基础施工的基本要点与施工工艺。

单元一　旱地上沉井基础工程施工

一、施工准备

(一) 技术准备

(1) 根据设计文件提供的工程地质和水文地质资料及现场的实际情况决定是否补充地质钻探，并应对洪汛、凌汛等水文资料进行调查，编制沉井基础施工技术方案。

(2) 完成工程测量控制点和沉降观测控制点的定位、移交、复核工作。

(3) 确定工程材料、机具、劳动力的需求量。

(4) 完成进场材料的取样复检及混凝土的试配工作。

(5) 组织施工人员进行技术、质量、安全、环境等各方面的交底工作。

(6) 在堤防、防洪设施及其他既有建筑物周边进行沉井下沉前，应就施工可能会导致对其不利的影响进行评估，并应采取有效的防护措施。

(二) 材料准备

材料准备要求均与独立基础施工相同。

(三) 主要机具准备

(1) 机械设备：混凝土搅拌机、皮带输送机、插入式振动器、平板式振动器、自卸翻斗汽车、机动翻斗车、混凝土搅拌运输车和输送泵车(泵送混凝土用)、钢筋调直机、钢筋切割机、钢筋制弯机、电焊机、抓泥斗或吸泥机、冲击锥、空压机、绞车等。

(2) 主要工具：大小平锹、串筒、溜槽、胶皮管、混凝土卸料槽、吊斗、手推胶轮车、抹子。

(3) 沉井下沉前，应对施工设备采取有效的防护措施。

(四) 作业条件准备

(1) 进场入库的各种规格的钢筋均已分批检验合格。

（2）沉井位于无水的陆地时，若地基承载力满足设计要求，可就地整平夯实形成平台制作；地基承载力不足时，应对地基采取加固措施后，整平夯实形成平台制作沉井。

（3）其他作业条件准备要求均与独立基础施工相同。

二、工艺流程

沉井基础定位放样→复验→材料见证取样、试配制混凝土→复试→平整夯实场地→铺设砂垫层→铺设垫木→铺设踏面底模→安放刃脚型钢→立沉井底模→立底节沉井内模→绑扎底节沉井钢筋→复验→立底节沉井外模板→复验→底节沉井混凝土的浇筑→养护→拆模和抽除垫木→验收、隐蔽工程记录归档→挖土下沉沉井→循环接筑沉井→循环挖土下沉沉井至设计标高→基底检验→沉井封底→井孔填充→浇筑盖板→沉井基础验收、隐蔽工程记录归档。

三、沉井基础施工要点

（一）沉井制作

1. 制作平台

（1）在定位放样以后，应将基础处的地面进行平整和夯实，防止在浇筑沉井时和养护期内出现不均匀沉降。

（2）在地面上应铺设厚为 0.3～0.5 m 的砂垫层，以便在沉井下沉前抽除垫木；砂垫层的铺设范围为沿沉井外周边且宽度不小于 1.0 m。

2. 钢筋混凝土沉井制作

（1）在砂垫层上先在刃脚处对称地铺设垫木，支垫的布置应满足设计要求并应使抽垫方便，如图 5.1.1 所示。垫木一般为枕木或方木，其数量可按垫木底面压力不大于 100 kPa计算。垫木之间的间隙也应用砂填实。

（2）在砂垫层及垫木上面放出刃脚踏面大样，铺上踏面底模，安放保护刃脚的型钢，立刃脚斜底模、隔墙底模和沉井内模，绑扎钢筋，最后立外模和模板拉杆。井壁模板如图 5.1.2所示。

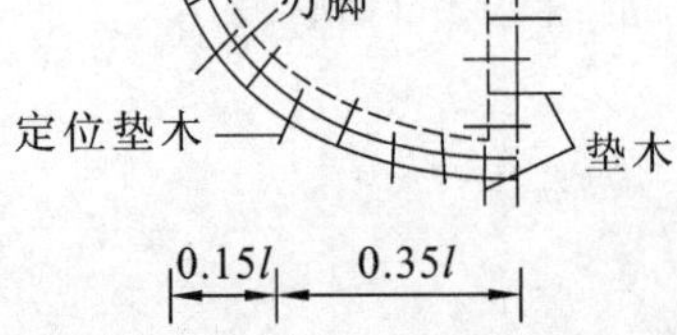

图 5.1.1 垫木布置示意图

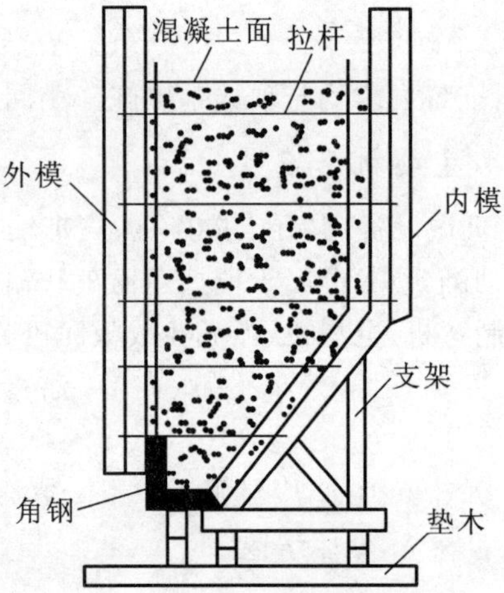

图 5.1.2 井壁模板示意图

(3) 支垫顶面应与钢刃脚底面紧贴，应使沉井重力均匀分布于各支垫上。内隔墙与井壁连接处的支垫应连成整体，底模应支承于支垫上，并应防止不均匀沉陷。

(4) 为减小下沉时的摩阻力，外模板接触混凝土的一面必须平直且光滑。模板接缝处宜做成企口形，以免漏浆。模板应有足够的整体强度和刚度，避免浇注混凝土时发生变形。

(5) 当场地土质较好时，沉井的底模也可采用土模，但应事先做好防水、排水措施，如图 5.1.3 所示。同时还要注意在进行混凝土养护浇水时，应细水匀浇，以免冲坏土模。拆除土模时，黏附在刃脚斜面及隔墙底面的土模残留物应清除干净，以免影响封底质量。

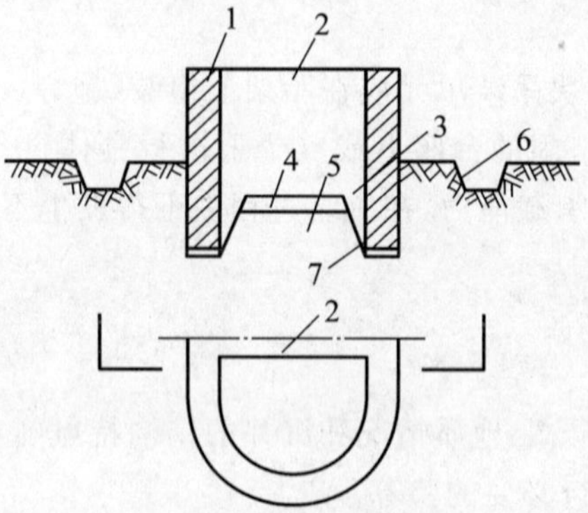

图 5.1.3　沉井底部土模

1—井壁；2—隔墙；3—隔墙梗肋；4—木板；5—黏土土模；6—排水沟；7—水泥浆层

(6) 在浇筑混凝土前，应检查沉井纵、横向中轴线位置，核对模板各部分尺寸和钢筋布置是否符合设计要求，支撑及各种紧固联系是否安全可靠。在充分湿润模板后，再开始浇筑混凝土，要保证它的密实和整体性，随时检查模板有无漏浆和支撑是否良好。

(7) 混凝土应对称均匀灌注，分层连续、均匀振捣，每层厚度均为 0.3～0.4 m。混凝土浇筑完毕后，要注意养护，可先用草袋等遮盖混凝土表面。在气温高于 5℃时，可采用自然养护，经常用水充分湿润模板及混凝土表面。夏季应防止暴晒，冬季严防冻结。

(8) 沉井的分节制作高度，应能保证其稳定，且应具有适当重力便于顺利下沉。底节沉井的最小高度，应能抵抗拆除支垫后的竖向挠曲；土质条件许可时，可适当增加高度。底节沉井的高度一般为 4～5 m，如井底下为松软土时，其高度不宜超过沉井宽度的 0.8 倍，以防止开始下沉时就产生过大的倾斜。

3. 混凝土沉井模板与支垫的拆除

(1) 沉井的混凝土强度满足抽垫后受力的要求时方可将支垫拆除。一般混凝土达到设计强度的 25%时，即可拆侧模，达到设计强度的 75%时，可拆除隔墙底模和刃脚斜面模板，完全达到设计强度时，即可拆除垫木。

(2) 支垫应分区、依次、对称、同步地向沉井外抽出，并应边抽边用砂土回填捣实；抽垫时应防止沉井偏斜。定位支点处的支垫，应按设计要求的顺序尽快地抽出。

(3) 垫木中最后拆除的 4 根，称定位垫木，常用红漆标明。这 4 根垫木的位置，应能使沉井受力最佳，并保持沉井的稳定。对矩形和圆端形沉井，定位垫木应布置在长边上，它们至对称轴的距离为长边的 0.3～0.4 倍；如为圆沉井，则布置在相隔 90°的四个点上。

(4) 抽垫木顺序为：先内壁、后外壁，先短边、后长边。长边下的垫木是隔一根抽一根，以定位垫木为中心，由远而近对称地抽除。抽垫木前，可先撬松垫木下的砂，每抽去一根，在刃脚处即应用砂土回填捣实，定位垫木拆除后，沉井即全部支承在砂垫层上。

4. 钢沉井制作

钢沉井的制作除应符合《公路桥涵施工技术规范》(JTG/T F50—2011)第 19 章《钢桥》的要求外，尚应符合下列规定：

(1) 钢沉井宜在工厂内加工，并应根据设计文件编制制造工艺，绘制加工图和拼装图。

(2) 钢沉井的分段、分块吊装单元应在胎架上组装、施焊。

(3) 首节钢沉井应在坚固的台座上或支垫上进行整体拼装，台座表面的高度误差应小于 4 mm，并应有足够的承载能力，在拼装过程中不得发生不均匀沉降。

(二) 沉井下沉与着床

1. 沉井的下沉方法

(1) 规范规定应根据水文、地质情况和沉井的结构特点确定沉井下沉的施工方法，并应按照下沉的不同工况进行必要的验算。

(2) 沉井宜采用不排水的方式除土下沉；当限于设备条件，在稳定的土层中，也可采用排水除土下沉，但应具备相应的安全措施，防止发生事故。

(3) 沉井下沉时不宜采用爆破方法除土；在特殊情况下必须采用爆破方法时，除应得到批准外，还应严格控制药量。爆破作业应严格遵守现行国家标准《爆破安全规程》(GB 6722—2011)的规定。

2. 沉井的下沉要求与控制

(1) 正常下沉时，应自井孔中间向刃脚处均匀对称除土。即先挖井孔中心，再挖隔墙下的土，后挖刃脚下的土；均匀是指开挖高差一般情况下不宜超过 50 cm。在开挖除土的过程中，沉井借助自重切土下沉，当沉到井顶离地面 1～2 m 时应暂停挖土。

(2) 沉井下沉过程中，宜对下沉的状况进行动态化、信息化管理，应随时掌握土层情况，进行下沉的监测和控制，及时分析和检验土的阻力与沉井重力的关系，采取最有利的下沉措施。下沉通过黏土胶结层或沉井自身重力偏轻下沉困难时，可采用井外高压射水、降低井内水位等方法助沉；在结构受力容许的条件下，亦可采用压重或接高沉井等方法助沉；在土层条件适宜的情况下，可采用空气幕、泥浆润滑套等方法助沉。

(3) 采取排水除土下沉的底节沉井，对设计支承位置处的土，应在分层除土中最后同时挖除；由数个井室组成的沉井，应控制各井室之间除土面的高差，使下沉不发生倾斜，并应避免内隔墙底部在下沉时受到下面土层的顶托。

(4) 不排水除土可用抓泥斗或吸泥机，如图 5.1.4 和图 5.1.5 所示。采用吸泥吹砂等方法下沉时，必须备有向井内补水的设施，保持井内外的水位平衡。一般使井内水位高出井外水位 1～2 m，以免发生流砂。吸泥吹砂在井内应均匀进行，防止局部吸吹过深导致沉井偏斜。不排水挖土可参考表 5.1.1 选用较合适的机械和方法。

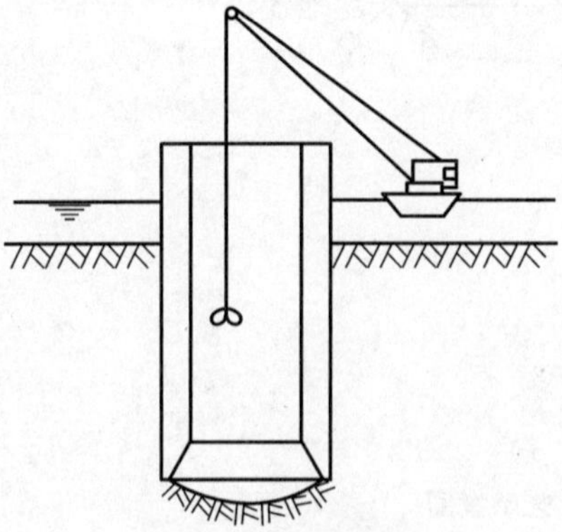

图 5.1.4　抓泥斗除土

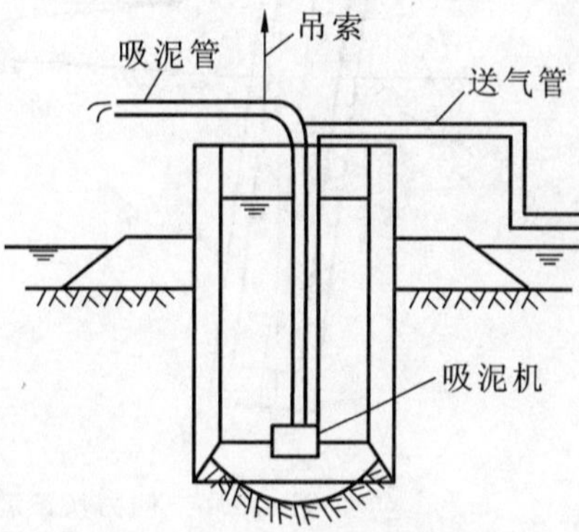

图 5.1.5　吸泥机除土

表 5.1.1　不排水挖土方法的选用

土　质	除 土 方 法	说　　明
砂土	抓土、吸泥	抓土时宜用两瓣式抓斗
卵石	吸泥、抓土	宜用直径大于卵石粒径的吸泥机；抓土宜用四瓣抓斗
黏性土	吸泥、抓土	一般辅以高压射水冲散土层
风化岩	射水、冲击锥、松动爆破	冲击锥钻进，碎块用抓斗或吸泥机清除

(5) 从井孔排出的土应卸至远离沉井的地方，或卸至河床较深的一侧，以防对沉井产生单向侧压力，导致沉井倾斜。

(6) 沉井下沉时应随时进行纠偏，保持竖直下沉，每下沉 1 m 至少应检查 1 次；当沉井出现倾斜时，应及时校正。下沉至设计高程以上 2 m 左右时，应适当放慢下沉速度并控制井内的除土量和除土位置，使沉井能平稳下沉，准确就位。

3. 沉井下沉的纠偏措施

(1) 当引起沉井偏斜的原因，是挖土不均匀或是地层土质不均匀时，纠偏可采用下列方法：

① 不均匀挖土法。即在沉得少的一边多挖土，沉得多的一边少挖土或不挖土。

② 不对称压重法。即在沉得少的一边多压重，沉得多的一边少压重或不压重。

③ 不对称射水法。

④ 施加侧向力扶正法。工艺如图 5.1.6 所示。

(2) 当引起沉井偏斜的原因是因沉井底部的局部遇到障碍物时，应立即停止挖土，查清情况，在不排水挖土条件下，由潜水员下去观察，然后根据具体情况，采取不同措施排除障碍。

(3) 遇到较小孤石时，可将孤石四周土挖掉将其取出；如为较大孤石或旧建筑物的残破圬工体，则可用小量爆破方法将其破碎后取出。但不能把炸药放在孤石表面临空爆破，对刃脚下的孤石应不使炮眼的最小抵抗线朝向刃脚，装药量控制在 0.2 kg 以内，并在孤

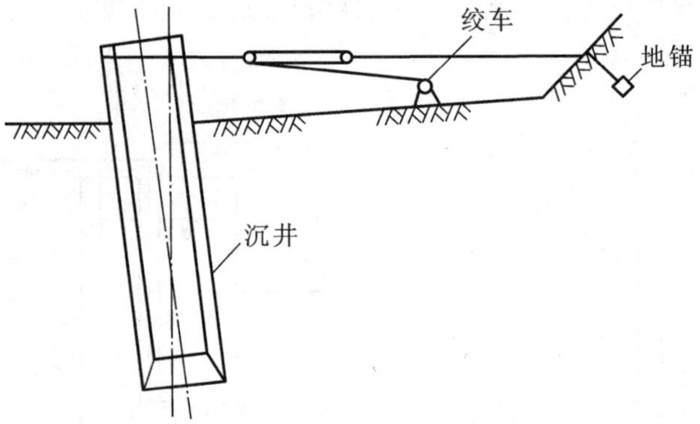

图 5.1.6 侧力扶正沉井工艺示意图

石上压放土袋，以防炸坏刃脚和井壁。遇到成层的大块卵石，可先清除覆盖的泥砂，然后找出松动或薄弱处，用挖、铲、撬的办法挖掉。对较大卵石，在不排水的情况下，也可用直径大于卵石的吸泥机吸出。

(4) 遇到钢件，可切割排除。如沉井中心位置发生偏移，可先使沉井倾斜，均匀挖土让沉井斜着下沉，直到井底中心位于设计中心线上，再将沉井扶正。

4. 克服沉井下沉困难的措施

(1) 加重法。在沉井顶面铺设平台，然后在平台上放置重物，如砂袋、干垒块(片)石等，但应防止重物倒坍，故叠置高度不宜太高。此法多在平面面积不大的沉井中使用。

(2) 抽水法。对不排水下沉的沉井，可从井孔中抽出一部分水，从而减小浮力，增加向下压力使沉井下沉。此法对渗水性大的砂、卵石层，效果不大，对易发生流砂现象的土，也不宜用此法。

(3) 射水法。在井壁腔内的不同高度处对称地预埋几组高压射水管道，在井壁外侧留有喇叭口朝上方的射水嘴，如图 5.1.7 所示，高压水把井壁附近的土冲松，水沿井壁上升，起润滑作用，从而减小井壁摩阻力，帮助沉井下沉。此法对砂性土较有效。采用射水法时，应加强下沉观测，掌握各孔的出水量，防止因射水不均匀而使沉井偏斜。

(4) 炮震法。沉井下沉至一定深度后，如下沉有困难，可用炮震法强迫沉井下沉。此法是在井孔的底部埋置适量的炸药，引爆后所产生的震动力，一方面减小了刃脚下土的反力和井壁上土的摩阻力，另一方面增加了沉井向下的冲击力，迫使沉井下沉。要注意炸药量过大，有可能炸坏沉井；药量太小，则震动效果不显著。一般每个爆炸点用药量以 0.2 kg 左右为宜，大而深的沉井可用至 0.3 kg。不排水下沉时，炸药应放至水底；水较浅或无水时，应将炸药埋入井底下数十厘米处，这样既不易炸坏沉井，效果也较好。如沉井有几个井孔，应在所有井孔内同时起爆，否则有可能震裂隔墙，甚至会使沉井产生偏斜。有可能采用炮震法的

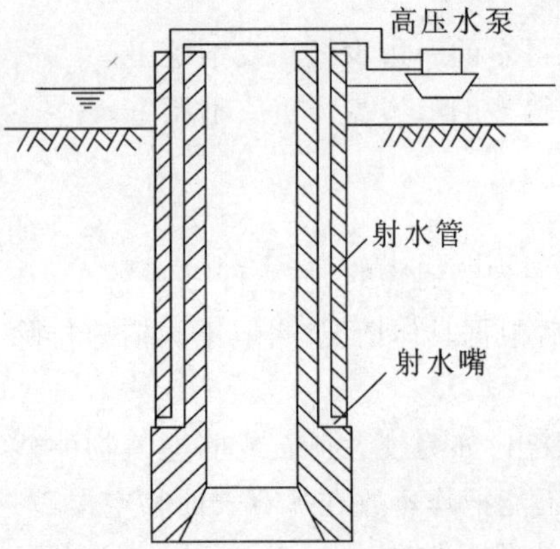

图 5.1.7 井壁内设射水管道示意图

沉井，事先在结构上应适当加强，以免受损。对下沉深度不大的沉井，最好不用此法。

(5) 采用泥浆润滑套。用触变性较大的泥浆在沉井外侧形成一个具有润滑作用的泥浆套，可大大减小沉井下沉时的井壁摩阻力。这种泥浆在静止时处于凝胶状态，具有一定强度，当沉井下沉时，泥浆受机械扰动即变为流动的溶胶，从而大大减小了井壁摩阻力，使沉井能顺利下沉。这种泥浆的主要成分为黏土、水及适量的化学处理剂。一般的质量配合比为黏土 35%～45%，水 55%～65%，碳酸钠化学处理剂 0.4%～0.6%（按泥浆总重计）。黏土要选颗粒细、分散性较高，并具有一定触变性的微晶高岭土。泥浆套的施工方法分内管法和外管法两种，通常用内管法。

① 内管法：内管法是在底节以上各节沉井的井壁内，预制若干竖直的压浆孔道，用钢丝胶管或钢管预埋在沉井模板内，待浇筑的混凝土初凝，将胶管或钢管拔出而成。在靠近底节与第二节沉井的台阶上设喷浆嘴，嘴前设有防护围堰，以防止高压的泥浆直接冲刷土壁和喷浆嘴被堵塞。台阶宽 10～20 cm，以便在下沉中，让井壁外侧与台阶所形成的空隙成为泥浆润滑套，如图 5.1.8(a)所示。

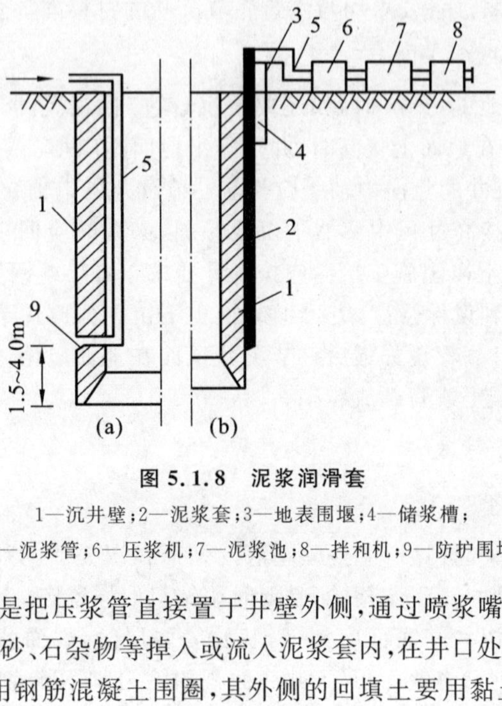

图 5.1.8　泥浆润滑套

1—沉井壁；2—泥浆套；3—地表围堰；4—储浆槽；
5—泥浆管；6—压浆机；7—泥浆池；8—拌和机；9—防护围堰

② 外管法：外管法是把压浆管直接置于井壁外侧，通过喷浆嘴喷浆，如图 5.1.8(b)所示。为了预防地面上的砂、石杂物等掉入或流入泥浆套内，在井口处要设地表围圈。围圈可用钢板与型钢组成，或用钢筋混凝土围圈，其外侧的回填土要用黏土分层夯实，以防渗水。地表围圈高度一般为 1.5～2.0 m，上加顶盖。地表围圈也可作为泥浆储备池之用。

沉井在下沉时，要不断补充泥浆，泥浆面不得低于地表围圈的底面。同时要注意使沉井孔内外水位相近，以防发生流砂、涌水，而使泥浆套受到破坏。还要注意井孔中挖土应均匀，避免过多地掏空刃脚下的土，以防造成通路使大量泥浆流失和沉井突然下沉，造成土壁坍塌，孔内发生流砂和地表坍陷。当气温低于 −3 ℃时，要做好防冻工作。

当沉井底达到设计高程时，应压进水泥砂浆把触变泥浆挤出，使井壁与四周的土重新获得新的摩阻力。泥浆润滑套方法不宜用于砾石、卵石层。

(6) 气幕法。在沉井井壁内预埋若干管道和横向环形管道，每层环形管上钻有很多小孔，压缩空气由管道通过小孔向外喷射，使沉井井壁周围的土液化，从而减小井壁与土之间的摩阻力。在水深流急处无法采用泥浆润滑套施工时，可用这种方法。

5. 沉井的着床

沉井下沉到设计持力层或基岩上时，称为沉井着床。

(1) 沉井下沉到倾斜岩层上时，应将岩层表面的松软层或风化层凿去并整平，沉井刃脚的 2/3 以上宜嵌搁在岩层上，嵌入深度最小处不宜小于 0.25 m，其余未到岩层的刃脚部分，可采用袋装混凝土等填塞缺口。

(2) 对位于刃脚以内井底岩层的倾斜面，应凿成台阶或榫槽后，再清渣封底。

（三）接筑沉井

1. 沉井的接高准备

(1) 接高前应将沉井的倾斜和轴线位移纠正到允许偏差的范围以内，并不得将刃脚下部的土层掏空。

(2) 沉井接高的材料准备要求均与浇筑底节沉井的材料准备要求相同。

2. 沉井的接高要求

(1) 当沉井顶面离地 1～2 m 时，如还要下沉，就应接筑沉井，每节沉井高度以 4～6 m 为宜。规范规定沉井在地面上接高时，井顶露出地面不应小于 0.5 m。

(2) 接高时，各节沉井的竖向中轴线应与前一节沉井的中轴线相重合。

(3) 为防止沉井在接高过程中突然下沉或倾斜，必要时应回填刃脚下的土。接高时应尽量对称均匀加重。混凝土施工接缝应按设计要求布置接缝钢筋，清除浮浆并凿毛。

(4) 待接筑沉井达到设计强度，方可继续挖土下沉。如此逐节接高沉井并不断挖土下沉，直到井底达到设计高程。如最后一节沉井顶面在地面以下，应加筑井顶围堰，并视其高度大小，分别用混凝土或石砌或砖砌。

（四）基底检验与封底

1. 基底检验与处理

(1) 沉井下沉至设计高程后，应检验基底的地质情况是否与设计相符。能抽干水的可直接检验，否则要由潜水工下水检验，必要时用钻机取样鉴定。

(2) 不排水下沉的沉井基底面应整平，基底为岩层时，岩面残留物（风化岩碎块、卵石、砂）应清除干净，清理后有效面积（沉井底面积扣除刃脚不能完全清除干净的面积）不得小于设计要求；岩面倾斜时的处理应符合本节沉井着床的规定。

(3) 排水下沉的沉井基底处理应符合本书情境二中基坑支护的基底处理有关规定。

(4) 基底为砂土或黏性土时，应铺以碎、砾石至刃脚踏面以上 20 cm；对抽水下沉的沉井，还须在刃脚口周边的下面用碎、砾石填平夯实。

(5) 基底为风化岩时，沉井应尽可能嵌入风化岩层，以防排水清基时引起流砂。

(6) 井壁隔墙及刃脚与封底混凝土接触面处的泥污应清除干净。不得已需在水下清基时，可用射水、吸泥和抓泥交替进行，也可由潜水工在水下操纵射水管清理。

(7) 对下沉至设计高程后的沉井尚应进行沉降观测，沉降稳定且满足设计要求后方可封底。

2. 沉井封底

(1) 沉井基底检验合格及沉降稳定后,应及时封底。

(2) 不排水下沉的沉井应采用水下混凝土进行封底;对排水下沉的沉井,基底渗水的上升速度不大于 6 mm/min 时,可按本教材情境二中普通混凝土的浇筑方法进行封底,但应设置引流排水设施,及时排除明水,且应采取可靠措施使混凝土强度在达到 5 MPa 前不受到压力水的作用;渗水上升速度大于上述规定时,宜采用水下混凝土进行封底。沉井的封底如设计为水下压浆混凝土时,应按设计要求施工。

(3) 沉井的混凝土封底厚度应根据基底的水压力和地基土的向上反力经计算确定,且封底混凝土的顶面高度应高出刃脚根部 0.5 m 及以上。封底混凝土的强度等级不应低于 C25。

(4) 沉井的水下混凝土封底宜全断面一次连续灌注完成;对特大型沉井,可划分区域进行封底,但任一区域的封底工作均应一次连续灌注完成。

(5) 采用刚性导管法进行水下混凝土封底时,应符合下列规定:

① 封底混凝土的原材料、配合比等可按照钻孔灌注桩水下混凝土的相关规定执行。每根导管开始灌注时所用的混凝土坍落度宜采用下限,首批混凝土需要数量应通过计算确定。

② 灌注封底水下混凝土时,需要的导管间隔及根数,应根据导管作用半径及封底面积确定。采用多根导管灌注时,对其灌注的顺序应进行专门设计,并应采取有效措施防止发生混凝土夹层;若同时灌注,当基底不平时,应逐步使混凝土保持大致相同的高程。

③ 在灌注过程中,导管应随着混凝土面的升高而逐步提升,导管的埋深宜与导管内混凝土下落深度相适应,且不宜小于表 5.1.2 的规定;采用多根导管灌注时,导管的埋深不宜小于表 5.1.3 的规定。同时应根据混凝土的堆高和扩展情况,调整坍落度和导管埋深,使每盘混凝土灌注后均形成适宜的堆高和不陡于 1∶5 的流动坡度。抽拔导管时应防止导管进水。

表 5.1.2　不同灌注深度时导管的最小埋深

灌注深度(m)	≤10	10～15	15～20	＞20
导管最小埋深(m)	0.6～0.8	1.1	1.3	1.5

表 5.1.3　不同导管间距时导管最小埋深

导管间距(m)	≤5	6	7	8
导管最小埋深(m)	0.6～0.9	0.9～1.2	1.2～1.4	1.3～1.6

④ 水下混凝土的最终灌注高度,应比设计值高出 150 mm 以上;待混凝土强度达到设计要求后,再抽水凿除表面松弱层。

(6) 封底混凝土在灌注过程中如发生事故或对封底施工的质量有疑问时,应对其进行检查鉴定,必要时可钻孔取芯检验。

（7）不排水封底的沉井，应在封底混凝土强度满足设计要求后方可进行井内抽水，然后进行下一道工序。

（五）井孔填充与浇筑盖板

（1）井孔填充

① 待封底混凝土达到设计强度后方可将水抽干，然后进行井孔填充。

② 井孔填充时，所采用的材料、数量及填充顺序等应符合设计规定。如作用仅由沉井井壁承受，则井孔填充可用贫混凝土或片石混凝土，也可填砂或保持空孔。

（2）顶板浇筑

① 对填砂或空孔的沉井，必须在井顶浇筑钢筋混凝土顶板。顶板达到设计强度后，方可砌筑墩台。

② 沉井顶部钢筋混凝土顶板的浇筑施工应符合设计要求及本教材情境二中普通混凝土的相关规定。

四、质量检验与质量标准

（一）质量检验

（1）沉井基础的施工应分阶段进行质量检验并填写检查记录。

（2）沉井基底应按基底检验与处理的要求进行检查验收。

（二）质量标准

沉井基础施工的质量应符合表 5.1.4 的规定。

表 5.1.4 沉井基础施工质量标准

项目		规定值或允许偏差
沉井混凝土强度(MPa)		在合格标准内
沉井平面尺寸(mm)	长度、宽度	±0.5%边长，大于 24 m 时±120
	曲线部分的半径	±0.5%半径，大于 12 m 时±60
	两对角线的差异	对角线长度的 1%，且不大于 180
沉井井壁厚度(mm)	混凝土	+40，−30
	钢壳和钢筋混凝土	±15
沉井刃脚高程(mm)		符合设计要求
中心偏位(纵、横向)(mm)	就地制作下沉	井高的 1%
	水中下沉	井高的 1%+250
最大倾斜度(纵、横向)		井高的 1%
平面扭转角(°)	就地制作下沉	1
	水中下沉	2

注：（1）对于钢沉井以及结构构造、拼装等方面有特殊要求的沉井，其平面尺寸允许偏差值应按照设计要求确定。

（2）井壁的表面应平滑、不外凸，且不得向外倾斜。

单元二　水中下沉沉井基础工程施工

一、施工准备

（一）技术准备

（1）根据设计文件提供的工程地质和水文地质资料及现场的实际情况决定是否补充地质钻探，并应对洪汛、凌汛、河床冲淤变化、通航及漂流物等进行调查，编制沉井基础施工技术方案。需要在施工中度汛、度凌的沉井，应制订防护措施，保证安全。对水中特大沉井的施工，应在施工前进行河床冲淤变化和防护的数学模型分析计算，必要时应进行物理模型的模拟试验。

（2）完成工程测量控制点和沉降观测控制点的定位、移交、复核工作。

（3）确定工程材料、机具、劳动力的需求量。

（4）完成进场材料的取样复检及混凝土的试配工作。

（5）组织施工人员进行技术、质量、安全、环境等各方面的交底工作。

（6）在堤防等水利、防洪设施及其他既有建筑物周边进行沉井下沉前，应就施工可能会导致对其不利的影响进行评估，并应采取有效的防护措施。

（二）材料准备

材料准备要求均与旱地上的沉井基础施工相同。

（三）主要机具准备

（1）机械设备：混凝土搅拌机、皮带输送机、插入式振动器、平板式振动器、自卸翻斗汽车、机动翻斗车、混凝土搅拌运输车和输送泵车（泵送混凝土用）、钢筋调直机、钢筋切割机、钢筋制弯机、电焊机、拖船、平板渡船、抓泥斗或吸泥机、冲击锥、空压机、绞车等。

（2）主要工具：大小平锹、串筒、溜槽、胶皮管、混凝土卸料槽、吊斗、手推胶轮车、抹子。

（3）沉井下沉前，应对施工设备采取有效的防护措施。

（四）作业条件准备

（1）筑岛法作业条件准备

① 施工的栈桥或浮桥已搭设完毕并验收合格。

② 其他作业条件准备要求均与旱地上的沉井基础施工相同。

（2）浮运法作业条件准备

① 浮运沉井预制场已准备就绪，各节沉井已预制完毕，且已编号，并验收合格。

② 浮运临时码头与栈桥已修建完毕并验收合格。

③ 沉井预制场到浮运临时码头的道路已畅通。

④ 浮运沉井的平板渡船和拖船已到位。

二、水中下沉沉井施工方法与工艺流程

（一）施工方法

当基础处于水中时，沉井施工可采取筑岛法或浮运法，一般需根据水深、水流速度、施工设备及施工技术等条件选用。

（二）筑岛法施工工艺流程

定线搭设栈桥或浮桥→水中筑岛→平整夯实岛面→沉井基础定位放样→复验→材料见证取样、试配制混凝土→复试→铺设砂垫层→以后各道工序均与旱地上的沉井基础施工工艺相同。

（三）浮运法施工工艺流程

场地及下水方案的确定→浮船定位或搭设支架平台→浮船或支架平台质量安全验收→沉井基础制作放样→复验→材料见证取样、试配制混凝土→复试→分节制作各节沉井并编号（沉井制作工艺与旱地上的沉井制作施工工艺相同）→对底节沉井进行水压试验→对各节沉井进行水密性检查→检查沉井浮运所经水域和就位处的河床→检查各种浮运设备→确定沉井悬浮接高时的初步定位位置→沉井的浮运→沉井运到墩位附近后的定位→浮运沉井接高→沉井在水中下沉和着床→复验→分仓水下浇灌混凝土→养护→循环挖土下沉沉井并接高至着床→以后的其他后续施工工艺均与旱地上的沉井下沉着床后的其他后续施工工艺相同。

三、筑岛法沉井基础施工要点

（一）筑岛法的概念与砂岛的施工

1. 筑岛法的概念

沉井位于河流可能被淹没的岸滩或施工水位不深的情况下，宜用筑岛法就地制作沉井，即先修筑人工砂岛，再在岛上进行沉井的制作和挖土下沉。

2. 砂岛的类型与构造

（1）砂岛分为无围堰砂岛和有围堰砂岛两种。

（2）无围堰砂岛应保证施工期水流受压缩后砂岛本身有足够的稳定性，一般用于水深不超过 1～2 m，水流速度不大于表 5.2.1 规定时，砂岛边坡坡度宜为 1∶1.75～1∶3，必要时可用草袋、卵石和竹笼、柴排等护坡。筑岛的尺寸应满足沉井制作及抽垫等施工的要求，且应在沉井周围设置不小于 1.5 m 宽的护道，如图 5.2.1(a)所示。

表 5.2.1 无围堰砂岛允许水流流速

筑岛材料	细砂	粗砂	中粒砾石	粗粒砾石
允许水流流速(m/s)	0.3	0.8	1.2	1.5

（3）当河水较深或流速超过表 5.2.1 的规定时，宜用钢板桩围堰筑砂岛，如图 5.2.1(b)

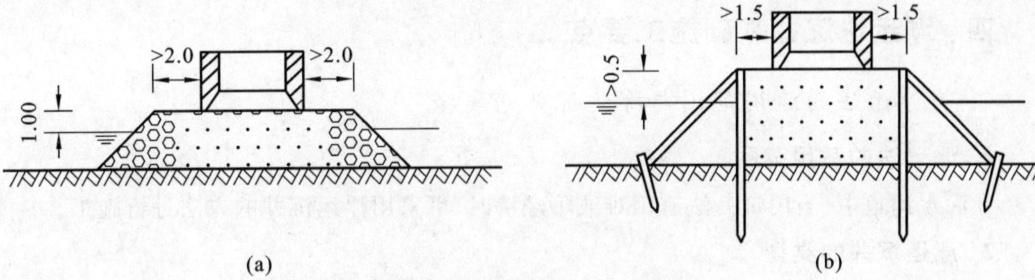

图 5.2.1　筑岛法(尺寸单位:m)

(a) 草袋护坡砂岛;(b) 钢板桩围堰砂岛

所示。

(4) 有围堰砂岛的护道宽度可按下式计算,但不应小于 1.5 m。

$$b \geqslant H\tan(45° - \frac{\varphi}{2}) \tag{5.1}$$

式中　b——护道宽度,m;

H——砂岛高度,m;

φ——筑岛土在饱水时的内摩擦角。

(5) 如实际采用的护道宽度 b 小于式(5.1)计算的值时,则应考虑沉井重力等对围堰所产生的侧压力的影响。

3. 砂岛的施工要点

(1) 筑岛材料应采用透水性好、易于压实的砂性土或碎石土等,且不应含有影响岛体受力及抽垫下沉的块体。筑岛时要边填边夯实。不得用黏土、淤泥、黄土等填筑。

(2) 在斜坡上筑岛时应进行设计计算,并应有抗滑措施;在淤泥等软土上筑岛时,应将软土挖除,换填或采取其他加固措施。

(3) 岛面及地基承载力应满足设计要求;在施工期内,应采取必要的防护措施保证岛体的稳定,坡面、坡脚不应被水流冲刷损坏。

(4) 砂岛面有围堰时,应高出施工期间最高水位(包括浪高)至少 0.5 m;无围堰时应高出 0.75~1.0 m。

(二) 筑岛法沉井基础施工要点

1. 沉井的制作

(1) 筑岛法沉井的制作宜在砂岛基本固结以后进行,以免在沉井制作期间产生不均匀变形。

(2) 筑岛法沉井的制作工艺与施工要点均与旱地上的沉井制作工艺与施工要点相同。

2. 沉井的下沉及后续施工工艺

筑岛法沉井的下沉及后续施工工艺均与旱地上的沉井下沉及后续施工工艺相同。

四、浮运法沉井基础施工要点

（一）浮运法的适用范围与浮运沉井的类型

1. 浮运法的适用范围

在深水河道中，当用筑岛法有困难或不经济时，可采用浮运沉井的方法进行施工。

2. 浮运沉井的类型

（1）普通浮运沉井：是在普通沉井的刃脚处安装临时性不漏水的木底板，使其能浮于水中，就位后在井内灌水下沉，沉到河底后再拆除底板，如图 5.2.2(a)所示。

（2）空腹薄壁沉井：井壁可用钢筋混凝土、水泥钢丝网或钢壳制成，钢筋混凝土壁厚约 10 cm，钢丝网水泥壁厚仅需 3 cm，空腹中设置撑架，这样沉井重量大大减小有利于浮运，就位后向空腹中灌混凝土或水，即可下沉，如图 5.2.2(b)所示。

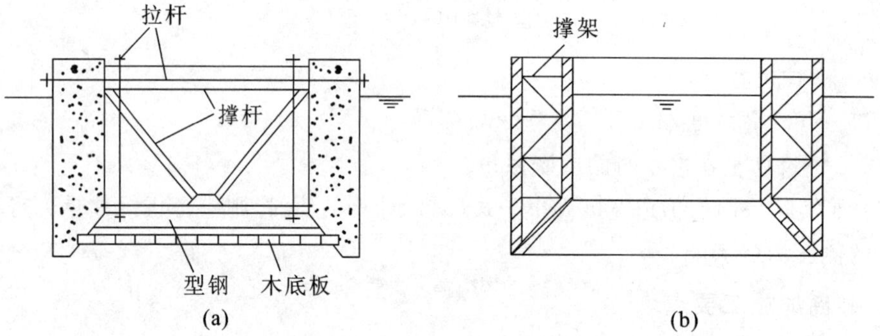

图 5.2.2　浮运沉井结构

(a) 安装临时木底板；(b) 空腹薄壁沉井

（二）浮运沉井的施工要点

1. 浮运沉井的制作

（1）浮运沉井的制作应根据沉井规模、河岸地形、设备条件等，进行技术经济比较，确定制作场地及下水方案。

（2）在浮船上或支架平台上制作沉井时，浮船、支架平台的承载力均应满足沉井制作的要求。

（3）沉井在岸上或浮船上应分节编号预制，各节之间应考虑接井的连接锚固措施。

（4）各节沉井的制作要求与质量控制均与旱地上的沉井制作要求与质量控制相同。

2. 浮运沉井与就位

（1）沉井在浮运前应进行下列准备工作：

① 应制订专项施工技术方案，并应对沉井的定位系统以及浮运、就位的稳定性进行验算；当沉井的实际重力与设计重力不符时，应对其重新进行验算。各类浮运沉井在下水、浮运前，均应进行水密性检查，对底节尚应根据其工作压力进行水压试验，合格后方可下水。

② 应对所经水域和沉井就位处的河床进行探查，所经水域应无妨碍浮运的水下障碍物，沉井就位处的河床应基本平整；必要时应进行河床冲淤变化和防护的数学模型分析计

算或试验，并应对河床进行防护。

③ 应根据浮运沉井的具体情况确定相应的浮运设备。浮运前应对拖运、定位、导向、锚碇、潜水、起吊及排、灌水等相关设备设施进行检查。

④ 应掌握水文、气象和航运等情况，并应与海事或航道管理部门取得联系、相互配合，必要时宜在浮运及就位施工过程中进行航道管制。

(2) 浮运沉井的底节可采用滑道、涨水自浮或直接起吊等方法下水，入水后，对其悬浮接高时的初步定位位置，应根据下水方法、沉井的结构形式、环境条件等情况综合分析确定。

(3) 沉井的浮运、就位应符合下列规定：

① 沉井的浮运宜在气象和水文条件有利于施工时，以拖轮拖运或绞车牵引进行。对水深和流速大的河流，可在沉井两侧设置导向船增加其稳定性。在浮运、就位的任何时间内，沉井露出水面的高度均不应小于 1 m，并应考虑预留防浪高度或采取防浪措施。

② 就位前，应对所有缆绳、锚链、锚碇和导向设备进行检查调整，使就位工作能顺利进行，并应考虑水位涨落对锚碇的影响。布置锚碇体系时，应使锚绳受力均匀，并应采取适当措施避免导向船和沉井产生过大摆动或折断锚绳。

(4) 沉井的浮运工艺是将预制好的沉井用滑道等方法将沉井放入水中，浮于水面上，最后拉运到墩位处。也可用船只浮运沉井，如图 5.2.3 所示。

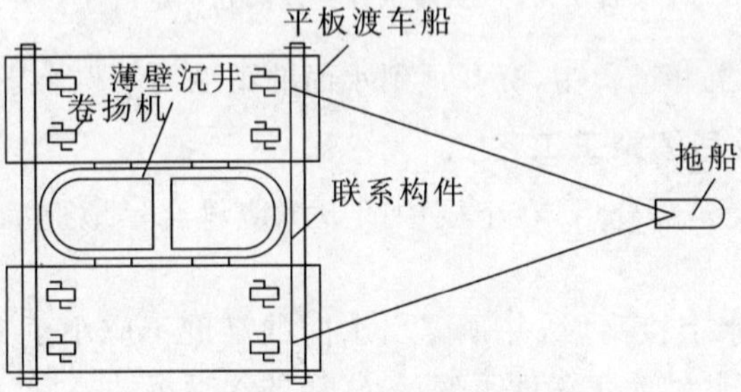

图 5.2.3　船只浮运沉井

(5) 沉井运到墩位附近后的定位方法是：用小划艇将预先准备好的锚碇运至预定的锚位放入河中，在岸上用经纬仪根据小三角网法标定的墩位位置控制整个浮体（船及沉井）的移动，指挥船上的卷扬机松紧锚绳，使沉井准确就位，如图 5.2.4 所示。锚碇的重量及锚绳的粗细和拖入长度，应按整个浮体所受到的水力、风力的计算确定。

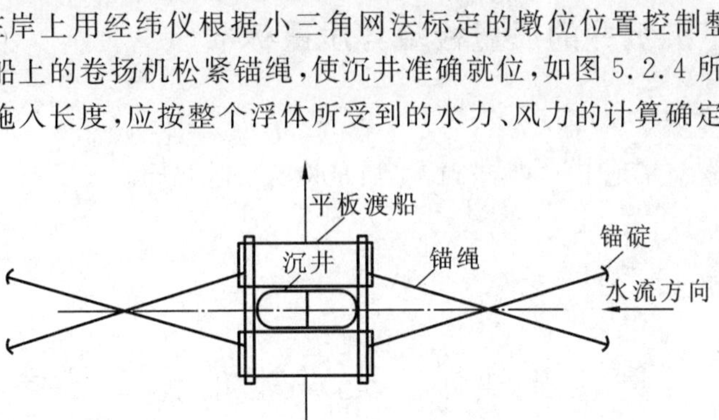

图 5.2.4　沉井抛锚定位

3. 浮运沉井的下沉与分仓水下浇灌混凝土

(1) 浮运沉井在水中下沉时,应充分考虑风力、浮力、水流压力、波浪力、冰压力、漂浮物等对沉井的作用。

(2) 浮运准确定位并接高后,应向井壁腔格内对称、均衡地灌水,使沉井迅速落到河床着床。

(3) 沉井在水中下沉和着床时,应随时监测由于沉井下沉的阻力和压缩流水断面后引起流速增大而造成的河床局部冲刷及因冲淤引起的土面高差,必要时可在沉井位置处采用卵、碎石垫填整平,改变河床上的粒径,减小冲刷深度,增加沉井着床后的稳定;或在着床后利用沉井弃土进行调整,但对沉井外的弃土地点应合理安排,避免对沉井形成偏压。

(4) 沉井着床后应按预先编号的隔仓(图 5.2.5),均匀对称地向井壁空腹内浇筑水下混凝土,以增加沉井重量。

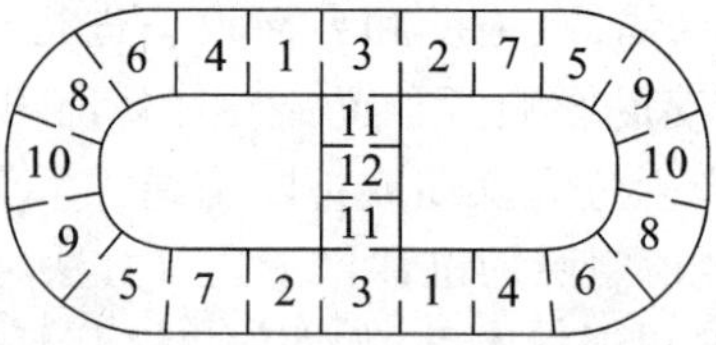

图 5.2.5 空腹沉井井壁隔仓示意图

(5) 在浮运、下沉沉井过程中,沉井顶到水面的高度均不得小于 1 m。

4. 沉井的下沉及后续施工工艺

(1) 沉井着床并浇筑隔仓后,在土层中的下沉应符合旱地上沉井基础施工中的沉井下沉与着床的规定。

(2) 浮运沉井在水上接高时,井顶露出水面的高度不应小于 1.5 m,且在接高过程中,应采取措施保持沉井的入水深度不变;带气筒的浮运沉井,对气筒应加以防护。

(3) 沉井下沉并着床以后的其他后续施工工艺均与旱地上的沉井下沉并着床以后的其他后续施工工艺相同。

五、水中下沉沉井的质量检验与质量标准

(一) 质量检验

质量检验要求与旱地上沉井基础施工质量检验要求相同。

(二) 质量标准

质量标准详见表 5.1.4。

案例 某浅滩上沉井基础施工方案

1. 编制说明

(1) 本施工组织设计的编制以公司现有的施工技术力量和历年来桥梁沉井基础施工

经验作为基点，计划工期6个月，2010年5月20日正式开工，2010年11月20日完工作为控制进度目标，统筹考虑施工工艺、现场布置以及施工进度计划。

(2) 施工组织设计中列出的工、料、机具设备等计划，仅作为指导施工时参考用，不作为最后的供应计划。其各项数量如有出入时，应以实际施工中的数量为准。

(3) 本施工组织设计的编制以下列文件和资料为依据：

① 施工图设计文件；

②《公路桥涵施工技术规范》(JTJ 041—2000)；

③《市政工程施工技术规程汇编》；

④《公路工程质量检验评定标准》(JTG F80—2004)；

⑤《市政桥梁工程质量评定标准》；

⑥《城镇道路工程施工与质量验收规范》(CJJ 1—2008)；

⑦《公路工程水泥及水泥混凝土试验规程》(JTG E30—2005)；

⑧《公路工程集料试验规程》(JTG E42—2005)；

⑨《公路工程施工安全技术规程》(JTJ 076—95)；

⑩《公路工程金属试验规程》(JTJ 055—83)；

⑪《预应力混凝土用钢绞线》(GB/T 5224—2003)；

⑫ 交通部《公路工程国内招标文件范本》中明确规定执行的规范、标准。

(二) 工程概况

1. 构造形式

石棉县城新棉镇位于大渡河中游与楠桠河汇合处右岸的冲积台地上，隶属雅安市。本桥梁工程左接川藏公路，右接青年路，距下游侧大渡河与楠桠河交汇处约380 m，据《石棉县城近期建设规划——用地布局规划图》(2000—2020年)，城北片区主要包括以下组团：城北公园、石棉矿医院、石棉变电站、石棉城北中学等，本桥梁工程的建成将有利于西区与城北两片区的交通联系，完善石棉县的交通路网结构。下部结构共有两个拱座，两个桥台，桥台部分坐落在拱座上，拱座基础为沉井基础。沉井长18.5 m，宽21.0 m，深15.0 m，拱座长16 m，拱座底宽12.5 m，拱座顶宽4.5～4.8 m，拱座高6.2～6.4 m。拱座处由恒荷载及汽车荷载引起的水平推力部分由系杆力平衡，其余由基础摩阻力提供。

2. 地形地貌、水文地质

桥区位于大渡河两岸，为跨河大桥。桥位区地势平坦，区内属亚热带湿润气候，具有雨水充沛、冬暖夏凉、雨热同季、干湿分明的特点，受地形影响，山谷高低悬殊，气候立体变化明显，兼有高原气候特点。年降水量平均778.3 mm，主要集中在5～9月，占全年降水量的75%。

在大桥上游有龙头石水电站，对桥位处大渡河的流量有很大的调节作用。龙头石水电站正常发电泄洪时，大渡河桥位区的流量为400～600 m^3/s，洪水季节泄洪时的最大流量可达5000 m^3/s，正常水位在858.40 m左右，龙头石水电站泄洪时可涨至861.00 m。

3. 材料组织

根据施工组织设计的工程进度安排编制材料供应计划，确保工地不停工待料。水泥：

根据进度需要采用大厂合格水泥，通过108国道运输至施工现场。砂、石料：产地为大渡河两岸，采用满足规范和施工要求的中砂和碎石。钢筋、型钢等材料均运至施工现场生产加工区加工制作。

4. 工程特点

本工程工作内容多，受洪水影响，总工期要求6个月，具有工程量集中、质量要求高、工期紧等特点。必须精心组织、合理安排施工才可能按时按质按量完成任务。

（三）施工方法与工艺技术方案

1. 概述

采用填土围堰筑岛，沉井基础在岛上按设计要求分节预制，第一节下沉后，再接高第二节沉井。地层透水性强时，采用冲抓斗不排水开挖下沉；透水性差时，采用机械排水人工开挖下沉；入岩部分采用机械排水人工用风镐或风枪打眼辅以弱爆破开挖，导管法灌注水下混凝土封底。

2. 施工工艺和方法

（1）沉井施工工艺流程

施工准备→沉井边坡开挖、筑岛→铺垫木→拼装钢刃脚→安装支撑排架及底模→立沉井内模→绑扎钢筋→立沉井外模→灌注底节混凝土及养护→抽垫→下沉→接高→基底清理→封底→井内填充及灌注顶盖板。

（2）沉井施工平台

① 施工平台开挖：河面水位为858.00 m，预计最高洪水水位为861.00 m，施工平台顶面高程设定为862.00 m，边坡开挖前，调查坡面周围的排水情况，合理布设排水系统，使坡面内的水能迅速排出坡面，同时防止线路外的水流入坡面，保证坡面稳定。

A. 施工顺序：测量→清除植被及表层土→截水沟临时排水设施的施工→挖土方→装载机或挖掘机装料→运至弃土场。

B. 施工准备：在边坡开挖前做好截水沟，使排水系统通畅，杜绝由于排水不畅而造成滑坡，坍塌等事故的发生。

C. 放出堑顶开挖线，按图施工，严禁超挖超爆。

D. 对有电缆、地下管道等重要设施的挖方地段应详细调查，做好保护，经有关部门妥善处理后，方可施工。

E. 边坡应及时修整以达到平顺美观的要求，当地质条件与设计不符时，应及时上报，以确定合理的施工方案。

F. 当挖方边坡下的土质不良时，按规范要求进行相应的处理。

a. 土方开挖：土方开挖按施工图自上而下逐层施工，横挖法和纵挖法相结合，根据现场实际情况灵活选择，尽量创造足够多的工作面。开挖施工以挖掘机、推土机、装载机为主，配合自卸汽车运输。

b. 路堑石方开挖：根据地形地质条件和施工设备，合理确定爆破参数，制订爆破方案，爆破施工组织设计在施工前28天报监理工程师审批。

采用移动式空压机供风，风钻钻孔，非电毫秒雷管起爆。爆破后，采用挖掘机装碴，自卸汽车运至填方地段。根据实际情况，爆破时制定一套完整有效的施工方案，从测量放样、钻眼、爆破至安全警戒层层把关，做好安全防范措施。

c. 接近边坡面的开挖，采用预裂爆破或光面爆破，减少对边坡的扰动；邻近建筑物附近的爆破应用控制爆破法，以控制飞石、地震波对建筑物的影响。风化严重、节理发育的岩层以及不利于边坡稳定的石方爆破，采用小型排炮微差爆破。

采用移动式电动空压机和移动内燃空压机供风，风钻或履带式潜孔钻机钻孔，非电毫秒雷管起爆。装碴采用装载机配合反铲挖掘机装碴，自卸汽车运至填方路堤。

d. 采用分段分层深孔爆破开挖时，分段视地形情况以一山头或两桥之间为一段，分层厚度 6～8 m。先开挖中间，两边预留光面爆破，以减少对边坡的扰动，保持边坡良好的成型。在邻近建筑物地段采用松动爆破。

e. 对于开挖断面较小、边坡高度较低、半填半挖地段，采用风钻钻孔；对于开挖断面大、边坡高度大于 8 m 的地段，如岩石较硬、整体性好，则采用纵向掘进的方法施工，保证边坡平整。

② 筑岛围堰：利用挖掘沉井基础的合格泥土填筑沉井施工平台，在施工平台迎水面按 1：0.2 的坡比堆码宽度 2 m 的装有黏土的编织袋，沉井口一侧采用 M7.5 级浆砌片石挡墙进行防护，坡比为 1：0.2；中间边填土边用压路机碾压密实，直至施工平台顶面 862.00 m。筑岛围堰施工图如图 1 所示。

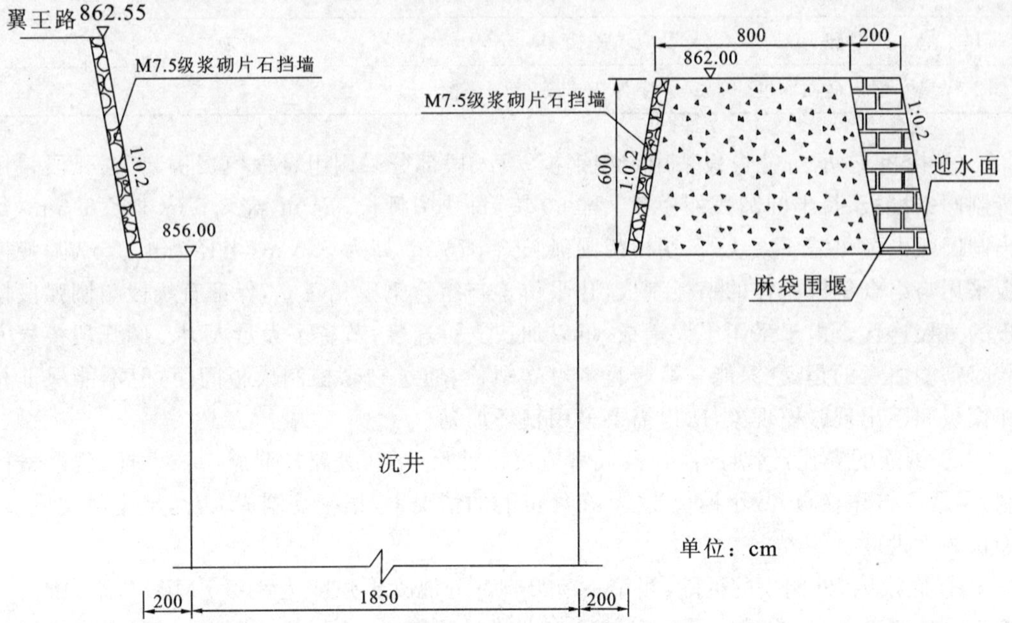

图 1　筑岛围堰施工图

利用挖掘机在沉井基础位置开挖长度比沉井每边大 2 m 的基坑，深度挖掘至水面以下 2 m 左右，然后用挖掘机在基坑内设置 8 个降水井，每个降水井设置两台大功率潜水泵，在沉井四周打入深度 3～5 m，间距 50 cm 的木桩，木桩与木桩之间设置钢板网，木桩外侧砌筑装有黏土的编织袋，编织袋外侧填筑黏土并夯密实。在沉井与木桩之间，绑扎钢筋，安装模板，浇筑厚度为 50 cm 的锁口混凝土，以保证沉井施工期间的孔口安全。锁口的高度要根据洪水水位进行调高，现暂定 856.00 m。

(3) 沉井的制造

① 铺设垫木，立支撑排架。垫木基本要求如表 1 所示。

表 1　垫木基本要求

编号	项目	要求
1	垫木材料	质量良好的普通枕木及短方木
2	垫木铺设方向	刃脚的直线段垂直铺设，圆弧段径向铺设
3	垫木下承受的压力	应小于岛面允许承压应力
4	筑岛底面承受的压力	应小于岛面允许承压应力
5	刃脚下和隔墙下垫木	应基本相等，以免不均匀下沉使井壁与隔墙连接处混凝土开裂
6	铺垫次序	应从各定位垫木开始向两边铺设
7	支撑排架下的垫木	应对正排架中心线铺设
8	铺垫顶平面最大高差	应不大于 3 cm
9	相邻两垫木最大高差	应不大于 0.5 cm
10	调整垫木高度	不应在其下垫塞木块、木片、石块等，以免受力不均
11	垫木间空隙	应填砂捣实
12	垫木埋入岛面深度	应为垫木高度的一半

② 模板支立：沉井模板采用定型钢模，直线段部分采用组合钢模板拼装，圆弧段采用特制圆钢模板，每半圆圆弧外模板共需 60 块，每块圆弧长 3.4 m，高 5.5 m 半径 6.5 m，每半圆圆弧内模板需 4 大块，每块模板圆弧长 3.375 m，高为 5.5 m，半径为 4.3 m，圆弧模板采用与组合钢模一样的钢板制成，孔眼位置与组合钢模相对立，保证直线段与圆弧段模板的直接连接。由于采用了大模板，可以加快支拆速度，节省了大量人力。圆弧段模板安装时需要注意的是，它只能采取竖直带对立螺栓，通过它来控制模板间距，但不能保证相邻模板间不出现胀模现象，所以需要另用箍环加劲。

③ 钢筋的安扎：钢盘的制作及成型应按设计尺寸及《公路桥涵施工技术规范》严格控制，尽量不挤压模板，减小模板受力，在尽可能的情况下，把钢筋制成大片，采用吊装成型，加快施工进度。

④ 底模内、外侧模的拆除：当第一节刃脚部分混凝土强度达到 2.5 MPa 以后，方可拆除直立的侧面模板；当混凝土强度达到 70%设计强度时，方可拆除隔墙底面、刃脚斜面的支撑模板。首先从隔墙中部向两边拆除，然后在从刃脚处拆垫木时，采用分区、依次、对称、同步进行，以防只拆一侧，致使沉井下沉产生倾斜现象。拆垫木之前应先挖去垫木下的砂土，挖的深度以能把垫木抽出为宜，谨防深挖。在抽出几组垫木出现空当后，即应回填砂土，并且夯实，防止沉井下沉倾斜。

(4) 沉井的接高

当沉井下沉到地面 1.0 m 左右时，减缓下沉速度进行调整，当其高度高于地面 0.2 m 时，开始接高沉井。沉井接高前，刃脚部分必须与基坑底部全部接实，不能出现沉井悬空部分，必要时在刃脚斜面加设支撑，以防沉井在接高时突然下沉，使新灌混凝土产生裂纹。每节沉井的竖向轴线与第一节重合，保证外壁竖直平滑，减小下沉阻力。接高沉井前，必须将前一节混凝土顶面清洗干净。

(5) 沉井下沉方式

① 明挖下沉：当地下水位低于沉井刃脚底面设计标高时，地表渗水，水大或没有时，可采用明挖下沉。开挖下沉前应先将抽垫时在刃脚内侧的回填土分层挖去，开挖顺序与抽垫顺序相同，分区、依次对称开挖：

a. 当土质松软时，可在中部用人工或抓斗向下深挖 50 cm 左右，并逐渐向沉井四周均匀扩挖，到距刃脚 1 m 时，可分层挖刃脚下的土台，当沉井下沉后，再重复以上作业。

b. 当土质比较坚实时，如刃脚内侧土台挖平后仍下沉很少或不下沉，可采用配重、爆破振动下沉等手段。如果上述方法还不能使其下沉时，可采用挖沉井外侧砂土，减小外侧土压力使之下沉，当沉井下沉至设计标高以上 2 m 左右时，应适当放慢下沉速度，并控制挖土量及挖土位置，注意调平沉井，防止因挖土量过大及挖土不均使沉井突然下沉，如果下沉速度太快，必须采取相应的止沉方法，控制下沉速度。

c. 当地下有坚硬岩层时，在刃脚下可用风镐打斜炮眼，分段按距离 1 m 左右打一个炮眼，深度不宜超过 50 cm，用药量不超过 0.2 kg，使之不炸坏沉井刃脚为宜。爆破后清除碎石块后立即用小颗粒砂砾回填，再进行对称一面的爆破、回填，待全部岩石开挖并回填后，逐步对称挖去回填砂土，使沉井平稳下沉。

② 排水下沉：当地下水或地面水渗水量小于 1 m^3/h，可采用排水开挖下沉。在沉井周边和中间设置两到三个集水坑或集水井，放置点动离心式水泵，如井深小于水泵有效射程，可直接把水管伸到沉井外面；如果井深大于水泵有效射程，可在沉井里设置两到三个水箱，把水吸到水箱里，通过吊装机械，把水箱吊到沉井外排水。

③ 水中下沉：当地下水和地表渗水量很大时，吸水量小于渗透量时，选用水中下沉的方法。

(6) 沉井在刃脚下遇到障碍物

沉井在刃脚下遇到障碍物主要是指大树根、大孤石以及埋在土中的钢料铁件等，对这些障碍物必须清除，沉井才能继续下沉。在能抽干水的情况下，可以人工排除。如果遇到大孤石，必要时可用少量炸药炸碎之。在不能排水的情况下，需由潜水工下去处理，进行水下爆破和烧割。在进行爆破时，要严防损伤刃脚和井壁。

(7) 沉井外壁土的摩擦力过大

如果沉井外壁土的摩擦力过大，沉井下沉就困难。解决这一问题有以下几种方法。

① 增加自重：增加自重有两种方法，一种方法是提早接筑另一节沉井；另一种方法就是在井顶增压砂袋、钢轨等迫使沉井下沉。在不排水下沉时，可在井内抽水，减小浮力，迫使沉井下沉。但有翻砂危险时，则不能用此法。

② 减小井外壁土的摩擦力：沉井外壁必须做得光滑，防止胀模。

(8) 沉井纠偏

无论采用何种下沉方法，其井内除土应先从中间开始均匀对称地逐步向刃脚处分层取土，使其均匀下沉，防止偏斜。沉井弃土应尽量远离沉井，防止因弃土而造成的偏压，使沉井发生偏斜现象。

当沉井刃脚处遇到倾斜岩层或孤石时，应先清除岩石和孤石，并注意清除高度与其他位置尽量保持水平，防止刃脚处承载力不同而造成沉井偏斜，特别是下沉初期沉井入土较浅，土层对沉井的平衡稳定性差，容易产生偏斜，所以支立沉井的基础坑应尽可能深挖，其深度以不渗水为宜；在地基内应填砂土，夯实后再铺垫木。当第一节沉井拆模后，下沉前，应把沉井外侧填上土，并使砂填土高度与原地面平齐，经过适当的夯实，挖内侧土使沉井下沉。如果沉井在下沉过程中发生偏斜，可分几种情况进行纠偏处理。

① 当沉井入土不深时，利用偏除土的方法使沉井在下沉过程中逐渐纠正偏差。

② 当沉井入土一半时，用偏除土的方法无法纠正，可在沉井高的一侧外挖土，挖土的深度和宽度以能纠正沉井偏斜为宜。

③ 如果沉井入土达一半以上，外侧深挖土不宜采纳时，可在外侧先挖一定深度，再在高的一侧沉井顶面配一定的重量或采用爆破振动，使其逐渐纠正过来。

④ 如果沉井发生中线位移时，可先有意偏除土使沉井向偏位的方向倾斜，然后沿倾斜的方向下沉，直至沉井底面中心与设计中心位置相重合或接近时，再将倾斜纠正或至相反方向倾斜一些，最后调整至倾斜和位移都在容许偏差范围内为止。

⑤ 如果沉井倾斜位移过大，可采用连拉及支撑的方法纠正位移。在沉井高的一面用滑轮组固定在沉井顶面，另一面固定在地锚上；在沉井低的一侧外边用粗大圆支撑，使沉井在下沉过程中对沉井高的地方产生一个拉力和推力；在低的一侧刃脚下用方木斜支撑住，刃脚踏面下垫有一定距离的短垫木，用来控制低的一侧下沉，然后在高的一侧刃脚下开始下挖土方，同时高的一侧上面配一定重量，随着沉井高的一侧的逐渐下沉，使沉井偏斜逐渐纠正到容许偏差范围内，然后撤掉低的一侧刃脚的枕木，让沉井继续下沉。

(9) 沉井下沉允许偏差

沉井下沉应符合设计标高的要求。沉井底面中心和顶面中心各与其设计位置中心在平面纵横方向的偏差均不得大于沉井高度的1/50。沉井的最大倾斜度不得大于1/50。

(10) 沉井基底处理

对井孔内、刃脚下的土层进行清理，以形成封底锅坑。不排水开挖下沉，清基时采用抓泥斗进行，在潜水工配合下，达到设计要求的锅底坑。清基时要注意控制泥面高度及不扰动刃脚下土层，封底高度内井壁上的黏泥应洗净。

(11) 沉井封底

导管法灌注水下混凝土，导管直径 ϕ250～ϕ300 mm，每节 3 m，法兰盘连接，并做气密性试验，采用汽车吊提升导管。水下混凝土的坍落度应采用 18～22 cm，混凝土的初存量应满足首批混凝土入井孔后，导管埋入混凝土中的深度不小于 1 m。水下混凝土应连续灌注，不得中途停顿。水下混凝土顶面高度用测锤检查，达到设计标高后，停灌混凝土，缓缓抽出导管。

混凝土采用现场拌合站拌和后用输送泵入模的方式。在两岸沉井的平台边各设立一个小型拌合站，由两台350型强制搅拌机组成，人工进料、称量、入料斗拌和。混凝土拌和前需对现场砂、石、水泥等材料进行抽样检查，合格后方能使用。

(12) 井孔填充

沉井应在封底混凝土强度达到70%以上满足抽水后受力要求时，方可抽水填充。先将井孔内水抽干，清除封底混凝土表面上的泥浆和浮浆，按设计要求填充井孔，最后灌注钢筋混凝土井顶盖板。

3. 沉井主要材料

沉井主要材料如表2所示。

表2　沉井主要材料

序号	材料名称	单位	数量	附注
1	C15片石混凝土	m^3	4006.4	
2	C25水下混凝土	m^3	2023.80	
3	C30混凝土	m^3	5691.10	
4	钢材	t	9438	
5	ϕ16	kg	7572	Ⅱ级钢筋
6	ϕ12	kg	24798	Ⅱ级钢筋
7	ϕ8	kg	45100	Ⅱ级钢筋

4. 施工投入人员

施工投入人员如表3所示。

表3　施工投入人员

序号	工种	人数	人员	备注
1	项目负责人	1	汤××	全面管理
2	现场施工负责人	1	万××	现场管理
3	项目技术负责人	1	李××	技术管理
4	现场技术负责人	1	文××	现场技术管理
5	施工员	1	胡××	现场施工管理
6	质检员	3	郑××等	工程质量检验监督
7	内业人员	1	吴××	资料整理
8	安全员	1	闵××	现场安全
9	测量员	1	曹××	工程测量
10	工人	60	略	沉井施工

5. 施工进度计划安排

施工进度计划安排如图 2 所示。

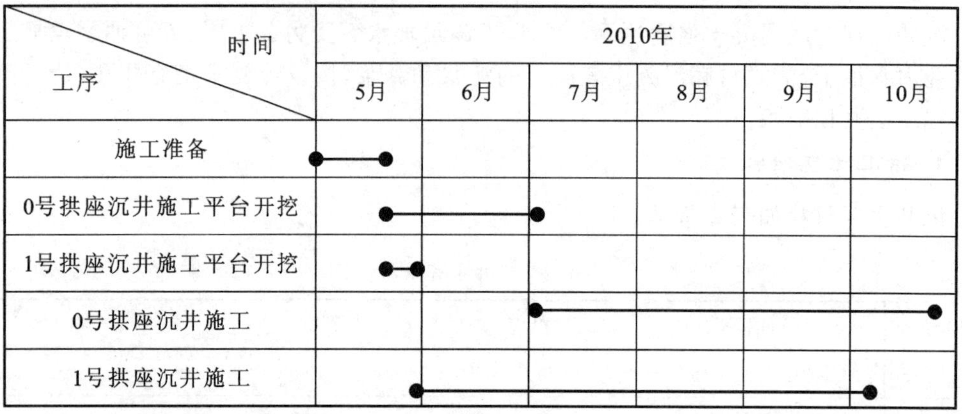

图 2　施工进度计划

6. 主要施工机具设备

主要施工机具设备如表 4 所示。

表 4　主要施工机具设备

序号	名　　称	规　　格	单位	数量	产地	备注
1	风镐		台	100	西安	
2	冲抓斗	0.5 m^3	台	1	天津	
3	空压机	VY-12/7	台	2	太原	
4	发电机	90 kW	台	2	重庆	
5	自动计量拌合站	JS500＋PL800	台	2	济南	
6	抽水机	潜水，3 kW	台	10	太原	
7	履带吊车	15 t	台	1	沈阳	
8	装载机	斗容 1 m^3	台	1	柳州	
9	电焊机	3 kW	台	8	上海	
10	钢筋切断机	ϕ6～40	台	1	太原	
11	钢筋弯曲机	ϕ6～40	台	1	太原	
12	插入式振动器	50 Hz	台	10	郑州	
13	全站仪	2"	台	1	瑞士	
14	水准仪	S3	台	2	北京	
15	卷扬机	2 t	台	2	太原	
16	混凝土输送泵	HBT30	台	1	长沙	

7. 具体施工安排

具体施工安排如表 5 所示。

表 5　具体施工安排

序号	工作内容	天数	附注
(一)	平整场地、碾压夯实	6	
(二)	第一节沉井	42	
1	刃脚挖槽	8	
2	刃脚绑扎钢筋	3	含墙面预留钢筋
3	刃脚混凝土浇筑	1	
4	施工沉井第一层钢筋混凝土	12	
5	养护	4	混凝土中加早强剂,下沉时混凝土强度达到 70%
6	下沉	14	平均每天下沉 0.3 m
(三)	第二节沉井	30	
1	施工沉井第二层钢筋混凝土	12	
2	养护	4	混凝土中加早强剂,下沉时混凝土强度达到 70%
3	下沉	14	平均每天下沉 0.3 m
(四)	第三节沉井	30	
1	施工沉井第三层钢筋混凝土	12	
2	养护	4	混凝土中加早强剂,下沉时混凝土强度达到 70%
3	下沉	14	平均每天下沉 0.3 m
(五)	封底	1	
(六)	填芯混凝土浇筑	11	
合计		120	

(四) 保证措施

1. 质量体系与保证措施

(1) 质量检查组织机构

为确保本工程达到全优工程,公司将认真贯彻“质量第一”的方针,坚持预防为主,执行“管生产必须管质量,谁施工谁负责质量,谁操作谁保证质量的原则”,实行“三级检验”制度(自检、互检、专检)。

(2) 工程质量保证体系

工程质量保证体系如图 3 所示。

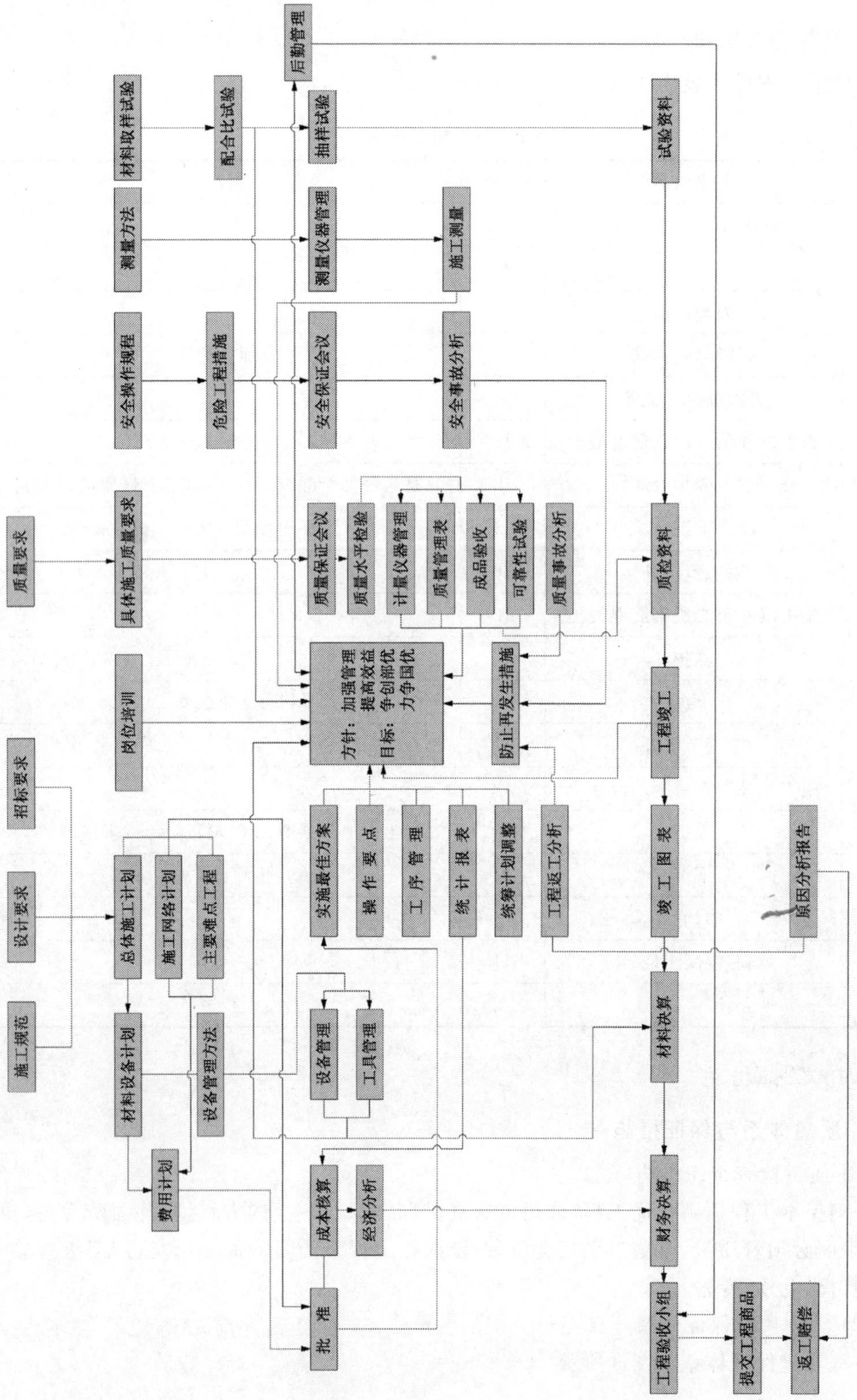

施工规范
设计要求
招标要求
质量要求
总体施工计划
施工网络计划
主要难点工程
材料设备计划
设备管理方法
费用计划
岗位培训
具体施工质量要求
安全操作规程
危险工程措施
测量方法
材料取样试验
配合比试验
后勤管理
抽样试验
测量仪器管理
施工测量
安全保证会议
安全事故分析
质量保证会议
质量水平检验
计量仪器管理
质量管理表
成品验收
可靠性试验
质量事故分析
方针：加强管理 提高效益
目标：争创部优 力争国优
防止再发生措施
实施最佳方案
操作要点
工序管理
统计报表
统筹计划调整
工程返工分析
设备管理
工具管理
成本核算
经济分析
批准
试验资料
质检资料
工程竣工
竣工图表
材料决算
财务决算
工程验收小组
提交工程商品
返工赔偿
原因分析报告

图3 工程质量保证体系

(3) 质量检查程序

① 分项工程质量检验评定：在班组或工序自检、互检合格的基础上，由该分项技术负责人组织有关人员进行质量检验评定，并填写分项工程质量检验评定表，专职质量员核定、验收后，由质检处填写“报监理通知单”，请监理工程师验收。

② 分部工程质量评定，在分项工程质量评定的基础上，由工程项目技术负责人（项目总工程师）组织有关人员进行质量评定，并填写分部工程质量评定表，专职质量员核定。其中基础、主体部分工程质量应由上级质量管理部门组织核定。

③ 单位工程质量评定：在分部工程质量评定的基础上，由集团公司总工程师组织有关部门进行质量评定。并将有关的质量评定资料送监理工程师，审查认可后交政府质量监督站。

(4) 质量保证措施

① 建立质量保证体系

a. 思想保证：通过全质教育宣传、总结、反馈、分析原因，制定措施，树立全员全过程质量意识，明确质量是企业生命的观点。

b. 组织保证：经理部、工程处、生产班组分级管理，层层建立质量责任制，并由一名副总工程师专门负责质检工作。

c. 技术保证：进行施工组织设计时，精心拟定好各主要工程项目的施工工艺和技术标准。层层进行技术交底，组织业务学习，进行上岗前的技术培训，建立健全测试手段，建立工地试验室，严格计量，做好标准化工作。

d. 创优保证：制订优质工程计划、措施，项目落实到人，进行工序控制，开展 QC 活动，执行“三检”制（自检、互检、专检）。

e. 工程施工全过程严格执行交通部《公路工程施工监理办法》，主动接受监理工程师的监督与管理，任何与施工承包合同有关的施工活动，经监理工程师批准后再进行。

f. 经济责任保证：在执行分项工程经济承包中，优质优价，奖罚分明。各分项工程均制订工程质量奖惩办法，班组承包，质量拥有否决权。

② 质量责任制

实行质量目标管理，自项目经理、总工、副经理、副总工、专业工程师、业务部门直至生产班组，执行三级质量责任制。

a. 建立以质量为中心的经济承包责任制。

b. 明确每个职工的责任、具体任务、权力和经济效益。各项工作的每个环节都形成质量保证系统。

c. 职能部门工作人员应明确个人岗位工作质量分工，做到提高工作效率、保证工作质量，从而确保工程质量。

③ 工序管理

工程过程的每道工序，事先拟定好质量检查标准和控制办法，认真实施。工程的关键部位以及施工质量不稳定的工序要设置质量点，强化管理。加强质量意识教育，层层建立质量责任制，精心拟定施工组织设计中各工程项目施工技术标准；组织 QC 攻关小组对技术难关实行 QC 攻关；以监理工程师为中心，制订严格的自检、专检制度和工程质量奖惩制度。

④ 具体措施

a. 沉井混凝土及钢筋质量要求标准同桥梁主体工程的混凝土结构物。

b. 沉井预制时拉杆孔不要套 PVC 管，混凝土浇筑后拉杆钢筋不用抽出，防止漏水。

c. 刃脚及第一层沉井施工时，井壁按照底节井壁断面施工，防止施工缝漏水。

d. 沉井施工前，对沉井通过的地层及沉井底面的地质资料进行分析，制订切实可行的下沉方案。

e. 沉井下沉时应采取严格的均衡下沉措施，防止沉井开裂。

f. 沉井下沉过程中的接高作业，应尽量纠偏；接高时，下一节沉井的中轴线应与前一节的中轴线相重合。

2. 工期保证措施

项目部将坚持“优质、按期、安全、高效”的施工管理方针来保证该工程的工期。

(1) 保证工期的组织机构

成立由项目经理任组长，有关人员参加的领导小组，健全岗位责任制，从组织上、制度上、防范措施上保证总工期的实现。

(2) 工期保证措施

“时间就是效益，工期就是信誉”，为使本项目能按期完成，尽早发挥投资效益，拟采取下列措施：

① 指挥机构及时到位。为加快本合同的实施，成立强有力的项目经理部，对内指挥施工生产，对外负责合同履行及协调联络。经理部主要成员已经确定，即可到位行使职能。

② 施工力量迅速进场。实施本合同的施工队伍已经选定，并已迅速进场，进行施工准备。首批机械设备将随同施工队伍抵达，确保主体工程按时(或提前)开工。两岸沉井同时施工，每天实行两班 24 h 作业。

③ 施工准备抓早抓紧。尽快做好施工准备工作，认真复核图纸，配合业主及有关单位办理相关手续。主动疏通地方关系，取得地方政府及有关部门的积极支持，施工中遇到问题影响进度时，统筹安排，及时调整，确保总体工期。

④ 施工组织不断优化。以投标的施工组织进度和工期要求为依据，及时编制实施性施工组织设计，落实施工方案，报监理工程师审批。根据情况变化，进行统筹安排。

⑤ 实施短期网络计划控制。根据项目全过程的网络计划，编制分阶段和月度网络计划，及时进行关键工序的转化，确定阶段工作重点，使项目实施处于受控状态。

⑥ 强化施工管理，严明劳动纪律。实行动态管理，使施工作业专业化、正规化。

⑦ 切实加强机械设备的检修工作，配齐维修人员，配足常用配件，确保船舶、机械正常运转，对主要工序储备一定的备用机械。

⑧ 根据工程需要，配备充足的技术人员和技术工人，并采取各项措施，提高劳动者的技术素质和工作效率。

3. 安全生产保证措施

(1) 建立、健全安全保证体系

安全保证体系见图 4。

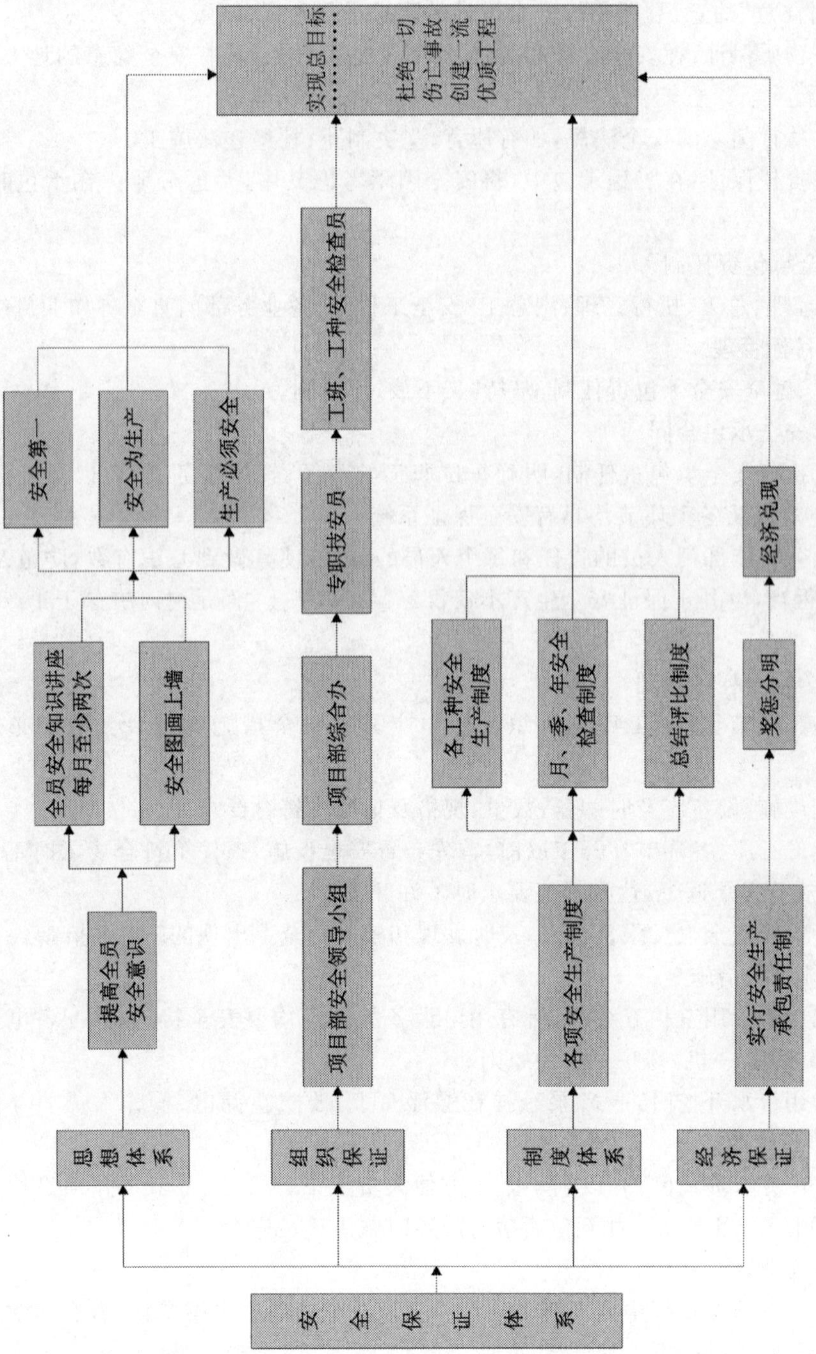

图4　安全保证体系

① 思想保证：通过对安全教育、宣传、反馈、分析原因，制订出相应的措施，树立全员的安全意识，明确安全责任重于泰山。

② 组织保证：经理部、安保处、生产班组分级管理，层层落实安全责任制度。

③ 技术保证：在进行施工组织设计时，充分考虑安全设计，拟定出相应的管理办法和

措施。层层进行安全上的难点、重点交底，对施工人员进行上岗培训，树立“安全人人有责，安全时时注意”的意识，严格按安全设计的要求进行布置、佩戴。

④ 经济物质保证：在安全设计和购置、布置上加大投入，凡有安全隐患的地方加强防范，绝不疏漏。

⑤ 严格执行国家的安全法规，如有违背，坚决制止；杜绝违法施工。

⑥ 经济责任保证：在工程承包中，将安全因素考虑其中，奖惩分明。在承包时，安全具有否决权。

(2) 安全承包责任制

从项目经理、总工、执行经理、副总工、安全工程师、各业务部门直至各作业班组，推行和实施安全目标管理。

① 建立、健全安全承包责任制，坚持“三不放过”原则。

② 签订安全承包合同。

③ 认真执行安全承包责任制，明确每位职工的责任、具体任务、权力以及经济利益；各项工作、生产以及各个环节均具有安全保证系统。

④ 明确各职能部门人员的责任和每个人员的分工，使其做到心中有数，防范及时，处理突发事件得当，以利于保证安全生产不仅仅停留在口头上，而是时时贯穿于生产的整个过程中。

(3) 安全检查程序管理

① 各施工环节、施工工序的组织设计中应具有安全措施的设计。措施必须有效可行。

② 安全设施、设备应及时购置，数量、规格及标准应符合要求。

③ 各生产工序、各环节在开工以前，首先布置安全设施，条件不符合要求时不允许开工。设施不规范必须返工，达到规范要求时才许开工。

④ 实行专职安全人员跟班检查，及时发现和整改安全上出现的疏忽和麻痹。

(4) 具体安全措施

① 施工用电采用三相五线制，所有用电设备的外壳均要安全接地，并配备电器安全漏电保护器；采用“一机一闸一漏”的原则。

② 若采用带水开挖时，吸砂泵悬挂在漂浮舟上，要防止漏电；操作人员要穿雨裤作业，防止漂浮舟侧翻。

③ 沉井内井壁埋设爬梯，以利于施工方便人员上下。另外，每节沉井顶设栏杆预埋件，方便安设栏杆，以保障沉井到位后墩身施工时施工人员安全。

④ 起重作业，统一专人指挥。

⑤ 沉井下沉施工过程中要安排专人负责测量及记录地质岩层变化，若有异常及时向主管技术员及工程部汇报，以便及时处理。

⑥ 深潜水作业准备期间，应将全部装备及机械设备、器材按规定进行试验，经检查确认后，方可交付使用。

⑦ 工点技术负责人在布置潜水作业任务时，应向潜水人员详细介绍沉井井孔、井底结构情况及工作要求，并尽量为潜水作业创造良好的工作条件。

⑧ 潜水前，须向空气压缩机操作人员说明需要的空气压力、空气量及最少工作时间。

⑨ 潜水员下潜的井孔内，不得放有障碍物（如射水、取土机具等），以免妨碍潜水工作或缠住供气管路。潜水员不得从下潜井孔走到其他井孔，以免迷失方向而发生危险。

4. 环境保护、施工后期的场地恢复等保证措施

保护并改善施工环境具有十分重要的意义，它是保证人们身体健康的需要；是消除外部干扰，保证施工顺利进行的需要；是现代化大生产的客观要求；是国法和政府的要求；是企业的行为准则。为了保护环境，将采取以下的保护措施：

(1) 实行环保目标责任制

项目经理是环境保护工作的第一责任人，是施工现场环境保护自我监控体系的领导者和责任者。

(2) 加强检查与监控

加强施工现场粉尘、噪声、废气的监测和监控工作，并与文明施工现场管理一起检查、考核、奖罚；采取措施消除粉尘、废气、污水的污染。

(3) 保护和改善施工现场的环境，进行综合治理

① 做好宣传教育工作，采取有效措施控制人为噪声、粉尘的污染；采取技术措施控制烟尘、污水、噪声污染。

② 同当地居委会、村委会、办事处、派出所、居民、施工单位、环保部门加强联系，共同做好环保工作。

③ 沉井挖出的土要集中处理，严禁堆积河边，堵塞河道。

④ 若采用泥浆泵抽沉井内泥砂，要按照钻孔桩施工要求设置泥浆池并外运处理，严禁直接排入河流，污染水体。

(4) 防止大气污染的措施

① 及时清理垃圾、渣土。

② 施工便道洒水养护，防止道路扬尘。

③ 袋装水泥要库存堆入。室外临时露天存放时，必须下垫上盖，严密遮盖，防止扬尘。

④ 运输水泥时，采取遮盖措施，防止沿途遗洒、扬尘。

⑤ 禁止在施工现场焚烧油毡、橡胶、塑料、皮革、树叶、枯草、各种包装袋等以及其他会产生有毒、有害烟尘及恶臭气体的物质。

⑥ 工地茶炉、火灶、锅炉等，尽量采用消烟除尘型炉具。

(5) 防止噪声污染

① 严格控制人为噪声，进入施工现场不得高声喊叫、无故甩打模板、乱吹哨，限制高音设备的使用，最大限度地减少噪音扰民。

② 从声源上降低噪音。

③ 在传播途径上控制噪声。

(6) 施工后期场地恢复保证措施

① 项目部留出专项资金用于临时用地场地恢复。

② 拆除建筑物时，建筑垃圾挖坑深埋，并用普通土覆盖。

③ 场内撒石灰，做好消毒措施，特别是化粪池的消毒工作要仔细、彻底。

④ 用地还耕须按国家有关法规政策进行，并满足当地村民（土地使用者）的要求。

工程完工后对临时用地内的所有建筑、生活垃圾进行清理，垃圾运至指定位置处理，场地清理平整合格后，将其恢复原状。施工完工后请当地政府有关部门进行环保验收，取得地方政府的认可，并从当地政府取得环保措施得到实施的证明材料，确保不留环保后患。

5. 雨天施工安排及措施

本工程施工跨越雨季，雨季施工期间将积极与当地气象部门取得联系，随时掌握天气情况，做好施工安排与防护。

(1) 雨天施工安排

① 做好各项防护工作和沿线排水设施；雨季派专人负责排水，同时加强对排水设施的检查和维修，发现问题及时解决。

② 对水泥堆放场地、钢筋加工场地等加盖顶棚，防止雨淋。

③ 积极与气象部门联系，广收气象信息，掌握动态，做好整体工作安排和防汛防雨工作。

④ 防止洪水冲毁沉井基础，影响沉井施工。

(2) 雨天施工场地维护措施

① 场地排水：对施工现场，根据地形对场地排水系统进行合理布置，以保证水流畅通、不积水，并防止四周水倒流进入场内。

② 道路：施工现场主要运输道路路基碾压坚实，做好硬化处理及满足排水要求，对既有道路进行保养，保证雨后正常交通。

(3) 雨天机电设备及材料防护

① 防汛和防雨器材、防护用品及抽排水设备准备齐全。

② 机电设备的电闸箱采取防雨、防潮等措施，并安装好接地保护装置。

③ 对大型机械设备进行全面检查，使其符合规程要求。

④ 对不宜遭受雨淋的原材料、半成品采取保护措施。

(五) 应急预案

1. 制订应急预案的方针与原则

根据《中华人民共和国安全生产法》、《建设工程安全生产管理条例》、《工程建设重大事故报告和调查程序规定》、四川省《企业职工伤亡事故调查处理办法》等文件精神，为保证石棉县城北至西区大渡河大桥沉井施工的安全，预防和减少安全生产事故的发生，避免事故进一步扩大，保证各种应急资源处于良好的备战状态，指导应急行动按计划有序地进行，防止因应急行动组织不力或现场救援工作的无序和混乱而延误事故的应急救援，有效地避免或降低人员伤亡和财产损失，帮助实现应急行动的快速、有序、高效，充分体现应急救援的“应急精神”，全面贯彻“安全第一、预防为主”和“安全生产、以人为本”的方针，有针对性地采取救援措施，结合本工程沉井施工的实际情况，特制订本预案。

2. 应急预案工作流程图

根据沉井施工的特点及施工工艺的实际情况，认真组织对危险源和环境因素的识别和评价，制定本工程沉井施工发生紧急情况或事故的应急措施，开展应急知识教育和应急演练，提高现场操作人员应急能力，减少突发事件造成的损害和不良环境影响。危险源为深井施工、洪水，其应急准备和响应工作程序见图5。

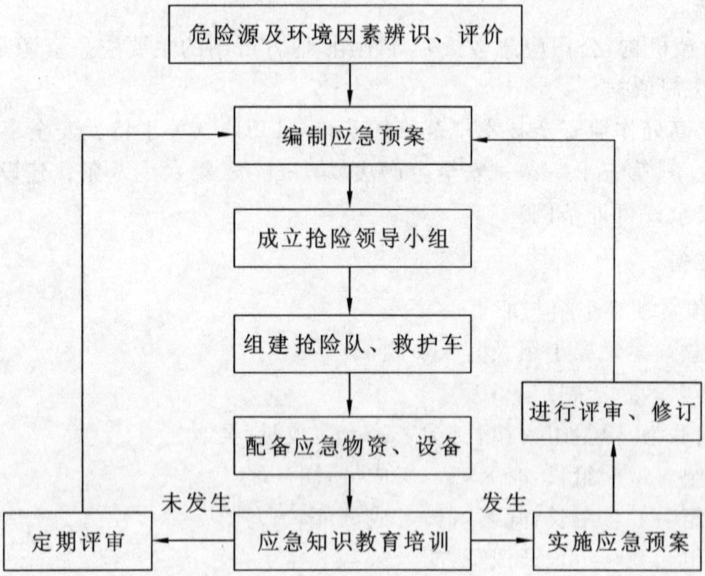

图5　应急准备和响应工作程序

3. 突发事件风险分析和预防

为确保正常施工，预防突发事件以及某些意想不到的、不可抗拒的事件发生，保证事前有充足的技术措施准备、抢险物资的储备，最大限度地减少人员伤亡、国家财产和经济损失，必须进行风险分析和预防。

(1) 突发事件、紧急情况及风险分析

根据沉井施工特点及复杂的现场施工情况，在辨识、分析评价施工中危险因素和风险的基础上，确定施工重大危险因素是洪水、深坑坠落、起重伤害、触电等。在工地现场已采取机电管理、安全管理各种防范措施的基础上，还需要制订起重伤害、高处坠落的应急方案。

(2) 突发事件及风险预防措施

从以上风险情况的分析看，如果不采取相应有效的预防措施，不仅给桥梁施工造成很大影响，而且对施工人员的安全造成威胁。具体预防措施如下：

① 沉井施工前先采取最大限度地清除边坡危岩，修建施工平台，边坡布置好拦石挡土墙及截水沟、硬化施工平台，保证水沟的畅通及平台的整洁。

② 材料准备：沉井施工过程中布置好人员通行的爬梯、安全绳，随时应急。

③ 完成沉井施工方案的设计并进行评审，报监理工程师审批。

④ 沉井施工过程中的监测及监控要求：监测前编制系统的监测实施方案并报监理工程师批准后方可进行监测。沉降和位移测量点采用全站仪进行测量，测量仪器精度符合监测要求。监测项目在沉井施工前应测得初始值，且不应少于两次。沉井施工过程中每周监测两次，位移及变形稳定后每周监测1次，直至本桥施工结束。

(3) 应急资源分析

① 应急力量的组成及分布:机关有关部门负责人、项目部成员。

② 应急设备、物资准备:现场灭火器、医疗设备、救护车辆充足,药品齐全,各施工小分队配有对讲机。

③ 上级救援机构:公司应急救援领导小组,地方可用的主要应急资源是救护车。

(4) 法律法规依据

《建筑施工高处作业安全技术规范》(JGJ 80—1991)、《关于特大安全事故行政责任追究的规定》第七条、第三十一条;《安全生产法》第三十条、第六十八条;《建设工程安全生产管理条例》、《安全许可证条例》。

4. 应急准备

(1) 应急预案领导小组与职责

项目部应急预案领导小组及其人员组成

组　长:汤××　　副组长:万××

下设:通信联络/保卫组　组长:闵××　　成员:吴××

技术支持组　　组长:李××　　成员:胡××

抢险抢修组　　组长:郑××　　成员:闵××

医疗救治组　　组长及成员:胡××

后勤保障组　　组长:王××　　成员:张×

项目部职责:研究、审批抢险方案;组织、协调各方抢险救援的人员、物资、交通工具等;保持与上级领导机关的通信联系,及时发布现场信息。具体分工职责如下:

组长职责:①决定是否存在或可能存在重大紧急事故,要求应急服务机构提供帮助并实施场外应急计划,在不受事故影响的地方进行直接控制;②复查和评估事故(事件)可能发展的方向,确定其可能的发展过程;③指挥设施部分停工,并与领导小组成员的关键人员配合指挥现场人员撤离,确保任何伤害者都能得到足够的重视;④与场外应急机构取得联系及对紧急情况的记录作出安排;⑤在场(设施)内实行交通管制,协助场外应急机构开展服务工作;⑥在紧急状态结束后,控制受影响地点的恢复,并组织人员参加事故的分析和处理。

副组长(即现场管理者)职责:①评估事故的规模和发展态势,建立应急步骤,确保员工的安全和减少财产损失;②安排寻找受伤者及安排非重要人员撤离到集中地带;③设立与应急中心的通信联络,为应急服务机构提供建议和信息。

通信联络组职责:①确保与最高管理者和外部联系畅通,内外信息反馈迅速;②保持通信设施和设备处于良好状态;③负责应急过程的记录与整理及对外联络。

技术支持组职责:①提出抢险抢修及避免事故扩大的临时应急方案和措施;②指导抢险抢修组实施应急方案和措施;③修补实施中的应急方案和措施存在的缺陷;④绘制事故现场平面图,标明重点部位,向外部救援机构提供准确的抢险救援信息资料。

保卫组职责:①设置事故现场警戒线、岗,维持工地内抢险救护的正常运作;②保持抢险救援通道的通畅,引导抢险救援人员及车辆的进入;③抢救救援结束后,封闭事故现场直到收到明确解除指令。

抢险抢修组职责:①实施抢险抢修的应急方案和措施,并不断加以改进;②寻找受害者并转移至安全地带;③当事故有可能扩大,进行抢险抢修或救援时,高度注意避免意外伤害;④抢险抢修或救援结束后,直接报告最高管理者并对结果进行复查和评估。

医疗救治组:①在外部救援机构未到达前,对受害者进行必要的抢救(如人工呼吸、包扎止血、防止受伤部位污染等);②使重度受害者优先得到外部救援机构的救护;③协助外部救援机构转送受害者至医疗机构,并指定人员护理受害者。

后勤保障组职责:保障系统内各组人员必需的防护、救护用品及生活物资的供给,提供合格的抢险抢修或救援的物资及设备。

(2) 应急资源

应急资源的准备是应急救援工作的重要保障,项目部应根据潜在事故的性质和后果分析,配备应急救援中所需的消防手段、救援机械和设备、交通工具、医疗设备和药品、生活保障物资。

主要应急设备储备如表 6 所示。

表 6　主要应急设备储备

序号	设备名称	单位	数量	规格型号	性能指标	在何处	备注
1	汽车吊车	辆	2	QY-20 及 QY-25	20 t 及 25 t	现场	
2	轮胎装载机	台	2	ZL50B		现场	
3	交通车	台	3			现场	
4	电焊机	台	6	BX500		现场	
5	卷扬机	台	6	JJ2-0.5	拉力 5 t	现场	
6	移动电话	台	30	各型		现场	

(3) 教育、训练

为全面提高应急能力,项目部应对抢险人员进行必要的抢险知识教育,制定出相应的规定,包括应急内容、计划、组织与准备、效果评估等。公司每年进行两次应急预案指导,必要时,协同项目部进行应急预案演练。

(4) 互相协议

项目部应事先与地方医院、宾馆建立正式的互相协议,以便在事故发生后及时得到外部救援力量和资源的援助。相关单位联系电话如表 7 所示。

表 7　相关单位联系电话

序号	单　　位	联系人	电　话	备注
1	急救电话		120	
2	报警电话		110	
3	业主代表	郑太云	××××	
4	监理组	姚本君	××××	总监
5	项目部	万志敏	××××	项目经理

5. 应急响应

(1) 应急事故发生处理流程

应急事故发生处理流程如图 6 所示。

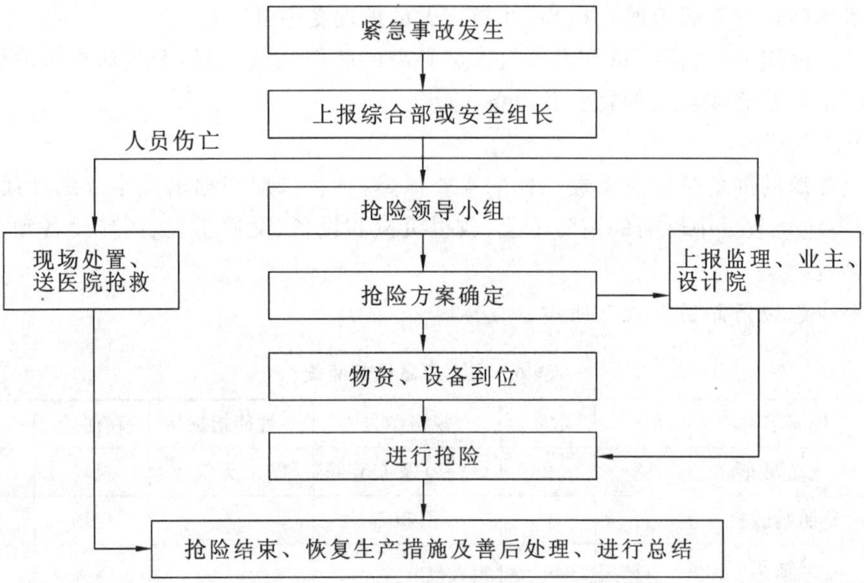

图 6　应急事故发生处理流程

(2) 预案的启动时机

当沉井施工特殊情况发生时、突降大雨或暴雨时应立即启动应急预案。现场管理人员根据出现的险情或有可能出现的险情，迅速逐级上报，次序为现场、办公室、抢险领导小组、上级主管部门。由综合部门收集、记录、整理紧急情况信息并向小组及时传递，由小组组长或副组长主持紧急情况处理会议，协调、派遣和统一指挥所有车辆、设备、人员、物资等实施紧急抢救和向上级汇报。事故处理根据事故大小情况来确定，如果事故较小，根据上级指示由施工单位自行直接进行处理；如果事故较大或施工单位处理不了，则由施工单位向建设单位主管部门进行请示，请求启动建设单位的救援预案，建设单位的救援预案仍不能进行处理，则由建设单位的质安室向建委或政府部门请示启动上一级救援预案。

① 值班情况：实行昼夜值班制，项目部值班时间和人员如下：

7:30～20:30　王××　;20:30～7:30　胡××

② 紧急情况发生后，现场要做好警戒和疏散工作，保护现场，及时抢救伤员和财产，并由在现场的项目部负责人指挥，在 3 min 内电话通报到值班室，主要说明紧急情况性质、地点、发生时间、有无伤亡，是否需要派救护车、消防车或警力支援到现场实施抢救，如需可直接拨打 120、110 等求救电话。

③ 值班人员在接到紧急情况报告后必须在 2 min 内将情况报告到紧急情况领导小组组长和副组长。小组组长组织讨论后在最短的时间内发出如何进行现场处置的指令。由综合部在 30 min 内以小组名义打电话向上一级有关部门报告。

④ 遇到紧急情况，全体职工应特事特办、急事急办，主动积极地投身到紧急情况的处理中去。各种设备、车辆、器材、物资等应统一调遣，各类人员必须坚决无条件服从组长或副组长的命令和安排，不得拖延、推诿、阻碍紧急情况的处理。

⑤ 在整个施工阶段，人员、设备、材料和制度等方面要做好充分的准备工作，一旦遇到险情能迅速投入抢险工作。

⑥ 对于雨季施工，要及时了解天气信息，遇到暴雨天气要委派专人值班，掌握施工现场情况并及时汇报。

6. 突发事件应急预案

(1) 接警与通知

沉井施工发生安全事故以后，项目部必须立即报告公司安监部，安监部在了解事故准确位置、事故性质、死伤人数及其他有关情况后，立即报告公司分管领导、主管领导和集团公司有关部门，全过程时间不得超过 6 h。

(2) 指挥与控制

① 突降大雨或暴雨时，立即启动备用水泵抽水，并安排专人不间断观察基坑的稳定情况。

② 事故发生后的指挥控制：发生物体打击、高处坠落、起重伤害、触电事故后，由项目经理负责现场总指挥，通知现场安全员，由安全员打事故抢救电话"120"，通知上级有关部门或医院组织抢救，同时通知项目副经理组织紧急应变小组进行现场抢救。工长组织有关人员进行清理土方或杂物，如有人员被埋，应首先按部位进行抢救人员，其他组员采取有效措施，防止事故发展扩大，并让现场安全负责人随时监护边坡状况，及时清理边坡上堆放的材料，防止造成再次事故的发生。在向有关部门通知抢救的同时，对轻伤人员在现场采取可行的应急抢救，如现场包扎止血等措施，防止受伤人员流血过多造成死亡事故发生。预先成立的应急小组人员各负其责，重伤人员由水、电工协助送外抢救，门卫人员在大门口迎接救护车辆，有程序地处理事故、事件，最大限度地减少人员和财产损失。

③ 紧急救援的一般原则：以确保人员的安全为第一，其次是控制材料的损失。紧急救援关键是速度，救援时间就是生命。此外，要培养施工人员正确的处险意识，凡发现险情要立刻使用事故报警系统进行通报，紧急救援响应者必须是紧急工作组成员，其他人员应该撤离至安全区域，并服从紧急工作组成员的指挥。

(3) 通信

项目部必须将 110、120、项目部应急领导小组成员的手机号码(含内部集团小号)、企业应急领导组织成员手机号码，制成通信录。当地安全监督部门电话号码明示于工地显要位置。工地抢险指挥及安全员应熟知这些号码。

(4) 警戒与治安

安全保卫小组应在事故现场周围建立警戒区域，实施交通管制，维护现场治安秩序。

(5) 人群疏散

疏散人员工作要有秩序地服从指挥人员的疏导要求，做到不惊慌失措，勿混乱、拥挤，减少人员伤亡。

(6) 公共关系

项目部办公室是项目部各种信息收集和发布的组织机构，其职责是对事故的处理、控制、进展、升级等情况进行信息收集，并对事故轻重情况进行删减，有针对性地定期和不定期向外界和内部如实地报道。向内部报道主要是向项目部内部各工区、集团公司的报道等；外部报道主要是向公司、监理组、设计代表处等单位的报道。

(7) 现场恢复

充分辨识恢复过程中存在的危险，当安全隐患彻底清除后，方可恢复正常工作状态。

(8) 预案管理与评审改进

公司和项目部对应急预案每年至少进行一次评审，针对施工的变化及预案中暴露的缺陷，不断更新完善和改进应急预案。

小　结

本情境重点介绍了旱地上沉井基础的施工工艺。沉井下沉纠偏与克服沉井下沉困难的处理措施；筑岛法沉井基础施工的基本要点与施工工艺；浮运法沉井基础施工的基本要点与施工工艺。具体包括：

(1) 沉井基础的施工准备；

(2) 沉井基础的施工工艺流程与施工要点；

(3) 沉井下沉纠偏与克服沉井下沉困难的处理措施；

(4) 沉井基础施工的质量控制方法与质量控制标准。

思考题

1. 简述旱地上沉井基础施工的程序。
2. 简述筑岛法沉井基础施工的程序。
3. 简述浮运法沉井基础施工的程序。
4. 简述浮运沉井的浮运与就位控制方法。
5. 简述旱地上沉井基础下沉的施工要点。
6. 沉井下沉中易遇到哪些问题？如何处理？
7. 简述沉井封底的基本要求。
8. 简述沉井接高的基本要求。
9. 简述砂岛施工的基本要求。

参考文献

[1] 中华人民共和国行业标准. 公路桥涵设计通用规范[S](JTG D60—2015),北京:人民交通出版社. 2015.

[2] 中华人民共和国行业标准. 公路工程技术标准[S](JTG B01—2014),北京:人民交通出版社. 2014.

[3] 中华人民共和国行业标准. 公路工程质量检验评定标准[S](JTG F80/1—2004),北京:人民交通出版社. 2004.

[4] 中华人民共和国行业标准. 公路桥位勘测设计规范[S](JTJ 062—2002),北京:人民交通出版社. 2002.

[5] 中华人民共和国行业标准. 公路软土地基路堤设计与施工技术细则[S](JTG/T D31—02—2013),北京:人民交通出版社. 2013.

[6] 中华人民共和国行业标准. 公路桥涵施工技术规范[S](JTG/T F50—2011),北京:人民交通出版社. 2011.

[7] 中华人民共和国行业标准. 公路桥涵地基与基础设计规范[S](JTG D63—2007),北京:人民交通出版社. 2007.

[8] 中华人民共和国国家标准. 建筑地基基础设计规范[S](GB 50007—2011),北京:中国建筑工业出版社. 2011.

[9] 中华人民共和国国家标准. 建筑结构制图标准[S](GB/T 50105—2010),北京:中国建筑工业出版社. 2010.

[10] 周东久. 土力学与地基基础[M]. 2 版. 北京:人民交通出版社,2009.

[11] 金问鲁. 地基基础实用设计施工手册[M]. 北京:中国建筑工业出版社,1995.

[12] 刘映翀. 土力学与地基基础[M]. 北京:中国建筑工业出版社. 2005.

[13] 刘玉卓. 公路工程软基处理[M]. 北京:人民交通出版社. 2002.